民國文化與文學 研究文叢

六 編

李 怡 主編

第 15 冊

「未完成的探索」
——魯迅《故事新編》的創作及其語言世界

張 芬 著

國家圖書館出版品預行編目資料

「未完成的探索」——魯迅《故事新編》的創作及其語言世界
／張芬 著 — 初版 — 新北市：花木蘭文化出版社，2016〔105〕
序 2+ 目 4+270 面；19×26 公分
（民國文化與文學研究文叢 六編；第 15 冊）
ISBN 978-986-404-689-8（精裝）
1. 周樹人 2. 學術思想 3. 文學評論
541.26208　　　　　　　　　　　　　　　　　105012792

ISBN-978-986-404-689-8

9 789864 046898

民國文化與文學研究文叢
六　編　第十五冊　　　　　ISBN：978-986-404-689-8

「未完成的探索」
——魯迅《故事新編》的創作及其語言世界

作　　者　張　芬
主　　編　李　怡
企　　劃　四川大學現代中國文化與文學研究中心
　　　　　北京師範大學民國歷史文化與文學研究中心
總 編 輯　杜潔祥
副總編輯　楊嘉樂
編　　輯　許郁翎、王　筑　美術編輯　陳逸婷
出　　版　花木蘭文化出版社
社　　長　高小娟
聯絡地址　235 新北市中和區中安街七二號十三樓
　　　　　電話：02-2923-1455／傳眞：02-2923-1452
網　　址　http://www.huamulan.tw 信箱 hml810518@gmail.com
印　　刷　普羅文化出版廣告事業
初　　版　2016 年 9 月
全書字數　244839 字
定　　價　六編 24 冊（精裝）新台幣 44,000 元

「未完成的探索」
——魯迅《故事新編》的創作及其語言世界

張芬　著

作者簡介

張芬，女，安徽濉溪縣人。2004 年獲淮北煤炭師範學院歷史學學士學位。2007 年獲北京師範大學古代文學古典文獻學專業碩士學位。2012 年獲清華大學中文系現當代文學專業博士學位。現供職於中央文史研究館中華詩詞研究院。

提　　要

　　本書所要探索的核心問題是，魯迅在十三年的漫長時空轉換裏「如何寫」出《故事新編》的？對此問題的求解過程只能立足於其闡釋可能的思考。在魯迅講求「於中國有益」的龐雜翻譯中，「拿來主義」的嚴正態度和「學下去，站起來」的不懈努力貫穿始終。這使得他的翻譯（尤其是對果戈理、法捷耶夫、盧那查爾斯基等俄蘇作家作品的翻譯）和創作構成了一種潛在的互文關係，這種關係表現在《故事新編》不同時期創作上的差異，體現了魯迅於現代漢語語言新質引入所付出的努力及其由點至面的變遷軌道。作為一個始終與所處時代糾纏的現代作家，魯迅在作品中總是不斷呈現哲學、道德、政治等外在因素與位於作家內面的審美因素的相互裏挾。《故事新編》也不例外。就文體而言，融會前期小說、新詩到散文詩、雜文諸種語言實踐，魯迅最終在《故事新編》裏找到了構築這種既相衝突又相支撐的悖論式語言景觀的合適形式。與「離奇而駁雜」的創作特色相映照，魯迅在思想上源出多家，尤其受到尼采和莊子的顯著影響。在《故事新編》中，通過「以莊化尼」和「援俗入史」，魯迅糅合了與尼采和章太炎的觀念性對話，最終書寫了他眼中的「活的」中國史與中國人物。總之，在魯迅的作品譜系中，《故事新編》的特點在於它是魯迅通過「忘破綻」甚至是「忘了努力」的方式逐步實現了文體和思想上的自由的作品。而魯迅的文學生命，始終都在探討著漢語寫作的毫無止境的前進之路。他面對現代語言時持有的是一種開放的思維和心態。不拒絕，不逃避，不斷嘗試，不斷開拓，在創作實踐上可謂「有新腔而無定板」。在這個意義上，《故事新編》雖然結篇，但卻是他未完成的文學寫作。

作爲方法的「民國」
——第六輯引言

李　怡

　　「作爲方法」的命題首先來自日本著名漢學家竹內好，從竹內好 1961 年「作爲方法的亞洲」到溝口雄三 1989 年「作爲方法的中國」，其中展示的當然不僅僅是有關學術「方法」的技術性問題，重要的是學術思想的主體性追求。日本學人通過中國這樣一個「他者」的參照進行自我的反省和批判，實現從「西方」話語突圍，重新確立自己的主體性，這對同樣深陷「西方」話語圍困的中國學界而言也無疑具有特殊的刺激和啓發。1990 年代中期以後，中國（華人）學人如孫歌、李冬木、汪暉、陳光興、葛兆光等陸續介紹和評述了他們的學說，〔註1〕特別是最近 10 年的中國思想文化與文學批評界，可以說出現了一股竹內——溝口的「作爲方法」熱，「作爲方法的日本」、「作爲方法的竹內好」、「亞洲」作爲方法，〔註2〕以及「作爲方法的 80 年代」等等

〔註1〕 如 Kuang-ming Wu and Chun-chieh Huang （吳光明、黃俊傑）：〈關於《方法としての中國》的英文書評〉《清華學報》新 20 卷第 2 期，1990 年），溝口雄三、汪暉：〈沒有中國的中國學〉（《讀書》第 4 期，1994 年），孫歌：〈作爲方法的日本〉（《讀書》第 3 期，1995 年），李長莉：〈溝口雄三的中國思想史研究〉（《國外社會科學》第 1 期，1998 年），葛兆光：〈重評九十年代日本中國學的新觀念——讀溝口雄三《方法としての中國》〉（《二十一世紀》12 月號，2002 年），吳震：〈十六世紀中國儒學思想的近代意涵——以日本學者島田虔次、溝口雄三的相關討論爲中心〉（《東亞文明研究學刊》第 1 卷第 2 期，2004 年）等。
〔註2〕 刊發於《臺灣社會研究季刊》12 月號，總第 56 期，2004 年。2005 年 6 月，陳光興參加了在華東師範大學舉行的「全球化與東亞現代性——中國現代文學的視角」暑期高級研討班，將論文〈「亞洲」作爲方法〉提交會議，引起了與會者的濃厚興趣。

在我們學術話語中流行開來，體現了一種難能可貴的自我反思、重建學術主體性的努力。竹內好借鏡中國的重要對象是文學家魯迅，近年來，對這一反思投入最多的也是從事中國現當代文學研究的學者，因此，對這一反思本身做出反思，進而探索真正作為中國現代文學的「方法」的可能，便顯得必不可少。

在「亞洲」、「中國」先後成為確立中國學術主體性的話語選擇之後，我覺得，更能夠反映中國現代文學立場和問題意識的話語是「民國」。作為方法的民國，具體貼切地揭示了中國現代文學的生存發展語境，較之於抽象的「亞洲」或者籠統的「中國」，更能體現我們返回中國文學歷史情境，探尋學術主體性的努力。

一

日本戰敗，促成了一批日本知識分子的自我反省，竹內好（1908～1977）就是其中之一。在他看來，「脫亞入歐」的日本「什麼也不是」，反倒是曾經不斷失敗的中國在抵抗中產生了非西方的、超越近代的「東洋」。通常我們是說魯迅等現代中國知識分子從「東洋」日本發現了現代文明的啟示，竹內好卻反過來從中國這個「東洋」發現了一條區別於西歐現代化的獨特之路：借助日本所沒有的社會革命完成了自我更新，如果說日本文化是「轉向型」的，那麼中國文化則可以被稱作是「迴心型」，而魯迅的姿態和精神氣質就是這一「迴心型」的極具創造價值的體現。「他不退讓，也不追從。首先讓自己和新時代對陣，以『掙扎』來滌蕩自己，滌蕩之後，再把自己從裏邊拉將出來。這種態度，給人留下一個強韌的生活者的印象。像魯迅那樣強韌的生活者，在日本恐怕是找不到的。」「在他身上沒有思想進步這種東西。他當初是作為進化論宇宙觀的信奉者登場的，後來卻告白頓悟到了進化論的謬誤；他晚年反悔早期作品中的虛無傾向。這些都被人解釋為魯迅的思想進步。但相對於他頑強地恪守自我來說，思想進步實在僅僅是第二義的。」〔註3〕就此，他認為自己發現了與西方視角相區別的「作為方法的亞洲」，這裡的「亞洲」主要指中國。溝口雄三（1932～2010）是當代中國思想史學家，他並不同意竹內好將日本的近代描述為「什麼也不是」，試圖在一種更加平等而平和的文化觀

〔註3〕 （日）竹內好：《近代的超克》，11、12頁，李冬木、趙京華、孫歌譯，三聯書店，2005年。

念中讀解中國近代的獨特性：「事實上，中國的近代既沒有超越歐洲，也沒有落後於歐洲，中國的近代從一開始走的就是一條和歐洲、日本不同的獨自的歷史道路，一直到今天。」〔註4〕作爲方法的中國，意味著對「中國學」現狀的深入的反省，這就是要根本改變那種「沒有中國的中國學」，「把世界作爲方法來研究中國，這是試圖向世界主張中國的地位所帶來的必然結果……這樣的『世界』歸根結底就是歐洲」。「以中國爲方法的世界，就是把中國作爲構成要素之一，把歐洲也作爲構成要素之一的多元的世界」。〔註5〕

海外漢學（中國學）長期生存於強勢的歐美文明的邊緣地帶，因而難以改變作爲歐美文化思想附庸的地位，這一局面在海外華人的中國研究中更加明顯。而日本知識分子的反省卻將近現代中國作爲了反觀自身的「他者」，第一次將中國問題與自我的重建、主體性的尋找緊密聯繫，強調一種與歐美文明相平等的文化意識，這無疑是「中國學」研究的重要破局，具有重要的學術啓示意義，同時，對中國自己的學術研究也產生了極大的衝擊效應。

在逐步走出傳統的感悟式文學批評，建立現代知識的理性框架的過程中，中國的學術研究顯然從西方獲益甚多，當然也受制甚多，甚至被後者裹挾了我們的基本思維與立場，於是質疑之聲繼之而起，對所謂「中國化」和保留「傳統」的訴求一直連綿不絕，至最近20餘年，更在國內清算「西化」的主流意識形態及西方後現代主義、西方馬克思主義的自我批判的雙重鼓勵下，進一步明確提出了諸如中國立場、中國問題、中國話語等系統性的要求。來自日本學者的這一類概括——在中國發現「亞洲」近代化的獨特性，回歸中國自己的方法——顯然對我們當下的學術訴求有明晰準確的描繪，予我們的「中國道路」莫大的鼓勵，我們難以確定這樣的判斷究竟會對海外的「中國學」研究產生多大的改變，但是它對中國學術界本身的啓示和作用卻早已經一目了然。

我高度評價中國學界「回歸中國」的努力與亞洲——中國「作爲方法」的啓示意義。但是，與此同時，我也想提醒大家注意一個重要的現實，所謂的「作爲方法」如果不經過嚴格的勘定和區分，其實並不容易明瞭其中的含義，而無論是「亞洲」還是「中國」，作爲一個區域的指稱原本也有不少的遊

〔註4〕 （日）溝口雄三：《作爲方法的中國》，12頁，孫軍悅譯，三聯書店，2011年。
〔註5〕 （日）溝口雄三：《作爲方法的中國》，130、131頁，孫軍悅譯，三聯書店，2011年。

移性與隨意性。比如竹內好將「亞洲」簡化爲「中國」,將「東洋」轉稱爲「中國」,臺灣學人陳光興也在這樣的「亞洲」論述中加入了印度與臺灣地區,這都與論述人自己的關注、興趣和理解相互聯繫,換句話說,僅僅有「作爲方法」的「亞洲」概念與「中國」概念遠遠不夠,甚至,有了竹內與溝口的充滿智慧的「以中國爲方法」的種種判斷也還不夠,因爲這究竟還是「中國之外」的「他者」從他們自己的需要出發提出的觀察,這裡的「中國」不過是「日本內部的中國」,而非「中國人的中國」,正如溝口雄三對竹內好評述的那樣:「這種憧憬的對象並不是客觀的中國,而是在自身內部主觀成像的『我們內部的中國』。」〔註 6〕那麼,溝口雄三本人的「中國方法」又如何呢?另一位深受竹內好影響的日本學者子安宣邦認爲,溝口雄三「以中國爲方法,以世界爲目的」的「超越中國的中國學」與日本戰前「沒有中國的中國學」依然具有親近性,難以真正展示自己的「作爲方法」的中國視點。〔註7〕所以葛兆光就提醒我們,對於這樣「超越中國的中國學」,我們也不能直接平移到中國自己的中國學之中,一切都應當三思而行。〔註8〕

　　問題是,中國學界在尋找「中國獨特性」的時候格外需要那麼一些支撐性的論述與證據,而來自域外的論述與證據就更顯珍貴了。在這個時候,域外學說的「方法」本身也就無暇追問和反思了。例如竹內好與溝口雄三都將近現代中國的獨特性描述爲社會革命:「中國的近代化走的是自下而上的反帝反封建社會革命、即人民共和主義的道路。」〔註9〕在他們看來,太平天國至社會主義中國的「革命史」呈現的就是中國自力更生的道路。這的確道出了現代中國的重要事實,因而得到許多中國現代文學研究者的認同,當然,一些中國學者對現代中國革命的重新認同還深刻地聯繫著西方後現代主義對西方文化的自我批判,聯繫著西方馬克思主義及其它左派對資本主義的嚴厲批判,在這裡,「西洋」的自我批判和「東洋」的自我尋找共同加強了中國學者對「中國現代史=革命史」的認識,如下話語所表述的學術理念以及這一理念的形成過程無疑具有某種典型意義:

〔註 6〕　(日)溝口雄三:《作爲方法的中國》,6 頁,孫軍悦譯,三聯書店,2011 年。

〔註 7〕　參看張崑將:〈關於東亞的思考「方法」:以竹內好、溝口雄三、子安宣邦爲中心〉,《臺灣東亞文明研究學刊》第 1 卷第 2 期,2004 年。

〔註 8〕　葛兆光:〈重評九十年代日本中國學的新觀念——讀溝口雄三《方法としての中國》〉,《二十一世紀》12 月號,2002 年。

〔註 9〕　(日)溝口雄三:《作爲方法的中國》,11 頁,孫軍悦譯,三聯書店,2011 年。

從 1993 年起，我逐步地對以往的研究做了兩點調整：第一是將
自己的歷史研究放置在「反思現代性」的理論框架中進行綜合的分
析和思考；第二是力圖將社會史的視野與思想史研究結合起來。在
中國 1980 年代的文化運動和 1990 年代的思想潮流之中，對於近代
革命和社會主義歷史的批判和拒絕經常被放置在對資本主義的全面
的肯定之上；我試圖將近代革命和社會主義歷史的悲劇放置在對現
代性的批判性反思的視野中，動機之一是爲了將這一過程與當代的
現實進程一道納入批判性反思的範圍。……而溝口雄三教授對日本
中國研究的批判性的看法和對明清思想的解釋都給我以啓發。也是
在上述閱讀、交往和研究的過程中，我逐漸地形成了自己的一個研
究視野，即將思想的內在視野與歷史社會學的方法有機地結合起
來。〔註10〕

東洋與西洋的有機結合，鼓勵我們對現代性的西方傳統展開質疑和批判，同
時對我們自身的現代價值加以發掘和肯定，在中國現代文學研究領域中，這
些「我們的現代價值」常常也指向革命文學、左翼文學、延安文學與新中國
建立至新時期以前的文學，有學者將之概括爲新左派的現代文學史觀。姑且
不論「新左派」之說是否準確，但是其描述出來的學術事實卻是有目共睹的：
「以現代性反思的名義將左翼文學納入現代性範疇，並稱之爲『反現代的現
代主義文學』、『反現代的現代先鋒派文學』，高度肯定其歷史合理性，並認爲
改革前的毛澤東時代可以定位爲『反現代的現代性』，其合法性來自於對西方
資本主義現代性的批判。」〔註11〕爲了肯定這些中國現代文化追求的合理性，
人們有意忽略其中的種種失誤，包括眾所周知的極左政治對現代文學發展的
傷害和扭曲，甚至「文革」的思維也一再被美化。

理性而論，前述的「反思現代性」論述顯然問題重重：「那種忽略了具體
歷史語境中強大的以封建專制主義文化意識爲主體的特殊性，忽略了那時文
學作品巨大的政治社會屬性與人文精神被顛覆、現代化追求被阻斷的歷史內
涵，而只把文本當作一個脫離了社會時空的、僅僅只有自然意義的單細胞來

〔註10〕汪暉、張曦：〈在歷史中思考——汪暉教授訪談〉，《學術月刊》第 7 期，2005
年。

〔註11〕鄭潤良：〈「反現代的現代性」：新左派文學史觀萌發的語境及其問題〉，《福建
論壇》第 4 期，2010 年。

進行所謂審美解剖。這顯然不是歷史主義的客觀審美態度。」〔註 12〕

　　值得注意的現實是，爲了急於標示中國也可以有自己的「現代性」，我們學界急切尋找著能夠支持自己的他人的結論和觀點，至於對方究竟把什麼「作爲方法」倒不是特別重要了。

　　「悖論」是中國學者對竹內好等學者處境與思維的理解，有意思的是，當我們不再追問「作爲方法」的緣由和形式之時，自己也可能最終陷入某種「悖論」。比如，在肯定我們自己的現代價值之際，誕生了一個影響甚大的觀點：反現代的現代性。中國革命史被稱作是「反現代的現代性」，中國的左翼文學史也被描述爲「反現代性的現代性」，姑且不問這種表述來源於西方現代性話語的繁複關係，使用者至少沒有推敲：「反」的思維其實還是以西方現代性爲「正方」的，也就是說，是以它的「現代」爲基本內容來決定我們「反」的目標和形式，這是真正的多元世界觀呢？還是繼續延續了我們所熟悉的「二元對立」的格局呢？這樣一種正／反模式與他們所要克服的思維中國／西方的二元模式如出一轍：把世界認定爲某兩種力量對立鬥爭的結果，肯定不是對真正的多元文化的認可，依舊屬於對歷史事實的簡化式的理解。

二

　　「中國作爲方法」不是學術研究大功告成之際的自得的總結，甚至也還不是理所當然的研究的開始，更準確地說，它可能還是學術思想調整的準備活動。在這個意義上，真正的「中國」問題在哪裏，「中國」視角是什麼，「中國」的方法有哪些，都亟待中國自己的學人在自己的歷史文化語境中開展新的探討。對於中國現代文學研究而言，我覺得，與其追隨「他者」的眼界，取法籠統的「中國」，還不如真正返回歷史的現場加以勘察，進入「民國」的視野。「作爲方法的中國」是來自他者的啓示，它提醒我們尋找學術主體性的必要，「作爲方法的民國」，則是我們重拾自我體驗的開始，是我們自我認識、自我表達的真正的需要。

　　海外中國學研究，在進入「作爲方法的中國」之後，無疑產生了不少啓發性的成果，即便如此，其結論也有別於自「民國」歷史走來的中國人，只有我們自己的「民國」感受能夠校正他者的異見，完成自我的表述。包括竹

〔註 12〕董健、丁帆、王彬彬：〈我們應該怎樣重寫當代文學史〉，《江蘇行政學院學報》第 1 期，2003 年。

內好與溝口雄三這樣的智慧之論也是如此。對此，溝口雄三自己就有過眞誠的反思，他說包括竹內好在內他們對中國的觀察都充滿了憧憬式的誤讀，包括對「文革」的禮贊等等。〔註13〕因爲研究「所使用的基本範疇完全來自中國思想內部」，而且「對思想的研究不是純粹的觀念史的研究，而是考慮整個中國社會歷史」，溝口雄三的中國研究曾經爲中國學者所認同，〔註14〕例如他借助中國思想傳統的內部資源解釋孫中山開始的現代革命，的確就令人耳目一新，跳出了西方現代性東移的固有解說：

> 實際上大同思想不僅影響了孫文，而且還構成了中國共和思想的核心。

> 就民權來看，中國的這種大同式近代的特徵也體現在民權所主張的與其說是個人權利，不如說國民、人民的全體權利這一點上。

> 大同式的近代不是通過「個」而是通過「共」把民生和民權聯結在一起，構成一個同心圓，所以從一開始便是中國獨特的、帶有社會主義性質的近代。〔註15〕

雖然這道出了中國現代歷史的重要事實，但卻只是一部分事實，很明顯，「民國」的共和與憲政理想本身是一個豐富而複雜的思想系統，而且還可以說是一個動態的有許多政治家、思想家和知識分子共同參與共同推進的系統。例如在五四新文化運動前夕，出於對民初政治的失望，《甲寅》的知識分子群體就展開了「國權」與「民權」的討論辨析，並且關注「民權」也從「公權」轉向「私權」，至《新青年》更是大張個人自由，個人情感與欲望，這才有了五四新文學運動，有了郁達夫的切身感受：「五四運動的最大成功，第一要算『個人』的發現。從前的人是爲君而存在，爲道而存在，爲父母而存在的，現在的人才曉得爲自我而存在了。」〔註16〕不僅是五四新文學思潮，後來的自由主義者也一直以「個人權利」、「個人自由」與左右兩種政治主張相抗衡，雖然這些「個人」與「自由」的內涵嚴格說來與西方文化有所區別，但也不

〔註13〕 （日）溝口雄三：《作爲方法的中國》，12 頁，孫軍悅譯，三聯書店，2011 年。
〔註14〕 （日）溝口雄三、汪暉：〈沒有中國的中國學〉，《讀書》第 4 期，1994 年。
〔註15〕 （日）溝口雄三：《作爲方法的中國》，12、16、18 頁，孫軍悅譯，三聯書店，2011 年。
〔註16〕 郁達夫：《《中國新文學大系・散文二集》導言》，上海良友圖書印刷公司，1935 年。

是「大同」理想與「社會主義性質」能夠涵蓋的，它們的發展在不同的歷史時期各有限制，但依然一路坎坷向前，並在 20 世紀 80 年代的海峽兩岸各有成效，成爲現代中國文化建設所不能忽略的一種重要元素，不回到民國重新梳理、重新談論，我們歷史的獨特性如何能夠呈現呢？

治中國社會歷史研究多年的秦暉曾經提出了一個耐人尋味的觀點：當前中國學術一方面在反對西方的所謂「文化殖民」，另外一方面卻又常常陷入到外來的「問題」圈套之中，形成有趣的「問題殖民」現象。〔註 17〕我理解，這裡的「問題殖民」就是脫離開我們自己的歷史文化環境，將他者研討中國提出來的問題（包括某些讚賞中國「特殊價值」的問題）當作我們自己的問題，從而在竭力掙脫西方話語的過程中再一次落入到他者思維的窠臼。如何才能打破這種反反覆復、層層疊疊的他者的圈套呢？我以爲唯一的出路便是敢於拋開一些令人眼花繚亂的解釋框架，面對我們自己的歷史處境，感受我們自己的問題，對中國現代文學的研究而言，就是要在「民國」的社會歷史框架中醞釀和提煉我們的學術感覺，這當然不是說從此固步自封，拒絕外來的思想和方法，而是說所有的思想和方法都必須在民國歷史的事實中接受檢驗，只有最豐富地對應於民國歷史事實的理論和方法才足以成爲我們研究的路徑，才能最後爲我所用。在中國現代文學研究領域，並沒有異域學者所總結完成的「中國方法」，而只有在民國「作爲方法」取得成傚之後的具體的認知，也就是說，是「作爲方法的民國」眞正保證了「作爲方法的中國」。下述幾個中國現代文學研究中影響較大、也爭論較大的理論框架，莫不如此。

例如，在描述中國歷史從封建帝國轉入現代國家的時候，人們常常使用「民族國家」這一概念，中國現代文學也因此被視作「現代民族國家文學」，不斷放大「民族國家」主題之於中國現代文學的意義：「在抗戰文學中，由於抗日民族統一戰線的建立，民族國家成爲了一個集中表達的核心的、甚至唯一的主題。」〔註 18〕甚至稱：「『五四』以來被稱之爲『現代文學』的東西其實是一種民族國家文學。」〔註 19〕這顯然都不符合中國現代文學在「民國」

〔註 17〕http：//www.360doc.com/content/10/0626/01/875791_35273755.shtml

〔註 18〕曠新年：〈民族國家想像與中國現代文學〉，《文學評論》第 1 期，2003 年。

〔註 19〕劉禾：《文本、批評與民族國家文學——〈生死場〉的啓示》，1 頁，北京大學出版社，2007 年。對中國現代文學研究中民族國家理論的檢討，已有學者提出過重要的論述，如張中良《中國現代文學的「民族國家」問題》，臺灣花木蘭文化出版社，2012 年。

的歷史事實，不必說五四新文學運動恰恰質疑了無條件的「國家認同」，民國時期文學前十年「國家主題」並不占主導地位，出現了所謂「民族國家意識的延宕與缺席」現象，〔註 20〕第二個十年間的「民族主義」觀念也一再受到左翼文學陣營的抨擊，就是抗日戰爭時期的文學，也不像過去文學史所描繪的那麼主題單一，相反，多主題的出現，文學在豐富中走向成熟才是基本的事實。不充分重視「民國」的豐富意義就會用外來概念直接「認定」歷史的性質，從而形成對我們自身歷史的誤讀。

　　文學的「民國」不僅含義豐富，也不適合於被稱作是「想像的共同體」。近年來，美國著名學者本尼狄克特‧安德森關於民族國家的概括──「想像的共同體」廣獲運用，借助於這一思路，我們描繪出了這樣一個國家認同的圖景：中國知識分子從晚清開始，利用報紙、雜誌、小說等媒體空間展開政治的文化的批判，通過這一空間，中國人展開了對「民族國家」的建構，使國民獲得了最初的民族國家認同。誠然，這道出了「帝國」式微，「民國」塑形過程之中，民眾與國家觀念形成的某些狀況，但卻既不是中華民族歷史演變的眞相，〔註 21〕也不是現實意義的民國的主要的實情，當然更不是「文學民國」的重要事實。現實意義的民國，在一個相當長的時間裏，依然處於殘留的「帝國」意識與新生的「民國」意識的矛盾鬥爭之中，專制集權與民主自由此漲彼消，黨國觀念與公民社會相互博弈，也就是說，「國家與民族」經常成爲統治者鞏固自身權利的重要的意識形態選擇，與知識分子所要展開的公眾想像既相關又矛盾。在現實世界上，我們的國家民族觀念常常來自於政治強權的強勢推行，這也造成了

〔註 20〕李道新在剖析民國電影文化時指出：「南京國民政府成立以前，亦即從電影傳入中國至 1927 年之間，中國電影傳播主要訴諸道德與風化，基本無關民族與國家。民族國家意識的延宕與缺席，與落後保守的價值導向及混亂無序的官方介入結合在一起，使這一時期的中國電影幾乎處在一種特殊的無政府狀態，並導致中國電影從一開始就陷入目標／效果的錯位與傳者／受眾的分裂之境。」（李道新：〈民族國家意識的延宕與缺席：南京國民政府成立前中國電影的傳播制度及其空間拓展〉，《上海大學學報》第 3 期，2011 年。）這樣的觀察其實同樣可以啓發我們的文學研究。

〔註 21〕關於中華民族及統一國家的形成如何超越「想像」，進入「實踐」等情形，近來已有多位學者加以論證，如楊義、邵寧寧：〈描繪中國文學地圖──楊義訪談錄〉（《甘肅社會科學》第 5 期，2004 年）、郝慶軍：〈反思兩個熱門話題：「公共領域」與「想像的共同體」〉（《中國現代文學研究叢刊》第 5 期，2005 年）、吳曉東：〈「想像的共同體」理論與中國理論創新問題〉（《學術月刊》第 2 期，2007 年）等。

知識分子國家民族認同的諸多矛盾與尷尬，他們不時陷落於個人理想與政治強權的對立之中，既不能接受強權的思想干預，又無法完全另立門戶，總之，「想像」並不足以獨立自主，「共同體」的形成步履艱難，「文學的民國」對此表述生動。這裡既有胡適「只指望快快亡國」的情緒性決絕，〔註22〕有魯迅對於民族國家自我壓迫的理性認識：「用筆和舌，將淪爲異族的奴隸之苦告訴大家，自然是不錯的，但要十分小心，不可使大家得著這樣的結論：『那麼，到底還不如我們似的做自己人的奴隸好。』」〔註23〕也有聞一多輾轉反側，難以抉擇的苦痛：「我來了，我喊一聲，迸著血淚， ╱『這不是我的中華，不對，不對！』」「我來了，不知道是一場空喜。 ╱我會見的是噩夢，那裡是你？ ╱那是恐怖，是噩夢掛著懸崖， ╱那不是你，那不是我的心愛！」〔註24〕

　　總之，進入文學的民國，概念的迷信就土崩瓦解了。

　　也有學者試圖對外來概念進行改造式的使用，這顯然有別於那種不加選擇的盲目，不過，作爲「民國」實際的深入的檢驗工作也並沒有完成，例如近年來同樣在現代文學研究界流行的「公共空間」（「公共領域」）理論。在西歐歷史的近現代發展中，先後出現了貴族文藝沙龍、咖啡館、俱樂部一類公共聚落，然後推延至整個社會，最終形成了不隸屬於國家官僚機構的民間的新型公共社區，這對理解西方近代社會歷史與精神生產環境都是重要的視角。不過，眞正「公共空間」的形成必須有賴於比較堅實的市民社會的基礎，尙未形成眞正的市民社會的民國，當然也就沒有眞正的公共空間。〔註25〕可能正是考慮到了民國歷史的特殊性，李歐梵先生試圖對這一概念加以改造，他以「批判空間」替換之，試圖說明中國近現代知識分子也正在形成自己的「公共性」的輿論環境，他以《申報·自由談》爲例，說明：「這個半公開的園地更屬開創的新空間，它

〔註22〕胡適〈你莫忘記〉有云：「你莫忘記： ╱你老子臨死時只指望快快亡國： ╱亡給『哥薩克』， ╱亡給『普魯士』 ╱都可以」。

〔註23〕魯迅：《且介亭雜文末編·半夏小集》，《魯迅全集》6 卷，617 頁，人民文學出版社，2005 年。

〔註24〕聞一多詩歌：〈發現〉。

〔註25〕對此，哈貝馬斯具有清醒的認識，他認爲，不能把「公共領域」這個概念與歐洲中世紀市民社會的特殊性隔離開，也不能隨意將其運用到其它具有相似形態的歷史語境中。（參見哈貝馬斯：《公共領域的結構轉型》初版序言，曹衛東譯，學林出版社，1999 年。）中國學者關於「公共領域」理論在中國運用的反思可以參見張鴻聲：〈中國的「公共領域」及其它──兼論現代城市文學研究的本土化〉，《首都師範大學學報》第 6 期，2006 年。

至少為社會提供了一塊可以用滑稽的形式發表言論的地方。」魯迅為《自由談》
欄目所撰文稿也成為李歐梵先生考辨的對象，並有精彩的分析，然而，論者突
然話鋒一轉：「因為當年的上海文壇上個人恩怨太多，而魯迅花在這方面的筆墨
也太重，罵人有時也太過刻薄。問題是：罵完國民黨文人之後，是否能在其壓
制下爭取到多一點言論的空間？就《偽自由書》中的文章而言，我覺得魯迅在
這方面反而沒有太大的貢獻。如果從負面的角度而論，這些雜文顯得有些『小
氣』。我從文中所見到的魯迅形象是一個心眼狹窄的老文人，他拿了一把剪刀，
在報紙上找尋『作論』的材料，然後『以小窺大』，把拼湊以後的材料作為他立
論的根據。事實上他並不珍惜——也不注意——報紙本身的社會文化功用和價
值，而且對於言論自由這個問題，他認為根本不存在。」「《偽自由書》中沒有
仔細論到自由的問題，對於國民黨政府的對日本妥協政策雖諸多非議，但又和
新聞報導的失實連在一起。也許，他覺得真實也是道德上的真理，但是他從報
屁股看到的真實，是否能夠足以負荷道德真理的真相？」〔註 26〕其實，魯迅對
「自由」的一些理論和他是否參與了現代中國「批判空間」的言論自由的開拓
完全是兩碼事。實際的情況是，在民國時代的專制統治下，任何自由空間的開
拓都不可能完全是「輿論」本身的功效，輿論的背後，是民國政治的高壓力量，
魯迅的敏感，魯迅的多疑，魯迅雜文的曲筆和隱晦，乃至與現實人事的種種糾
纏，莫不與對這高壓環境的見縫插針般的戳擊有關。當生存的不自由已經轉化
成為「日常生活」的一部分（所謂「報屁股看到的真實」），成為各色人等的「無
意識」，點滴行為的反抗可能比長篇大論的自由討論更具有「自由」的意味。這
就是現代中國的基本現實，這就是民國輿論環境與文學空間所具有的歷史特
徵。對比晚清和北洋軍閥時代，李歐梵先生認為，1930 年代雖然「在物質上較
晚清民初發達，都市中的中產階級讀者可能也更多，咖啡館、戲院等公共場所
也都具備」，但公共空間的言論自由卻反而更小了。原因何在呢？他認為在於像
魯迅這樣的左翼「把語言不作為『中介』性的媒體而作為政治宣傳或個人攻擊
的武器和工具，逐漸導致政治上的偏激文化（radicalization），而偏激之後也只
有革命一途」。〔註 27〕這裡涉及對左翼文化的反思，自有其準確深刻之處，但是，

〔註 26〕李歐梵：〈「批評空間」的開創——從《申報》「自由談」談起〉，見《現代性
　　　　的追求》，19、20 頁，三聯書店，2000 年。
〔註 27〕李歐梵：〈「批評空間」的開創——從《申報》「自由談」談起〉，見《現代性
　　　　的追求》，21 頁，三聯書店，2000 年。

就像現代中國社會的諸多「公共」從來都不是完全的民間力量所打造一樣，言論空間的存廢也與政府的強力介入直接關聯，左翼文化的鋒芒所指首先是專制政府，而對政府專制的攻擊，本身不也是一種擴大言論自由的有效方式？

作爲方法的民國，意味著持續不斷地返回中國歷史的過程，意味著對我們自身問題和思維方式的永遠的反省和批判，只有這樣，我們的中國現代文學研究才是眞正屬於自己的。

三

「民國作爲方法」既然是在自覺尋找中國現代文學研究「自己的方法」的意義上提出來的，那麼，它究竟如何才能成爲一種與眾不同的「方法」呢？或者說，它對中國現代文學研究具體有哪些著力點與可能開拓之處呢？我認爲至少有這樣幾個方面的工作可以開展：

首先是爲「中國」的學術研究設立具體的「時間軸」。也就是說，所謂學術研究的「中國問題」不應該是籠統的，它必須置放在具體的時間維度中加以追問，是「民國」時期的中國問題還是「人民共和國」時期的中國問題？當然，我們曾經試圖以「現代化」、「現代性」這樣的概念來統一描述，但事實是，兩個不同的歷史階段有著相當多的差異性，特別是作爲精神現象的文學，在生產方式、傳播接受方式及作家的生存環境、寫作環境、文學制度等等方面都更適合分段討論。新時期文學曾經被類比爲五四新文學，這雖然一度喚起了人們的「新啓蒙」的熱情，但是新時期究竟不是「五四」，新時期的中國知識分子也不是「五四」一代的陳獨秀、胡適與周氏兄弟，到後來，人們質疑 1980 年代，質疑「新啓蒙」，連帶五四新文化運動一起質疑，問題是經過一系列風起雲湧的體制變革和社會演變，「五四」怎麼能夠爲新時期背書？就像民國不可能與人民共和國相提並論一樣；也有將「文革」追溯到「五四」的，這同樣是完全混淆了兩個根本不同的歷史文化情境。在我看來，今天的中國現當代文學研究，尚需要在已有的「新文學一體化」格局中（包括影響巨大的「20 世紀中國文學」）重新區隔，讓所謂的「現代」和「當代」各自歸位，回到自己的歷史情境中去，這不是要否認它們的歷史聯繫，而是要重新釐清究竟什麼才是它們眞正的歷史聯繫。研究中國現代文學，就必須首先回到民國歷史，將中國現代文學作爲民國時期的精神現象。晚清盡頭是民國，民國盡頭是人民共和國，各自的歷史場景講述著不同的文學故事。

　　其次是「中國」的學術研究也必須落實到具體的「空間場景」。「空間和時間是一切實在與之相關聯的架構。我們只有在空間和時間的條件下才能設想任何真實的事物。」〔註28〕民國及其複雜的空間分佈恰恰為我們重新認識中國問題的複雜性提供了基礎。在過去一個相當長的時期內，我們習慣將中國的問題置放在種種巨大的背景之上，諸如「文藝復興」、「啓蒙與救亡」、「中外文化衝撞與融合」、「中國傳統文化」、「現代化」、「走向世界文學」、「全球化」、「現代民族國家進程」等等，這固然確有其事，但來自同樣背景的衝擊，卻在不同的區域產生了並不相同的效果，甚至有些區域性的文學現象未必就與這些宏大主題相關。詩人何其芳在四川萬縣的偏遠山區成長，直到1930年代「還不知道五四運動，還不知道新文化，新文學，連白話文也還被視為異端」。〔註29〕這對我們文學史上的五四敘述無疑是一大挑戰：中國的現代文化進程是不是同一個知識系統的不斷演繹？另外一個例證也可謂典型：我們一般都把白話新文學的產生歸結到外來文化深深的衝擊，歸結到一批留美留日學生的新式教育與人生體驗，所以「走異路，逃異地」的魯迅於1918年完成了〈狂人日記〉，留下了中國現代文學史上第一篇白話小說，但跳出這樣的中／西大敘事，我們卻可以發現，遠在內部腹地的成都作家李劼人早在尚未跨出國門的1915年就完成了多篇新式白話小說，這裡的文化資源又是什麼？

　　中國的學術問題並不產生自抽象籠統的大中國，它本身就來自各個具體的生活場景，具體的生存地域。有學者對民國文學研究不無疑慮，因為民國不同於「一體化」的人民共和國，各個不同的政治派別、各個不同的區域差異比較明顯，更不要說如抗戰時期的巨大的政權分割（國統區、解放區及淪陷區）了，這樣一個「破碎的國家」能否方便於我們的研究呢？在我看來，破碎正是民國的特點，是這一歷史時期生存其間的中國人（包括中國知識分子）的體驗空間，只要我們不預設一些先驗的結論，那麼針對不同地域、不同生存環境的文學敘述加以考察，恰恰可以豐富我們的歷史認識。一個生存共同體，它的魅力並不是它對外來衝擊的傳播速度，而是內部範式的多樣性和豐富性，這就是我們所謂的「地方性知識」。民國時期的「山河破碎」，正好為各種地方性知識的生長創造了條件，如果能夠充分尊重和發掘這些地方性知識視野中的精神活動與文學創造，那麼中國的現代文學研究也將再添不少新的話題、新的意趣。

〔註28〕（德）恩斯特・卡西爾：《人論》，73頁，甘陽譯，西苑出版社，2003年。
〔註29〕方敬、何頻伽：《何其芳散記》，22頁，四川教育出版社，1990年。

　　「破碎」的民國給我們的進一步的啓發可能還在於：區域的破碎同時也表現爲個人體驗的分離與精神趣味的多樣化。當代中國的大眾文化曾經出現了所謂的「民國熱」，在我看來，這種以時尚爲誘導、以大眾消費爲旨歸，充滿誇張和想像的「熱」需要我們深加警惕，絕不能與嚴肅的歷史探詢相混淆。其中唯一值得肯定的便是某種不滿於頹靡現狀，試圖在過去發掘精神資源的願望。今天的人們也或多或少地感佩於民國時代知識分子精神狀態的多樣性，如魯迅、陳獨秀、胡適一代新文化創造者般的不完全受縛於某種體制的壓力或公眾的流俗的精神風貌。〔註30〕的確，中國現代作家精神風貌的多姿多彩與文學作品意義的多樣化迄今堪稱典範，還包括新／舊、雅／俗文學的多元並存。對應於這樣的文學形態，我們也需要調整我們固有的思維模式，未來，如果可能完成一部新的文學發展史的話，其內容、關注點和敘述方式都可能與當今的文學史大爲不同。

　　第三，「作爲方法的民國」的研究並不同於過去一般的歷史文化與文學關係的研究，有著自己獨立的歷史觀與文學觀。中國現代文學研究不乏從歷史背景入手的學術傳統，包括傳統文學批評中所謂的「知人論世」，包括中國式馬克思主義的社會歷史批評，也包括新時期以後的文化視角的文學研究。應該說，這三種批評都是有前提的，也就是說，都有比較明確、清晰的對歷史性質的認定，而文學現象在某種意義上都必須經過這一歷史認識的篩選。「知人論世」往往轉化爲某種形式的道德批評，倫理道德觀是它篩選歷史現象的工具；中國式馬克思主義的社會歷史批評在新中國建立後相當長的時間中表現爲馬克思主義普遍原理的運用，有時難免以論帶史的弊端；文化視角的文學研究曾經爲我們的研究打開了許多扇門與窗，但是這樣的文化研究常常是用文學現象來證明「文化」的特點，有時候是「犧牲」了文學的獨特性來遷就文化的整體屬性，有時候是忽略了作家的主觀複雜性來遷就社會文化的歷史客觀性——總之，在這個時候，作爲歷史現象的文學本身往往並不是我們呈現的對象，我們的工作不過是借助文學說明其它「文化」理念，如通過不同地域的文學創作證明中國區域文化的特點，從現代作家的宗教情趣中展示各大宗教文化在中國的傳播，利用文學作品的政治傾向挖掘現代政治文化在文學中的深刻印記等等。

〔註30〕丁帆先生另有「民國文學風範」一說可以參考，他說：「我所指的『民國文學風範』就是五四新文學傳統，特指五四前後包括俗文學在內的『人的文學』內涵。」見丁帆：〈「民國文學風範」的再思考〉，《文藝爭鳴》第 7 期，2011 年。

　　「作爲方法的民國」就是要尊重民國歷史現象自身的完整性、豐富性、複雜性，提倡文學研究的歷史化態度。既往的中國現代文學研究充斥了一系列的預設性判斷，從最早的「中國新文學是反帝反封建的文學」、「五四新文學運動實施了對舊文學摧枯拉朽般的打擊」、「中國現代文學的發展與歷史的進步方向相一致」，到新時期以後「中國現代文學是走向世界的文學」、「中國現代文學是現代性的文學」、「20 世紀中國文學的總主題是改造民族靈魂，審美風格的核心是悲涼」等等。在特定的時代，這些判斷都實現過它們的學術價值，但是，對歷史細節的進一步追問卻讓我們的研究不能再停留於此，比如回到民國語境，我們就會發現，所謂「封建」一說根本就存在「名實不符」的巨大尷尬，文學批評界對「封建」的界定與歷史學界的「封建」含義大相徑庭，「反封建」在不同階段的眞實意義可能各各不同；已經習用多年的「進步作家」、「進步文學」究竟指的是什麼，越來越不清楚，在包括抗戰這樣的時期，左右作家是否涇渭分明？所謂「右翼文學」包括接近國民黨的知識分子的寫作是不是一切都以左翼爲敵，它有沒有自己獨立的文學理想？國民黨專制文化是否鐵板一塊，其內部（例如對文學的控制與管理）有無矛盾與裂痕？共產黨的革命文學是否就是爲反對國民黨和「舊社會」而存在，它和國民黨的文學觀念有無某些聯通之處？被新文學「橫掃」之後的舊派文學是不是一蹶不振，漸趨消歇？因爲，事實恰恰相反，它們在民國時代獲得了長足的發展，並演化出更爲豐富的形態，這是不是都告訴我們，我們先前設定的文學格局與文學道路都充滿了太多的主觀性，不回到民國歷史的語境，心平氣和地重新觀察，文學中國（文學民國）的實際狀況依然混沌。

　　這就是我們主張文學研究「歷史化」，反對觀念「預設」的意義。當然，反對「預設」理念並不等於我們自己不需要任何理論視角，而是強調新的研究應該比以往任何時候都尊重民國社會歷史本身的實際情形，研究必須以充分的歷史材料爲基礎，而不應當讓後來的歷史判斷（特別是極左年代的民國批判概念）先入爲主，同時，時刻保持一種自我反思、自我警醒的姿態。回到民國，我們的研究將繼續在歷史中關注文學，政治、經濟、法律、教育等等議題都應當再次提出，但是與既往的研究相比，新的研究不是對過去的拾遺補缺，不是如先前那樣將文學當作種種社會文化現象的例證，相反，是爲了呈現文學與文化的複雜糾葛，不再執著於概念轉而注重細節的挖掘與展示。例如「經濟」不是一般的政治經濟學原理，而是具體的經濟政策、經濟

模式與影響文學文化活動的經濟行為，如出版業的運作、經濟結算方式；「政治」也不僅僅是整體的政治氛圍概括，而是民國時期具體的政治形態與政治行為，憲政、政黨組織形式，官方的社會控制政策等等；在文學一方面，也不是抽取其中的例證附著於相應的文化現象，而是新的創作細節、文本細節的全新發現。回到文學民國的現場，不僅是重新理解了民國的文化現象，也是深入把握了文學的細節，這是一種「雙向互犁」的研究，而非比附性的論證說明。例如茅盾創作《子夜》，就絕非一個簡單的「中國道路」的文學說明，它是 1930 年代中國經濟危機、社會思想衝突與茅盾個人的複雜情懷的綜合結果。解析《子夜》決不能單憑小說中的理性表述與茅盾後來的自我說明，也不能套用新民主主義論的現成歷史判斷，而必須回到「民國歷史情境」。在這裡，國家的基本經濟狀況究竟如何，世界經濟危機與民國政府的應對措施，各種經濟形態（外資經濟、民營經濟、買辦經濟等）的真實運行情況是什麼，社會階層的生存狀況與關係究竟怎樣，中國現實與知識界思想討論的關係是什麼，文學家茅盾與思想界、政治界的交往，茅盾的深層心理有哪些，他的創作經歷了怎樣的複雜過程，接受了什麼外來信息和干預，而這些干預又在多大程度上改變了茅盾，茅盾是否完全接受這些干預，或者說在哪一個層次上接受了、又在哪一個層次上抵制了轉化了，作家的意識與無意識在文本中構成怎樣的關係等等，這樣的「矛盾綜合體」才是《子夜》，「回到民國歷史」才能完整呈現《子夜》的複雜意義。

民國作為方法，當然不會拒絕外來的其它文學理論與批評視角，但是，正如前文所說，這些新的理論與批評不能理所當然就進入中國現代文學研究之中，它必須能夠與文學中國——民國時期的文學狀況相適應，並不斷接受研究者的質疑和調整。例如，就我們闡述的歷史與文學互通、互證的方法而言，似乎與歐美的近半個世紀以來的「文化研究」頗多相近，因此不妨從中有所借鑒，但是，在另外一方面，我們必須認識到，歐美的「文化研究」的具體問題——如階級研究、亞文化研究、種族研究、性別研究、大眾傳媒研究等——都來自與中國不同的環境，自然不能簡單移用。對於我們而言，更重要的可能就是一種態度的啟示：打破了文學與各種社會文化之間的間隔，在社會文化關係版圖中把握文學的意義，文學的審美個性與其中的「文化意義」交相輝映。

作為方法的民國，昭示的是中國現代文學研究「學術自主」的新可能，

它不是漂亮的口號，而是迫切的學術願望，不是招搖的旗幟，而是治學的態度，不是排斥性的宣示，而是自我反思的眞誠邀請，一句話，還期待更多的研究者投入其中，以自己尊重歷史的精神。

自 序

　　本書是我的博士論文。加上導言、結語部分，一共六章，實際上是四章，而可讀的也就那麼一兩章──就此打住，我不想教導讀者。而之所以全部交出，一個是，回頭看來，我常常被其中零星的句子吸引，這當然有敝帚自珍的成分；二呢，這是我拉雜了七八年的一個寫作過程，對錯與否，完整與否，站不站得住腳，都是我的思考，我的與魯迅的聊天，說得更矯情一點，是我的生命的一部分。然而，自 2012 年畢業以來，大體上是沒有按照答辯會上各位師長的意見做較大的改動的。較長的讀書生活讓我的理想世界與現實社會進行著長久的對峙，而且那個漫長而美好的嬌滴滴的「迷花倚石」的清華時光還給我了一種任意、執拗、落拓的生活習慣，至今俺也學不會「擠海綿」的辦法。所以，這本博士論文跟隨工作出差、租房搬家，原封不動放了好幾年，似乎已經依稀聞得到一點腐臭味。這大概很令幾個常常關心問詢的長輩和好友失望的。

　　然而，儘管令人失望，仍然會時時掛念，想要做新的事情之前，總是會想，先把博士論文改出來再說。於是，它漸漸地變成了我繼續前行的絆腳石似的。而且，這些年也彷彿從仗劍天涯的瀟灑少年變成了「八節灘頭上水船」的中年苦漢，親故的離去、所遇的尷尬、價值的錯位，一忽兒震驚，一忽兒沉淪，沉淪到不可救藥，只好無聊爬起來。納博科夫說，死亡是個老套的話題，但面臨到每個人頭上時都很新鮮（fresh）。從人生體驗上說，這個「新鮮」冷酷而殘忍，但從藝術上講，得把「新鮮」轉換成別的什麼爽快的東西才能罷休。那麼，就從把這本書作為生命中的一次「打結」開始吧──據說原始人是靠結繩紀事的──「打結」是終結，是祭奠，也是新的開端。

　　關於魯迅，昨晚一個初中同學還告訴我，她記得那時不知我在哪裡弄到一本小冊子叫做《吶喊》，在貧瘠的農村紅磚牆下細細地讀，一副看起來很深刻的樣子。我聽了覺得詫異又羞愧，笑對她說：你看，我從小就裝十三，到現在依然樂此不疲。嗯，人的命運大概就是這樣：你的秉性、經驗，冥冥中都能在人世中找到一個好兄弟，雖然，這隨時有謬託知己的嫌疑。記得博士畢業時，我在論文致謝裏說過「前路未央，有大先生攜行，故沉著勇猛，欣欣然前往」之類的話，顯然，這話也同樣適用將來，儘管，臉上可能常常未必「欣欣然」。

　　畢業之後，歲月蹉跎，加上為人被動，我也就自然而然地脫離了所謂「學術圈」。在這裏，十分感謝李怡先生於偶然的機會熱情推介並慨然應諾，最終促成本書的出版。但凡以後我還繼續所謂「學術」，也是為回響這些淡水之交的「義人」們。

　　最後，將這本書獻給一對終結了苦勞的中國農民：我的外公趙孝言先生，外婆丁配珍女士，他們分別逝世於 2000 年，2013 年，生年 69 歲，84 歲。我曾在他們的懷抱中長大。

2015 年 8 月於北京安慧里

目

次

第一章 引言：「作爲表象的魯迅」
——《故事新編》與文學

　　竹內好曾經有過這樣的句子評價魯迅文學，雖然表達上極盡曲折，但卻時常引起筆者的感同：

> 作爲表象的魯迅，只是個徹頭徹尾的啓蒙者，除此之外什麼都不是。〔註1〕

> 魯迅不是有體系的思想家。他既沒有文學論，也沒有文學史（他的主要著作之一《中國小說史略》，是文獻考證加作品評價，並不是歷史）。他的小說是詩歌式的，評論也是感性的。他在氣質上，也和憑藉概念來思考緣分甚遠。做類推而不做演繹，有直觀卻無構成。他不擅長以目的和方法來對應世界，也就是缺乏立場這種東西。然而，這又並不是因爲他所處的位置曖昧模糊的緣故。對待刺激的反應總是保持一定，這充分顯示著他的強烈的個性。只是由於他不做自我主張，因而不能對象化地捕捉到他的位置。規定他是什麼很難，但規定他不是什麼卻很容易。〔註2〕

> 無論取任何部分，都會觸及他的本質，可是無論哪一部分又都不包含他的全部，這樣的存在方式不仍然有特殊的形式嗎？如果從狹義上講作家的意思，魯迅絕不是優秀的作家。他自己比任何人都

〔註1〕 竹內好著：《近代的超克》，李冬木等譯，三聯書店，2005 年版，第 143 頁。
〔註2〕 竹內好著：《近代的超克》，李冬木等譯，三聯書店，2005 年版，第 146～147頁。

承認這一點。但是他的生存方式，遠比其它諸多優秀作家的作品能
打動我的心。〔註3〕

　　魯迅曾在 1927 年的《怎麼寫——夜記之一》中說：「寫什麼是一個問題，
怎麼寫又是一個問題」。接著他又說：「但我想，散文的體裁，其實是大可以
隨便的，有破綻的也不妨。做作的寫信和日記，恐怕也還不免有破綻，而一
有破綻，便破滅到不可收拾了。與其防破綻，不如忘破綻。」〔註4〕也就是
說，在寫作上（不僅僅是「散文」），魯迅一方面生活在漢語突變更新的時代，
另一方面他也自覺地放棄了寫作章法上的過多束縛，通過「忘破綻」的方式
實現文體和思想上的自由。寬泛地說，魯迅的諸樣新的文體，都因其相對不
封閉的空間，從而具備了「散文」的特質。在薩義德的音樂筆記中，他這樣
闡述音樂的演奏和文學之間的關係，我想同樣適用於我們去思考魯迅的諸種
文體內部的某些紛繁錯落的因素：

　　　　最偉大的演奏能夠提供散文那種無比珍貴的陳述和有力的詮
　　釋；散文是一種光輝被史詩和悲劇的宏大結構掩蓋的文學形式。散
　　文如同獨奏會，是偶發的，也是重視再創造，而且是個人的。散文
　　家，如同鋼琴家，以既有的東西為素材：那些藝術作品永遠值得再
　　來一次嚴謹、帶著反思的解讀。這兩個類型在根本上都有一種輕便
　　（sportiness），這輕便使它們維持誠實，以及保持活力。〔註5〕

　　這或許是魯迅創作的特色或者他努力嘗試的創作路徑，當然也是魯迅的
作品的跳躍和難解之處。尤其是到了《故事新編》結集後，研究者甚至很難
說清文體的變異及其內核，於是，就連他「寫什麼」了這個問題也難以解決，
更不用說他是「怎麼寫」出來的了。

　　關於「寫什麼」，我們已經能夠從魯迅作品誕生以來對其藝術成就和思想
「體系」的分析中找到答案。雖然答案各有不同，然而，基本上自成一說。
就其文學意義而言，魯迅語言就好比是「旅隼」，它帶領著作品的意蘊而飛翔，
並使人們看到了在那個特定年代裏，魯迅在文學上所達到的藝術成就。至於
「如何寫」，按照傳統的說法，在文學研究方式上，是古老的「作家論」，人

〔註3〕竹內好：《魯迅入門》《從「絕望」開始》，靳叢林編譯，北京：三聯書店，2013
　　　　年版，第 148 頁。
〔註4〕《魯迅全集》第 4 卷，北京：人民文學出版社，1981 年版，第 18～25 頁。
〔註5〕薩義德：《追憶鋼琴家的颱風和藝術》，《音樂的極境》，彭淮棟譯，南京：江
　　　　蘇文藝出版社，2012 年版，第 25 頁。

們對於作家如何產生這般的作品還是充滿了敬畏，因爲敬畏，因而賦予了一廂情願地猜測和先見。這些都容易將魯迅每在新的時代裏樹立起新的「鑴像」。或者還有一種更爲可怕的態度，因爲時代的種種擠壓交迫，魯迅的文學被時而擡高，時而貶低，以至於人們開始面對魯迅在這個年代看起來跌宕顛簸的文字，表現出了沉默或者不屑。

王瑤先生在 1980 年發表過關於現代文學研究的討論，他認爲文學研究須以文學現象爲基礎，需在一個個生動的文學現象中去發掘文學史上的典型。「文學史必須分析具體豐富的文學歷史現象，它的規律是滲透到現象之中的，而不是用抽象的概念形式體現的；因此必須找出最能充分反映本質的現象，從文學現象的具體面貌來體現文學的發展規律」。他又舉例說魯迅的文學史研究「善於捕捉帶普遍性的能夠反映本質意義的典型現象」，故而以文學現象爲符號，來解讀文學史及其特點〔註6〕。正如相對偏激的竹內好所說，魯迅的文學史研究並不構成「史」，他的文學作品「表象性」十分具足。因此，要對魯迅的寫作及其文學加以研究，就必須將之放置在眾多的歷史現象之中，並且能夠把握其典型的現象及各種關係。這是一種用魯迅的方式來闡釋魯迅及其文學的方法。這種方法一方面能夠避免「以論代史」的毛病，同時也避免了所謂「以史代論」的平面鋪寫。

正是基於文學性的理解，我們在闡釋魯迅作品的同時，也不可能實現一個封閉的體系性構建。尤其是對作品「如何寫」這樣一個包含了各種可能性的考察方式。在思想和文體上都深刻影響了魯迅的哲人尼采有言：「構造體系的意志是一種不誠實的表現」〔註7〕。對於《故事新編》的文學研究，筆者亦打算仍然以敞開的方式在這個「無心」之外尋求解讀。無論如何，這種研究所抵達的不可能是一勞永逸的結論，而是朦朧之中的卻實在的存在。而眞正的寫作者，應該是面向內的，文學研究，尤其是作家研究中的「怎麼寫」，也不過是捕風捉影，衍伸原有作品的空間而已。這點，在普魯斯特那裏可得到些許的印證：

> 我們搜集到有關其人的外在情況、表現在社會上的趣聞軼事、細枝末節都不可能幫助我們理解他在靈感來臨時寫下的一切，也不

〔註6〕王瑤：《關於中國現代文學研究工作的隨想——在中國現代文學研究會學術討論會上的發言》，《中國現代文學研究叢刊》，1980 年第 4 期。

〔註7〕〔德〕尼采：《偶像的黃昏——或怎樣用錘子作哲學思考》，周國平譯，湖南人民出版社，1987 年版，第 8 頁。

會使我們與他內心深處創造天才有所溝通，因爲天才的話語是獨一無二的，只有在孤獨中才向外傾訴。〔註8〕

但是在藝術領域（至少按科學的本義而言），並不存在什麼創始者，前驅者之類。因爲一切皆在個人之中，任何個人都是以個人爲基點去進行藝術或文學求索的；前人的作品並不像在科學領域那樣構成爲既定的眞理由後繼者加以利用。在今天，一位天才作家必須一切從頭開始，全面創建。他並不一定比荷馬更爲先進。〔註9〕

於是通過作品所得到的闡釋，常常又可能面臨著竹內好這樣的無奈和警告：

我認爲完結了的這個人，是不是意外地並不在那裏呢？我本來當初就沒打算憑藉語言去爲魯迅造型。那是不可能的。告訴我這不可能的，不是別人，正是魯迅。我只想用語言來爲魯迅定位，用語言來充塡魯迅所在之周圍。〔註10〕

同樣，作爲企圖對魯迅文學作品的闡釋者，筆者擬採取的仍然是一種敞開的視角。因爲魯迅的文學似乎強烈地要求我這麼去做。在這裏可以借用魯迅的一句關於「革命」的話語來面對魯迅文學的闡釋：「革命無止境，倘使世上眞有什麼「止於至善」，這人間世便同時變了凝固的東西了。」〔註11〕

那麼，如何面臨闡釋文學、魯迅文學，乃至魯迅文學之中最爲複雜的《故事新編》，是一個具有挑戰性的過程。《故事新編》歷時很長，是魯迅自《狂人日記》到他去世的整個作家生涯十八年中的十三年（1922～1935）。這更加增添了對於創作者在時空的不斷轉換中如何積纍、孕育出這樣的寫作成果的考察難度。對於魯迅的《故事新編》的語言及其思維，我擬將落腳點放在開放性的空間裏，用尼采的話說，其中的力量所在就是它的「超脫性」和「缺陷性」：

〔註8〕 〔法〕皮埃爾·克拉拉克：《原編者說明》，普魯斯特：《駁聖伯夫》，王道乾譯，上海譯文出版社，2007年版，第306頁。

〔註9〕 〔法〕普魯斯特：《駁聖伯夫》，王道乾譯，上海譯文出版社，2007年版，第72頁。

〔註10〕 〔日〕竹內好：《近代的超克》，李冬木等譯，北京：三聯書店，2005年版，第104頁。

〔註11〕 魯迅：《黃花節的雜感》，《魯迅全集》，第3卷，《而已集》，北京：人民文學出版社，1981年版，第410頁。

　　不看見自己和忘記自己，是受難者的醉心的大樂。那時世界於
我好像是醉心的大樂和自我忘卻。

　　那時世界對於我好像是：——永久矛盾之永久缺陷的標本，
——缺陷的造物者一種醉心的大樂。〔註12〕

　　不僅在散文中，魯迅的文學品格往往是「離奇而蕪雜」（《朝花夕拾》序）
的，同時，這種「蕪雜」性常常所暴露出來的行文邏輯和思維深度，又使人
很容易對他文字中的哲學部分感興趣，正如對待尼采文字，在用純粹哲學的
思路加以闡釋的情況下，往往丟失了他的文字中本身的美感所帶來的哲學上
的張力的暗弱一樣，魯迅的內涵的哲學（或者思想）也不能僅僅地通過某種
哲學上的思維來展示它，因此，與其說這是魯迅的文學，毋寧說是他的語言。
在魯迅的作品中，丟棄任何一樣都不能說是他的文學，反之，也不能說是他
的哲學。

　　除此之外，閱讀魯迅《故事新編》時，還要注意它的在時間上的斷裂性，
也就是文學研究中強調的「歷史性」。雖然從題材上來說，他們具有一致的特
點，然而，從更深廣的層面上說，《故事新編》的八篇小說各有特色，時間上
也有明顯的劃分。其中第三篇小說《鑄劍》和第四篇《非攻》相差就有七八
年的時間。在這期間，很難說作者沒有進行創作上的調整。1933 年魯迅就在
自己的英譯本短篇小說集的自序中表達了這種心情：

　　但我也久沒做短篇小說了。現在的人民更加困苦，我的意思也
和以前有些不同，又看見了新的文學的潮流，在這景況中，寫新的
不能，寫舊的又不願。中國的古書裏有一個比喻，說：邯鄲的步法
是天下聞名的，有人去學，竟沒有學好，但又已經忘卻了自己原先
的步法，於是只好爬回去了。

　　我正爬著。但我想學下去，站起來。〔註13〕

　　可見魯迅也在這時期的寫作上培養新的思路和方法。所謂「寫新的不能」
不能道明魯迅希冀的是怎樣的「新」；然而「舊的不願」顯然是指魯迅之前
的創作了。即小說集《吶喊》《彷徨》或《野草》式的散文，甚至是《鑄劍》

〔註12〕　〔德〕尼采：《查拉斯圖拉如是說》，楚圖南譯，長沙：湖南人民出版社，1987
　　　　　年版，第28～29頁。
〔註13〕　《魯迅全集》，第 7 卷，《集外集拾遺》，北京：人民文學出版社，1981 年版，
　　　　　第 390 頁。

那樣的作品，都不能使他在寫作中獲得某種滿足。而《鑄劍》這種思路的停止，雖然不是古小說題材的停止，但至少是社會的某些情形撼動了他，或許，「現在的人民更加困苦」是魯迅《故事新編》無法延續之前的幾篇小說中強烈的主體性的介入的重要原因。他試圖在用一種恰當的方式來開啓他的新的寫作思路，「學下去，站起來」。竹內好甚至認爲他的全部的作品都是在探索，而且「都終結於探索階段，或者說從開始就維持著完成的狀態」〔註14〕。

在筆者看來，在魯迅的諸種寫作間的關係之中去閱讀《故事新編》是一個重要的切入點。其中恰展示了魯迅開拓現代漢語寫作可能性的努力。首先，這「邯鄲」的學步，是魯迅擅長的「拿來主義」精神的展現，體現在行動上，翻譯是一大塊，也是魯迅研究相對薄弱的一塊，筆者在閱讀的過程中十分清晰地發現了魯迅翻譯和創作上的關聯性甚至同步性，雖然這種同步有時看起來極爲隱晦，《故事新編》的創作尤其如此；另外，從縱的時間線上說，《故事新編》寫作持續了十三年，跟魯迅的現代小說創作（即便是從文言的《懷舊》算起）生命比，幾乎佔了大半，那麼，在這期間，魯迅的其它文學創作在文體上與《故事新編》必存在某種關係。這個問題有意思的地方在於，它有助於揭開《故事新編》創作的同質性，讓我們從外圍的作品中，尋找這部使「他所構築的作品世界協調遭到破壞」〔註15〕的珍珠碎片。此外，與《故事新編》的強烈的「油滑性」相伴隨的是，這部集子背後的精神境地，這部看起來不「協調」的作品，與他的同期的其它文體、尤其是雜文文體相比更爲漫衍，用竹內好的話說，給人的是一種「讓人摸不著頭腦」〔註16〕的感覺。在筆者看來，這種感覺與魯迅的內面的精神存在著某種程度上的一致性。這一內面精神可落腳在他所深受影響的兩個中外人物身上：章太炎與尼采。或者，「影響」這個詞彙並不合適，基於某種精神根柢上的共呼吸，用「同道」或「兄弟」會更恰當一些。《故事新編》的後期寫作，恰在一種主體思考的嚴肅性之中提供了一種消解性與建設性伴隨的「油滑」，這正體現了魯迅在內外

〔註14〕〔日〕竹內好：《魯迅入門》，《從「絕望」出發》，靳叢林等譯，北京：三聯書店出版社，2013年版，第100頁。

〔註15〕〔日〕竹內好：《魯迅入門》（之七），靳叢林等譯，《上海魯迅研究》，2008年春季號，第217頁。

〔註16〕「但是我認爲畢竟描寫對象是實際存在過的人物，其動向應該被限定，不該讓人摸不著頭腦，但他的作品卻令人雲裏霧中。……與其稱爲歷史小說，不如稱爲空想小說」。參見〔日〕竹內好：《魯迅入門》（之七），靳叢林等譯，《上海魯迅研究》，2008年春季號，第219頁。

文化思想世界中的努力。這種說法，雖然危險，但至少提供了某種理解魯迅思想變化的線索。本書試圖主要從上述三個方面切入魯迅的《故事新編》的研究，在內外縱橫的聯繫之中給與《故事新編》的寫作提供一種氛圍，而且這種氛圍因爲魯迅的死亡而中止。

一、「現象」與「歷史」：中日《故事新編》研究解讀

魯迅在前後十三年（1922～1935）的時間裏寫的這八篇「神話、傳說及史實的演義」，從第一篇《不周山》（後改爲《補天》〔註17〕）的發表，到 1936 年 1 月應約結集出版〔註18〕之間，備受諸種爭議。且隨著魯迅在此年的逝世，除了在序言、書信和零星文章〔註19〕的說明外，我們很難再找到魯迅本人直接談自己這些作品的文字。到現在爲止，幾乎所有現代文學研究者，都曾經，或者正在試圖分析和審視魯迅及其作品。《故事新編》這部特殊的小說集也隨著魯迅研究的發展被不斷地從各個視角理解和闡釋，尤其是「到 20 世紀末期成爲魯迅學的一大熱點，由此形成一個重要的分支──《故事新編》學」〔註20〕。

（一）「油滑史」及其問題

出版於 2002 年 12 月的張夢陽的《中國魯迅學通史》是一部龐大的研究魯迅的參考材料。共分三卷。上卷主要界定「魯迅學」和「魯迅學史」，並從宏觀上描述 20 世紀「作爲一種精神文化現象」的「魯迅學史」；下卷主要從微觀上，即從具體專題學史上來分析，這其中，包括「《故事新編》學史」的描述；第三卷爲索引卷，按時間和類別編排「魯迅學」論著資料。從《故事新編》研究上看，下卷第十五章幾乎涵蓋了自第一篇作品評論〔註21〕起到

〔註17〕1922 年冬寫就，收入《吶喊》結集出版後不久，1924 年就受到成仿吾發表的評論。另篇名的修改與作品內容和八篇小說題材的歷史先後順序有著密切的關係，姑且不談。

〔註18〕此間趕寫《理水》、《出關》、《非攻》、《采薇》、《起死》。結集後由上海文化出版社出版，列爲巴金所編的《文學叢刊》之一。

〔註19〕如針對當時評論而寫的《〈出關〉的「關」》，參見《魯迅全集》第 6 卷，北京：人民文學出版社，1981 年版，第 517 頁～521 頁。

〔註20〕張夢陽：《中國魯迅學通史》，下冊，廣州：廣東教育出版社，2002 年版，第 333 頁。

〔註21〕1924 年 1 月成仿吾在《創造季刊》上發表《〈吶喊〉的評論》，獨推《不周山》，認爲它是「全集」中第一篇傑作。

九十年代以來的研究資料。它將《故事新編》學史稱作對「油滑」的闡釋史。

有意思的是，關於「油滑」，除了魯迅自評《故事新編》使用這個詞彙之外，我們還能在別處找到魯迅本人對這個詞彙的使用：魯迅 1925 年給許廣平寫信，當時許廣平找魯迅投稿，沒有署名，魯迅要她寫一個名字，她要魯迅「請先生隨便寫上一個」，魯迅不准，認為這是「油滑話」〔註 22〕。三十年代魯迅所翻譯的法捷耶夫的長篇小說《毀滅》的正文部分，也出現了「油滑」：

> 他的油滑，這性質，她是早已覺到了的，雖然不知道這是什麼
> ──這時特別討厭地刺戟了她了。〔註 23〕

這段寫華理亞去探望美諦克，美諦克因為華理亞的丈夫對他的救命之恩以及各種關於戰爭的困擾，開始躲避華理亞。華理亞因為女人執著的愛情而找到他。在這裏，承接這句話的前面是：

> 「你們鑽在這樣的地方。」她心跳著，走出叢莽來，一面說。
> 「晚安……」
>
> 美諦克悚然，用了生疏的，吃驚的眼光看著華理亞，便轉臉向篝火了。
>
> 「噯哈！……」企什高興地微笑。「就只缺少您一個呵，您請坐，您請坐，我的好人……」他連忙攤開外套，指給她一個坐處，在他旁邊。然而她不去和他並坐。

因為企什對華理亞的恭維顯然是期望於華理亞的情慾。自丈夫從礦工變成戰士之後，華理亞已經諳熟的就是這種「油滑」。

可以看到，這兩個地方所用到的「油滑」，都體現了某種氣氛，如隨便、不嚴肅、不認真之類。

在魯迅的小說中也有用「油滑」這個詞彙的經驗。《非攻》中有一段墨子和公輸般的對話。這段對話採自《墨子‧魯問》。墨子對公輸般說：「我義之鈎強，賢於子舟戰之鈎強。我鈎強，我鈎之以愛，揣之以恭。弗鈎以愛則不親，非揣以恭則速狎，狎而不親，則速離。故交相愛，交相恭，猶若相利也」〔註 24〕。《非攻》中採用了這段對話，並幾乎直接將他翻譯成了現代漢

〔註 22〕魯迅、許廣平：《魯迅景宋通信集》，長沙：湖南人民出版社，1984 年版，第 52 頁。

〔註 23〕《魯迅譯文全集》第 5 卷，福州：福建教育出版社，2008 年版，第 352 頁。

〔註 24〕孫詒讓撰：《墨子閒詁》（下），孫啓治點校，北京：中華書局，1987 年版，第 480 頁。

語，其中的「狎」字就寫爲「油滑」。可見魯迅之「油滑」的意思是「狎」，是「無愛無恭」，即「親近而不莊重」之意，和《毀滅》譯文所用近似。

《墳》之《說鬍鬚》（1924）一節在講述自己的鬍子形狀在中國所受的詬病的過程，起先還辯解，後來就保持沉默，「我於是連連點頭，說道：『嗡，嗡，對啦。』因爲我實在比先前油滑得許多了」〔註25〕之類。在此「油滑」代表魯迅面對流言的態度相對「迂迴」「世故」一些。

另外，1932 年《關於翻譯的通信》中，魯迅在談到因翻譯對象的不同而採取的不同法子時，對於大眾則是：

> 沒有法子，現在只好採說書而去其油滑，聽閒談而去其散漫，博取民眾的口語而存其比較的大家能懂的字句，成爲四不像的白話。這白話得是活的，活的緣故，就因爲有些是從活的民眾的口頭取來，有些是要從此注入活的民眾裏去。〔註26〕

這裏的「油滑」的解釋自然是指說書題材中的某些不正經或者漫衍的地方。

除此之外，在魯迅評議別人的小說中，也曾經使用過「油滑」，即評張天翼 1933 年發表在《小說月報》上的小說《小彼得》〔註27〕，這篇小說講述了幾個工人殺害大老闆家的一個叫做彼得的寵物狗的故事。魯迅之所以稱之爲「油滑」大概是因爲作品中充斥著對狗的戲弄：讓狗吃狗屎、吃藥使其嘔吐，最後打出腦漿。小說寫得有點殘忍，帶有復仇的快感，同時又是底層人的合理行爲。但情節上的逼促和陰暗使得魯迅覺得小說過於戲謔和渲染，故稱之爲「油滑」。

從這些都可以看出，譯文、評論、雜文、小說、乃至通信中，魯迅使用「油滑」具有多面意思，很難就此界定我們在學術史上對於《故事新編》「油滑」作爲一種創作手法的看法。魯迅認爲自己的小說爲「油滑」，顯然有對以上所說諸種的消極含義的擔憂，另一方面，也帶有某種迂迴和猶疑的情緒，畢竟這是他接續前面創作之外的另一次「革命」。不過，渾不似他所擔憂的那樣，這種「油滑」特質使得小說有一種「顧左右而言他」的超然氣質。這才是我們研究它的價值所在。（當然，這並非說《故事新編》中並沒有「油

〔註25〕《魯迅全集》第 1 卷，人民文學出版社，1981 年版，第 176 頁。
〔註26〕《魯迅全集》第 4 卷，人民文學出版社，1981 年版，第 384 頁。
〔註27〕《魯迅全集》第 12 卷，人民文學出版社，1981 年版，第 144 頁。

滑」得逼促的作品,例如在《采薇》中,二兄弟遭小窮奇攔截,喝茶之類的戲謔之語。)

實際上,「油滑」是魯迅《故事新編》中小說的慣用手法或者說表現特徵。而在魯迅的創作中「油滑」並非是《故事新編》的專利。我們在魯迅之前的從新詩到小說乃至雜感中看到過不少這樣的句法,如《有趣的消息》(1926)中:

　　　　況且,未能將壞人「投畀豺虎」於生前,當然也只好口誅筆伐之於身後,孔子一車兩馬,倦遊各國以還,抽出鋼筆來作《春秋》,蓋亦此志也。〔註28〕

而之所以強調《故事新編》,大概是因爲魯迅曾經自稱這部作品爲「油滑」,並認爲是他「創作的大敵」。更進一步,將之用在歷史人物身上會尤其顯得突出。然而,我們在《故事新編》中能夠看到豐富的內容和形式,其中有「規矩」而生動的描摹畫面、深邃而「嚴肅」的思想空間、悲憫而細膩的情感特徵。如 1936 年魯迅甫一謝世就有人評論說「他利用這複雜的故事,構成嶙峋交錯的諸種形象,在這些形象的每一面,每一邊緣,每一角,每一段端末處給以一切的反應,從這反應,可以窺見出魯迅的潑辣而勇敢的生命」〔註29〕。像這樣的評論,眞是無法說明是圍繞著「油滑」的文章。如果說在「文革」之前,《故事新編》研究是多數是基於「油滑」而展開的「糾紛」,那麼在此之後,尤其是九十年代之後的《故事新編》研究,可眞算是異彩紛呈,此間有「油滑」之「表裏」,亦有「油滑」之「內外」。所以整部《故事新編》學史用「油滑」一以貫之,似乎會失掉研究史上很多豐富的內容和展開討論的可能性。更爲危險的是,「油滑」或可說是表現特徵,或可說是寫作技法,它是在原有的歷史中抽出的概念,要想深刻地理解它,並不能單純地將其當成一個概念來討論。

魯迅寫作《故事新編》,尤其是其中的諸子的典故部分,雖然採自典籍,但仍然只是取其中的現象或故事作爲寫作的內容,表其義理。例如講墨子的《非攻》採自《公輸》等,而呈現墨經中的《非攻》義理;《起死》亦是通過《至樂》以見「齊物論」等等。如果《故事新編》的研究僅僅是爲了將這些現象再次回歸義理,那麼似乎輕覷了它的複雜性。一方面,需要將這種文學現象產生的

〔註28〕 魯迅:《華蓋集續編》,《魯迅全集》第 3 卷,人民文學出版社,1981 年版,第201 頁。

〔註29〕 東平:《〈故事新編〉讀後記》,上海:《小說家》,1 卷 2 期,1936 年 12 月 1 日。

豐富性描述出來，另一方面，需要在歷史的視野之中將前後聯繫的文學因素聯接起來。這是文學審美的需要，也是研究審美產生的緣由的需要。

　　然通讀《故事新編》，可感受到，《故事新編》之「油滑」也是一種更爲寬鬆的態度和方式，它與魯迅早期的其它作品相比更指向自由，或者說，更加親昵輕鬆。日本學者代田智明這樣認爲：

> 「油滑」雖然以古代爲背景，但很明顯是直接表現出了對現代的人和事的諷刺和嘲弄。但是這部小說不單是在歷史小說的構成中夾入現代題材和雜文要素，然後以「惡作劇」形式將其加工成諷刺性作品。「油滑」的要素滲透到了作品全集中，這個意義我想是更大的。並且小說還將衣食及俗世間的人際關係等很巧妙地組織在一起。從描寫古代的英雄偉人事業的主題性來看的話，如果說這些瑣碎的日常生活的敘述，會讓人感覺出某些「不合時宜」，不如說從那裏醞釀出了一種幽默與悲愁。〔註30〕

　　如果我們仔細考察，魯迅早期很多小說中，已經具備了這種「油滑」的因素。在筆者看來，《故事新編》之所謂「油滑」一方面包含了以往許多「油滑」研究者所談的層面；更重要的，《故事新編》作爲使用舊題材的小說的特殊性，「油滑」乃是一種填充歷史的手段，它未必是詼諧的，但它能夠將歷史激活，使歷史人物成爲「行動的人」「有故事的人」。這時候「油滑」與其說是一種具有後現代性質的破壞力量，毋寧說是親昵歷史的方式，如《非攻》《理水》莊正的風格，於諷刺之中有尊重，於戲謔之中有溫情。所以，在這裏，「油滑」是知識化的典故與作者的歷史與現代情緒之間的縫隙。從這個意義上說，《故事新編》的「油滑」並非是一種目的或者特色，而只是他接近歷史或現在的方式。（雖然，從整個《故事新編》的寫作時間軸上「油滑」的表現各有不同。）

　　所以，我認爲，「油滑」更多地不是毫無建築的「解構」或「狂歡」，而更多地是梳理和建構，前者不過是其表象。自由散漫，尋求詩意。我們能夠在魯迅所喜愛的傳統小說和19世紀的優秀小說中找到這種委曲自由的因子。諸如魏晉文學中的非指向性、唐傳奇中的敘說的強大的自覺性，乃至夏目漱石、陀思妥耶夫斯基、果戈理等人的創作特質，都在爲他展示著偉大文學的某種真相。正如深諳俄國文學的巴赫金所說的那樣：「必然性是嚴肅的，

〔註30〕〔日〕代田智明：《解讀魯迅——不可思議的小說10篇之謎》，東京大學出版會，2006年版，第228～229頁。

而自由則在笑」。嚴肅的文學呈現方式帶來的更多是理性，而只有笑謔顛倒的細節的真實往往可能帶出文學最為深邃的本質。自由不是散落，而是一種更為強大的凝聚力，它指向不同的讀者期待，「油滑」實現了這種以詩意為導向的自由之感，將現實的峻烈的因素導入其中。

唐弢在談論《故事新編》時反對將其簡單地歸列為「歷史小說」，他認為其中的「油滑」也並非消極解構之意，相反，而是一種「戰鬥的需要」：

> 作為現代文學的開拓者，魯迅是嚴肅的，他反對油滑，但他並沒有認為在古代的題材裏概括了現代生活的細節都是油滑的表現。出於戰鬥的需要，他這樣做了，而且完成了從開手寫到編輯成書，足足經歷了十三個年頭，貫串著他思想發展前後的兩個階段的這部小說──《故事新編》。正如書名本身所標明的，這是故事的新編，它所描述的基本上都是古人的事情，古代的生活；這也是新編的故事，任何屬於傳統形式的凝固概念，都不可能約束它，絆住它。因為它代表著一個新的創造。〔註31〕

由此，唐弢也是深刻地意識到《故事新編》在歷史中的演變乃至作家利用這種問題表達的意圖，像王瑤在現代文學研究中的提示一樣，他認為《故事新編》是獨一無二的，不可輕易將其歸類了事，而是要具體地考察，「任何離開藝術形象的解釋都是多餘的」〔註32〕。解釋魯迅的《故事新編》的「油滑」也理應當如此。

新世紀的研究者不再僅僅糾纏於「油滑」性與作品本身，即便是探討作品形式問題也力求做到深入，研究開始走向《故事新編》的外圍歷史框架之中，比如更深地關注《故事新編》的文化境遇、《故事新編》在魯迅個人創作生涯中的形成、《故事新編》所具備的古典小說傳統氣質、《故事新編》在當時歷史小說序列中該如何定位、《故事新編》與當代的新歷史小說之間的比較等等。

《故事新編》作為一個相對獨立的文學作品集，近些年來的研究，多半是在此基礎上作理論或者思想史方面的分析，要麼套用如巴赫金「狂歡化」「複

〔註31〕唐弢：《故事的新編，新編的故事》，《故事新編研究資料》，濟南：山東文藝出版社，1984年版，第258頁。

〔註32〕唐弢：《故事的新編，新編的故事》，《故事新編研究資料》，山東文藝出版社，1984年版，第265頁。

調」理論；要麼將魯迅的文學解讀爲史學，從文學中透見魯迅的哲學觀、歷史觀（高遠東、廖詩忠）；再者，將《故事新編》納入諸如「重寫型」〔註33〕、「故事新編」體（如朱崇科《張力的狂歡》）、「歷史小說」（王富仁、姜振昌）、「奇書」（鄭家建：《歷史向自由的詩意敞開》）的體系之下分析，這對於將魯迅置入現代思想與文學序列，具有重大意義，但就考查作家作品的獨異性來說，都有其籠統和模糊的一面。

（二）日本《故事新編》研究

在日本的中國現代文學研究中，魯迅研究是唯一構成的較成系統的專題，《故事新編》也在這些年越來越受到廣泛的關注。從學術上說，「竹內魯迅」〔註34〕也在日本產生了非常重要的影響。四十年代以後，幾乎所有的日本魯迅研究都是以此爲起點。在竹內好的早期魯迅研究中，他對《故事新編》的評述是十分含混的，他說「我能夠感到，哪裏談得上《故事新編》包含在它們（指《吶喊》《野草》之類，作者加）之中，它構成了與它們完全對立的新世界」，「《故事新編》全是失敗之作」，「然而，《故事新編》的價值在我這裏卻逐漸增加」，又說，「我覺得放棄《故事新編》並不可惜，它是一個多餘的蛇足，有沒有它都沒有關係」……〔註35〕最後他以「八分的確信」其毫無價值收場。後來竹內好在五十年代寫的《魯迅入門》則對《故事新編》在文體上與其它作品進行了不無感性的對比，對其評述的內容也有所增加：「《野草》中具有拒絕闡釋的藝術完整性，不明白的東西在不明白中漸漸明白，《故事新編》即使內容和描寫很淺顯的時候，那種淺顯也是虛無縹緲的淺顯。雖然不能說這不是魯迅所有作品都具備的共同點，但《故事新編》的這種特點尤爲突出。」「……與其稱爲歷史小說，不如稱爲空想小說」〔註36〕。爲了表達的完整性，他還甚至解釋說，「我給與《故事新編》評價較低，是因爲在魯

〔註33〕祝宇紅：《「故」事如何新「編」──論中國現代「重寫型」小說》，北京大學出版社，2010年版。

〔註34〕1943年12月，竹內好寫出《魯迅》一文，後在1986年由浙江文藝出版社出版中譯本。

〔註35〕〔日〕竹內好著：《關於作品之四》，《魯迅》，李心峰譯，浙江文藝出版社，1986年版。

〔註36〕〔日〕竹內好著：《魯迅入門》（之七），靳叢林等譯，《上海魯迅研究》，2007年秋季號，第219～221頁。

迅文學的整體結構中它所佔的位置問題。」〔註37〕這些都足以見出竹內好面
對《故事新編》時一定程度上的棘手和不安。正是因爲這一點，後來的日本
魯迅研究者一方面受益於竹內好的思維方式，另一方面，又往往試圖以《故
事新編》研究來超越竹內好。這些研究成果中比較有影響力的有伊藤虎丸《〈故
事新編〉之哲學〉序》〔註38〕，檜山久雄的《魯迅》（1970 年三省堂出版，尚
無中文本），木山英雄的《〈故事新編〉譯後解說》〔註39〕，丸尾常喜《復仇
與埋葬：關於魯迅的〈鑄劍〉》〔註40〕，代田智明的一系列文章如《日本的現
代批判與魯迅》〔註41〕。以及竹內實《阿金考》、《中國民間故事與魯迅》〔註
42〕和尾崎文昭《試論魯迅的『多疑』思維方式》〔註 43〕、片山智行《〈故
事新編〉論》
〔註44〕、藤井省三《〈鑄劍〉——復仇的文學》〔註45〕等等。其中的代表人物

〔註37〕　〔日〕竹內好著：《圍繞著對魯迅的評價》，《從「絕望」開始》，靳叢林編譯，
　　　　　北京：三聯書店，2013 年版，240 頁。

〔註38〕　〔日〕伊藤虎丸：《〈《故事新編》之哲學〉序》《魯迅研究月刊》，1993 年第 5
　　　　　期。

〔註39〕　〔日〕木山英雄著：《〈故事新編〉譯後解說》，劉金才、劉生社譯，《魯迅研
　　　　　究月刊》，1988 年 11 期。

〔註40〕　見〔日〕丸尾常喜著：《人與鬼的糾葛》，秦弓譯，北京：人民文學出版社，
　　　　　2006 年版。

〔註41〕　一本討論魯迅小說特點，兼及《故事新編》的論著近年在日本出版，即本文
　　　　　所引用代田智明著《解讀魯迅——不可思議的小說 10 篇之謎》，東京大學出
　　　　　版會，2006 年 10 月。

〔註42〕　這兩篇文章都收在《竹內實文集》，第 2 卷《中國現代文學評說》，程麻譯，
　　　　　中國文聯出版社，2002 年版。他認爲，「阿金」這個人物是魯迅探討中國社會
　　　　　最根底的現實，同時也是「革命者」的被革命的主體。同時，《故事新編》中
　　　　　的老子、禹等，是對文學與政治疏離概念的反駁，體現了二者緊密的關係，
　　　　　他們分別是社會主義的反對者和實踐者。

〔註43〕　〔日〕尾崎文昭：《試論魯迅的『多疑』思維方式》，《魯迅研究月刊》，1993
　　　　　年第 1 期。尾崎文昭認爲：「多疑」思維方式所選取的表現方法往往傾向於多
　　　　　重性與多義性，要進一步使讀者認識到距離，那麼當然會採用戲擬、諷刺、
　　　　　反諷、甚至超現實主義。」

〔註44〕　〔日〕片山智行：《〈故事新編〉論》《魯迅研究月刊》，2000 年第 8 期。他認
　　　　　爲《故事新編》中貫穿著一種對立的本源形態，那就是實（「行」）與「虛妄」
　　　　　（「名」「馬馬虎虎」）之間糾葛關係。這也是一種「國民性」問題。

〔註45〕　〔日〕藤井省三：《〈鑄劍〉——復仇的文學》《魯迅研究動態》，1988 年第 6
　　　　　期。從象徵性和復仇形象上作了分析，認爲《鑄劍》是演員與觀眾主題上的
　　　　　成立，「黑色人」在抹殺了自我的復仇中做了揚棄。

是代田智明，他認爲魯迅的文學承擔了「前現代」和「現代」的思想爭執，同時又實現了「越超現代」的全過程。而竹內好等則是因爲過分信任「現代」，而因此只是「批判了現代化過程和應有的狀態，而並沒有批判現代和現代性本身」，進而，沒法理解《故事新編》的價值〔註46〕。

　　在日本，其實最早討論《故事新編》的不是學者，而是作家，如花田清輝、武田泰淳、駒田信二、佐佐木基一等。他們當中有些人還曾將其改編爲話劇演出過，可見其對一些作家的刺激力量遠比《吶喊》、《彷徨》要高〔註47〕。以花田清輝爲代表的戰後作家一反竹內好對《故事新編》的含混看法，並給予了它和魯迅其它傑作相對等的重視。他們將它改編成戲劇並公演，這是對《故事新編》更爲直觀和有力的進一步闡釋。

　　值得注意的是，在花田清輝的討論魯迅的文章中，有一篇《魯迅》〔註48〕，寫於戰後，談論的恰是魯迅的《故事新編》。花田清輝回顧了從戰爭中到戰後十多年內閱讀《故事新編》的感受。他說，在戰爭中，《鑄劍》的一種猶如「窮鼠反咬貓」的絕處反抗和《出關》裏老子的「舌頭和牙齒」的比喻給了他一快意一緩慢的力量。這種力量，顯然是對戰敗將即的日本的國民的一種精神上的安慰。前者是行爲上的，後者則是思想上的。他深深折服於《采薇》中的太公望的對「義士」伯夷、叔齊的禮讓對待，這也正體現了戰敗國的心態，或者是對戰爭抱以消極態度的文人的期望。相比較而言，《理水》《非攻》那些看似具備社會諷刺意義的小說卻引不起他的共鳴。然而，到了戰敗十多年

〔註46〕　〔日〕代田智明：《日本的現代批判與魯迅》，李明君譯，《海南師範大學學報》（社科版），2011 年第 6 期。作者說：「《吶喊》的前期、《野草》、《彷徨》的時期、《故事新編》後半時期這樣三個時期。我認爲這三個時期彷彿體現了 20 世紀文學整個過程似的：開始於獨特的現實主義，通過象徵主義和現代主義，直到後現代的表現」。第 36 頁。

〔註47〕　據木山英雄著：《〈故事新編〉譯後解說》（劉金才、劉生社譯）（《魯迅研究動態》，1988 年第 11 期）一文中說，《文藝》（1974 年 5 月號）登載了花田等人改編的《故事新編》中《非攻》《理水》《出關》《鑄劍》等四篇小說的劇本。直至 2008 年 11 月 3 日，日本鳥之劇場劇團在張家港大戲院還演出改編自魯迅的最後一部小說集《故事新編》中的話劇《鑄劍》。經尾崎文昭先生推薦介紹，日本有以上劇本集。（單行本『戲曲故事新編』河出書房新社。1975.9）上世紀九十年代中國著名話劇導演林兆華在日本的讚助下，也開始改編《故事新編》，並多次將其搬上舞臺。

〔註48〕　〔日〕花田清輝：《花田清輝著作集》，株式會社未來社（東京）出版，1965 年版，第 34～40 頁。（尚未有中譯本，以下譯文爲筆者所譯。）

之後，對於政治上的絕望，和對於本國境遇的擔憂，使得他則轉而欣賞那些較爲明快的作品。他說，「相對於《鑄劍》的向內的反抗，我更喜歡《非攻》中征霸的方法；相對於《出關》中悲涼的苦笑，我更喜歡《起死》的酣暢的大樂」〔註 49〕。所以他一改對竹內好對於魯迅作品中的「虛無主義」看法的贊同，轉而說，「不同時期，強調作品的不同的意味十分必要」〔註 50〕。他分析了當時石川淳、太宰治等人的作品，試圖從中找到和魯迅的《故事新編》作品中的精神的契合之處。並認爲石川淳也寫出了「日本的《故事新編》」那樣的作品。於是他糾正了所謂「政治上絕望，自然導致文學上的迅速喪失希望」的看法，魯迅的《故事新編》恰不是這樣的例子。在歷史的發展過程之中，魯迅所走的一條路，恰是感受到了「自己國家的傳統重壓」，必須走向近代化，趕上「先進的國家」的困難和痛苦。而對於「前現代」的否定，實際上是一個「超越近代的方法」。正因爲這樣，藝術家們才應該在「政治上絕望」的同時，尋求藝術上的希望。〔註 51〕很顯然，花田認爲魯迅當時是在政治上較爲絕望的情勢之下，寫出的《起死》諸篇。

花田清輝的這種看法，從一個側面恰反映了魯迅《故事新編》的豐富性。《故事新編》中的多種元素也給讀者帶來了多層次的閱讀體驗。三十年代的魯迅對於現實政治和歷史傳統之希望與絕望相交織的感懷，恰是源於對國情的判斷，尤其是來自日本的侵略；而十多年之後，日本也同樣面臨來自別國的類似威脅。這是一個奇異的反諷。日本文人在最糟糕的時候，卻要借助於他們的國家曾經侵佔的國家的文人的感受來安撫自己。這種現象很有意思，我們在丸山升討論日本五六十年代的魯迅研究中，也看到了這樣類似的案例〔註 52〕。這對於我們重新開拓和研究魯迅文學和政治、民族、國家及與日本國之間的境遇的關係有著十分有意思的提示作用。

〔註49〕 〔日〕花田清輝：《花田清輝著作集》，株式會社未來社（東京）出版，1965年版，第 37 頁。

〔註50〕 〔日〕花田清輝：《花田清輝著作集》，株式會社未來社（東京）出版，1965年版，第 38 頁。

〔註51〕 〔日〕花田清輝：《花田清輝著作集》，株式會社未來社（東京）出版，1965年版，第 39～40 頁。

〔註52〕 〔日〕丸山升：《日本的魯迅研究》，靳叢林譯，《魯迅研究月刊》，2000 年第 11期，第 59 頁。「關於魯迅，戒能孝通說的一些話，在當時像空氣一樣廣爲傳播。最近我讀魯迅的小說，感到非常有趣。……日本完全變成了魯迅筆下的中國。」

二、本書框架

因而，我們在《故事新編》的研究成果中，看到了《故事新編》本身的歷史境遇，而面臨乍一看去相較於其它作品意義上十分模糊的《故事新編》，我們看到的更多的是作爲表象性的魯迅文學的一種張力和豐富性，這種豐富性使得我們必須開拓視野，無論是「油滑」還是「表象」之類的詞語，都必須追根究底地探討其背後的歷史成因和影響因子，力求找出這紛亂豐富的現象背後的本質性因素，這樣才可能抓住魯迅思想的靈魂和寫作的靈魂。

魯迅的《故事新編》研究在當代延續著基本上分爲唐弢和王瑤兩個脈絡。唐弢認爲的《故事新編》是「和雜感呼應作戰，從高處著眼，爲『現在』抗爭」〔註53〕，一方面顯示了《故事新編》在相應的文學史階段的定位，但是將之一概地等同於雜文的作用，是對於《故事新編》的現象性的特殊機理有所忽視的體現。如果說《故事新編》是雜文寫作的一部分，那麼，魯迅爲什麼要開闢出這樣一塊奇異田地，「作爲小說家」的魯迅這樣一個歷史概念該如何放置？另一方面，王瑤曾經敏銳地發現了《故事新編》和中國傳統戲曲形式之間的關係，並開闢了《故事新編》與其它藝術形式之間關係的研究成果，正如唐弢處理雜文和這部小說集之間關係的研究一樣，這種研究思路的後來繼承者也大有人在。那麼，同樣的問題是，現象的比對和說明之外，如何處理文學的歷史性？這也是擺在藝術形式研究者面前的一個問題。正如他原本在現代文學史研究問題上所說的那樣，或應該在歷史的諸多現象中發現本質的因素。因此，本書更關心的不是「油滑」之如何闡釋、「表象」之如何豐富，而是將之搬向魯迅的文藝舞臺的歷史情境，寫作環境，文學行爲，乃至作者本人的思想軌跡。也就是說，有一條靈魂性的俯瞰式的線索，那就是，作爲具有豐富的思想性的文學者魯迅，如何憑藉其複雜、漫長的思想變化與生活經驗累積，將古舊素材轉化爲《故事新編》這樣一種獨特的語言樣式。

遵循以上思路，筆者主要從以下幾個興趣點來分析：首先，自魯迅的翻譯入手。從整個魯迅研究的龐大系統看，這方面是研究者最容易忽略的環節，魯迅翻譯與創作的結合已經被談到，但尚未深入歷史和文學細節來討論。《故事新編》寫作的十多年時間，也同時是魯迅大量翻譯外國文學及理論的階段，

〔註53〕唐弢：《中國現代文學史》，第 2 卷，北京：人民文學出版社，1979 年版，第133 頁。

這些翻譯對象與《故事新編》的寫作有著或多或少的連接性。如果將魯迅之重要翻譯與《故事新編》按照時間表對讀，很容易看到它們之間在某種程度上的互文關係。這些翻譯對象有的是早就深入魯迅的內心而未能及時翻譯，有的是已然翻譯。關注這些都有助於理解魯迅新創作的視野。例如，在魯迅集中完成《故事新編》最後四篇的 1935 年，也是他著力完成翻譯《死魂靈》的最重要階段，在垂老之時從所謂「接受馬克思主義」轉而開始了這樣一項貌似疏離前者的艱巨工程，很讓人費解。實際上，仔細窺探他那時的文學靈魂，就能發現魯迅與《死魂靈》作者在創作品格和世事解讀上的某些關聯。通過魯迅的翻譯及《故事新編》創作之間的分析，可能會找到魯迅這種間歇很長且相互斷裂的「純文學」作品的創作系列後面，其真正身處的美學時空。可以說，翻譯對魯迅來說是一種自覺或不自覺的清理，同時也對其創作產生或多或少的兩面作用，——是消解，也是促進。因此這種審美上的高度，給他的創作也帶來了強大的挑戰性。往往會引起讀者或研究同行質疑的是，囿於筆者外語能力所限，不可能窮盡作者閱讀與翻譯的日語、德語、俄語等源文本。但以漢語為載體的翻譯成果為主要考察對象的研究方式亦不失為一種體察其創作路徑的蛛絲馬跡的方法。

其次，從文體上說，魯迅的各種文體嘗試雖然參差不齊，駁雜斑斕，無論是散文詩、現代小說、甚至是早期發表在《新青年》上的新詩，但都可以說有其藝術特色。都與同時的這些文體的其他寫作者的品質不相同一。那麼，研究諸種文體產生的原因及各文體之關係，似乎有助於我們在一個更加深廣而具有聯繫性的環境中去認識《故事新編》。由於魯迅各種文體之間的相互呼吸依存，這個視角也是不可避免的。我們知道一個作家的內在思想和情愫是個異性的，同樣，相對來說，同一個作家在每個階段又各自不同，故建立在這種內在性基礎上的表達形式的需要也是多樣的。因而，文體的選擇和文體的演變，也並不是孤立和偶然的。《故事新編》在魯迅的整個文體世界裏可以說是最後一個，甚或也是最特別的一個，它和前後文體之關係，和當下魯迅的心境與文學選擇之間有著怎樣的關係，這些研究無疑是十分有意思的。在進入並出離於各種文體的考察之中，最終筆者發現《故事新編》這一文體已然具備了某種混雜性。這種混雜不是堆積，而是形成有效的整體空間，魯迅在其中展示了世相本身的獨立性，相比較之前諸種文體，作者的介入也開始弱化了。這一方面是小說本身文體上的容納性所致，但另一方面，

魯迅在各文體之間的相互混同影響性是十分複雜的，這需要從細部分析。

最後，貫穿於作品始終的，是魯迅哲學、文學經驗與《故事新編》創作之間深厚的關係。《故事新編》整體上有著舊的題材，凡此種種，都須重新討論魯迅的舊學修養與學術實踐對《故事新編》的創作觀念和創作方法的影響。而從思想史的意義上，這些考察最終要解決的問題是《故事新編》中的「諸子觀」「歷史觀」如何在近代思想、文化大背景之下形成。在這裏，筆者選用了一個與魯迅精神關係十分密切的近代思想人物作爲其文學內面的參照，即章太炎。圍繞著章太炎前後期關於莊學思想的變動，它與《故事新編》的思想文學世界構成一種什麼樣的對應關係，這是筆者十分感興趣的地方。與此同時，在外來思想上，給魯迅以更強的精神力量的，是尼采。雖然在魯迅一生之中不同階段直接所談尼采的分量不一，但是，從內面的精神上講，魯迅文學與尼采的關係也像與莊學思想一樣，不可拆分。魯迅如何以一種「去倫理」的方式結束了《故事新編》，這種視野是中國的莊子精神所具備的，同時也是普遍意義上的文學精神的自由歸宿。而從《野草》到《故事新編》，我們似乎仍能夠看到將魯迅推上文學舞臺的那些顯像背後的倫理底色和強勁審美力量的來源。更有意思的是，筆者認爲這二者在魯迅身上有著某種強大的糾補關係，或者說，二者衝突、統一的矛盾構成了魯迅文學的合力，在後面的文章中筆者將詳細論述此點。

從普遍的研究方式上來說，論文的體系架構非常重要。且在相對凝結的體系內要有一個非常明確的主題。先列提綱，然後再像搓麻繩那樣，絲絲縷縷地把有價值的問題一併搬到論文中來。這種研究方法的好處是，嚴整，統一。但本書並不打算這樣。首先，筆者將圍繞以上所思考的問題，同時根據自己的興趣導引和重要問題的發現，而將關注的點，一一盡可能描述出來。由此，從小的切口進入，共同引到《故事新編》的催生過程。這樣的切入口，不一定是工整的體系，而更多的是筆者的興趣和別人所很少談及的問題。很可能，這種方式會導致論文有些鬆散。但正如在本章所強調的，魯迅的文學作爲一個表象，它是多面、敞開，甚至是「缺陷的」。本研究的關鍵詞是「關係」。在關係之中，有利於對複雜作品背後的土壤和空氣的說明，雖不一定就能產生必然的因果聯繫（或許這恰恰是本文所要暗示的）但至少在所能瞥見的創作環境與創作內容中有一種互相推動甚或阻礙的過程。這一關係的研究方式，最終也有利於讀者去理解作品本身。也就是說，爲魯迅創作的這最後

的小說集提供一點周圍的空氣描述和提示。從作家的創作角度上說，如此長的跨度，將這一集子作爲整體討論，尋求其普遍的解釋，似乎都不具備充足的歷史合理性。但恰是《故事新編》的這種斷裂複雜，才使得研究不能盲求統一的闡釋。然而，魯迅的這種變動，貌似是巨大的顛蕩，但其實際平臺並沒有發生多少的挪移。作爲文學家的魯迅，他始終堅守的仍然是文學的基本策略和原則。同時，保存創作文學該有的熱忱和眞誠。他敏感而細膩，加上在特定時代所具備的那種強烈的倫理意識，使他的作品在現代文學中，看來具有某種比較強烈的功利性和刻意爲之的傾向。甚至出現因此多少傷害了文學語言本身的情況，但這恰恰就是魯迅文學。

第二章　魯迅翻譯與《故事新編》創作

　　魯迅在書信裏一再強調《故事新編》中，只《鑄劍》在技術上相對圓熟〔註1〕，大多「沒什麼可取」〔註2〕，再多說一句，便是爲博友人一哂〔註3〕。除一些爲研究者所熟知的他對於別人的某些「誤解」表示憤憤乃至「糾正」的討論外（如《補天》《出關》等），我們已不能從魯迅口中得知更深入的理解《故事新編》的方式了。

　　魯迅這部他自稱幾乎「塞責」〔註4〕的小說集是他多年的創作積纍。其中各篇風格多樣，始於華麗的《補天》，繼而頗具英雄色彩的《鑄劍》《奔月》《非攻》《理水》，待到最後連續的三篇（《采薇》《出關》《起死》），則是一任如月光般的靜穆邈遠。通讀下來，我們能感到魯迅這批歷史題材創作風格上的前後變化：從極具個性而又到懸浮不安，最後從容遁入某種內斂與沉靜。

〔註1〕 見魯迅 1936 年 2 月 1 日致黎烈文信：「《故事新編》眞是『塞責』的東西，除《鑄劍》外，都不免有些油滑，然而有些文人學士，卻又不免頭痛，此眞所謂『有利必有一弊』，而又『有一弊必有一利』也。」《魯迅全集》，第 13 卷，北京：人民文學出版社，1981 年版，第 299 頁。

〔註2〕 1936 年 2 月 3 日致增田涉信：「《故事新編》是根據傳說改寫的東西，沒有什麼可取。」《魯迅全集》，第 13 卷，北京：人民文學出版社，1981 年版，第 655 頁。

〔註3〕 1936 年 7 月 23 日致普實克信：「去年印了一本《故事新編》，是用神話和傳說做材料的，並不是好作品。現在別封寄呈，以博一笑」。《魯迅全集》，第 13 卷，北京：人民文學出版社，1981 年版，第 663 頁。

〔註4〕 1935 年 11 月 23 日致邱遇的信：「《故事新編》還只是一些草稿，現在文化生活出版社要給我付印，正在整理，大約明年二月間，可印成的罷。」《魯迅全集》，第 13 卷，北京：人民文學出版社，1981 年版，第 256 頁。

到結集爲止，這種讓他感到新奇和舒服的寫作方式，到了技藝純熟的地步。在這裏，說「技藝」似乎並非那麼貼切，應該說，一種對於遠古今世的混雜感受尋得了恰當的表達方式，「使感情、想像和回憶熔合在一起，使古代和現代銜接起來，將現實引入歷史、神話、詩歌等豐富的源流之中，魯迅所應用的新鮮而生動的典故恰好形象地說明中國悠久的文化爲現代語言提供了多麼豐富的想像的源泉」〔註5〕。

許多研究者認爲魯迅的文體選擇是勢所必然，比如「當時，由於環境和條件的關係，魯迅不能直接去表現現實生活中的革命英雄，於是只好通過古代的英雄形象來表達這種看法。」〔註6〕但這似不足以解釋魯迅同時仍不懼現實而不斷以雜文之匕首書寫批判的情況。或者，「湊足八篇」是魯迅早在廈門期間百無聊賴地寄情個人回憶與歷史古籍時預謀已久的事〔註7〕，到了巴金一句「周先生，編一個集子給我吧」，便在看似倉促之間，水到渠成。這種說法，似乎也有事後英雄的淺近之嫌。

那麼，是否存在某種和《故事新編》相對應的某種創作情境？

例如，1935 年的魯迅，除了爲「塞責」的《故事新編》的最後四篇算小說和雜文創作之外，他的時間集中在文學翻譯上。此選擇包含某種焦慮：「中國作家的新作，實在稀薄得很，多看並沒有好處，其病根：一是對事物太不注意；二是還因爲沒有好遺產。對於後一層，可見翻譯之不可緩」〔註8〕。

縱覽魯迅宏富的翻譯成果，此直可謂是他的「第二創作」：一方面通過閱讀，他要體會和學習他所喜愛的這些來自異域、成熟且獨具魅力的文學作品，以延續自己的文學創作生命；另一方面借助翻譯，他要考慮用準確練達而極具魅力的現代語言，來轉換他的這種「體會和學習」。

〔註5〕 夏濟安：《魯迅作品的黑暗面》，樂黛雲譯，《國外魯迅研究論集（1960～1981年）》，北京大學出版社，1981 年版，第 367 頁。

〔註6〕 吳中傑、高雲：《歷史與現實的融合——論〈故事新編〉》，《〈故事新編〉研究資料》，山東文藝出版社，1984 年版，第 278 頁。

〔註7〕 魯迅：《故事新編》序：「直到一九二六年的秋天，一個人住在廈門的石屋裏，對著大海，翻著古書，四近無生人氣，心裏空空洞洞。而北京的未名社，卻不絕的來信，催促雜誌的文章。這時我不願想到目前；於是回憶在心裏出土了，寫了十篇《朝花夕拾》；並且仍舊拾取古代的傳說之類，預備足成八則《故事新編》。」《魯迅全集》第 2 卷，北京：人民文學出版社，1981 年版，第 342 頁。

〔註8〕 1935 年 10 月 29 日致蕭軍信。《魯迅全集》第 13 卷，北京：人民文學出版社，1981 年版，第 237 頁。

在歷史神話題材的小說方面，魯迅曾經翻譯了日本的菊池寬、芥川龍之介和蘇聯作家倫支等人的作品。在《豎琴》譯文的後記中，他這樣評價十九歲即已依照《舊約·出埃及記》改編小說的倫支，認爲他的作品「提出和初革命後的俄國相共通的意義來，將聖書中的話和現代的話，巧施調和，用了有彈力的暗示底問題，加以表現的。」〔註9〕可以說，魯迅的這種閱讀和翻譯的識見的浸入，無不爲其創作奠定了某種視野上的基礎。而魯迅在 1925 年翻譯的德國批評家拉斐勒·開培爾寫的《小說的瀏覽和選擇》中，即有對於「歷史小說」的看法：

> 大概在德國的最優秀的小說家的作品中，是無不含有歷史小說的。但這時，所謂「歷史底」這概念，還須解釋得較爲廣泛，較自由一點；即不可將歷史的意義，只以遼遠的過去的事象呀，或是諸侯和將軍的生涯中的情節呀，或者是震撼世界的案件呀之類爲限。⋯⋯

> 如你也知道的一樣，普通是將小說分類爲歷史底，傳記底，風俗，人文，藝術家和時代小說的。但是，其實，在這些種類之間，也並沒有本質底差別：歷史小說往往也該是風俗小說，而又是人文小說的事，是明明白白的。〔註10〕

這段話恰和魯迅的翻譯故實構成一個對應的關係。在魯迅所翻譯的歷史題材的現代小說中，例如菊池寬、芥川龍之介的作品，均從歷史的側面入手，展現別一樣的「值得歷史底注意的人格」。這樣看來，文中的歷史小說的概念十分寬泛，且特重其文學性。其後，文本還分析了作品內容和內在品格之間的關係，尤其是所謂「教授文學」與持「眞理姿態」的文學之間的差別和關係：

> 大概，凡歷史底作品，不論是什麼種類，總不得以學究底準備和知識爲前提，但最要緊的，是使讀者全然不覺察出這事，或者竭力不使覺察出這事，又或者在本文之中，不使感知了這事。⋯⋯所謂「教授文學」這東西，事實上確是存在的，但我所知道者，卻正出於並非教授的人們之手。使人感到困倦和無聊者，並

〔註9〕《魯迅譯文全集》第 6 卷，《豎琴》後記，福建教育出版社，2008 年版，第81 頁。

〔註10〕《魯迅譯文全集》第 4 卷，《壁下譯叢》，福建教育出版社，2008 年版，第 33 頁。

非作詩的學者，而是教授的詩人；用了不過是駁雜的備忘錄的學識，他們想使讀者吃驚，但所成就，卻畢竟不過使自己的著作無味而乾燥。

　　……我之對於世界和社會，不獨要知道它的現實照樣，還要在那眞理的姿態上（即柏拉圖之所謂 Idea 的意思）知道它的緣故。而替代了我，來做這事的，則就是比我有著更銳敏的感官和明晰的頭腦的詩人和小說家。假使我自己來擔任這事，就怕要漏掉大部分，或者不能正確地觀察，或者得不到啟發和享樂，卻反而只經驗些不快和一切種類的掃興的罷。〔註11〕

　　顯然，作者對於文學和「歷史底文學」的看法是具有某種內在的精神性的。這裏所謂「注意的人格」、「眞理的姿態」等等，都在強調作品內部的文學精神，遠勝於表面上的講述史實。反觀魯迅創作，他雖然對自己的「歷史底小說」在給友朋的信中說是「油滑」不足觀，但在《故事新編》的序言中也對自己小說所具備的以上諸特性發表了較爲自信的看法，他說，於「歷史小說」，一是「博考文獻，言必有據」，一是「只取一點因由，隨意點染」，而《故事新編》「也還是速寫居多，……敘事有時也有一點舊書上的根據，有時卻不過信口開河」，但卻「並沒有將古人寫的更死」〔註12〕。以上評說，恰可印證《故事新編》寫作的內部複雜性。《故事新編》與上述「教授小說」的關係到底該如何判定？所謂「速寫」是建立在哪種基礎上的「速寫」？對這些問題的回答，或是我們深層理解《故事新編》的重要切入口。

　　而通過對魯迅那些更爲豐富龐雜的翻譯文學的閱讀，我們能夠很自然地看到魯迅譯品的內在結構、語言甚至思想精神與《故事新編》中使用這些古舊的小說素材上所呈現的相關性。在閱讀過程中，我漸漸發現，魯迅《故事新編》寫作期間的翻譯，大致可分爲三時期：前期主要是以所謂主體精神困境爲源頭的文學作品；其後是蘇聯左翼文學作品；最後則主要是魯迅晚年耗費巨大心力譯的《死魂靈》。我們或許能夠從這些翻譯的不同氣質之中，發見它們與魯迅不同時期創作《故事新編》中的作品在脈絡上的細微聯繫。

〔註11〕《魯迅譯文全集》第 4 卷，《壁下譯叢》，福建教育出版社，2008 年版，第 34～35 頁。
〔註12〕魯迅：《故事新編》，北京：人民文學出版社，2006 年版，第 2 頁。

一、「直到他在自身中看見神」：《小約翰》與《鑄劍》生成

　　《鑄劍》被認爲是魯迅《故事新編》中最嚴正的一篇。也是魯迅在給別人的信中稱是其中寫得最認眞，也貌似最滿意的一篇〔註13〕。如果將《故事新編》作爲一個文本體系來看，魯迅在前面還分別寫了《補天》和《奔月》。從《補天》（原題爲《不周山》）被納入《吶喊》之中，可以看出魯迅當時尙未有歷史題材小說寫作的具體系列「八篇」的構思，直到廈門後，他才有這一具體想法。〔註14〕

　　從《奔月》到《鑄劍》，我們能夠看到一種明晰的創作方式。這固然與當時魯迅的社會生活環境變化有著莫大的干係；但仍應首先將之放置於魯迅的文學活動中觀察。大略而言，這時期的魯迅，心緒再度陷入了低谷。如《補天》（「唉唉，我從來沒有這樣無聊過」）裏充滿創造力但最後走向生命力衰竭的女媧；《奔月》中往往感到無力迴天的英雄失路；《鑄劍》中沒有世俗的悲仇卻走向倫理犧牲的黑色人等等，都初步顯示出了魯迅已在歷史與文學的縫隙間滲透進了的「自我」。我們能夠從魯迅其它題材的作品，如同一時期的《朝花夕拾》，再往前推，是《野草》《彷徨》中發現與此相通的某些氣質：孤獨、彷徨、無聊，同時又因是世人眼中的神或英雄（女媧、后羿、黑色人）而更加重了這些情緒。

　　「復仇」這一主題，在魯迅作品中不斷出現。少年時魯迅即自命爲戛劍生，憧憬於「向筆海而嘯傲兮，倚文冢以淹留」〔註15〕的生活；留學日本時又從事翻譯和社會活動。在浙江任教時，魯迅收集和整理了大量歷史地理文化史料，編成《會稽郡故書雜集》，其序即曰：「舊聞故事，殆渺予遺，徵之作者，遂不能更理其緒。幼時，嘗見武威張澍所輯書，於涼土文獻，撰集甚

〔註13〕袁良駿：《魯迅爲何偏愛〈鑄劍〉》，魯迅研究月刊，2002年第9期。

〔註14〕魯迅在《故事新編》序言裏說：「直到一九二六年的秋天，一個人住在廈門的石屋裏，對著大海，翻著古書，四近無生人氣，心裏空空洞洞。而北京的未名社，卻不絕的來信，催促雜誌的文章。這時我不願意想到目前；於是回憶在心裏出土了，寫了十篇《朝花夕拾》；並且仍舊拾取古代的傳說之類，預備足成八則《故事新編》。」魯迅：《故事新編》，北京：人民文學出版社，2006年版，第2頁。

〔註15〕1900年所作《祭書神文》前有序：「上章困敦之歲，賈子祭詩之夕，會稽戛劍生等謹以寒泉冷華，祀書神長恩，而綴之以俚詞。」見《魯迅全集》第8卷，北京：人民文學出版社1981年版，第472頁。

眾。……十年已後，歸於會稽，禹句踐之遺跡故在。士女遨嬉，睥睨而過，殆將之所眷戀，曾何誇飾之云，而土風不加美。是故序述名德，箸其賢能，記注陵泉，傳其典實，使後人穆然有思古之情，古作者之用心至矣！」〔註16〕可見其對吳越歷史及士人精神之珍視。直到晚年，魯迅仍然追懷「會稽乃報仇雪恥之鄉，非藏垢納污之地」（《女弔》）〔註17〕的鬼魂復仇的故事。這些都是能看到的具體的歷史的魯迅與復仇的概念之間的關係，但筆者在本文中實為表達《鑄劍》中更深意義上的復仇觀，這是魯迅精神思想的重要層面，而其寫作背後的環境，尤不能忽略。

而由此來看，取材於吳越故地的復仇故事《鑄劍》的創作也就不那麼突兀。然從具體材料上來說，無論從魯迅本人還是從研究者角度，都還存有諸多模糊之處。研究者方面主要是圍繞著魯迅本人的講述展開了研究上的分歧。1936 年 2 月 17 日致徐懋庸的信說：「《鑄劍》的出典，現在完全忘記了，只記得原文大約二三百字，我是只給鋪排，沒有改動的，也許是見於唐宋類書或地理志上（那裏的『三王冢』條下），不過簡直沒法查。」〔註18〕1936 年 3 月 28 日又致增田涉信：「但是出處忘記了，因為是取材於幼時讀過的書，我想也許是在《吳越春秋》或《越絕書》裏面。日本的《中國童話集》之類也有，記得是看過的。」〔註19〕

按道理講。因為是經過了前說的一段時間，並且是講述給日本翻譯者的，以魯迅治學上的審慎態度來看，應該是後者更為可靠。根據魯迅的藏書目錄，我們能夠看到魯迅所藏的少量雜史著作裏就有《吳越春秋》和《越絕書》。〔註20〕然而，在《吳越春秋》和《越絕書》裏並沒有這則故事的完整記載。而在魯迅南下之前，在北京教授《中國小說史》時整理的《古小說鉤沉》中就有類似的故事：

> 干將莫邪為楚王作劍，三年而成。劍有雄雌，天下名器也，乃
> 以雌劍獻君，藏其雄者。謂其妻曰：「吾藏劍在南山之陰，北山之陽；
> 松生石上，劍在其中矣。君若覺，殺我；爾生男，以告之。」及至

〔註16〕 魯迅：《魯迅輯錄古籍叢編》第 3 卷，北京：人民文學出版社，1999 年版，第235 頁。

〔註17〕 《魯迅全集》第 6 卷，北京：人民文學出版社，1981 年版，第 614 頁。

〔註18〕 《魯迅全集》第 13 卷，北京：人民文學出版社，1981 年版，第 312 頁。

〔註19〕 《魯迅全集》第 13 卷，北京：人民文學出版社，1981 年版，第 658 頁。

〔註20〕 韋力：《魯迅古籍藏書漫談》，上冊，福建教育出版社，2006 年版，第 67～68 頁。

君覺，殺干將。妻後生男，名赤鼻，告之。赤鼻斫南山之松，不得
劍；忽於屋柱中得之。楚王夢一人，眉廣三寸，辭欲報仇。購求甚
急，乃逃朱興山中。遇客，欲爲之報；乃刎首，將以奉楚王。客令
鑊煮之，頭三日三夜跳，不爛。王往觀之，客以雄劍倚擬王，王頭
墮鑊中；客又自刎。三頭悉爛，不可分別，分葬之，名曰「三王冢」。
（《列異傳》魏曹丕撰錄自《太平御覽・三百四十三》）

　　曹丕的《列異傳》現不留存，以上所收也是其佚文。這樣的話，就符合
了第一封信中所說的「唐宋類書」。那麼，爲什麼魯迅卻在第二封信中認爲是
《吳越春秋》或《越絕書》呢？檢索《太平御覽》，筆者找到了這則故事的又
一個版本，是小說完整故事的後半部分：

　　吳越春秋曰：「眉間尺逃楚。入山道，逢一客，客問曰：『子眉
間尺乎？』答曰：『是也。』『吾能爲子報仇』。曰：『父無分寸之罪，
枉被荼毒，君今惠念何所用耶？』客曰：『鬚子之頭，並子之劍。』
尺乃與頭。客與王，王大賞之。即以鑊煮其頭，七日七夜不爛。客
曰：『此頭不爛者，王親臨之。』王即視之，客於後以劍斬王頭，入
鑊中，二頭相齧，客恐尺不勝，自以劍擬頭，入鑊中，三頭相咬，
七日後，一時俱爛。乃分葬汝南宜春縣，並三冢。」（《太平御覽》
卷三百六十四）

　　由此可見，以上宋類書中的兩個故事實則同出一源，只有個前後的問題。
　　自魯迅《鑄劍》的內容來看，魯迅所參考的資料大致有兩種，一種是《太
平御覽》，還有劉向《列士傳》裏楚王夫人生鐵的故事。

　　楚王夫人於夏納涼，抱鐵柱，心有所感，遂懷孕，產一鐵，楚
王命莫邪鑄爲雙劍。（明・董斯張《廣博物志》所收）

　　另外，魯迅與增田涉所提到的《中國童話集》，據藤井省三的考證〔註21〕，
原本仍出於干寶《搜神記・三王墓》，因魯迅曾整理過《小說備校》中的《搜神
記》的佚文部分。因而，不可能不注意到。可見這則故事在流傳上的前後變化，
如果同樣按照時間順序考察的話，劉向、曹丕二書很有可能是僞託，應該是《吳
越春秋》最早〔註22〕，且魯迅在回信中說，「《吳越春秋》或《越絕書》」，可見

〔註21〕〔日〕藤井省三：《圍繞魯迅的童話性作品群——〈兔與貓〉〈鴨的喜劇〉〈鑄
　　　　劍〉小論》，《櫻美林大學中國文學論叢》（13，1987 年），轉引自丸尾常喜著
　　　　《人與鬼的糾葛》，秦弓譯，北京：人民文學出版社，2006 年版，第 320 頁。
〔註22〕袁珂：《中國神話史》，重慶出版社，2007 年版，第 155 頁。

他兩封信的回答沒有什麼錯誤，很可能是做了一番考慮之後才告知增田涉的。然而，儘管如此，如果單考察其創作究竟以什麼為範本，就沒有多大的意義了。

（一）古押衙與《無雙傳》

　　魯迅何以將此短短二三百字的古文鋪成一萬多字，且相當華麗。這其中的精神基調是什麼？僅僅是魯迅所言的按照歷史文獻的原意的鋪排嗎？魯迅曾在《六朝小說和唐代傳奇文有怎樣的區別？──答文學社問》中說到唐傳奇文學的特點，他認為傳奇文學是「詩文既濫，人不欲觀」的背景下，人們「希圖一新耳目」的嘗試，同時它跟六朝小說相比更加渲肆，所謂「神僊人鬼妖物，都可以隨便驅使；文筆是精細，曲折的，至於被崇尚簡古者所詬病；所敘的事，也大抵具有首尾和波瀾，不止一點斷片的談柄；而且作者往往故意顯示著這事迹的虛構，以見他想像的才能了。」〔註 23〕可見唐傳奇在所謂自覺的文學敘事上所表現出的衝擊力。在魯迅所整理校訂的《唐宋傳奇集》〔註 24〕中，有很多俠客義女，如虬髯客、步非煙等等。其中，尤其跟《鑄劍》中的故事有著部分相似性的是《無雙傳》。內容講述，在建中年間，官員劉震的外甥王仙客，從小父親早死，住在舅舅家，他與舅舅的女兒無雙從小青梅竹馬。長大之後，因為涇水兵反，導致仙客與舅家離散，三年之後，通過僕人塞鴻知道了舅舅已死，惟剩無雙被充官為奴。仙客通過贖回無雙的丫鬟采蘋，與無雙通信。無雙告知有一人叫做古押衙可相救。仙客：

> 遂尋訪古押衙，則居於村墅。仙客造謁，見古生。生所願，必
> 力致之，繒綵寶玉之贈，不可勝紀。一年為開口。秩滿，閒居於縣。
> 古生忽來，謂仙客曰：「洪一武夫，年且老，何所用？郎君於某竭分。
> 察郎君之意，將有求於老夫。老夫乃一片有心人也。感郎君之深恩，
> 願焚身以答效。」仙客泣拜，以實告古生。〔註25〕

古押衙於是協助王仙客展開了營救。他令采蘋入宮扮作宦人給無雙吃了

〔註23〕魯迅：《且介亭雜文二編》，《魯迅全集》第 6 卷，北京：人民文學出版社，1981
　　　　年版，第 322〜324 頁。

〔註24〕魯迅：《〈唐傳奇集〉序例》：「中華民國十有六年九月十日，魯迅校畢題記。
　　　　時大夜彌天，璧月澄照，饕蚊遙歎，余在廣州矣。」見《北新周刊》，第 51、
　　　　52 期合刊，1927 年 10 月。

〔註25〕魯迅：《魯迅輯錄古籍叢編》第 2 卷，北京：人民文學出版社，1999 年版，第
　　　　140 頁。

昏死之藥，然後以處死之罪從宮裏將無雙背了出來：

> 古生又曰：「暫借塞鴻於舍後掘一坑。」坑稍深，抽刀斷塞鴻頭於坑中。仙客驚怕。古生曰：「郎君莫怕。今日報郎君恩足矣。比聞茅山道士有藥術。其藥服之者立死，三日卻活。某使人專求，得一丸。……老夫爲郎君，亦自刎。……」。言訖，舉刀。仙客救之，頭已落矣。遂並屍蓋覆訖。〔註26〕

從這裏可以看出，薛調《無雙傳》中也有一個類似《鑄劍》中的「宴之敖者」的俠客形象——古押衙，他也精心布置了一場連同自己的頭顱也要砍掉的義舉，把無雙救出。不同於「黑色人」的是，古押衙與王仙客之間更多的是一種知遇的關係：王仙客是慕名而來，盡其所有地對他好，不說目的，等他自己感化並開口，一年之後，這位俠客才有所了悟；而《鑄劍》中黑色人與他的協助對象眉間尺，顯然沒有任何現實的利害關係。我們知道，在魯迅所借鑒的史料當中，無論是《吳越春秋》還是《搜神記》，黑色人的原型原本稱作「客」。從歷史說，「客」是春秋戰國時期產生的各國王公諸侯間調和、鬥爭的工具。我們能也在古押衙，甚至在更早的荊軻、樊於期等人的故事裏看到「客」的豪俠特質。

到了黑色人這裏，「客」顯然已經更加「無我」，更加變得具有某種抽象的意義。他不爲任何回報，單單是爲所謂正義一方報仇，然後將自己的生命隕滅於無償助別人復仇之中，甚至因此帶著某種詭異而快慰的微笑。有意思的是，這似乎恰暗合了《野草·希望》所說的，「爲身外的青春，一擲身中的遲暮」。

爲何以古典爲入口的《鑄劍》，卻又在出口處迥異於古典？關於此點，分析得較爲透徹的是丸尾常喜，他詳細地指出了魯迅在創作這篇小說前後的社會生活和內心變化〔註27〕。但是，在作品的技術和思想上，魯迅必定別有借鑒。這些他親自抄錄和整理的類似的傳奇故事，在故事結構上有所啓示，正如丸山升所說的那樣，在吸收方面，魯迅是一個好手〔註28〕。

〔註26〕　魯迅：《魯迅輯錄古籍叢編》第 2 卷，《唐宋傳奇集》，北京：人民文學出版社，1999 年版，第 141 頁。

〔註27〕　〔日〕丸尾常喜：《〈鑄劍〉——復仇的文學》，《人與鬼的糾葛》，秦弓譯，北京：人民文學出版社，2006 年版。

〔註28〕　〔日〕丸山升：《魯迅·革命·歷史——現代中國文學論集》：「魯迅的強韌精神，在自己陳腐古舊之際，能借助一種『突變』突進到新的天地……。」王俊文譯，北京大學出版社，2005 年版，第 19 頁。

（二）「黑色的形相」與《小約翰》

　　當我們看到日本將眉間尺的故事歸類為「童話」，就會瞭解這故事必包涵某種質素吸引年輕的孩子。在這裏且不做童話概念或主題的追溯和界定，而擬將魯迅在《鑄劍》寫作前後所翻譯的兩篇童話為例作為考察對象。一篇是魯迅在 1922 年翻譯成的俄國作家愛羅先珂用日文所創作的三幕劇《桃色的雲》。另一篇是從 1926 年 7 月在北京的中山公園綿延到 1927 年 5 月在廣東的白雲樓在齊壽山的幫助下所翻譯的荷蘭作家望・藹覃的德文本童話《小約翰》〔註29〕。

　　《桃色的雲》是一個充滿了浪漫氣息和象徵意味的童話集。它將自然萬物擬人化，講述了這些富於意志的年輕生命們，借著善良（「為愛而開」）的助力，最終戰勝了嚴酷的冬天，開啓了春天的門，叫醒了春的少年「桃色的雲」的故事。這其中，起到推動作用的是土撥鼠這個角色。他不畏懼艱難，與一切冬和自然之母的嚴酷的規則和權威抗爭。故事中，春子是一個弱美的女子，她犧牲在殘冬的腳蹄之下。在死之前她抱著為春而犧牲了的土撥鼠說：「這是，那下面的使者呵，來迎接我的。」〔註30〕

　　魯迅曾在翻譯的序言裏說：「因為他自己覺得這一篇更勝於先前的作品，而且想從速贈予中國的青年。」〔註31〕另外，日本作家秋田雨雀曾在 1921 年11 月 21 日讀了《桃色的雲》之後大發感概說：「你在這粗粗一看似乎夢幻的故事裏，要說給我們日本青年者，似乎也是這『要有意志』的事罷。」〔註32〕有意思的是，深諳自然科學的魯迅在翻譯的後記裏著重談到了對篇中角色「土撥鼠」的生物學考察：

　　　　土撥鼠（Talps europaea）我不知道是否即中國古書上所謂「飲河不過滿腹」的鼴鼠，或謂就是北京尊為「倉神」的田鼠，那可是不對的。總之，這是鼠屬，身子扁而且肥，有淡紅色的尖嘴和淡紅色的腳，腳前小後大，撥著土前進，住在近於田圃的土中，吃蚯蚓，也害草木的根，一遇到太陽光，便看不見東西，不能動彈了。作者

〔註29〕《魯迅譯文全集》第 3 卷，《小約翰》引言。福建教育出版社，2008 年版，第5～14 頁。

〔註30〕《魯迅譯文全集》第 2 卷《桃色的雲》，福建教育出版社，2008 年版，第 212 頁。

〔註31〕《魯迅譯文全集》第 2 卷《桃色的雲》，福建教育出版社，2008 年版，第 105 頁。

〔註32〕魯迅：《魯迅：魯迅譯文全集》第 2 卷《桃色的雲》，福建教育出版社，2008年版，第 106 頁。

在《天明前之歌》的序文上，自說在《桃色的雲》的人物中最愛的
是土撥鼠，足見這本書中是一個重要人物了。〔註33〕

愛羅先珂是盲人，通過作品，可見其愛光明、智慧，與勇敢。《桃色的雲》
中，極可能是他以土撥鼠自喻，象徵著在黑暗中與青年一起奮鬥實現某種光
明理想境地的悲情英雄。如果我們轉回去再看看《鑄劍》的話，那少年眉間
尺的復仇，也是借助「使者」完成的。

相較《桃色的雲》，《小約翰》則是一部成人童話，魯迅在《未名叢刊》
提要上曾稱之為「用象徵來寫實的童話體散文詩」〔註34〕。它表達的不僅僅
是溫暖和愛，還蘊有很多黑暗、無助、絕望等悲劇性的因素，如魯迅說的「人
性的矛盾，福禍糾結的悲歡。」〔註35〕

作品呈現出萬物的生動性。（火螢、蝙蝠、癩蛤蟆、老鼠、蝸牛等等）例
如第一部分，小約翰被這個神秘的叫做「旋兒」的小精靈帶他走向了自然界，
他變小了，與自然萬物融為一體。然而這時，蟋蟀們、兔子、火螢掩飾不住
被人類毀壞家園的悲傷。（「富於同情的野兔歎息著，並且用它的右前爪將長
耳朵從頭上拉過來，並拭幹一滴淚。這樣的是它的手巾」〔註36〕）原本，各
種生靈（動物和植物）都在各自的位置過著自然的生活，有點莊子「夫吹萬
不同，而使其自己也」的意思。小約翰跟隨「旋兒」與大自然混同如一的情
形也可愛而天然。有的研究者說這部童話直接影響了魯迅的《朝花夕拾》的
寫作，並不是沒有道理的。

更為深刻的是，這則童話揭示了人與自然或者未知世界之間的關係。魯
迅在序言中總結這個故事說：「人在稚齒，追隨『旋兒』，與造化為友。福乎
禍乎，稍長而竟然求知：怎麼樣，是什麼，為什麼？於是招來了智識欲之具
象化：小鬼頭『將知』；逐漸還遇到科學研究的冷酷的精靈：『穿鑿』。童年的
夢幻撕成粉碎了；科學的研究，『所學的一切的開端，是很好的，──只是他
鑽研得越深，那一切也就越淒涼，越黯淡。』……誰想更進，便得痛苦。為
什麼？原因就在他知道若干，卻未曾知道一切，遂終於是『人類』之一，不

〔註33〕　《魯迅譯文全集》第2卷《桃色的雲》，福建教育出版社，2008年版，第216
　　　　　頁。
〔註34〕　劉運峰編：《魯迅序跋集》（下），山東畫報出版社，2004年版，第526頁。
〔註35〕　《魯迅譯文全集》第3卷《小約翰》引言，福建教育出版社，2008年版，第
　　　　　6頁。
〔註36〕　《魯迅譯文全集》第3卷《小約翰》，福建教育出版社，2008年版，第22頁。

能和自然合體，以天地之心爲心。……直到他在自身中看見神，將徑向『人性和他們的悲痛之所在的大城市』時，才明白這書不在人間，惟從兩處可以覓得：一是『旋兒』，已失的原與自然合體的混沌，一是『永終』——死，未到的復與自然合體的混沌。而且分明看見，他們倆本是同舟……。」〔註37〕童話中，小約翰在經歷了一系列尋求未知世界的夢想的波折，父親的死去等沉重的打擊之後，這時候，有一個「黑色的形相」出現在苦痛而迷惘的小約翰面前，於是他們進行了這樣的對話：

> 但在這一時，當約翰將近那神奇的乘具的時候，他一瞥道路的遠的那一端。在大火雲所圍繞的明亮的空間之中，他看見一個小小的黑色的形相。這逐漸大起來了，近來了一個人，靜靜地在洶湧的火似的水上走。
>
> 紅熾的波濤在他的腳下起伏，然而他沉靜而嚴正地近來了。
>
> 這是一個人，他的臉是蒼白的，他的眼睛深而且暗。有這樣地深，就如旋兒的眼睛，然而在他的眼光裏是無窮的溫和的悲痛，爲約翰所從來沒有在別的眼裏見過的。
>
> 「你是誰呢？」約翰問，「你是人麼？」
>
> 「我更進！」他說。
>
> 「你是耶穌，你是上帝麼？」約翰問。
>
> 「不要稱道那些名字，」那人說，「先前，它們是純潔而神聖如教士的法衣，貴重如養人的糧食，然而它們變作傻子的呆衣飾了。不要稱道它們，因爲它們的意義成爲迷惑，它的崇奉成爲嘲笑。誰希望認識我，他從自己拋掉那名字，而且聽著自己。」
>
> 「我認識你，我認識你，」約翰說。
>
> 「我是那個，那使你爲人們哭的，雖然你不能領會你的眼淚。我是那個，那將愛注入你的胸中的，當你沒有懂得你的愛的時候。我和你同在，而你不見我；我觸動你的靈魂，而你不識我。」
>
> 「爲什麼我現在才看見你呢？」

〔註37〕《魯迅譯文全集》第3卷《小約翰》引言。福建教育出版社，2008年版，第6頁。

「必須許多眼淚來弄亮了見我的眼睛。而且不但爲你自己，你卻須爲我哭，那麼，我於你就出現，你也又認識我如一個老朋友了。」

「我認識你！——我又認識你了。我要在你那裏。」

約翰向他伸出手去。那人卻指向晃耀的乘具，那在火路上慢慢地漂遠的。

「看哪！」他説。「這是往凡有你所神往的一切的路。別的一條是沒有的。沒有這兩條你永遠覓不到那個。就選擇罷。那邊是大光，在那裏，凡你所渴欲認識的，將是你自己。那邊，」他指著黑暗的東方，「那地方是人性和他們的悲痛。那地方是我的路。並非你所熄滅了的迷光，倒是我將和你爲伴。看哪，那麼你就明白了，就選擇罷！」

於是約翰慢慢地將眼睛從旋兒的招著的形相上移開。並且向那嚴正的人伸出手去。並且和他的同伴，他逆著凜冽的夜風，上了走向那大而黑暗的都市，即人性和他們的悲痛之所在的艱難的路。〔註38〕（《小約翰》）

再看看《眉間尺》中同樣也失去父親的眉間尺和黑色人的對話：

眉間尺渾身一顫，中了魔似的，立即跟著他走；後來是飛奔。他站定了喘息許多時，才明白已經到了杉樹林邊。後面遠處有銀白的條紋，是月亮已從那邊出現；前面卻僅有兩點磷火一般的那黑色人的眼光。

「你怎麼認識我？……」他極其惶駭地問。

「哈哈！我一向認識你。」那人的聲音説。……

「那麼，你同情於我們孤兒寡婦？……」

「唉，孩子，你再不要提這些受了污辱的名稱。」他嚴冷地説，「仗義，同情，那些東西，先前曾經乾淨過，現在卻都成了放鬼債的資本。我的心裏全沒有你所謂的那些。我只不過要給你報仇！」

……

〔註38〕《魯迅譯文全集》，第3卷《小約翰》引言。福建教育出版社，2008年版，第103～104頁。

　　「但你為什麼給我去報仇的呢？你認識我的父親麼？」

　　「我一向認識你的父親，也如一向認識你一樣。但我要報仇，卻並不為此。聰明的孩子，告訴你罷。你還不知道麼，我怎麼地善於報仇。你的就是我的；他也就是我。我的魂靈上是有這麼多的，人我所加的傷，我已經憎惡了我自己！」

　　暗中的聲音剛剛停止，眉間尺便舉手向肩頭抽取青色的劍，順手從後項窩向前一削，頭顱墜在地面的青苔上，一面將劍交給黑色人。

　　「呵呵！」他一手接劍，一手捏著頭髮，提起眉間尺的頭來，對著那熱的死掉的嘴唇，接吻兩次，並且冷冷地尖利地笑。

　　首先，從文學者的身份上講，無論是愛羅先珂還是望‧藹覃都有值得吸引魯迅注意的地方。前者為解剖師的兒子，對醫學和生物有著天然的敏感，再加上盲詩人的氣質，更能敏銳地把握大自然，這也是《桃色的雲》中的形象何以能夠如此豐富的原因，他與魯迅曾經在一起的親密的生活至少部分是建立這樣的情況的基礎之上的。而《小約翰》的作者則本就是一個醫生，他在業餘的時間才弄文學，顯然他也將生物學上的那種科學知識文學化了。同樣，如果我們考察魯迅的一生的文學作品和社會生活，很難將之與魯迅的生物學興趣分離開〔註39〕。

　　然而，從文學的內容上講，《桃色的雲》顯然是一個非常純美的故事，其中的土撥鼠完全扮演了一個為愛和美而犧牲的角色。《小約翰》則不然，它展開的卻是人類的痛苦。這種痛苦來自兩方面，一為大自然的詛咒；一為人自身的局限性所帶來的困頓。而「更進」也是其在「必須許多的眼淚來弄亮了見我的眼睛」之後，才獲得給與助力的使者。到了最後，小約翰在面臨著天堂般的永恆世界和充滿痛苦的人間時選擇了後者。在《鑄劍》當中我們也看到了眉間尺最終選擇了復仇，而不是妥協。然而，從象徵意義上講，前者的選擇似乎是代表著整個人類的選擇，沒有天堂，只有自身的神明，正如魯迅說那「黑色的形相」是他「自身」生出的「神」。按照魯迅的解釋，這個「神」又不是給小約翰帶來一勞永逸的解決之法的天堂之路的「神仙」，而是一個能

〔註39〕周建人：《魯迅先生和植物學》，《年少滄桑——兄弟憶魯迅》，河北教育出版社，2001年版，第273～277頁。

夠讓他痛苦並在一切歷練和追尋之後徹底認清自身的內在的靈魂。那麼，《鑄劍》中的黑色人，是神還是人呢？我們從他這兩則相似的對話中感受到「黑色人」是青年的輔佐者、「使者」、道路導引者，但同時，也可以說是其（眉間尺）深處的靈魂：

> 至於黑色人的形象，則是人性中潛在的可能性，人類的精神的化身，藝術層次上的自我。他是眉間尺靈魂的本質，也是王內心縈繞不去而又早被他殺死的幽靈。為命運驅使的這三個人終於在大金鼎的滾水中匯合了，一場你死我活的咬齧展示出靈魂內在的戰鬥圖像。〔註40〕

魯迅對典故的超越性闡釋也在這裏表現出來。這時候的「客」已經被闡釋為一個人的以內在精神為對象的自我審視，而不再是一種具象的社會身份。正因此我們也在《鑄劍》中看到了某種帶有童話和象徵意義的東西。

（三）同情　自由　犧牲

除此之外，以上《小約翰》和《鑄劍》的兩則對話中有一些微妙的共同的細節：比如《小約翰》中小約翰叩問「黑色的形相」是否是上帝或耶穌；眉間尺則叩問黑色人是否是在同情他。從某種意義上說，上帝和同情是緊緊聯繫在一起。然而，望·藹覃和魯迅都在文本中拒斥這種早已僵化了的宗教權威，這其中有一種對於個體獨立性的尊重，即再也不期待於同情和垂憐，而應當依靠自身的意志來踐行使命。如何踐行，這在二者是統一的——選擇充滿悲苦和多難的具有行動力的人間生活。很有意思的是，我們從竹內好的著作中看到了類似的評價魯迅的話：

> 使文學成為可能的，是某種自覺。正像使宗教者成為可能的是對於罪的自覺一樣，某種自覺是必要的。正像通過這種自覺，宗教者看到了神一樣，他使語言找到了自由。不再被語言所支配，而反過來處在支配語言的位置上。可以說，他創造了自身的神。……他不斷地從自我生成深處噴湧而出，噴湧而出的卻總是他。就是說，這是本源性的他。我是把這個他叫做文學者的。〔註41〕

〔註40〕　殘雪：《藝術復仇——讀〈鑄劍〉》，《書屋》，1999年第1期，第5頁。
〔註41〕　〔日〕竹內好：《近代的超克》，李冬木等譯，北京：三聯書店，2005年版，第107～108頁。

　　而魯迅在《鑄劍》中是這種雙重自覺，一方面，魯迅雖無宗教，卻有倫理的自覺，另一方面，又是文學的自覺的運化與「噴湧」。在魯迅的《過客》中我們看到過這樣的句子，即：

　　　　倘使我得到了誰的布施，我就要像兀鷹看見死屍一樣，在四近徘徊，祝願她的滅亡，給我親自看見；或者咒詛她以外的一切全部滅亡，連我自己，因爲我就應該得到詛咒。〔註42〕

　　這段話恰恰在《鑄劍》之中獲得了某種解說，然而，黑色人並未得到如何的「布施」，而是一種自覺的善良，這種自覺的向死的善良與《過客》有著極其的相似的地方。後來在魯迅寫給許廣平的信中，他又說，「同我有關的活著，我就不放心，死了，我就安心」，同他「有關」的又是什麼呢？除了自己需要贍養或交接的親友之外，還有一種自覺的倫理意識和道德感，只不過這種道德感至純和如此地急迫地想要一筆勾銷，以至於表現出了以毀滅自己爲目的的痛快。用魯迅自己的話說，是「個人的無治主義」和「人道主義」的兩種思想「消長起伏」〔註43〕。這些體現在《鑄劍》上，看似奇崛，在魯迅本身，卻是並不矛盾。

　　或者，與此相關，在這裏我們有必要討論一下，《鑄劍》和尼采之間的關係。張釗貽在《魯迅——中國「溫和」的尼采》中曾說：

　　　　按照尼采解釋，自我犧牲並不意味著是利他主義的行爲，其實是個人「權力意志」經過偽裝的表現，魯迅也許並不知道尼采對自我犧牲的看法。〔註44〕

　　這一說法，顯然是對魯迅和尼采之間的深層關係模糊認識所致。其實在魯迅的作品之中，我們恰看到了太多這樣的表現方式。而張所說的尼采的「自我犧牲」觀，我們在尼采的《偶像的黃昏》之中能夠瞥見，或者，可以將之作爲《鑄劍》中的內在精髓的注腳：

　　　　人們把這叫做「獻身」；人們把他的毫不利己、把他爲一種信念、一個偉大事業和一個祖國所做的犧牲稱讚爲「英雄主義」：這全是誤解……他溢出，他泛濫，他消耗自己，他不愛惜自己，——厄

〔註42〕《魯迅全集》第二卷，人民文學出版社，1981 年版，第 192 頁。
〔註43〕《魯迅景宋通信集》，湖南人民出版社，1984 年版，第 69 頁。
〔註44〕〔澳大利亞〕張釗貽：《魯迅——中國「溫和」的尼采》，北京大學出版社，2011 年版，第 348 頁。

運般地、災難性地、不由自主地，如同河水決堤是不自由一樣。但是，由於人們對這些炸藥感激之至，於是，人們也對他們給與了很多回報，例如一種高尚道德……這確是人類的感恩方式：人們誤解了他們恩人。〔註45〕

（四）「用象徵來寫實的童話體散文詩」

接下來我們可以找到兩組對比。一個是從《桃色的雲》中的土撥鼠，到《小約翰》中的黑暗的人，還有一則是「客」的典故（《吳越春秋》中的「三王冢」與《無雙傳》中的古押衙）這些都是《鑄劍》中的黑色人的影子。在這個運化過程中，我們看到了魯迅的閱讀積纍和他的翻譯給他的作品《鑄劍》所帶來的某種超越性的影響。這種超越性成爲迥異於其它規整的歷史神話題材小說的獨特氣質。至少從這裏，我們可以看出魯迅如何將自己「古典的」和「翻譯的」經驗轉化爲一種冷嗖嗖的作品風格。使得那些曾經「麗爾文明，點綴幽獨」的陳舊往事通過其精神上的激越而實現了有力的華麗轉身。

丸尾常喜曾提到江口渙的《峽谷的夜》以及菊池寬《復仇的話》這兩篇魯迅二十年代初翻譯的小說與《鑄劍》之間的微妙關係。前者的故事內容發生在民間，講一個女人不堪丈夫背叛和小兒夭折而發瘋的故事。其中凜冽的氣象頗合於《鑄劍》中黑色人見到眉間尺的野外場景，但於內容思想上實無可合處。《復仇的話》講述一個故去的武士的兒子成人之後遵從母命前去爲父親報仇，最終卻在旅店碰到一個盲人按摩師，此人正是他的仇家。故事寫得相當精彩。其核心正是如菊池寬的作品特色：「他們的惡的性格或醜的感情，愈是深銳的顯露出來時，那藏在背後的更深更銳的活動著的他們的質素可愛的人間性，打動了我的緣故，引近了我的緣故」〔註46〕。魯迅因此發抒評論說：「他的創作，是竭力的要掘出人間性的眞實來。一得眞實，他卻又憮然的發了感慨，所以他的思想是近於厭世的，但又時時凝視著遙遠的黎明，於是又不失爲奮鬥者」〔註47〕。當我們將這一議論放在無論是《小約翰》

〔註45〕　〔德〕尼采：《偶像的黃昏——或怎樣用錘子從事哲學》，李超傑譯，商務印書館，2009年版，第114頁。

〔註46〕　〔日〕南部修太郎：《菊池寬論》（《新潮》一七四號），轉引自《魯迅譯文全集》第2卷，《菊池寬》，福建教育出版社，2008年版，第99頁。

〔註47〕　〔日〕南部修太郎：《菊池寬論》（《新潮》一七四號），轉引自《魯迅譯文全集》第2卷，《菊池寬》，福建教育出版社，2008年版，第99頁。

還是《鑄劍》之上，都無偏頗。這一時期的寫作，魯迅一直試圖在內（整理國故）外（翻譯）環境的影響和回應之下，瞥見當時社會和自身中的萎靡和傾頹，來實現他內心的激越欲求。「黑色人」的象徵角色，眞正地指向了人的自身。

正如許多研究者所言，魯迅在二十年代的翻譯《苦悶的象徵》對於《補天》的創作之「性」的發動的意象世界的鋪展有著相互呼應的地方，《小約翰》等的翻譯也與《鑄劍》的創作帶有某種精神上的相似性。當然這種比對並非嚴絲合縫，但卻讓我們認識到在他的文學生活中翻譯給他的創作提供的某種具有開拓性的空間。《鑄劍》雖爲小說，但似乎也可以像魯迅在《未名叢刊》提要中界定《小約翰》一樣，這個作品不僅是日本文學中編選的「童話」，且是「用象徵來寫實的童話體散文詩」〔註48〕。

二、從「無治者」文學到「左翼文學」的翻譯：兼與《故事新編》的創作

> 他們沿街唱著走，──戲謔，踉蹌，嚇著狗。詛咒著自己，親戚，朋友，全不安穩的艱難的大地，直到現在沒有星星的昏暗的圓蓋，罩著他們的天空。
>
> ──法捷耶夫（魯迅譯）《毀滅》〔註49〕

我們知道，三十年代魯迅思想的所謂「轉變」過程，也包括他翻譯內容的取捨揀擇，這是他文學生活中十分重要的一部分。這時魯迅開始將大量的精力用在紹介和寫作有助於「左翼」成長的作品中。其中，最明顯的標誌，就是他的雜文寫作。我們能夠從他的雜文創作中看到鮮明的、由戰鬥性引領著的獨特話語方式。但是，相對而言，除雜文之外，這一時期，魯迅其它的創作和翻譯就要複雜得多。甚至有時候會構成一種貌似相互掣肘的關係。1930 年 3 月，梁實秋質問左翼文學翻譯家能否拿出點「貨色」來時，魯迅就毫不退讓地舉出了三種作品，其中兩種是他參與或獨立翻譯的蘇聯左翼文學作品（盧那察爾斯基的《解放了的董·吉訶德》和法捷耶夫的《毀滅》），他

〔註48〕劉運峰編：《魯迅序跋集》（下），山東畫報出版社，2004 年版，第 526 頁。
〔註49〕《魯迅譯文全集》第 5 卷，《毀滅》，福州：福建教育出版社，2008 年版，第 387 頁。

認爲它們是「在中國這十一年，就並無可以和這些相比的作品」。〔註50〕因
魯迅翻譯的這些作品中所包涵的複雜的文學性空間，我們很難進行統一的價
值衡量。

　　我們將眼光放得再遠一點，在魯迅的俄、蘇文學翻譯中，是否存在著某
種連貫性？魯迅對待這兩種文學的態度是怎樣的？對他的文學創作，尤其是
《故事新編》的作品有什麼樣的關係？解決這些問題，一方面有助於認識時
下早已沉寂了的蘇聯左翼文學；同時也會使我們重新理解《故事新編》。

（一）「無治者」阿爾志跋綏夫與魯迅二十年代《故事新編》

　　早在二十年代魯迅就翻譯過他所愛的「主張堅實而熱烈」的片上伸的三
篇文章。其中《階級藝術問題》（1922年）提倡無產階級文學之必要在全體自
由，而非獨霸文壇。另外一篇譯文《否定的文學》（1923）則專談俄國文學，
認爲它「發源於否定」：

　　　　俄國的文學，是這否定之力和矜持之心的表白；是爲了求生，
　　而將趨死者的巡歷地獄的記錄。在那色調上，自然添上一種峻嚴苦
　　澀之痕，原是不得已的事。雖在出自陰慘幽暗的深谷，走向無邊際
　　的曠野的時候，也在廣遠的歡喜中，北方的白日下，看見無影的小
　　鬼的跳躍，聽到風靡的萬千草茇的無聲的呻吟。這就無非爲了求生，
　　而死而又趨死，死而又趨死的無抵抗的抵抗的模樣。俄國的求生之
　　力，就有這樣地深，這樣地壯，這樣地豐饒。〔註51〕

　　同時，片上伸又引用聖經裏的話說：「在墜地亡身的一粒麥子中所含的
力，總有一時要出現的」，可見片上伸的主張的確如魯迅所說的「堅實而熱
烈」。據魯迅在序言中說，在俄國十月革命之後，片上伸仍然堅持以自己的
觀點來觀察俄國的文學。而這也正是魯迅面對著當時「革命文學」的「蹋了
『文學是宣傳』的梯子而爬進唯心的城堡」〔註52〕的隱憂而發出的反詰。
很明顯，魯迅是反對任何戕害文學本身特質的一切文學模式及其理論種類
的。而在這之前，魯迅還在《野草》的精神黑夜之中徘徊。談及二十年代的

〔註50〕魯迅：《「硬譯」與文學的階級性》，《魯迅全集》第4卷《二心集》（北京：人
　　　　民文學出版社，1981年），第207頁。
〔註51〕〔日〕片上伸著、魯迅譯：《否定的文學》，《魯迅譯文全集》第4卷（福州：
　　　　福建教育出版社，2008年），第127頁。
〔註52〕魯迅：《壁下譯叢》小引，《魯迅譯文全集》，第4卷，第5頁。

《補天》《奔月》《鑄劍》的寫作，我們從魯迅的譯文層面看來看去的話，或許可以將目光投放在其中他所翻譯的阿爾志跋綏夫作品身上。關於魯迅本人與阿爾志跋綏夫的紹介乃至思想關係，我們已經能夠從相關的研究成果中看到。〔註53〕而且研究的重心似乎也在清理魯迅思想的內在統一性上，研究者認爲魯迅之於無政府主義思想是「徹底的革命民主主義思想」和否定一切的「悲觀主義」之間的關係。〔註54〕我們可以繼續將這一層關係回到最初的文本，即魯迅同一時期的創作和翻譯上來檢驗。

魯迅二十年代翻譯過的阿爾志跋綏夫的作品是兩個短篇《幸福》《醫生》和一個中篇小說《工人綏惠略夫》及散文《巴什庚之死》。他在《頭髮的故事》（1920）《娜拉走後怎樣》（1924）中均談及阿爾志跋綏夫及其小說《工人綏惠略夫》「夢想將來的黃金世界」的言論，〔註55〕在 1925 年 3 月 18 日給許廣平的信中，他認同中國教育存在的僵硬和戕害，認爲理想的教育「要適如其分，發展各各的個性」的「黃金世界」還未到來，「要徹底毀壞這種大勢的，就容易變成『個人無政府主義者』，綏惠略夫就是。這一類人物的運命，在現在──也許雖在將來，是要救群眾，而反被群眾所迫害，終至於成了單身，忿激之餘，一轉而仇視一切，無論對誰都開槍，自己也歸於毀滅」。〔註56〕可見在議論中，魯迅對阿爾志跋綏夫的「個人無政府主義」的自我毀滅之力還是充滿單方面的同情。在 1926 年 5 月所寫《二十四孝圖》中引用了阿爾志跋綏夫和一個少女的對話。其中阿爾志跋綏有這樣激烈的言論：惟有在人生的事實這本身中尋出歡喜者，可以活下去。倘若在那裏什麼也看不見，他們其實倒不如死」。〔註57〕魯迅發抒議論，恰是要改變當時自認還不如「陰間」的這世間，而獲得一種自由和「歡喜」。以上對阿氏密集的提及和引用，體現魯迅對其人生哲學層面上激進的帶有理想主義色彩的語言和破壞行爲的深刻同情和理解。

實際上，更深一層，這也許是魯迅在新文化運動乃至革命或改革失敗之

〔註53〕 聞敏：《魯迅與阿爾志跋綏夫》，《俄羅斯文藝》第 2 期（2000 年 2 月）。
〔註54〕 汪暉：《略論「黃金世界」的性質──魯迅與阿爾志跋綏夫觀點的比較》，《魯迅研究》第 2 期（1984 年）。
〔註55〕 《魯迅全集》第 1 卷，第 160、465 頁。
〔註56〕 魯迅、許廣平：《魯迅景宋通信集：〈兩地書〉原信》（長沙：湖南人民出版社，1984 年），第 11～12 頁。
〔註57〕 魯迅：《二十四孝圖》，《朝花夕拾》，《魯迅全集》第 2 卷，第 253 頁。

後的一種同道式的慰藉，他曾解釋自己爲何譯《工人綏惠略夫》：

> 爲什麼那時偏要挑中這一篇呢？那意思，我現在有點記不眞切了。大概，覺得民國以前，以後，我們也有許多改革者，境遇和綏惠略夫很相像，所以借他人的酒杯罷。然而昨晚上一看，豈但那時，譬如其中的改革者的被迫，代表者的吃苦，便是現在，——便是將來，便是幾十年以後，我想，還要有許多改革者的境遇和他相像的。
> 〔註 58〕

在 1926 年北新書局的《彷徨》的書後，《未名叢刊》提要中，他又指出在印的《工人綏惠略夫》是「描寫革命失敗後社會心情的小說。或者遁入人道主義，或者激成虛無思想，沉痛深刻，是用心血寫成的」。〔註 59〕可見對其心境的某種體認，即他對這種角色在社會不斷演進中所付出的變革的努力的徒勞所帶來的必然的悲劇意味的感喟。

在《工人綏惠略夫》的譯本後記裏，魯迅著重點評了他的長篇小說《賽寧》。該小說直到 1930 年前後才相繼出了幾個中譯本。〔註 60〕他認爲《賽寧》的全部內容「自然也是無治的個人主義或可以說是個人的無治主義」。然而，魯迅並沒有像當時許多批評家那樣，強調阿爾志跋綏夫的這一代表作的消極影響，反而從歷史發展的脈絡出發，認爲《賽寧》展示了「十九世紀末的俄國，思潮最爲勃興，中心是個人主義；這思潮漸漸釀成社會運動，終於現出一九零五年的革命」。〔註 61〕

關於《賽寧》，在魯迅的藏書中，有潘訓 1930 年譯本《沙寧》。〔註 62〕《沙寧》底色仍然是虛無。貫穿於其中的是：人生毫無意義，只有沐浴在天然的欲望中才是眞實的。正如魯迅所說：「阿爾志跋綏夫的著作是厭世的，主我的；而且每每帶著肉的氣息」。〔註 63〕小說主人公郁里和沙寧分別是人的理想的和頹廢的兩個極端。沙寧認爲人類進展到一定時刻，開始棄絕本能的生活而作

〔註 58〕魯迅：《記談話》（1926），《華蓋集續編》，《魯迅全集》第 3 卷，第 356～357頁。

〔註 59〕劉運峰編：《魯迅序跋集》（下）（濟南：山東畫報出版社，2004 年），第 524 頁。

〔註 60〕由鄭振鐸、伍光建、潘訓等根據康納安的英譯本轉譯過來。後又有 1934 年邱濤生譯述本（上海：中學生書局）；1935 年周作民譯本（上海：啓明書局）。

〔註 61〕魯迅：《譯了〈工人綏惠略夫〉之後》，《魯迅譯文全集》第 1 卷，第 137 頁。

〔註 62〕本段參照譯本潘訓譯爲《沙寧》（上海：光華書局，1930 年），因此爲魯迅藏書中之版本。

〔註 63〕魯迅：《〈幸福〉譯後記》，《魯迅譯文全集》第 1 卷，第 258 頁。

繭自縛,而郁里即是這一生活狀態的犧牲品。結尾是:沙寧因為人是可厭的,於是跳下火車走向曠野:「遺他的行囊在他的背後,從腳板跳下去」。〔註64〕

小說充滿了魯迅所說的「肉的氣息」:夏季的躁動不安,雨的花、灌木和昆蟲,每個男人似乎都無法抵擋的「擎起底胳膊」和陽光照射的「豐圓的成熟的胸」,〔註65〕郁里和沙寧的兩個妹妹麗麗和麗苔,她們面對欲望顯得既單純又虛偽,一方面展現純潔的嬌豔,又渴望蜂蝶的採引,她們在這種「新奇的顫慄」〔註66〕之中糾結,在局促而狹隘的貴族女性的倫理圈套裏周旋,整個故事籠罩著做作、曖昧和虛無的氣氛。

沙寧以嘲諷的眼睛觀照周圍的世界及價值與意義的爭論。他未能違背自己的天性,誘姦了郁里的戀人西納。而郁里似乎是個天生的抑鬱症患者,他對人類充滿了悲憫和同情,對事物的意義的要求極其嚴苛和明確,最後在絕望之中他選擇了自殺。

由厭世而及的頹唐和意義的消解而至的虛無,是魯迅一度喜歡的主題,不過是時而明豔,時而隱晦。這類小說與魯迅多次提及的法朗士的《黛依絲》一樣,生動的形象、真誠的思想與意義的紛爭都在吸引著他的眼光。《沙寧》的寫作精緻、生動,具備俄羅斯文學一貫的精湛技藝。從這一點看起來,或許我們能夠在1925年魯迅給《京報副刊》中給「青年必讀書」找到對這樣的文學積極意義上的暗示:「中國書雖有勸人入世的話,也多是僵屍的樂觀;外國書即使是頹唐和厭世的,但卻是活人的頹唐和厭世」。〔註67〕

有意思的是,魯迅在評價《工人綏惠略夫》的時候這樣連帶著說《沙寧》:「賽寧的議論,也不過一個敗績的頹唐的強者的不圓滿的辯解。阿爾志跋綏夫也知道,賽寧只是現代人的一面,於是又寫出一個別一面的綏惠略夫來,而更為重要。」〔註68〕也就是《沙寧》展現的是「無治主義者」的敗績的頹唐;而《工人綏惠略夫》則表現的是強勁的鬥爭的勃發和燃燒。它描述了綏惠略夫的思想和生活以及他周圍窮苦的勞動人民和知識分子的窘態。如同在《沙寧》(《賽寧》)中一樣,阿爾志跋綏夫在這裏塑造了兩種類型的青年典型:綏惠略夫和亞拉舍夫。和沙寧與郁里相似,他們一個暗峻一

〔註64〕阿爾志跋綏夫:《沙寧》,潘訓譯,第526頁。
〔註65〕阿爾志跋綏夫:《沙寧》,潘訓譯,第21、260頁。
〔註66〕阿爾志跋綏夫:《沙寧》,潘訓譯,第37頁。
〔註67〕魯迅:《華蓋集》,《魯迅全集》第3卷,第12頁。
〔註68〕魯迅:《譯了〈工人綏惠略夫〉之後》,《魯迅譯文全集》第1卷,第138頁。

個溫和，且最終或離開或死亡。通過這兩部小說，似乎可以看出，阿爾志跋綏夫將自己對於人世的糾結的思想，分配在這兩個相對決斷的人身上。魯迅翻譯的他的小說《幸福》《醫生》講述了兩個可憐人，逼眞而又偏至，也帶有強烈的虛無傾向。很顯然，魯迅 1920～1921 年左右對這幾篇小說的翻譯，與小說本身的色調和魯迅的壓抑情緒有著某些關聯。

這不能不讓人想起魯迅在隨後創作的第一篇神話題材的小說《補天》（《不周山》）。《補天》中的虛無、欲望、乃至大自然風景的色調描寫，都在某種氛圍下暗合了前引諸小說的意境。女媧之慵懶，之無聊，之頹唐和強大的生命力，都在透出一種虛無的情緒之下的催生和湧動。女媧身下所出現的那些煞有介事的古衣冠的小人們，正如沙寧對於欲望的首肯之外所嘲諷的文明中的脆弱和可笑的人們。女媧的無聊與神采也對應著綏惠略夫的內在的互相矛盾。

> 「唉，唉，我從來沒有這樣的無聊過！」伊想著，猛然間站立起來了，擎上那非常圓滿而精力洋溢的胳膊，向天打一個欠伸，天空便突然失了色，化爲神異的肉紅……」（《補天》）

> 「……但進步是不虛的。從那邊，從光明的將來裏，已經向我們伸出感謝和祝福的手來，這手便是幸福的和自由的人間界的，是我們的孩子我們的事業的！……」

> 「呸，多麼討厭。你豈不怕，你的莊嚴的將來太有屍氣麼？」綏惠略夫問，又衝出短短的笑來。

> ——我和自己爭！壞夠了！他想。（《工人綏惠略夫》）〔註69〕

綏惠略夫在復仇和毀滅之前，他的另一個「我」在詰問他了。也就是他不是一開始就是這樣的頹唐和強大，而是歷盡了犧牲與徒勞之後的消歇，然而，另一面的有著雄心和希望的過往還在糾結著他。《補天》中的女媧在「造人」之前的「無聊」，到得「造人」之後仍舊感到「唉，唉，從來沒有這樣無聊過」。可以看到她的創造的起始原本是虛無，而到了「造人」之後仍舊是虛無。止不過，貫穿她的情緒的始終的，有一種不自覺的對人類善意的犧牲精神。正如老子口中的地母，「天地不仁」，「善利萬物而不爭」。如果從色彩的角度上說，《補天》立象以盡意，可謂是《故事新編》所有的作品之中最絢爛

〔註69〕魯迅：《工人綏惠略夫》，《魯迅譯文全集》第 1 卷，第 192 頁。

的一個。正如魯迅評價《沙寧》是一個「描寫現代生活的作家」〔註70〕的作品，《補天》因其強烈的色彩和甚至有些造作的表現力，無論是在畫面還是語言上都被烙上了濃重的現代意味。

　　其後的《鑄劍》乃至《奔月》中都有對「自身之神」〔註71〕的描述以及一個英雄失路的「敗績的頹唐的強者」的角色。這大概是魯迅在二十年代《故事新編》寫作的核心表達。這種帶有強烈的虛無色彩的作品，並不是沒有所謂「戰鬥力」，相反，在一定程度上體現了主體精神的濃烈。正如魯迅所評價阿爾志跋綏夫的作品《幸福》：

　　　　現在有幾位批評家很說寫實主義可厭了，不厭事實而厭寫出，實在是一件萬分古怪的事，人們每因為偶然見「夜茶館的明燈在面前輝煌」便忘卻了雪地上的毒打，這也正是使有血的文人趨向厭世的主我的一種原因。〔註72〕

　　魯迅的眼睛裏，無論是「寫實主義」作品《幸福》《醫生》，還是表達自我內心的《工人綏惠略夫》都是作者對於真實現代生活的書寫。而無論風格如何變換，阿爾志跋綏夫都是一個忠實於現實和自己內心的作家。儘管，在他的獨特而真實的內心結構映照著的是別一種的黑暗世界。這種直接的內心獨白似乎在魯迅1926年譯他的帶有自我經驗色彩的《巴什庚之死》中找到最直接的體驗：人生不過是虛無，死亡無所不在，而審美是唯一完整的救贖方式。

　　與魯迅所感受並相對照著的中國的人群環境，除了少見的「敗績的頹唐的強者」之外，還有一種看起來相似的所謂的「虛無黨」是魯迅所反感並且揭露出來的。在1926年7月所寫的一篇探討中國人國民性的《馬上支日記》中，他說：

　　　　中國人先前聽到俄國的「虛無黨」三個字，便嚇得屁滾尿流，不下於現在之所謂「赤化」。其實是何嘗有這麼一個「黨」；只是「虛無主義者」或「虛無思想」卻是有的，是都介涅夫（I. Turgeniev）

〔註70〕魯迅：《〈幸福〉譯後記》，《魯迅譯文全集》第1卷：「他的作風，也並非因為『寫實主義大盛之後，進而唯我』，卻只是時代的肖像：我們不要忘記他是描寫現代生活的作家」，第258頁。

〔註71〕張芬：《「直到他在自身中看見神」──唐傳奇、〈小約翰〉與〈鑄劍〉之生成》，《現代中文學刊》2011年第2期，第58～64頁。

〔註72〕魯迅：《〈幸福〉譯後記》，《魯迅譯文全集》第1卷，第258～259頁。

給創立出來的名目，指不信神，不信宗教，否定一切傳統和權威，要復歸那出於自由意志的生活的人物而言。但是，這樣的人物，從中國人看來也就已經可惡了。然而看看中國的一些人……只要看他們的善於變化，毫無特操，是什麼也不信從的，但總要擺出和內心兩樣的架子來。……將這種特別人物，另稱為「做戲的虛無黨」或「體面的虛無黨」以示區別罷。雖然這個形容詞和下面的名詞萬萬聯不起來。〔註73〕

很顯然，這與魯迅在境遇上所同情和文學上加以稱賞的阿爾志跋綏夫相區別，因為後者是建立在強烈的懷疑和批判精神上的，並非中國人中「毫無特操」的「虛無黨」。潘訓曾在《沙寧》譯本序中稱沙寧是「小資產階級知識分子底反動的個人主義底辯護」，〔註74〕在與《沙寧》同一年（1930）出版的畫室（馮雪峰）所翻譯的蘇聯文論家伐洛夫斯基《社會的作家論》〔註75〕，其第一部分專門談論文學上的虛無主義作品。他將屠格涅夫的《父與子》與阿爾志跋綏夫的《薩寧》中的主人公「巴紮洛夫」和「沙寧」進行比照並指出，二者雖都持虛無主義的主張，但分別代表了不同的方向。巴紮洛夫是平民的進步的代表，而沙寧則是消極的、有害的典型。

　　沙寧是「做出來」的東西了。沙寧能夠好容易才完成了自己的任務，是靠那為了主人公的緣故苦慮著更優美的條件（主人公底體力，對立人物的鈍重與卑屈）的作者底這善行的結果；而反之，巴紮洛夫是自由地活動著，服從自己底內的倫理。沙寧是社會底不合理的存在，和那無用的多餘物的典型有關係；而巴紮洛夫卻是必用的，即在社會發展的經濟方則上也尋到理解。

　　……但是，虛無主義的價值並不是絕對的東西，只有和時代與地方之具體的條件相對立的那方式，才是實在底決定了它底價值的東西：即是，在某個歷史瞬間裏是有益的，進步的，美好的東西，但在其次的瞬間就成為應該拒絕的，反動的，有害的東西了。從這樣的歷史觀點，使巴紮洛夫與沙寧的虛無主義對立起來，觀察他們

〔註73〕《魯迅全集》第 3 卷，第 327～328 頁。
〔註74〕阿爾志跋綏夫：《沙寧》，第 2 頁。
〔註75〕同年（1930 年）5 月由崑崙書店以《作家論》出版過一次。〔蘇〕伐洛夫斯基：《社會的作家論》，畫室（馮雪峰）譯，（上海：光華書局，1930 年），見序言。

底内的楔子是否聯結著，並貫串著這楔子……〔註76〕

相較魯迅之劃分薩寧和綏惠略夫，這裏有著很不同的精細拆分，實際上背後是將其納入左翼文藝理論與批評的立場來看待阿爾志跋綏夫。1930年以後在《萌芽》《十字街頭》等刊物上，我們能夠看到大量左翼文藝作品及其批評被介紹進來。這部《社會的作家論》正是在「左聯」成立之後的翻譯浪潮之中面世的。而魯迅是這「翻譯潮」的重要力量。伐洛夫斯基對於阿爾志跋綏夫和屠格涅夫的比較，顯然影響了中國左翼文學界。我們在三十年代看到了大量魯迅對「虛無黨」的「無可無不可」的態度的批判或論爭的雜文。對於阿爾志跋綏夫，魯迅也漸漸有了較爲明確的反思。他指出《沙寧》不過是革命低潮時期的墮落在文學上的表現。〔註77〕1932年他在一篇專論俄國文學的文章中，將阿爾志跋綏夫列爲「絕望和荒唐」的序列，並轉而推崇柯羅連科、高爾基的作品。〔註78〕在1935年3月寫文章批評狂飆社時，他又說「沙寧」以「一無所信爲名，無所不爲爲實」。〔註79〕這種前後態度上的變化恰體現了魯迅思想上的跌宕。那麼，這種虛無是否正如魯迅所說「無所不爲」，通過前面的分析並非如此，從中甚至能夠看到某種倫理的自覺，而魯迅似乎在三十年代更急於拋棄過往的這個帶有沉悶的「無治」色彩的自己，而朝向一個更爲光明的方向去，這種看似決絕的拋棄，恰是因爲其內部的眞實所趨，而魯迅本人也正捲入沙寧和郁里的雙重世界之中，但他並未選擇個人虛無的兩端態度（或逃避或自殺）而是直接面對並且參與戰鬥，其戰鬥的形式，即是對新的左翼力量的文學及其理論的介入和吸收。這時候魯迅對阿爾志跋綏夫文學評價的天平悄然地轉向了某種更能夠給他帶來社會變革期待的政治傾向。然而，我們知道，阿爾志跋綏夫（1878～1927）的實況是，他既不見容於沙俄，亦未討好於蘇聯，他對群體倫理和世界觀不信任，摻雜著人道主義和虛無主義。對魯迅來說，翻譯文學及其世界的展開似乎更切近於他早期的心境，很顯然這並非是社會實踐意義上的虛無主義或無政府主義的團體或流派。不過，這與他的後來渴望的理想世界之間到底有著一種什麼樣的關係？三十年代所寫的《故事新編》中的諸篇是否逐漸是這種複雜情緒的產物？由

〔註76〕〔蘇〕伐洛夫斯基：《社會的作家論》，第9、10頁。
〔註77〕魯迅：《藝術論》譯序，《魯迅譯文全集》第5卷，第149頁。
〔註78〕魯迅：《祝中俄文字之交》，《南腔北調集》《魯迅全集》第4卷，第461頁。
〔註79〕魯迅：《中國新文學大系小說二集序》，《且介亭雜文二集》，《魯迅全集》第6卷，第254頁。

此，我們可以看到魯迅的創作在二十、三十年代的某種「分野」。那麼，在三十年代，魯迅眞的就按照伐洛夫斯基所說的代表「平民階級」前進的明晰的理路來展開他的《故事新編》創作了嗎？日本學者伊藤虎丸給出了這樣的理解：

> 《非攻》和《理水》以下的作品，也就成了說明魯迅作爲小說家所接受的馬克思主義是怎樣的一種「主義」的惟一材料。〔註80〕

結合後期魯迅翻譯與《故事新編》作品的創作，我們發現這實際上沒那麼簡單。

（二）夏伯陽、《鐵流》與《理水》

在最初的蘇聯二十年代的左翼激進文學藝術社團「拉普」中成長起來的三個作家富爾曼諾夫、綏拉凱摩維支、法捷耶夫，他們的作品《恰達耶夫》（1923）《鐵流》（1924）《毀滅》（1927），形成整個蘇聯建設初期帶有「史詩性」的代表作。這些作品很快在三十年代傳至中國。在魯迅早期的論文學與革命關係的文章和講演中，曾經一再提及，寫作「革命文學」的人多有革命經驗，而眞正的「革命文學」必須是誕生在革命之後。〔註81〕他的這種說法無疑在這些蘇聯立國初期出現的以革命經驗爲基礎的文藝作品上得到應驗。魯迅敦促曹靖華翻譯《鐵流》，〔註82〕自己則通過日譯本，參照德英譯本翻譯了《毀滅》。據《鐵流》編校後記，這三家作品均已經列入當時神州國光社的蘇俄文藝書籍的出版計劃。1931 年 2 月，他寫信給韋素園，附上《毀滅》譯本，並慰安病中的素園說：「中國的做人雖然很難，我的敵人（鬼鬼祟祟的）也太多，但我若存在一日，終當爲文藝盡力，試看新的文藝和在壓制者保護之下的狗屁文藝，誰先成煙埃。」〔註83〕可見魯迅當時譯介蘇聯文學作品的直接目的。魯迅對於蘇聯文學的接受方式，一併隨著他對於蘇聯認識上的變化和中國未來可能性的思考而逐漸清晰。例如在 1934 年

〔註80〕 〔日〕伊藤虎丸著：《魯迅與日本人》李冬木譯（石家莊：河北教育出版社，2000 年），第 156 頁。

〔註81〕 魯迅：《革命時代的文學——四月八日在黃埔軍校講》，《而已集》，《魯迅全集》第 3 卷，第 420 頁。

〔註82〕 魯迅：《〈鐵流〉編校後記》，《集外集拾遺》，《魯迅全集》第 7 卷，第 366～368 頁。

〔註83〕 魯迅：《致韋素園信》，《魯迅全集》第 12 卷，第 36 頁。

3月15日《答國際文學社問》，他就針對提問者提出的蘇聯的存在和成功，
對他的思想和創作有什麼影響回答道：

> 先前，舊社會的腐敗，我是覺到了的，我希望這新的社會的起
> 來，但不知道這「新」的該是什麼；而且也不知道「新的」起來以
> 後，是否一定好。待到十月革命後，我才知道這「新的」社會的創
> 造者是無產階級，但因爲資本主義各國的反宣傳，對於十月革命還
> 有些冷淡，並且懷疑。現在蘇聯的存在和成功，使我確切的相信無
> 產階級社會一定要出現，不但完全掃除了懷疑，而且增加許多勇氣
> 了。但在創作上，則因爲我不在革命的漩渦中心，而且久不能到各
> 處去考察，所以我大約仍然只能暴露舊社會的壞處。〔註84〕

這段話可作爲這一時期魯迅思想軌迹和創作的重要注腳。但對於「無產
階級社會一定要出現」的信心是否意味著，魯迅這個時候在自己的思想體系
和文學創作、乃至文學翻譯上傾於一個明晰的道路？1930年魯迅「重譯」蘇
聯文藝論集《文藝政策》時即一再重申他在《「硬譯」與「文學的階級性」》
上已經說明了的，別人對他的這類翻譯稱爲「轉向」「投降」是「只看名目，
連想也不肯一想」的可笑說法。他稱他的翻譯行爲是自我和對手的刀俎，隨
時準備讓雙方都接受批判和質疑。

那麼，除了這些文藝論文集之外，魯迅在三十年代所致力出版的這些蘇
聯文藝作品，是否仍然是將中國當時的文藝和思想（包括他自身的在內）送
上被解剖的刀俎和烹煮的容器呢？

富爾曼諾夫的小說《恰達耶夫》（1923）在三十年代上海文藝界，由被
改編的電影作品《夏伯陽》（此電影由列寧格勒電影製片廠1934年出品發行）
所替代。夏伯陽也成爲了當時帶有反叛意味的有名的銀幕形象。1935年魯
迅在蘇聯領事館兩度觀看，在信文中也多次提及。至於小說原作，似乎直到
1936年才有中文翻譯。〔註85〕電影《夏伯陽》結構緊湊，情節佈局也有所
簡化，電影褒揚了無產階級戰士的英勇無畏，對知識分子的軟弱無能則一再
給予批判。除了這部作品之外，在魯迅藏書中，有富爾曼諾夫著小宮山明敏
譯的《紅色親衛隊》（東京鐵塔書院，1931年）。在《一天的工作》後記中，

〔註84〕 魯迅：《答國際文學社問》，《且介亭雜文》。
〔註85〕 李甘翻譯於1936年《世界動態》（一卷一期、二期），小說名仍譯爲《夏伯陽》。
與此同時，刊物上還有記載魯迅逝世的悼念文章，想必魯迅並沒有來得及閱
讀中譯本。

魯迅附錄了對富爾曼諾夫的介紹：

> 「只有火焰似的熱情，而政治的經驗很少，就使我先成了最大
> 限度派，後來，又成了無政府派，當時覺得新的思想世界，可以用
> 無治主義的炸彈去建設，大家都自由，什麼都自由！」後來，富爾
> 曼諾夫在孚龍茲（Frunze）的啓發下將「無政府主義的幻想都撲滅
> 了」。〔註86〕

富爾曼諾夫的這種精神軌跡頗值得深思，「無治主義」爲何往往是革命建
設者的前奏或後果呢？而小說主人公：

> 恰巴耶夫曾經同無政府主義者一起廝混過，當然時間很短，加
> 上他們是農民出身，生性剽悍，行爲不羈，辦事不講計劃，自由散
> 漫——這一切都使他沾染上了無政府主義作風和游擊習氣。〔註87〕

> 他們的面孔黝黑、嚴肅，很威武，嗓音粗重而渾厚，動作笨拙
> 而粗獷，説起話來，東一榔頭，西一棒子，但是很有力，很中肯。

> 他看不起知識分子，他不喜歡知識分子，主要因爲他們只會誇
> 誇其談，不肯幹實際需要的具體工作。他恰巴耶夫是很樂意幹這種
> 工作的，而且是實幹家。也有一些知識分子，能做點事情，但他認
> 爲這是鳳毛麟角。〔註88〕

這些簡潔鮮明的描寫和講述，迥異於阿爾志跋綏夫作品中彌漫的那種頹
廢和絕望。《恰達耶夫》顯示了對農民工人出身的戰士的認可。先是最爲堅定
的工人階級，紡織工人、鋼鐵工人、鉗工等等，其次則是恰達耶夫所代表的，
具有一定的無政府主義習氣、個性粗魯且「政治覺悟不高」的農民階級，最
末的是知識分子，他們膽小、懦弱、行動力差。魯迅在這個蘇聯故事中應感
受到了昂揚振奮的健康精神。（但其與感情同樣濃烈的阿爾志跋綏夫式的陰
鬱，似乎源自同一本質）魯迅對蘇聯小說中始於文學又終於文學的國家想像
使得他一方面趨於偏激頹廢（對現實）；另一方面又充滿了濃厚的理想主義色
彩（對未來），故而這小說恰爲他提供了某種光明的慰藉。

我們閱讀《故事新編》時，也很容易找到魯迅對這種腳踏實地的樸素氣

〔註86〕魯迅：《〈一天的工作〉後記》，《魯迅譯文全集》第6卷，第330頁。
〔註87〕〔蘇〕富爾曼諾夫：《恰巴耶夫》，鄭澤生等譯，（北京：外國文學出版社，1981
　　　　年），第118頁。
〔註88〕〔蘇〕富爾曼諾夫：《恰巴耶夫》，第63、130頁。

質的偏愛和欣賞。同時，類似的褒貶在他的晚期雜文中也是隨處可見的。在《理水》中，魯迅描寫了大量文化界和政治界無聊、腐化和墮落等各種積習的場景，但僅用寥寥數筆，便勾勒出在歷史運行的偏狹之處閃出的幾道黑色亮光：

> 局外面也起了一陣喧嚷。一群乞丐似的大漢，面目黧黑，衣服破舊，竟衝破了斷絕交通的界限，闖到局裏來了。衛兵們大喝一聲，連忙左右交叉了明晃晃的戈，擋住了他們的去路。

> 「什麼？——看明白！」當頭是一條瘦長的莽漢，粗手粗腳的，怔了一下，大聲說。

> 禹便一徑跨到席上，在上面坐下，大約是大模大樣，或者生了鶴膝風罷，並不屈膝而坐，卻伸開了兩腳，把大腳底對著大員們，又不穿襪子，滿腳底都是栗子一般的老繭。隨員們就分坐在他的左右。

> 只見一排黑瘦的乞丐似的東西，不動，不言，不笑，像鐵鑄的一樣。

這時魯迅筆下已經不是頹唐、強悍和總是孤軍奮戰的尼采式英雄。相對於《補天》、《鑄劍》、《奔月》中的「神」與「英雄」，《理水》中的大禹有了分坐在他左右的「同事」。他們一道，為著整個「群」的安危衝破了傳統陋俗和慵懶的精神機制。在這裏，魯迅也像富爾曼諾夫一樣，諷刺了知識分子的在社會變革面前的無能無力、依附逃避、自欺欺人。作品中的「民眾」也不單單是啟蒙者眼中的阿Q時代的愚昧、憨厚、自大，反而，他們相應成為不需要知識便能衝破歷史迷霧的本能生存者。

《理水》徵於歷史實際發展的趨勢，而不是陳腐的陋俗和偏見。粗略言之，也合於左翼思想所尋求的變革道路。作品所體現的鮮明的色調與此也相接近。但細分之，他的作品的含蓄性導致我們很難將其劃定為某一類型的左翼小說。魯迅研究者張釗貽就敏感地發現，《理水》中帶有反諷意味的結尾，〔註89〕體現了大眾對於精英的某種「專制」性的侵入，〔註90〕這仍然是用主

〔註89〕 「幸而禹爺自從回京以後，態度也改變一點了：吃喝不考究，但做起祭祀和法事來，是闊綽的；衣服很隨便，但上朝和拜客時候的穿著，是要漂亮的。所以市面仍舊不很受影響，不多久，商人們就又說禹爺的行為真該學，皋爺的新法令也很不錯；終於太平到連百獸都會跳舞，鳳凰也飛來湊熱鬧了。」

〔註90〕 張釗貽：《尼采與魯迅思想發展》（香港：青文書屋出版，1987年），第96頁。

體意志的哲學思路來闡釋的，有別於伊藤虎丸對《理水》中所表現出來的「馬克思主義」氣氛的解讀。而事實上是，魯迅在後期創作《故事新編》中那些帶有強烈的行動力的小說如《非攻》《理水》之中均充滿了這種搖曳著無治主義的頹唐與剛健，同時又閃爍著幾絲光明的企求的複雜空間。

在《恰巴耶夫》出了第三版之時，盧那察爾斯基將它細緻地跟《鐵流》作了比較和分析（《關於〈恰巴耶夫〉》，初刊於 1925 年第 1 期《十月》雜誌）。他認爲二者在領導性和人民性，以及隊伍的鍛鍊成熟性上是相似的。但是他認爲與綏拉凱摩維支更重「革命群像」的《鐵流》相比，《恰巴耶夫》則更顯示出作家富爾曼諾夫自己參與其中的願望。〔註91〕實際上，我們在《鐵流》這部作品中，仍然也能看到作爲《故事新編》中的關節點的《理水》身上所帶有的革命形象的影子，比如黑色而堅定的領導者郭如鶴之於少言寡語的行動派大禹。但在魯迅對這兩部作品的閱讀中，他似乎發現了《鐵流》的不足。1935 年 6 月 28 日魯迅在回給胡風的信中說：

> 《鐵流》之令人覺得有點空，我看是因爲作者那時並未在場的緣故，雖然後來調查了一通，究竟和親歷不同，記得有人稱之爲「詩」，其故可想。……曹的譯筆固然力薄，但大約不至於就根本使它變成欠切實。看看德譯本，雖然句子較爲精鍊，大體上也還是差不多。〔註92〕

魯迅對綏拉凱摩維支雖然表達了某種程度的不滿，但還是聯合了曹靖華、史鐵兒（瞿秋白）來翻譯《鐵流》，自己承擔了編校工作，將這一作品納入了新俄文學的翻譯紹介的努力〔註93〕中。他聲稱這部小說和《毀滅》「雖然粗製，卻非濫造，鐵的人物和血的戰鬥，實在夠使描寫多愁善病的才子和千嬌百媚的佳人的所謂『美文』，在這面前淡到毫無蹤影」。至於《毀滅》這部小說的翻譯工作，則爲他全力承擔。他甚至「像親生兒子一般愛他，並且想到兒子的兒子」。〔註94〕又可見魯迅對《毀滅》之偏愛。

〔註91〕〔蘇〕盧那察爾斯基著：《論文學》，蔣路譯，北京：人民文學出版社，1978年，第 416～418 頁。
〔註92〕《魯迅全集》第 13 卷，第 159 頁。
〔註93〕見 1931 年《〈鐵流〉編校後記》中列舉的《現代文藝叢書》之《浮士德與城》《被解放的董·吉訶德》《鐵流》《毀滅》等 10 種。魯迅，《集外集拾遺》，《魯迅全集》，第 7 卷，第 365 頁。
〔註94〕魯迅：《關於翻譯的通信》，《魯迅全集》第 4 卷，第 385 頁。

（三）《毀滅》的翻譯和表現力

儘管三十年代魯迅的《故事新編》寫作充滿了蘇聯文學中這些鮮明的人物形象的某些若有若無的影像，但相較富爾曼諾夫等人的作品，《理水》裏的含蓄、諷刺乃至乍一讀起來帶有解構性質的處理是十分複雜的。這也暗示了魯迅的作品會朝著不同的方向發展，不是那樣「嚴正」的戰鬥的宏大敘事的鋪陳。

《毀滅》（1926）是 1930 年前後魯迅依照日譯本，參德、英譯本完整翻譯的一部長篇小說。魯迅對這部小說的評價並不多。除了自己的短短的兩篇序言之外，還翻譯了藏原惟人和蘇聯的文藝理論家 V・弗里契的評論文章作爲序言。藏原惟人認爲這部小說接續《一周間》（1922）、《鐵流》（1924）《水門汀》（1925）等，「代表無產階級文學的最近的發展的東西」。並且作品「常常看中那人物的意識下的方面的」。〔註95〕而被魯迅擬之以《毀滅》代序的弗里契則認爲法捷耶夫的的主要成功「在於指示我們——可以說在我們文藝中是最先的——其所描寫的人不是有規律的，抽象而合理的，乃是有機的，如活的動物一樣，具有他各種本來的，自覺與不自覺的傳統及偏向」〔註 96〕，同時弗里契指出作品的主人公萊奮生是作者熱情歌頌的新人：

> 能夠不以自己的生活爲生活，而以集團的共同生活爲生活，這種能力便是「眞實的英雄」底根本特性，在這一點上看來，這位游擊隊長便是他所熱烈夢想的新人。〔註97〕

而魯迅本人，則在翻譯的中段（1930 年 2 月）還爲這一「潰滅」的過程積極辯護說：

> 所以只要有新生的嬰孩，「潰滅」便是「新生」的一部分。中國的革命文學家和批評家常在要求描寫完美的革命，完全的革命人，意見固然高超完善之極了，但他們也因此終於是烏托邦主義者。〔註98〕

這一評介很容易讓人想起最早二十年代魯迅所翻譯的「主張堅實而熱烈」的片上伸的《否定的文學》。他繼而從社會功利性角度談及《毀滅》的

〔註95〕〔日〕藏原惟人：《關於〈毀滅〉》，《魯迅譯文全集》第 5 卷，第 242、246 頁。

〔註96〕〔蘇〕弗里契：《代序》，《魯迅譯文全集》第 5 卷，第 248 頁。

〔註97〕魯迅：《代序》，《魯迅譯文全集》第 5 卷，第 252 頁。

〔註98〕魯迅：《〈毀滅〉第二部一至三章譯者附記》，《魯迅譯文全集》第 5 卷，第 415 頁。

啓發：「倘要十分瞭解，恐怕就非實際的革命者不可，至少，是懂些革命的意義，於社會有廣大的瞭解，更至少，則非研究唯物的文學史和文藝理論不可了。」〔註99〕可見魯迅在克服自身認知之外的好奇探求，而實際上這種探求又是其內在思想世界中改革社會及國民性的驅力使然。他的《譯文後記》（1931年1月），除去對這部小說的歷史沿革、翻譯進程的敘述，著重從對知識分子的角色分析來理解這部小說。自然，其意在解剖自身所代表的群體的特質。他延續著弗里契的評論，重點分析了萊奮生和美諦克這樣截然不同的兩形象：一個積極，一個消極；一個堅定，一個猶疑。更多地，魯迅從寫作者的角度總結說：

> 以上是譯完復看之後，留存下來的印象。遺漏的可說之點，自然還很不少的。因為文藝上和實踐上的寶玉，其中隨在皆是，不但泰茄的景色，夜襲的情形，非身歷者不能描寫，即開槍和調馬之術，書中但以烘託美諦克的受窘者，也都是得於實際的經驗，絕非幻想的文人所能著筆的。〔註100〕

可見，從整體上說，魯迅之深深地折服於作品，體現在作者因為經驗和天才所形成的高超的寫作技藝。如果我們仔細閱讀蘇聯的二十年代的這些左翼小說，就會發現有一個十分有意思的現象：知識分子和宗教人士一樣，猶疑不定和軟弱無能，受到了嘲諷，他們深深地妨礙了「革命」。魯迅似乎也對自己所屬群體當時的社會角色持悲觀態度，表現在《故事新編》（如《理水》、《采薇》中），常以普遍性的「油滑」角色融化其中。

關於法捷耶夫寫作《毀滅》的敘述，我們能夠從書籍中看到一些，例如他在談到寫作過程中出現的一些意想不到的事情，也就是文藝本身的邏輯進展和他的人物寫作之前的事先安排之間的矛盾：

> 法捷耶夫寫道：「隨著小說的發展，這一個或那一個人物似乎就自己開始對原來的構思修改起來，在形象發展的過程中邏輯本身似乎也隨之出現了。」（轉引自法捷耶夫：《我怎樣寫作《毀滅》》，《文學教學》，一九五零年，第二期，第二三頁。）〔註101〕

> 例如在《毀滅》中，按照我最初的構思，美諦克的結局本應當

〔註99〕魯迅：《譯後記》，《魯迅譯文全集》第5卷，第415頁。

〔註100〕魯迅：《譯後記》，《魯迅譯文全集》第5卷，第411頁。

〔註101〕〔蘇〕節林斯基：《法捷耶夫評傳》，殷鍾崍譯，（北京：人民文學出版社，1959年），第34頁。

是自殺。但後來他辦不到這件事，卻落一個不是自殺而是叛變的下場。……當有了這種情形，在你自己沒有懂得：「這是主人公改正了我」之前，起先你會覺得奇怪，甚至想抵抗它。〔註102〕

就小說本身而言，《毀滅》內容情節十分簡練，但卻寫得廣大而深沉，充滿了遙遠而又切近，生動而又真實的情節蹣跚和歡美語調，恰如二十世紀五十年代以後的現實主義電影一樣。如果把它放在俄蘇文學的譜系中，既有托爾斯泰作品中的各種人性完全的輕柔與同情，同時又伏著一個野性而真實的果戈理式的線索。在這過程中，作者盡情地呈現著他年輕而任性的詩一樣的筆調，展現自然萬物的翁張與流動。各人生存世界裏，自覺或不自覺地，因為命運隱隱作痛：天地悲憫的充塞，仇人的握手言和，一切戲謔與紛亂的悲傷都聚攏在一起，又彌散著絕望與同情的雨霧。藏原惟人說法捷耶夫的這部小說是「描寫著真正的大眾，同時他還對於類型和個人的問題，給以美妙的解決」。〔註103〕這些顯然擯棄了一般意義上的蘇聯小說的弊病，並且在攜帶階級成分的人物塑造上，也獲得了某種豐滿而真實的刻畫，《毀滅》以一個襲擊隊乃至它所屬的環境的全體作為書寫對象，不偏不倚。萊奮生掩飾著戰爭年代的生活給他帶來的家庭創傷，隨時克服著在革命道路上可能出現的迷惘和失落，他整體地全然地沉靜著，以一種堅定的信念，逐漸跟隨著自己的隊伍走向「毀滅」。美諦克，在戰爭面前總是露出知識分子人性中的各種複雜的哀愁。他無法接受戰時一切的殘酷：死亡，飢餓，以及欺瞞和強迫，尊嚴的傷害。而貫穿在他的虛弱和痛苦背後的，是最可憐的人的底限：生著。為了生，又拋不掉這種苦惱和悲哀，在躊躇之中展現著他無用的複雜。雖然作品以革命小說的背景筆觸起錨，但並不單以此為主線，甚至在愛情面前悲欣交集的礦工木羅式加的妻子華理亞那樣的人物，也展現出了她完整的精神世界。正如藏原惟人所說：「在作品裏，沒有可以指為主人公的人，若強求之，那大約不能不說，主人公就是襲擊隊本身了。」〔註104〕這種敏銳的觀察力，很顯然給魯迅的翻譯工作也提供了視野上的參考和助力。

這個在曠野、鄉村和礦區中行走的隊伍，所呈現的不僅僅是在戰鬥的熱情中殉身的單純的犧牲精神，而且能夠讓讀者時刻在感觸那殘忍的「潰滅」，

〔註102〕〔蘇〕法捷耶夫：《論作家的勞動》，劉遼逸等譯，收於《第二次全蘇青年作家代表會議報告及發言集》（北京：中國青年出版社，1955年），第4頁。
〔註103〕魯迅：《譯後記》，《魯迅譯文全集》第5卷，第247頁。
〔註104〕《魯迅譯文全集》第五卷，第243頁。

步步緊逼，悲涼而傷感。這種面臨著潰滅的苦痛和笑謔，滲透在每一個描摹
對象的每一個細節上，感傷而動人，天然而真實，例如其中作為礦工的傳令
兵木羅式加偷瓜的場景、以及兩個不起眼的小人物老人畢加、傷兵弗洛羅夫
的細節：

> 大肚子的甜瓜，好容易總算在芬芳的苦蓬叢中成熟，而嚇鴉草
> 人則宛如瀕死的鳥兒一般。

> 「你……你……在這裏幹什麼呀？……」略勃支用了很嚴厲和
> 痛苦的眼光，向木羅式加一瞥，發出帶著受氣和發抖的聲音，說。
> 他沒有從手裏放下那抖得很厲害的漁網來。而那些魚，則彷彿沸騰
> 的不可以言語形容時候的心臟一樣，在腳邊亂跳。〔註105〕

> 他（美諦克）慕畢加。但老人是鋪著睡衣，將柔軟的帽子當作
> 枕頭，在林邊的樹下呼呼地睡著。從圓的，發光的禿處，後光似的，
> 透明的銀色的頭髮，向四面散開。〔註106〕

> 弗洛羅夫已經病得很久，久到將周圍的人們的同情都汲盡了。
> 在他們的不能省的愛護和掛念中，他聽到了「你究竟什麼時候才死
> 呢？」這一個永是存在的疑問。然而他不願意死。對於「生」的他
> 的執迷的這分明的盲目，就像墓石一樣，將大家壓下了。〔註107〕

在魯迅所翻譯的藏原惟人和弗里契的評論中，我們能夠看到兩個批評家
都認為《毀滅》「缺少情節的趣味」，而在人物描寫及其心理刻畫上獲得成功。
〔註108〕這是俄國文學傳統深深置入到作品中的直觀體現。然而，從某種意義
上說，這正是《毀滅》特別的地方，以這種廣泛的革命鬥爭情節上的缺少，
換取另一種意義上的文學特質的成功。

關於此點，我們能夠在同時代的翻譯作品中看到一二。《北斗》刊物上
曾經譯介過法捷耶夫的《創作方法論》，他響應當時的蘇聯文壇關於普羅文
學的本質和發展路線的爭論，強調要通過藝術的直觀來展現某種本質的東
西。〔註109〕或可以說，法捷耶夫這一自覺，正是《毀滅》（作為普羅小說）

〔註105〕《魯迅譯文全集》第五卷，第269頁。
〔註106〕《魯迅譯文全集》第五卷，第274頁。
〔註107〕《魯迅譯文全集》第五卷，第314頁。
〔註108〕《魯迅譯文全集》第五卷，第247頁。
〔註109〕〔蘇〕法捷耶夫著：《創作方法論》，何丹仁（馮雪峰）譯，《北斗》1卷3期

更具備強大的表現力的因由。魯迅在僅有的幾段對於《毀滅》的評論中說：

> 這和現在世間通行的主角無不超絕，事業無不圓滿的小說一比較，實在是一部令人掃興的書。平和的改革家之在靜待神人一般的先驅，君子一般的大眾者，其實就是爲了懲於世間有這樣的事實。
> 〔註 110〕

當我們把《毀滅》和魯迅一直所關心的夏伯陽的文本作一比較，很容易拆分出那種綿延而深沉的氣質。像《鐵流》的批評家涅拉陀夫所說的那樣，左翼小說不應該寫具體人的心理，而應該展現集體力量的美感，〔註 111〕《毀滅》卻展現了更廣大的表達可能。在大部分當時翻譯所見蘇聯文藝評論當中，通常會將《毀滅》納入到無產階級意識形態之中進行評價，反而缺少像藏原維人這樣從形式、語言和結構等方面進行詳細剖析的評論。

1. 散文特質

在二十年代初期和中期，蘇維埃文學發展的標誌就是爲塑造新的正面人物形象而鬥爭。〔註 112〕作家愛倫堡曾在他對於一個時代看起來很真誠的反省和回憶的《人・歲月・生活》裏，談到二十年代蘇聯文學的鼎盛時期，他稱之爲「散文時代」：

> 散文的時代開始了：該對過去經歷的一切作一番回顧了。法捷耶夫寫了《毀滅》，巴別爾寫了《騎兵軍》，特尼揚諾夫寫了《丘赫利亞》，左琴科寫了《西涅布留霍夫的故事》，費定寫了《城與年》，列昂諾夫寫了《獾》。〔註 113〕

這裏「散文」該如何界定？一般，在歐洲，最早除了韻文（詩歌）以外的文體，都可稱作是「散文」。在中國的蘇聯文藝理論翻譯中，也將大量的歷史題材小說稱作「散文」。這種劃分，一方面是指文體而言，另外是指文

（1931 年 10 月 20 日）。

〔註 110〕魯迅：《〈毀滅〉譯文後記》，《魯迅譯文全集》第五卷，第 410 頁。

〔註 111〕涅拉陀夫：《序言》（瞿秋白譯）：「自然界的描寫，並沒有那種深沉的個人的細膩的主觀觀察的色調。自然界的描寫，也是從群眾迎受方面著筆的。自然界的神氣很年輕、很新鮮，能夠給那克服一切、戰勝一切的人以深刻的快樂。」見〔蘇〕綏拉菲摩維支：《鐵流》，曹靖華譯，（北京：人民文學出版社，1973年），第 42 頁。

〔註 112〕〔蘇〕節林斯基著：《法捷耶夫評傳》，殷鍾崍譯，第 28 頁。

〔註 113〕〔蘇〕愛倫堡著：《人・歲月・生活》，馮南江等譯，海口：海南出版社，2008年版，第 386 頁。

章的行文，也是篇幅。如果是行文，那麼文中的細枝末節的描述和抒情的成分，則的確表現出了鮮豔而憂傷的顏色。而如果是指篇幅的話，這些長篇都在一個廣闊的背景下作了帶有回憶性的漫長的敘述。受制於周邊環境，作爲創作者，魯迅以及中國左翼作家對這種性質的作品只能是旁觀。因爲就這些蘇聯小說來看，已經成熟的現代小說技法是其深厚的底色，正如小說《毀滅》中所說的那樣，「他自從成了被稱爲先驅者的萊奮生以來，歷年所積的層，是很堅固地，很深邃地──而且於他是很有意義地──橫亙著了」〔註114〕。一定程度上講，萊奮生也代表著文學上的蘇聯，他們在深厚的基底上發生了從容的轉變，俄國小說複調式的思想豐富性，爲其這種充塞於蘇聯小說中的複雜性作了某些必要的準備。另外，更爲重要的一點，便是作家歷史的經驗：

> 我有一次告訴亞歷山大·亞歷山德羅維奇，在他的作品當中我最喜歡《毀滅》──這是一個25歲的青年寫的第一部長篇小說。他答道：「當然，《毀滅》是我經歷過的事情。當然，認識到自己的責任有時能使寫作的水平有所提高，但有時也束縛人的手腳⋯⋯」

法捷耶夫年紀很輕的時候就參加了遠東游擊隊，爾後又參加鎮壓喀琅施塔得叛亂。他17歲入黨，20歲被赤塔的黨組織選爲代表出席了第十次代表大會。對他來說，托洛斯基或「工人反對派」都不是《簡明教程》的篇頁，而是活生生的回憶。在某些作家的一生中，政治鬥爭不過是幾個月或幾年的激情。對於法捷耶夫而言，政治卻是他畢生的事業。〔註115〕

> 在一九二四年到一九二六年在羅斯托夫工作的這一段時間，由於從事宣傳和黨務工作、他眞正深入到人民生活的底層，經常訪問工廠、農村，到黨的基層組織中去；同頓巴斯的礦工，邁科普的石油工人，以及農村和小鎮的居民接觸。他寫日記，把展示在眼前的生活「深處」的情景記錄下來，並從生活的眞實中觀察革命後新人的成長，正是在這時候，他開始寫作給他帶來巨大聲譽的優秀作品《毀滅》。〔註116〕

> 在羅斯托夫，每天工做到傍晚，我疲倦地回到住所，可以一連幾個小時眺望頓河對岸草原上巴塔斯克城的燈光，望著河水中

〔註114〕魯迅：《毀滅》，《魯迅譯文全集》第5卷，第363頁。
〔註115〕〔蘇〕愛倫堡：《人·歲月·生活》，第492、494頁。
〔註116〕關引光：《法捷耶夫和他的創作》，北京出版社，1986年版，第83頁。

燈火和繁星交織成的倒影,望著天空、那座很像布魯克林橋的黑色大橋和輪船上林立的煙囪。這些來自黑海和亞速海的輪船使人想到世界是多麼廣闊無垠。(《法捷耶夫書信集》,俄文版,第169頁)〔註117〕

在羅斯托夫,法捷耶夫投入了北高加索作家們的文學創作和社會活動,成爲羅斯托夫無產階級作家協會的積極參加者。一九二四年十一月六日的《蘇維埃南方報》報導過法捷耶夫曾經在作家會議上朗誦中篇小說《毀滅》(後改爲長篇)的片斷,並説作者決定「暫時擱下中篇小説的寫作,直到他能夠完全掌握材料爲止」。一九二五年一月十日該報再次報導了作者在作家會議上朗誦《毀滅》中《對頭》一章的開頭部分的情景;作家們認爲這一片斷是當時所讀過的散文中最爲引人的作品。它在事件的鋪張敘述中具有托爾斯泰的那種從容不迫的手法,而在人物刻畫上,作者做得特別成功。〔註118〕

或許通過法捷耶夫本人的講述,印證了戰鬥生活給他帶來的無可替代的文學經驗。而這種轉變的從容,在魯迅這裏是變得更加只能無奈和旁觀了。他早在1927年4月8日黃埔軍官學校演講時就曾經説過,「現在的文學家都是讀書人,如果工人農民不解放,工人農民的思想,仍然是讀書人的思想,必待工人農民得到眞正的解放,然後才有眞正的平民文學」。〔註119〕一方面面臨著直接革命經驗的匱乏,階級發展並未成熟壯大;另外一方面,正如上文所述,現代小說的步履過快,與古典傳統仍隔膜和疏離,要邁出更大的步伐,難免會陷入空想的範疇。然而,在《故事新編》中,魯迅卻盡力體現這種複雜性,又將時代文化氛圍裏感受到的知識分子以及「人民」的具象描述出來。這種描述,當然附載了魯迅對於時代的文學式渴望,同時也體現了魯迅對屬於自己的眞正現實的直面。

竹內好的在後來的評價中認爲《故事新編》體現了他的文學作品「由詩到散文」的傾向,「至少散文形式的充實,是以前的任何作品都沒有的,讓人

〔註117〕關引光:《法捷耶夫和他的創作》,第84頁。
〔註118〕關引光:《法捷耶夫和他的創作》,第86頁。
〔註119〕魯迅:《革命時代的文學》,《魯迅全集》第三卷《而已集》,第422頁。

覺得一種質的飛躍」。〔註120〕這種所謂「散文」特質，與魯迅《野草》、《朝花夕拾》顯然並非同一個概念，而是如上述，包括行文，包括思想，糅合了多種文體和思想元素在內的小說世界。〔註121〕

　　蘇聯文學中的這種散文質素，或者給魯迅提供了某種寫作上的可能性的伸展。除此之外，他還翻譯了富爾曼諾夫的短篇《革命的英雄們》，作品的語言輕快。他們是「敲邊鼓」的別動隊，對正式的有組織的紅軍白軍都無興趣參與，搗亂一番就消失，保持著純樸的野性與活力。作者不斷地在第一人稱和第三人稱之間交替轉換。前者為其真實性，後者則為其作為旁觀的全面性。魯迅應該從這樣的文學中感受到了生命活力：

　　　　幾處街角上有哨兵在打盹，用了渴睡的眼望著飛馳的介涅，好像以為他是從前線跑來的傳令。居民也睡得很熟。不過偶或看見彎腰曲背的哥薩克老婆子，提了水桶踮著腳趾走到井邊去。（《革命的英雄們》）〔註122〕

《故事新編》中亦有類似段落：

　　　　當眉間尺腫著眼眶，頭也不回的跨出門外，穿著青衣，背著青劍，邁開大步，徑奔城中的時候，東方還沒有露出陽光。杉樹林的每一片葉尖，都掛著露珠，其中隱藏著夜氣。但是待到走到樹林的那一頭，露珠裏卻閃出各樣的光輝，漸漸幻成曉色了。遠望前面，便依稀看見灰黑色的城牆和雉堞。

　　　　和挑蔥賣菜的一同混入城裏，街市上已經很熱鬧。男人們一排一排的呆站著；女人們也時時從門裏探出頭來。她們大半也腫著眼眶；蓬著頭；黃黃的臉，連脂粉也不及塗抹。（《鑄劍》）

　　　　街道上的行人還不多；所遇見的不過是睡眼惺忪的女人，在井邊打水。將近郊外，太陽已經高升，走路的也多起來了，雖然大抵昂著頭，得意洋洋的，但一看見他們，卻還是照例讓路。樹木也多起來了，不知名的落葉樹上，已經吐著新芽，一望好像灰綠的輕煙，其間夾著松柏，在矇朧中仍然顯得很蒼翠。（《采薇》）

〔註120〕〔日〕竹內好：《魯迅入門》（之七），靳叢林等譯，《上海魯迅研究》2007年秋季號，第217頁。

〔註121〕關於這一點，後面會有關於魯迅文學文體之間關係的具體討論，在此不贅。

〔註122〕《魯迅譯文全集》第6卷，第300頁。

　　《故事新編》小說中，那些「在路上」的先哲或孤獨者，常常是一清早在熹微蒙昧之中出發。魯迅在《朝花夕拾》「小引」中似乎也談到：對於過去，大半都忘記，留下來的是「離奇而蕪雜」的記憶，而這一忘記是人生涯「無聊」的象徵。於是有了《朝花夕拾》對過往生活的回憶，而《故事新編》則倒映著他對知識的緬懷，於是有了對原始的反顧，在充滿蒼涼而悲憫的筆觸之中，能夠看到這種晨景的日復一日，看到由食物的尋找、烹飪所消蝕的時間、陽光，以及黑夜。這些景致造成了某種荒漠感，這種荒漠感給人帶來的是背影的孤單、無聊。而鋪陳在這灰紙之上的，有華麗而激越的剛烈故事，比如《鑄劍》，也有老態而慵懶的悲情故事，如《采薇》。

　　這種文學的視野（廣大而深邃）讓魯迅忘記了現實生活，彷彿是他疲憊時期的夢境，但仍然帶著現實的痕迹，但現實似乎已經不那麼重要了，於是不再像早期小說或《野草》之中活生生的苦痛和夢魘那樣，這裏只有放鬆，脫去一切名相和功利的放鬆，魯迅在這裏的嘲諷和同情是一體兩面。而非僅僅憎惡、敵視，雖然，具象上，不該寬恕的，一個也不寬恕。

　　很顯然，魯迅對阿爾志跋綏夫和富爾曼諾夫作品的翻譯，與魯迅同期創作的《故事新編》中的諸篇，有著十分明顯的互文性，後期《故事新編》也從華麗頹唐走進了一種剛勁有力的樸素風格之中。而且，在思想上也存一條明顯的發展軌迹：走出了自我的牢籠而入廣大的眾人當中去，或可說，這是中國社會發展對嗅覺敏銳的魯迅的一次思想上的挑戰和激勵。到了《理水》，我們似乎很容易想像之後的篇章該如何演繹下去。然而，《理水》中的這些「側面描寫」的「正面人物」的塑造在整部作品之中，相對於那些複雜的背景之下的「庸眾」，來得造作、刻板一些。它恰是在當時的左翼創作氛圍之內所產生出來的迴異於當時相對貧弱的左翼小說創作的獨異作品。《理水》之後的走向更是一種「散文」式的鋪陳，這當然也是糾纏於內在鬥爭世界的竹內好錯愕的重要原因。

2. 一場關於翻譯的討論：瞿秋白《論翻譯》與魯迅

　　魯迅的《毀滅》譯本在當時文學界產生了很大反響，一時間成為左翼小說寫作的範本。例如善於把握作品複雜氣質的李健吾就曾於 1935 年將後來蕭軍所寫的《八月的鄉村》與《毀滅》進行過比對，〔註123〕雖然魯迅並不認為在結構

〔註123〕李健吾：《咀華集·咀華二集》，上海：復旦大學出版社，2005 年版，第 108 頁。

和人物描寫上《八月》能夠和《毀滅》相比。〔註124〕圍繞《毀滅》的複雜世界，之後還有快餐式的改編，〔註125〕甚至還出現了抄襲現象。〔註126〕《萌芽》上載有《毀滅》的譯文和評論，而《十字街頭》成為當時聯繫現實討論《毀滅》戰鬥性的重要陣地。〔註127〕單以翻譯為核心的，是 JK（瞿秋白）分作兩個部分發表在《十字街頭》寫給魯迅的《論翻譯》。他認為魯迅之譯《毀滅》是「中國普羅文學者的重要任務之一」，它的重要作用在於「幫助中國創造出新的中國的現代言語。中國的言語（文字）是那麼窮乏，甚至於日常用品都是無名氏的。……」他批評了嚴復的「譯須信達雅，文必夏殷周」和趙景深所謂「寧錯而務順，毋拗而僅信」的翻譯觀，指出翻譯應當達到「絕對的正確和絕對的白話，就是朗誦起來可以懂得的」，而趙景深的譯筆不過是「梁啟超和胡適之交媾出來的雜種——半文不白，半死不活的言語，對大眾仍舊是『不順』的。」而「最近出版的《毀滅》，可以說，這是做到了『正確』，還是沒有做到『絕對的白話』」。「翻譯要用絕對的白話，並不就不能夠『保存原作的精神』，固然，這是很困難，很費工夫的。但是，我們要絕對不怕困難，努力去克服一切困難。……不但翻譯，就是自己的作品也一樣，現在的文學家、哲學家、政論家，以及一切普通人，要想表現現在中國已經有的新關係新現象，新的事物，新的觀念，就差不多人人都要做『倉頡』。……」〔註128〕白這封信的上半段可以看出，瞿秋白對翻譯提出的兩個原則：絕對的正確和絕對的白話。他批評嚴復和趙景深都不符合上述條件，對商務印書館重印嚴復譯作也表示了不滿。頗有意味的是，他說魯迅翻譯的《毀滅》仍然是只「準確」而不「白話」，需要進一步「克服」。

那麼，魯迅的翻譯是否在這兩者之間存在著某種矛盾，他能否真正克服瞿秋白所說的這個「困難」，就是一個並非可有可無的問題。

〔註124〕魯迅：《田軍《八月的鄉村》序》，《且介亭雜文二集》。

〔註125〕魯迅 1933 年 9 月 29 日致胡今虛信中，提有將其改編為《輕薄桃花》。並擬請魯迅作序跋。這是國內首次將蘇聯小說改編為電影劇本的嘗試。另外，同年由左聯大眾文學委員會編印的「大眾文藝」叢書第二種，何谷天（周文）改編的《毀滅》和《鐵流》的「大眾本」由光華書局出版。

〔註126〕魯迅：《刀「式」辯》（《花邊文學》）中提及楊昌溪《鴨綠江畔》的開頭就是拙劣地抄襲《毀滅》的開頭。

〔註127〕如 smakin（瞿秋白）：《滿洲的「毀滅」》，從政治的角度指出滿洲的毀滅，就像萊奮生部隊的毀滅一樣，帶去新的戰鬥精神。「萊奮生的部隊不過是其中之一。」《十字街頭》3 期（1932 年 1 月 5 日）。

〔註128〕J. K.（瞿秋白）：《論翻譯》，《十字街頭》1 期（1931 年 12 月 11 日）。

　　第二期的《論翻譯》（續）瞿秋白通過俄文的原作，對魯迅翻譯的《毀滅》中的弗里契的序文進行了具體的譯文上的比對。他認爲《毀滅》的翻譯不夠精確，有些微的錯誤。他提倡直譯的白話，「相反的，容忍著『多少的不順』（就是不用口頭上的白話），反而要多少喪失原作的精神」。〔註129〕魯迅將瞿秋白的這封信同意發表《十字街頭》，其理由不難想見：首先，對於翻譯的階級性，魯迅是默認的；另外，關於直譯和硬譯，魯迅想看到對自己的批判；第三，還是看看「專家」的意見，瞿秋白可是一個真正懂得俄文並能做流暢的翻譯、且嫻熟掌握蘇聯主流文藝理論的人。因而，從某種意義上說，瞿秋白更有大眾文學翻譯的優勢。而魯迅雖爲左翼文學核心力量，但其前提仍首先是忠實的文學家，魯迅的古典文化的修養和他早期的翻譯習慣都未能使他跳出這種「陰影」而實現一種單純利落與清淺的文筆。如其它的翻譯作品《毀滅》的譯筆蒼涼、跌宕、遒勁，同時描摹寫景的筆法上又陷入一種明麗絢爛的極端美，這使作品本身並不僅僅傳達了瞿秋白及其它左翼青年所直接期望看到的普羅文學的革命精神，同時，作爲漢字本身的表象的複雜性，尤其是在魯迅經過一番文言的揀擇之後，更顯得含義委曲，一言難盡，這甚至擾亂了瞿秋白等同志的明快期待。

　　很顯然，魯迅直到翻譯《死魂靈》時也沒有改變這種譯法，但他又深知瞿秋白的優勢。魯迅曾經在《中流》中爲瞿秋白的文藝論文翻譯集《海上述林》中打廣告曰：「信而且達，並世無兩」，〔註130〕承認其譯文「順」而且「信」。並說，這部書的出版，是爲了友朋，也爲了他自己。〔註131〕

　　針對瞿秋白的分析和評價，魯迅後來在《文學月報》中發表了自己的覆信（1931年12月），他認爲翻譯有其客觀的過程，沒有完美的標準，然嚴復與趙景深在翻譯上有「虎狗之差」，因爲嚴的翻譯查採過「漢晉六朝翻譯佛經的方法」，但中國的讀者群多樣，不必採用統一譯法，應各有對應，且最終願意爲並不「精密」的漢語句法和文法「吃苦」，即「裝進異樣的句法去，古的，外省外府的，外國的，後來便可以據爲己有」。這也是他採取所謂「直譯」的重要原因。〔註132〕由此，魯迅是一個堅持文學的質量與文學

〔註129〕J. K.（瞿秋白）：《論翻譯》（續），《十字街頭》2期（1931年12月25日）。
〔註130〕魯迅：《〈海上述林〉上卷出版》，《中流》1卷6期（1936年11月20日）。
〔註131〕黃源：《魯迅先生》，收於本社編，《魯迅回憶錄》二集（上海：上海文藝出版社，1979年），第119頁。
〔註132〕魯迅：《論翻譯──答J. K.〈論翻譯〉》，《文學月報》1卷1號（1932年6月）。

個性，同時又能跳出看自身翻譯實際功用之不足的翻譯者。對於眞誠的灼見，即便與己不合，他也不加一律排斥。也就是說，魯迅的文學翻譯上的矛盾和糾結，或是因爲他的漢語文學的修養和自覺探求，導致他在翻譯認識和行爲上有著巨大的彈性。除了大眾的直接需要之外，很難避免的是，作品除了內容上的「信」且「順」外，要不要形式，要不要美？形式和內容的這種二分法是否就體現了藝術的完美本質和剖析法則？當然，在蘇聯文學家那裏，法捷耶夫的文藝批評思想便認爲：現實也可以美，美也可以現實，〔註133〕或也是魯迅有以致力的某種文學底線吧。

　　如同他對文學中思想內容、人的完善的書寫的要求一樣，漢字語言也仍然是需要豐富和改善的，這在通信中已經詳細地討論過，魯迅的回信也表明了這種態度，（據說這種態度跟藏原惟人的態度很相近，〔註134〕但似乎也應該是魯迅的必然選擇，作爲一個帶有強烈的倫理氣質的文學家，他必須時時地跳出自己，但又切實地認識到自己的存在的堅固性）。很顯然，語言革新是文學創作和翻譯極爲重要的一環，法捷耶夫本人在《論作家的勞動》中強調，要吸收前人（托爾斯泰）和民間的語言（列斯科夫），加以貼近時代地努力創造。〔註135〕1931年10月27日魯迅致曹靖華信時說：

　　　　近因校《鐵流》看看德譯本，知道刪去不少，從別國文重譯，是很不可靠的。《毀滅》我又英德日三種譯本，有幾處竟三種譯本都不同。這事情使我氣餒。但這一部書我總要譯成它，算是聊勝於無之作。

　　可見他在翻譯實踐上的務實和自謙的心態。很有意思的是，正如上文所說，與此同時，爲了大眾文藝的迫切需要，《毀滅》和《鐵流》一樣，還有了改變縮減的大眾本，從十幾萬字改編爲幾萬字，廣爲流播。〔註136〕這一

〔註133〕「俄國的現實主義用不著在『不美的現實』和『不現實的美』之間抉擇。從普士庚起，浪漫主義原則就是俄國的批判性的現實主義特徵。」載〔蘇〕法捷耶夫：《蘇聯文學批評的任務》，劉遼逸等譯，上海三聯書店出版，1951年版，第18頁。

〔註134〕徐秀慧：《左翼文本的文化翻譯與現代性——魯迅與瞿秋白的左翼文學理論翻譯初探》，《河南師範大學學報》9期（2013年9月），第122頁。

〔註135〕〔蘇〕法捷耶夫著：《論作家的勞動》，劉遼逸等譯，《第二次全蘇青年作家代表會議報告及發言集》，第6～8頁。

〔註136〕胡今虛：《介紹·推薦·批評——序〈輕薄桃花〉並評何谷天的〈毀滅〉大眾本》，《出版消息》，1933年24期。

改編以在溫州的胡今虛和上海的何谷天（周文）為代表，為了迎合大眾市民的需要，《毀滅》的名目也相應改成了《輕薄桃花》、《碧血桃花》等等，這些恰恰印證了魯迅所說的翻譯層次上的矛盾。一方面知識分子需要在創作上與大眾結合，走大眾化的道路，另一方面，自身的翻譯習慣和翻譯眼光也在某種程度上堅定不移。從已有的材料來看，魯迅對於胡今虛和周文之刪削改編自己譯作的行為的支持，〔註137〕便很可以知道魯迅於「大眾化」的複雜態度。

3.「新的人類」──未完成的探索

談到這裏，很容易讓人回溯魯迅早期留日期間涉及「戰爭」的文言譯（《四日》迦爾洵）述（《斯巴達克之魂》）。兩個作品的剛柔、明暗並存的戰爭氣味，或許給了青年魯迅對於現實的「革命」某種充滿期待又矛盾的意味。而對三十年代的中國左翼作家來說，理想的革命現實無法到達，無論是經濟的，社會的。故而，對於蘇聯式「真槍實彈」且負載著集體理想的文學來說，只能是一片有待實踐的創作空白。即便是才華特出和文筆老到的魯迅，也同樣面臨著這一問題。因此，當意識到它時，魯迅主張作家們「能寫什麼，就寫什麼。不必趨時，自然更不必硬造一個突變式的英雄，自稱『革命文學』；但也不可苟安於這一點，沒有改革，以致沉沒了自己──也就消滅了對於時代的助力和貢獻」。〔註138〕從一個側面，我們可以看到魯迅對於根據親歷能夠快意寫作《毀滅》的客觀態度。

從魯迅自身來說，仰賴經典，直逼現實生活，即是《故事新編》後期小說的最大特色。例如一向被用來和左翼文學作為關係探討的《非攻》、《理水》。眾所週知，《墨子》中自《耕柱》至《公輸》篇，主要記錄墨子的言論行事，頗近於論語體。《公輸》一篇記事則較為完整和詳備，魯迅化此篇為小說，同時兼《耕柱》《貴義》《魯問》諸篇，取名《非攻》，然後嚴格地按照歷史考察，串聯點染，以此事項來闡釋墨經中的《非攻》義理，所謂「國家務奪侵凌，則語之兼愛、非攻」，〔註139〕此禹墨精神，與其後所寫另外一

〔註137〕何谷天：《毀滅》（大眾本），上海：光華書局，1933 年版。

〔註138〕魯迅：《關於小說題材的通信》（1931 年 12 月 25 日），《十字街頭》3 期（1932 年 1 月 5 日）。

〔註139〕孫詒讓撰；孫啓治點校：《墨子閒詁》，北京：中華書局，1987 年版，第 476 頁。

篇《理水》構成中國傳統一外一內的家國精神。此事或表達了魯迅作爲一個深諳傳統的知識者在國家面臨著內憂外患的文學表現。三十年代的的洪荒、貧瘠，乃至外敵入侵使得此二篇構成魯迅內心急迫的寫照。《非攻》《理水》一偏剛毅，練達而遒勁，一重諷刺，嬉笑並戲謔；前者借古警今，後者則求歷史以紓解家國的災難危機。相同的是，兩篇小說中都十分著力地描述了行動的積極的帶有拯救精神的實踐者形象。

嚴家炎在爲紀念魯迅誕辰 100 週年所作的文章《思想家的深思熟慮——談魯迅對社會主義文學的觀察和思考》中認爲，魯迅的這一態度體現了「對於作家，應該允許他們在實踐中去解決某些思想認識和感情上的問題；而不是等他們把思想問題解決好了之後再允許他們去實踐」。〔註 140〕這也正是魯迅對三十年代的文學翻譯和創作環境的判斷，以及由此而來的文學實踐上的自覺選擇。

從《鐵流》、《夏伯陽》、《毀滅》這三部跟魯迅關係相對親密的蘇聯小說之中，能夠看到，魯迅對實踐的親歷所造成的寫作中的經驗上的眞實呈現及文學上的技法和美感，更爲重視。而在這三部小說之中，能夠給與這些因素相對更爲完滿的答覆的，應是《毀滅》：

> 法捷耶夫也不是把人物的性格描寫成一種固定的、完整的、不動的東西。他們遭到各種各樣的考驗，他們在實際工作、在革命鬥爭的火焰裏發現自己，逐漸顯露自己的眞面目。（節縮季耶夫：《法捷耶夫的創作》）〔註 141〕

在《毀滅》發表之後，法捷耶夫一度承擔著「以『值得稱讚』的面貌出現在讀者面前」〔註 142〕的壓力。然而，盛名之下的法捷耶夫，被委以黨的重任，他面臨著無法擺脫的「文學和社會工作負擔之間的矛盾」，〔註 143〕並且得到了高爾基的告誡：如果不從這些事務之中解脫出來，將面臨著才能的「毀滅」。事實也證明，隨著法捷耶夫政治身份的提升，在他和大批作家

〔註 140〕嚴家炎：《思想家的深思熟慮——談魯迅對社會主義文學的觀察和思考》，《論魯迅的複調小說》，上海教育出版社，2002 年版，第 200 頁。

〔註 141〕陸人豪等編：《回眸——俄蘇文學論集》，蘇州大學出版社，2010 年版，第 11 頁。

〔註 142〕〔蘇〕法捷耶夫：《法捷耶夫文學書簡》，李必塋譯，合肥：安徽文藝出版社，1988 年版，第 17 頁。

〔註 143〕〔蘇〕法捷耶夫：《法捷耶夫文學書簡》，第 18 頁。

的書簡中，能夠看到他對文學的真誠的尊重以及那些基於文學和革命事業之上的情誼，更為特別的是，他身為一個作家和擔當社會職務之間的雙重身份的矛盾。他渴望進入民眾的實踐之中，渴望有足夠獨立自由的空間去寫作。已經成型的新制度吸引了大批包括他在內的新人才（其它同樣如拉普作家綏拉菲摩維支、高爾基等），而尚未成為勝利者的中國無產階級群體仍然是一盤散沙，至少對於魯迅本人來說，他是孤獨的，要麼是敵人，紛擾而無文藝的鬥爭能量的敵人，要麼是盲目崇拜、或利用，不能進行真誠對等交流的學生、後輩。這樣一來，魯迅與瞿秋白的友誼，雖不是純粹的文藝家之間的友誼，但仍然顯出「同志」般的彌足珍貴。

法捷耶夫的創作可以說從一開始都在蘇聯意識形態的語境之中，而魯迅所尊崇的目標是文學的體質和「新的人類」的革新，他始終沒有將政治意識形態當成他的目標，而只是作為改進人類的一種手段，因而他始終不願意真正進入到一種所謂完備體制之中來參與鬥爭，他相信沒有終止的鬥爭世界，於是他甚至討厭某些左翼文學中所描寫的帶有烏托邦性質的沒有缺陷的英雄和教養者。而法捷耶夫的生活滲透到整個蘇聯體制之中，他的文學靈魂難免遭受阻礙，以至於在繁忙中絕望自殺。這個才華橫溢的文學家催生於特殊的建設時期，以革命成果為文藝藍本，寫出了著名的帶有俄國文學傳統的優秀作品，但同時，也沿著這條勝利之路，走向了另外一種，也是他奉為生命的文學上的死亡之路。

蘇聯二十年代的文學成就昭示著革命文學的階段性完成，其標誌是十月革命。而這種建設時期的革命文學的發生，讓小說進入了一個新的「散文」時代。而魯迅作為三十年代無論是大眾的「革命文學」還是「平民文學」都尚未實現的中國環境下的作家，必然具有他所難以脫離的時代性及其任務。正如法捷耶夫在《論作家的勞動》中所說，藝術（寫作）一樣，是人類的一種特別的勞動，它需要技術的訓練、語言的吸收、情感的傳達、結構的揣摩、本質的把握等等，在寫作中，所有先驗的思維存在都必須讓位於行進著的人物和場景，乃至精神的流動。《毀滅》之中雖然昭示著一種「新的人類」，但仍然是「未完成的人」，因為我們很容易能夠看到，那些人群，不同的人，大多是在蒙昧之中被推上了革命的洪流和舞臺：農民、礦工、知識分子，乃至堅定的領導人和服從者，他們時地克服生存的困境和戰爭形勢所帶來的艱辛和恐慌。

　　而魯迅翻譯《毀滅》之後，也仍然在後記中說到他自己並不知道多少法捷耶夫的詳細身份，我們大可以猜測甚至斷定他的這種選擇並非有意於作家的身份，而是作品中帶有黎明氣息的蒙昧詩意。《毀滅》中的國民性格是進行中的，缺陷的，帶有自覺和不自覺的慘重的犧牲的，是真實的大眾的性格。而魯迅的《故事新編》中也是這樣顯示著彼時期的國民的眾生相，同樣未完成，同樣充滿了生機，但也同樣帶有蒙昧和強烈的生存意味。魯迅死後，法捷耶夫這樣評價過魯迅，他說魯迅是大眾語言的操練者，是揭露出國民性格的諷刺派作家。他是民族的，所以也是屬於世界的讀者。〔註144〕

　　我們在《毀滅》誕生之後的評論中看到，文藝評論家們各自從不同的角度解讀它，更多的蘇聯評論家是在意識形態的籠罩之下框定這個在特殊時代的土壤裏成長出來的作家作品，他們甚至在這個作品中看到了某些「自然主義」、「浪漫主義」的流行的異質的元素，加以批判或遺憾；而魯迅卻在《毀滅》的翻譯後記中專門抽出了作品關於知識分子的描寫加以解讀和評論。這種抽取是魯迅對於自身所屬的一個群體的關注，表現在他的《故事新編》之中，也幾乎都以脆弱無奈的形象表現出來。當然，和法捷耶夫一樣，他呈現的不僅僅有知識分子，還有農民、政治家、士兵、工匠、文人等等。這種人群世象的呈現，相比較前期的作品的確擺脫了主體的困惑和其它人群的某些類型化特點。但從所謂的時代先進性上來說，《故事新編》相比較《毀滅》而言，仍然是遜色的。《毀滅》是用了年輕的天真爛漫的筆調重寫了一段具有史詩性質的革命段落，而後者則是凝重的，帶有此種期許的刻意成分，雖然，相比較孤獨而帶有革新願望的上海文壇來說，他的這種作品是激進並且充滿探索性的。

　　魯迅在一兩個月間完成了最後四篇，可見寫作中的這種成分也並不是全然刻意的。他對這種蘇俄文學的影像所帶來的給自己的《故事新編》寫作期待還不如他所計劃的長篇來得多。比如據說他受《鐵流》《毀滅》影響，所試圖通過別人（陳賡）的解說來描摹的關於長征的長篇小說；比如又據說他讀了高爾基的《薩姆金的一生》也期待自己能夠清算式的講述幾代知識分子的寫作。這些都在他有意無意的頻繁忙碌之中破產了。除了那一時期魯迅所編校的小說翻譯和畫集、有針對性的辛辣的雜文之外，而能夠給我們提供真

〔註144〕　〔蘇〕法捷耶夫：《論魯迅》，《人民日報》，1949 年 10 月 19 日。

正的文學線索的《故事新編》，就成爲他探索「新的人類」之路的最後表象了。

從文學的角度上說，「無治主義者」代表著一種自由和破裂，這種自由和破裂在建設性的生活中可能受到了空想的阻礙。但是作爲文藝，一種破裂的存在反而更有利於用全不執著或陷入的視角來渲染，從而使作者獲得了一種對於文本技藝和思想上的自由。阿爾志跋綏夫、富爾曼諾夫、法捷耶夫等人作品通過這種「無治理」的潑辣演進，實現了邁向理想和光明的堅實之路的長度和力度，這種長度和力度在現實實踐中是曲折、漫長和不夠成熟的，甚至是在「潰滅」，而在文學上，它們則埋在另一種所謂更簡單的理想主義下的暗影中，這種暗影帶著俄羅斯文學中固有的「否定」和反思的色彩，有別於單純的理想主義或者革命烏托邦小說。總之，從因爲黑暗和虛無籠罩而備受批判的無治主義小說到充滿了廣大而深邃、失敗和犧牲意味濃厚的「毀滅」進程，都讓我們感受到這種俄國文學傳統的內在所具備的殘酷的真實性，它們恰恰能夠疏解魯迅對當時中國和自身情形的認識上的壓力和孤獨。這也是爲什麼，魯迅由阿爾志跋綏夫而至於小約翰，甚而到最後貌似進入左翼文藝的框子，而仍然自虐式地致力於翻譯充滿了黑暗、虛無、笑謔、悲傷的民族靈魂的書寫者果戈理的作品的原因。文藝跟歷史一樣，必然是包舉宇內的，但是又「在而不在」「離而不離」，這就是文學作爲一種帶有自由屬性的藝術的生存之道。

從阿爾志跋綏夫的翻譯到法捷耶夫的《毀滅》，乃至他死前還在汲汲於翻譯的《死魂靈》，這些都體現了魯迅身上某種一貫堅持的東西，這就是他作爲一個作家的文學屬性：但凡是生動的人性和世界他都不吝翻譯和嘗試去描述，表現在理論世界，便是他時常不斷地跳出自己來吸納和解剖對手，從而形成了自己複雜的思想世界，這些都構成作爲更高意義上的文學的表象世界。

魯迅是用文學來思考世界和他自己，他具有思想的深度被他的對於自己的誠實和自省、甚至解剖刀一樣的屠人之外的細細自剖給沖淡了，但是也由此形成了他的廣度，而這些都是以一種文學的實踐（無論是翻譯、整理還是創作）形成的，魯迅作爲一個文人吸納了時代思想和理論的複雜性，但又始終地保持著高度的警惕和文學敏銳及鑒賞力。

從這個意義上說，作爲文學家的魯迅的廣度和力度要超越於他作爲思想家的深度，即便是《野草》這樣貌似深邃的作品，他的那點深度也是通過幽

微矛盾的語言世界帶出來的。但由於歷史時代和自我境遇、本身特質，這種力度和廣度始終自覺不自覺地帶著強烈的倫理性，所以使得他的文學世界顯得很局促不安。這種局促不安，恰成為竹內好口中的的「失敗者」，但他也無非是個文學上的「失敗者」。俄蘇「否定的文學」的力量是不可估量的，而文學的失敗者魯迅的力量，也是不可估量的。

4. 尾聲「夏伯陽與虛空」

上世紀九十年代，蘇聯解體之後，俄國作家維克多·列文所寫的《夏伯陽與虛空》重塑了夏伯陽的形象。這位深受中國佛道思想影響的作家，對夏伯陽的故事進行了現代性的解構。他一反作品中凸顯的階級意識和戰鬥精神，顛覆了公眾的「認知神話」，改寫和戲仿了這部小說。我們再也看不到那個英雄形象，主人公反而是一個叫做虛空的精神病人。他穿梭在大街和精神病院，說著一切都已破滅，唯有虛空是實的瘋話和夢囈，阿爾志跋綏夫的個人的「無治主義」彷彿重新蔓延：

> 「我不太懂結尾處的象徵意味，」我說，「爲什麼走在赤衛隊員前面的是耶穌呢？難道勃洛克還想把革命釘在十字架上不成？」
>
> ……
>
> 「我聽說，」我說道，「他修改了結尾。現在是一個水兵走在赤衛隊前面了。」
>
> 我突然強烈地感到自己在這個冰天雪地的世界裏是那麼孤獨和無助，這個世界的居民總想把我送到豌豆街，或是用含混而誘人的話語來擾亂我的心。明天早上，我想，我得往自己的腦門上開一槍。在我徹底墜入毫無知覺的黑暗深淵之前，我見到的最後的東西是覆蓋著白雪的街心花園的欄杆——汽車轉彎時，它近在咫尺，緊挨著窗戶。
>
> 「我在想，人有點像這列火車。他同樣注定要在身後永遠拖著一串來自過去、陰森可怖、不知從哪裏繼承來的車廂。而他竟把種種希望、見解和恐懼偶然糾結在一起發出的毫無意義的隆隆聲叫做自己的生活。沒有任何辦法擺脫這一命運。〔註145〕

〔註145〕〔俄〕維克多·列文著：《夏伯陽與虛空》，鄭體武譯，上海譯文出版社，2004

這種理想化人物的徹底毀滅的情緒貫穿在作品之中。整部作品之中充斥著混亂、無邏輯的語言。拿過去的英雄形象來戲仿和嘲諷，暗含著作者某種理想破滅之後的傷痕。雖然這發生於不同時代，但是至少可以拿它來參照魯迅的「歷史戲仿」性的作品《故事新編》。如前所述，魯迅曾經想要寫過一篇關於中國紅軍的小說，寫成類似綏拉斐摩維支的《鐵流》那樣，〔註146〕從《理水》中，能夠模糊地看到這樣的意願。但《理水》以下，我們似乎再也看不到大禹之類的英雄人物，而是一種強大的空間中，各色人等在不同的立場之中建立關聯。這一寫作方式，與《夏伯陽與虛空》那種尖銳而挑釁的後現代文風相比，更為平靜和內斂，但同樣實現了對之前《理水》之中企圖用作者一己的心願和力量來建立強大的典型的努力的放棄。從所謂「群眾形象」的角度說，《非攻》《理水》等篇之後，已經漸漸地從之前小說中的對立形象的相對單一和扁平，走向了多樣化的趨勢，如同決堤的洪流，任憑千岩萬壑在兩岸奔走。這種文學行為，能夠從他三十年代的辛勞、痛苦乃至尖銳的思想矛盾和「戰鬥」的生活中找到原因。乖離的是，在已有的研究成果中，人們裸眼觀察《故事新編》往往容易將之拉到後現代「狂歡化」之中，〔註147〕（正如日本作家將之納入「前現代」的語境之中一樣），〔註148〕但作為一個現實主義者，魯迅一方面通過文學作品的翻譯補充和持續了文學寫作的前進的探索，另一方面，魯迅具有獨特個性的翻譯語言也進入了源文本之中，進行了再創造。所以，在他的戲仿的表皮之下，對現實的凝重而深邃的思考，是有別於單純而「一無所信」的「虛空」者夏伯陽之類的所謂「後現代」典型的。

（四）「極自然而必要的誇張」：《解放了的董·吉訶德》與《采薇》

1. 魯迅與《解放了的董·吉訶德》的翻譯過程

《解放了的董·吉訶德》是盧那察爾斯基根據西班牙塞萬提斯《堂吉訶德》中的經典人物和情節，所改寫的諷喻現實之作。1922 年在蘇聯印行。劇

年版，第 32、36、80、107 頁。

〔註146〕馮雪峰：《回憶魯迅》，《馮雪峰回憶魯迅全編》，上海文化出版社，2009 年版，第 115〜116 頁。

〔註147〕朱崇科：《張力的狂歡──論魯迅及其來者之故事新編小說中的主體介入》，上海三聯書店，2006 年版。

〔註148〕〔日〕代田智明：《魯迅を読み解く：謎と不思議の小説 10 篇》，東京大學出版會，2006 年版。

本最早在中國由魯迅翻譯，根據德、日譯本。在《北斗》（1931 年 11 月 20 日）上發表了第一場。後來因為魯迅發現了德、日譯本的刪節問題，又找到了俄文原本。於是由易嘉（瞿秋白）接下來翻譯了第三、四場，仍發表在《北斗》。後《北斗》被禁（1932 年 7 月 20 日第三四期合刊止）瞿秋白則繼續翻譯完成。魯迅 1933 年 10 月 28 日在單行本譯出之後，在其出版的後記，談到這部作品能夠完整的翻譯，讓他「不可以言語形容」的高興，他說「和我的舊譯頗不同，而且注解詳明，是一部極可信任的本子」，並且感歎說「中國又多一部好書，這是極可慶幸的」﹝註 149﹞。加之，此時，距離盧那察爾斯基病逝不到兩個月，他的親近的「戰友」瞿秋白，也在被國民黨通緝之中，這部作品的出版，對魯迅來說，彌足珍貴。

魯迅在這本書的開頭介紹了盧那察爾斯基（Anatoli Vasilievich Lunacharski）的生平。這篇介紹譯自日本翻譯家尾瀨敬止 1926 年作，原為 1930 年出版的劇本《浮士德與城》﹝註 150﹞的作者小傳。據說 1926 年「《解放了的堂吉訶德》」在日本的舞臺上演，且是「蘇聯戲劇首次在日本公演」﹝註 151﹞。通過本序文可以知道，盧那察爾斯基的這篇戲劇作品出自他的《戲曲集》，這部集子中，還有不少的根據 17 世紀的歷史題材所改編的戲劇作品﹝註 152﹞。尾瀨敬止指出：

> 但在這裏，有應當注意的事，是他的思想，每繫於取現代為中心的中世紀以至遼遠的未來的。而那思索的線索，所以常採於中世紀者，就因為他太通曉了意太利和法蘭西的緣故。
>
> 盧那卡爾斯基尋求著無產者藝術，然而單是描寫了他們的生活環境的東西，是不行的。必須是更其內面底，悲劇底，而且未來底的，才好。而這樣的藝術，則一定是象徵底（Symbolic）的東

﹝註 149﹞魯迅《後記》，﹝蘇﹞盧那察爾斯基：《解放了的董·吉訶德》，易嘉（瞿秋白）譯，上海聯華書局，1934 年版，第 160～163 頁。

﹝註 150﹞﹝蘇﹞盧那察爾斯基：《浮士德與城》，柔石譯，上海神州國光社初版，1930 年 9 月。

﹝註 151﹞﹝蘇﹞盧那察爾斯基：《藝術及其最新形式》，郭家申譯，百花文藝出版社，1998 年版，第 605 頁。

﹝註 152﹞如《王的理髮師》，是「用十七世紀封建時代的一個王叫作克柳惠爾來做主角的七幕詩劇」。﹝日﹞尾瀨敬止《〈浮士德與城〉作者小傳》，《魯迅譯文全集》第 8 卷，福建教育出版社，2008 年版，第 430 頁。

西。……盧那卡爾斯基説，卻是在最高限度上的規則底，急進底的。〔註153〕

盧那察爾斯基的這部戲劇集，有一大部分都是以歷史，或者古典文獻中的人物爲範本。這種寫作方式是因他熟悉文獻的緣故；同時，在作品的思想性上，這位批評家認爲這種依照古典形式所造就的「象徵性」的作品，可謂是最高限度的激進的典範，是能書寫革命的俄羅斯這樣「非常哲學底而又象徵底的詩的黃金時代」的。

從《浮士德與城》的魯迅譯本序言〔註154〕中可知，一直到後來，中國文壇三十年代對盧那察爾斯基的翻譯，更多的是文藝理論與批評方面，而對於文學作品，到《解放了的董‧吉訶德》，一共也就這麽兩部。儘管如此，魯迅認爲他的理論和創作之間也構成了「印證」的關係。且這兩部劇作都是根據古典文學文獻中的典型人物演繹出來。它們密切地結合作者本人所焦灼的社會政治問題，同時具有高度的藝術性。二者分別發表在1916、1922年，前後的思想變化和風格也有明顯的差異。在魯迅所選錄的序言中還有這樣一段話：

其次是《浮士德與城》，是俄國革命程序的預想，終在1916年改定，初稿則成於1908年。……於是他試著寫歷史劇 Oliver Cromwell 和 Thomas Campanella；然後又回到喜劇去，1921年成《宰相和銅匠》及《被解放的堂‧吉訶德》。後一種是1916年開手的……〔註155〕

與《浮士德與城》不同，「《被解放的堂‧吉訶德》」帶有喜劇的性質。因爲歷史劇的嘗試之後才寫的「《被解放的堂‧吉訶德》」，另外，《解放了的董‧吉訶德》是根據俄文本翻譯。（注重文獻和原始材料的魯迅想必十分重

〔註153〕〔日〕尾瀨敬止《〈浮士德與城〉作者小傳》，《魯迅譯文全集》第8卷，福建教育出版社，2008年版，第431、433頁。

〔註154〕「Lunacharski 的文字，在中國，翻譯要算比較地多的了。《藝術論》（並包括《實證美學的基礎》大江書鋪版）之外，有《藝術的社會的基礎》（雪峰譯，水沫書店版）有《文藝與批評》（魯迅譯，水沫書店版）有《霍善斯坦因論》（魯迅譯，光華書局版）其中所說，可作含在這《浮士德與城》裏的思想的印證之處。」魯迅《後記》，盧那卡爾斯基：《浮士德與城》，柔石譯，神州國光社，1930年版，第231頁。

〔註155〕魯迅《後記》，盧那卡爾斯基：《浮士德與城》，柔石譯，神州國光社，1930年版，第228頁。

視這一點）《浮士德與城》與「《被解放的堂·吉訶德》」具有詩劇上的嚴肅性，而同時「《被解放的堂·吉訶德》」中所延續的創作風格則是喜劇。或許，恰如果戈理的作品：《巡按使》、《兩個伊凡》以及《死魂靈》，這對晚年魯迅來說更具有吸引力。最後，在盧氏的所有文學作品之中，魯迅只親自動手翻譯了「《被解放的堂·吉訶德》」，可見他對這部作品的偏重。

有意思的是，魯迅在《浮士德與城》的前後序記中，分別採用了尾瀨敬止和英譯者的評價。尾瀨敬止的評價是站在「盧那卡爾斯基」對於象徵性悲劇的理解和他的天賦創作上。雖然是寫舊的崩壞，但都表明了真正的現實。這種象徵性的、悲劇的、有方向性的對於過去的崩壞的告別，也同時是現實中革命的俄國。而英國譯者則傾向於認為「盧那卡爾斯基」是「復故」的，魯迅認為這種看法是忽視了「盧那卡爾斯基」所認為的繼往開來的前後關係。與「世紀末的頹唐人」相區別的是，「盧那卡爾斯基」的作品有明確的方向，不是落入經驗主義的、有未來新階級的傾向。

而盧那察爾斯基是以寫作哲學論文起家的，所以他的作品中充滿了哲理性，加之後來的革命經驗，他的革命文學作品中包含了某種強烈的思辨性。這點與一直不願意被單一理論所固封的魯迅來說，更具有吸引力。

《浮士德與城》與其後來的「《被解放的堂·吉訶德》」都選材於經典作品。《浮士德與城》用作者的話說是被「Faust 的第二部的長篇所啓發出來的」。而通過閱讀《堂吉訶德》可知，《被解放的堂·吉訶德》是根據上部第 22 章——「堂吉訶德釋放了一夥倒楣人，正被押送到不願去的地方去」〔註156〕。只是在此基礎上，將人物關係修改後，置放到更為貼近當前現實革命反叛的情景下。在人物形象上，有著「惡的深思的外貌」的梅菲斯託也很像《解放了的董·吉訶德》中的那個極端惡的化身謨爾卻；浮士德的女兒浮士蒂娜的形象也類似像國公的女兒斯德拉。它們都在講述：過往的歷史的遺蹤在時間的變革和演進中所發展的角色和他們的命運。初步瞭解了盧那察爾斯基的戲劇的這種創作脈絡，也許更能更深一層拎出這一筆調較為輕鬆的喜劇作品的質地來。

2. 以喜劇來傳達：吉訶德與伯夷叔齊兄弟

就《解放了的董·吉訶德》本身而言，這部作品是另一種意義上的諷刺劇。它展現了盧那察爾斯基除了為我們所熟知的文藝批評造詣之外，其精湛

〔註156〕〔西〕塞萬提斯：《堂吉訶德》（上），楊絳譯，人民文學出版社，1987 年版，第 166 頁。

的文學修養和語言才能。正如高爾基說的那樣：「作為一位語言藝術家，您能駕馭語言，只要您願意這樣做」〔註157〕。作品以塞萬提斯《堂吉訶德》中的兩個主人公為主線。但充實在他們周圍的顯然是一群現代人。這群人大致可以分為「革命者」和「反革命者」。這些在魯迅所翻譯的第一場中也能看到。

（相較瞿秋白的接續作品，魯迅的翻譯潑辣、輕熟、簡練、有力）為有助於對這部戲劇作品的理解，筆者根據《解放了的董‧吉訶德》譯本，歸納內容如下：

第一場：寫四個士兵押送了三個革命者去行刑，路上碰到了董‧吉訶德和他的隨從山嘉，董‧吉訶德以善和正義的名義在他們當中攪和一通，放掉了三個革命者，而吉訶德和隨從挨了打，隨從的驢子也被流浪漢騎走了。另外四個兵士只好打算押送這一對「歷史人物」給國公交差。

第二場：董‧吉訶德會見了國公和他的寵男謨爾卻，後者嘲笑董‧吉訶德天真可笑，而吉訶德則講述了神的旨意以及他對於正直和善良的傾慕。於是國公和謨爾卻打算留下來繼續玩弄這個「道學家，這個傻瓜的聖人」。

第三、四場：國公令黑人亞菲利堅挑戰，吉訶德被打敗，並被逮捕。這時他獲得國公的善良的侄女斯德拉的同情。

第五場：而董‧吉訶德在獄中沉睡做夢。斯德拉提了籃子來看他，給他吻，使他的情慾復蘇。城內發生了騷亂，逃走的革命者推翻國公的統治。

第六場：吉訶德與爭取平民自由的革命者、工人階級的代表德里戈的對話。董‧吉訶德認為革命者是在以暴制暴。（「因為現在你們，你們，你們是強暴的人，而他們是被壓迫者了」。）

第七場：國公、謨而卻等人被捕。而吉訶德受了斯德拉的請求，開始試圖營救國公及其隨從。

第八場：謨爾卻與國公等人在監獄尋求逃脫的辦法。國公企圖通過訴說自己祖輩和自己的罪過來贖回生命。遭到了謨爾卻的嘲笑。斯德拉與董‧吉訶德按照計劃來到監獄解救他們，

〔註157〕轉引自盧那察爾斯基：《論文學》《譯後記》，蔣路譯，人民文學出版社，1978年版，第632頁。

給他們吃了昏死三天的藥。

第九場：董·吉訶德、斯德拉、山嘉三人到墳墓去解救。國公諸人
　　　　被醫生救走，山嘉去告發之後帶來大兵，結果抓到的只有
　　　　吉訶德。

尾　　聲：謨爾卻的荒淫和暴政，連同斯德拉也成了他的玩弄對象和
　　　　犧牲品。吉訶德和革命領袖的話別。山嘉跟從吉訶德離去。

　　從革命者的被捕到董·吉訶德的出現，有一種穿越歷史的鏡面，支撐這
部喜劇的對話幽默風趣，整個故事也符合塞萬提斯作品中人物的性格邏輯。
同時，具有某種合乎情理的現代性質。

　　眾所週知，魯迅當年在革命文學論爭中，因爲冷靜深邃的對於文學革命
性質的批判把握，被革命文學觀激進澎湃的李初梨稱之爲「中國文壇上的老
騎士」，對他的「無視鬥爭的重要性及其實踐性」的「人道主義」進行譏諷
〔註 158〕，這些都多少讓我們想起《解放了的董·吉訶德》裏面栩栩如生的
對話和辯論。

　　1928 年 4 月，魯迅在《語絲》上公開發表的一篇給一個受其文字的「革
命性」影響甚深的青年的信中就說：

　　　　我疑心吃苦的人們中，或不免有看了我的文章，受了刺戟，於
　　　是挺身出而革命的青年，所以實在很苦痛。但這也因爲我天生的不
　　　是革命家的緣故，倘是革命巨子，看這一點犧牲，是不算回事的。

〔註 159〕

　　並且，他指出，很多的「革命者」「問目的不問手段」，這是許多人用來
謀生的口實，他說：「蘇俄的學藝教育人民委員盧那卡爾斯基所作的《被解放
的吉訶德先生》裏，將這手段使一個公爵使用，可見也是貴族的東西，堂皇
冠冕。」〔註 160〕這封信寫得極爲真誠，像是在剖析自己的文字之路如何與社
會政治的革命發生關係，從實際的功效上，他並不認爲自己稱得上是個革命
者，革命的流血犧牲是他所不忍的；再次，就是對於自身的定位，他認爲應

〔註 158〕李初梨《請看我們中國的 Don Quixote 的亂舞——答魯迅〈「醉眼」中的朦
　　　　朧〉》：「『武器的藝術』也就成爲變成 Don 魯迅醉眼朦朧中的敵人了」。《文化
　　　　批判》，1928 年 4 月，第 4 號。
〔註 159〕在 1928 年 4 月《語絲》刊物上發表的《通信》(並 Y 來信)。魯迅《通信（並
　　　　Y 來信)》，《魯迅全集》第 4 卷，人民文學出版社，1981 年版，第 98 頁。
〔註 160〕同上，第 100 頁。

該走漸進的「順手的改革」、「無論大小」的道路，然這條道路要建立在自我謀生的基礎之上；最後，他告誡這位青年，那些「革命者」和「反革命者」之類的界定，多半基於文字，而文字是不可靠的。

一方面不認爲自己是政治上的革命家，另一方面，國民的進步的內在渴求，又要求他在文人謀生的基礎進行「順手的改革」，都說明了魯迅對身處的社會環境的警惕敏感和腳踏實地。

兩個月後，在新出版的《奔流》第一卷第一期第一篇文章即發表了郁達夫從德語譯的屠格涅夫（I. Turgenjew）的《Hamlet 和 Don Quichotte》。本文從作品出發，十分細膩地比讀了這兩大世界文學人物身上的人性的和哲學的層面，很顯然，作者對堂吉訶德身上「輕快明朗，質樸而多感」的人性成分也給與了讚揚〔註161〕。這些都或有助於我們理解魯迅當時所身置的「堂吉訶德」文學氛圍。

在 1929 年魯迅翻譯盧那察爾斯基的藝術批評〔註162〕時，他似乎更加深化了這一思考，他開始將目光放置在作者所「揶揄」的吉訶德身上：

> 那麼，在也可以看作這演說的戲曲化的《被解放了的堂吉訶德》裏，作者雖在揶揄人道主義者，托爾斯泰主義的化身吉訶德老爺，卻決不懷著惡意的。作者以可憐的人道主義的俠客堂吉訶德爲革命的魔障，然而並不想殺了他來祭革命的軍旗。我們在這裏，能夠看見盧那卡爾斯基的很多的人性和寬大。〔註163〕

魯迅在本刊編校後記中說，中國尚未有完整的《堂吉訶德》的翻譯，而對於書中的主人公堂吉訶德的含義也是道聽途說。在屠格涅夫的觀念裏，「堂吉訶德」是「專憑理想而勇往直前去做事」，他與「一生冥想，懷疑，以致什麼事也不能做」的 Hamlet 相對照。他說，「中國現在也有人嚷什麼『Don Quixote』了，但因爲是在沒有看過這一部書，所以和實際是一點不

〔註161〕《Hamlet 和 Don Quichotte》：「我們想到『堂克蓄德』這幾個字的時候，只會想到一位滑稽家的身上去——『堂克蓄德』當成普通名詞 Don-Quichotterie 用的時候，我們只作『荒唐愚鈍』的意思解釋，殊不知真正的意思，我們卻應該當作一個高尚的自己犧牲的象徵（Ein Symbol hochere Selbstaufopferung）」。《奔流》第 1 卷第 1 期（1928 年 6 月 20 日），第 2〜3 頁。

〔註162〕盧那察爾斯基《托爾斯泰與馬克思》，《文藝與批評》，《魯迅譯文全集》第四卷，福建教育出版社，2008 年版。

〔註163〕魯迅《〈文藝與批評〉譯者附記》（1929 年 10 月 1 日），《魯迅全集》第 10 卷，人民文學出版社，1981 年版，第 301 頁。

對的」〔註 164〕。從這裏可以看出魯迅之對於國人舶來西方文學概念而不加認眞閱讀理解的厭惡。也算是對兩個月前的「有人」的回應。

而魯迅之支持瞿秋白翻譯這個劇本，是同情堂吉訶德還是通過對「堂吉訶德」的批判實現對自身的反省？或二者兼而有之？在 1928 年 4 月與李初梨《文化批判》同期發表的彭康的《「除掉」魯迅的「除掉」》則從「奧伏赫變」（Aufheben）辭義的追溯譏諷魯迅在革命理論上的「無知」。這篇文章讀起來論證充足，想必對魯迅有所觸動。即便當時的中國並非一定有「客觀條件已經成熟」「一般革命的民眾也在急迫的要求」〔註165〕的革命情勢，也會使魯迅對自己一直以來的革命理論的無視表示自省，這大約也是後來他逐漸開始系統翻譯革命文學理論著作的重要原因。

魯迅的「革命文學」論爭到後來三十年代以左聯爲核心所展開的論爭的前後變化，一直是研究者熱愛討論的問題。很顯然，魯迅的革命文學論戰中的觀點與後期三十年代他的反對派甚至有某種相似之處。魯迅在思想的變動上也並非是一個隨意趨時之人，他必須對其有揀擇和消化，這種態度決定於他的獨立精神以及與外界一直從未隔絕的開放態度。這兩個時期，他似乎都有一個底線，那就是文學的品質。前期是批判革命文學的不「文學」；後期則是批判革命文學的不「革命」，這些，都基於他對文學隨著時代變化所給與的質疑和倫理性修繕。

魯迅是知道當時的歐洲作家是如何非難蘇聯的。在翻譯作品的後記中他說道：

> 原書以一九二二年印行，正是十月革命勝利後六年，世界上盛行著反對者的種種謠諑，竭力企圖中傷的時候，崇精神的，愛自由的，講人道的，大抵不平於黨人的專橫，以爲革命不但不能復興人間，倒是得了地獄。這劇本便是給與這些論者們的總答案。吉訶德即由許多非議十月革命的思想家，文學家所合成的。其中自然有梅墨什珂夫斯基（Merzhkovsky），有托爾斯泰派；也有羅曼羅蘭，愛因斯坦因（Einstein）。我還疑心連高爾基也在內，那時他正爲種種

〔註164〕魯迅《集外集·〈奔流〉編校後記（一）》，《魯迅全集》第 7 卷，人民文學出版社，1981 年版，第 157～158 頁。

〔註165〕魯迅：《集外集·〈奔流〉編校後記（一）》，《魯迅全集》第 7 卷，人民文學出版社，1981 年版，第 157～158 頁。

人們奔走，使他們出國，幫他們安身，聽說還至於因此和當局者相
　衝突。〔註166〕

　　接著魯迅將看到的國內新聞歷數「革命者」罪行的新聞和言論，指出他
們和董‧吉訶德似的文人十分相似，甚至有過之而無不及。而德國的法西斯
主義正是「謨爾卻」之流的體現。也就是說，魯迅在得知這種非難的情形之
下，還是堅信蘇聯的革命的正確性。這劇本，用魯迅的話說，是針對當時的
知識階級對蘇聯的「專制壓迫」不滿引發的。魯迅認爲「董‧吉訶德」似的
知識分子，一開始贊成正義的革命，爲之作出犧牲，後來當革命者奪得政權
之後，他又認爲是一種變相的壓迫，這是一種保守、溫和的人道主義立場。
在《解放了的董‧吉訶德》第九場董‧吉訶德的夢境恰體現了這種思考：

　　　我那次做夢，彷彿我在紅雲堆裏，站在一個光華耀眼的審判官
　眼前。雷聲轟隆轟隆的響著，那人的威嚴的聲音給我講著：「你敢自
　己以爲是正直的嗎？你沒有瞭解你的時代責任，你那種腐敗的正直
　──他正是這樣說的，──你那種腐敗的正直，只會產生死滅──
　正是當代偉大的幸福的創造者的死滅。」

　　魯迅這篇翻譯後記寫於 1933 年 10 月，恰可以看出與 1928 年前後的態
度變化，1928 年 1 月，在他對於十多年來的政治生活極其警惕的境地之下，
他的那篇鞭闢入裏的演講稿《文藝與政治的歧途》中，就曾經對「人道主義」
境地下的托爾斯泰表示理解和同情，他認爲文藝家永遠走在時代的前列，永
遠要求變革和進步，因而也往往處於被政治當局和革命者利用和壓制的處境
之中。這篇文章更多地探自自身的多年的所見所體驗，加之裹入論爭的漩
渦，思想可謂沉重。

　　然而，儘管如此的前後變化，魯迅仍認爲董‧吉訶德的抱打不平是合理
的。但是，他的手段不行，而且，尤其是在中國的語境中，那些旁觀者的嘲
諷也是不必要的，知識分子的革命者給與吉訶德的也是同情和擁抱。我們在
《解放了的董‧吉訶德》中亦能發現作品對於這種態度上的糾結。第六場中
吉訶德對爭取平民自由的革命者德里戈說：

　　　我贊成你們，也反對你們，我是不是擁護國公和他的專制呢？
　我是不是認爲富人的統治是老天爺決定的，是不能夠動搖的呢？假

────────────────

〔註166〕魯迅：《譯後記》，盧那察爾斯基：《解放了的董‧吉訶德》，易嘉（瞿秋白）
　　　　譯，上海聯華書局，1934 年版，第 160～161 頁。

使這種壞的秩序，值得肅清一下，像我們這樣的地球，也的確要肅清一下，因此要推翻這種秩序，那麼，我自然只會高興；可是，有一個條件，即是這種秩序不要推翻到了地獄裏去，而要把它的地位讓給天堂。〔註167〕

還有，結尾處「先進階級」的革命者與董・吉訶德的對話：

巴勒塔薩：唉，董・吉訶德，你不夠做饑荒的流血的共和國的國民；這種共和國的領導者，要求民眾的怒潮無論怎樣也要得到勝利，他們要領導著民眾，經過赤爾謨海，經過大沙漠，經過殘酷的戰鬥，達到自己的目的地。可是，等到我們到了目的地，我們就要脫掉染著血腥的盔甲，那時候，我們來叫你，可憐的董・吉訶德，那時候我們給你說：走進我們爭得的蓬帳裏來罷，來幫助我們的建設。那時候，你胸口呼吸起來要多麼舒暢；四周圍的情形，叫你看起來，又是多麼自然呵。噢咿，那時候，你才是真正解放的董・吉訶德。可是，那時候，你想必還要皺著眉頭，記起經過的事情，記起許多恐怖的事實，雖則這種事實，你是沒有經過的。唉，你不能夠瞭解我們是在出著代價——不出這種代價是不能夠跑進那樣世界的，而只有那樣的世界裏，真正解放的董・吉訶德才可以找著和諧和光明。

吉訶德：我是這樣想的：他們跑進了偉大的事業的海洋裏去游泳了。那是很容易迷路的，很容易使自己和別人都在痛苦裏面沉醉著，因為我知道：就是做著好事，最直接的好事，人也會種下極大的惡的種子。你們的信仰，和我的是不同，可是我們人本來又能夠做什麼呢？我現在什麼都不知道。我真正成了瞎子了。〔註168〕

……

吉訶德：不要，我走好了。我不能夠答應你說：我明天就一定不把你們的犧牲品藏在我的床底下。而我又怎麼能夠知道，這不是第二個謨爾卻呢？〔註169〕

〔註167〕盧那察爾斯基：《解放了的董・吉訶德》，易嘉（瞿秋白）譯，上海聯華書局，1934年版，第98頁。

〔註168〕盧那察爾斯基：《解放了的董・吉訶德》，易嘉（瞿秋白）譯，上海聯華書局，1934年版，第152頁。

〔註169〕盧那察爾斯基：《解放了的董・吉訶德》，易嘉（瞿秋白）譯，上海聯華書局，

　　到這裏，作品將革命者和吉訶德的真誠都鮮明地表述出來了。並且，對于吉訶德而言，將來許多革命流血的事實是他所「沒有經過的」。這種被平民的自由的革命者所指謫的特點，恰能夠返照魯迅對於革命的態度來。首先，他曾經不無無奈地自我界定為知識分子和文人的小資產階級，另一方面，嚮往根本性的變革和時代的進步又是他所期許。在以上二者的對話之中，也許我們能夠找到魯迅對於自身經驗的反省。這種真誠的文學描述不僅僅給魯迅帶來對於經典重述的欣賞，也許更多的是個中的思想的衝擊。用他自己 1933 年的話說，是「又滑稽，又深刻」〔註170〕。

　　再從這翻譯去觀察魯迅的作品，我們很容易想到盧那查爾斯基戲仿手法下的堂吉訶德，與魯迅 1935 年 12 月所「戲仿」的伯夷、叔齊，它們之間似乎有著某種奇妙的關係。

　　在經歷了從 1928 年以來的革命文學論戰之後，魯迅不斷地裹挾在文人的論爭之中。到了 1935 年末，魯迅在著力翻譯俄國諷刺文學的同時，又聯接著自己的命運於蘇聯文學中的這個帶有現代意味的文學典型──堂吉訶德。對他來說，《采薇》可謂是這許多年來對於他、他者的批判，所引發的對外界的反映的一個清算。這場清算，甚至沒有讓這個國家的歷史和現實中的任何一個參與的現代人逃脫。

　　源流上講，伯夷叔齊形象並不陌生。它甚至成為中國文化思想史中的意象表達，從《莊子》《論語》《孟子》《史記》等書中都能找到他們的身影。甚至在美術史中，也有演繹和刻畫〔註171〕。較近的文學，清艾衲居士的《豆棚閒話》中，就有《首陽山叔齊變節》，演繹了伯夷叔齊「上山」之後的芸芸眾生、叔齊的背離、山上野生物的參與等等，此文帶有鮮明的傳統話本小說氣質。1922 年郭沫若還將這一典型添以其它角色，演繹為帶有西方浪漫主義氣質的戲劇《孤竹君之二子》。魯迅的《采薇》，從故事結構上，也基本延於《史記》，但於細節、人物、氣氛則大相徑庭，《采薇》可以說是魯迅眼中之歷史，更可以說是魯迅眼中之現實。

　　　　1934 年版，第 153 頁。
〔註170〕魯迅《〈文藝連叢〉──的開頭和現在》，《魯迅全集》第 7 卷，人民文學出版
　　　　社，1981 年版，第 460 頁。
〔註171〕王小峰：《藥草、高士與仙境：李唐采薇圖新解》，《文藝研究》，2012 年第 10
　　　　期，141～149 頁。

　　章太炎在 1925 年考察這二位歷史人物，將其作爲「自釋迦以前，未有過於」〔註 172〕的鮮明的民族自立的模範，魯迅在處理對伯夷、叔齊的情感之時，則帶有十分複雜的意味。大致說來，堂吉訶德典型和伯夷、叔齊二兄弟，在文學作品中，都表現出了純粹者在歷史現實面前的困境和遭遇。這種悲劇引起人們的同情、悲憫。無論是堂吉訶德式的被驅逐的「人道主義」者，還是如他們這二位沒落的貴族倫理的堅守者，都帶來一種對於自性的思考。

　　《采薇》中也並沒有就此指證伯夷、叔齊二兄弟爲失敗者，周王朝才是合理的王朝。這一點，魯迅在 1934 年 3 月的雜文中就很尖刻地看出了新王朝與舊王朝之間的絕然對立的理論破綻：

　　　　在中國的王道，看去雖然好像是和霸道對立的東西，其實卻是兄弟，這之前和之後，一定要有霸道跑來的。人們之所謳歌，就爲了希望霸道的減輕，或者不更加重的緣故。

　　　　雖是那王道的祖師而且專家的周朝，當討伐之初，也有伯夷和叔齊扣馬而諫，非拖開不可；紂的軍隊也加反抗，非使他們的血流到漂杵不可。接著是殷民又造了反，雖然特別稱之曰「頑民」，從王道天下的人民中除開，但總之，似乎究竟有了一種什麼破綻似的。〔註 173〕

　　在盧那查爾斯基那裏，雖然吉訶德和山嘉並沒有死掉，只是離開，但仍然擺脫不了伯夷、叔齊二兄弟般悲劇的命運。他們的無用和死亡，帶來了腐朽的貴族道德的悲劇力量。這兩部發源於古典題材的現代作品共同構築了諷刺文學中的某種特色：在具象中超越，實現多重意義；從歷史之中開脫，走向本質的荒蕪。如果作品僅止於對革命家的謳歌或者對僵化儒學的諷刺，都難以解開作品背後的更深層次的面紗。在這一點上，《采薇》和《解放了的董‧吉訶德》一樣，都表現出了魯迅所稱賞的那種文學該有的對於具體世俗意義追尋的尊重和寬容。

3. 敞開的結尾

　　在這裏稍微追溯一下堂吉訶德在現代文學視野中的作用。我們也可以通過錢理群《豐富的痛苦》看到堂吉訶德在歐洲的傳播和東漸。通過近代日本

〔註 172〕章太炎：《文錄續編》卷一，《章太炎全集》第 5 卷，上海人民出版社，1985年版，88 頁。

〔註 173〕魯迅：《關於中國的兩三件事》，《魯迅全集》第 6 卷，人民文學出版社，1981年版，第 10 頁。

大量書籍的譯介傳播，魯迅曾經得到過德語譯作以及他所青睞的翻譯家、評論家片上伸等人的日語譯本乃至插圖單印本〔註174〕。這都顯示了魯迅一直以來對堂吉訶德這個人物的關注。周作人自 1917 年 4 月任教北大時編《歐洲文學史》講稿，據說魯迅曾為其修改過：

> Cervantes 故以此書為刺，即示人以舊思想難於新時代也，唯其成果之大，乃出意外……不啻空想與實生活之牴觸，亦即人間向上精進之心，與現世俗之衝突也。Don Quixote（堂吉訶德）後時而失敗，其行事可笑。然古之英雄，先時而失敗者，其精神固皆 Don Quixote 也，此可深長思者也。〔註175〕

錢理群還談到了魯迅在和瞿秋白翻譯《解放了的董·吉訶德》時候的評析和態度。他認為魯迅之批判董·吉訶德的人道主義態度的軟弱性恰是特定時代的要求。而《采薇》中，武王伐紂，這樣一個「其命維新」的歷史事件給了一向反對武力、希望依靠仁政的二兄弟以沉重的打擊。

> 桑丘朋友，你該知道，天叫我生在這個鐵的時代，是要我恢復金子的時代，一般人所謂黃金時代。各種奇事險遇、豐功偉績，都是特地留給我的。（《堂吉訶德》）〔註176〕

> 在百靜中，不提防叔齊卻拖著伯夷直撲上去，鑽過幾個馬頭，拉住了周王的馬嚼子，直著脖子嚷起來道：「老子死了不葬，倒來用兵，說得上『孝』嗎？臣子想要殺主子，說得上『仁』嗎？……」（《采薇》）〔註177〕

〔註174〕1908 年，魯迅購於東京日本橋的丸善書店。從德國郵寄過來的文學書籍，即德國萊克朗氏萬有文庫本的《堂吉訶德》德譯本（64 開平裝本）。魯迅一直珍藏著這個版本。而且二三十年代還搜集了日本島村抱月、片上伸合譯，大正四年東京植株書院再版的《堂吉訶德》精裝本（二冊）。以及法國著名畫家陀萊的插圖單印本《機敏高貴的曼卻人堂吉訶德生平事迹畫集》（共 120 幅，1925 年德國慕尼黑約瑟夫·米勒出版社出版）並且同時收藏了塞萬提斯另一部長篇小說《埃斯特拉馬杜拉的嫉妒的卡里紮萊斯》。姚錫佩《周氏兄弟的堂吉訶德觀：源流及變異──關於理想和人道的思考之一》，《魯迅研究資料》第 22 輯，中國文聯出版公司，1989 年版，第 325 頁。

〔註175〕周作人：《歐洲文學史》，嶽麓書社，2010 年版，第 128 頁。

〔註176〕〔西〕塞萬提斯：《堂吉訶德》（上），楊絳譯，人民文學出版社，1987 年，第 144 頁。

〔註177〕魯迅《故事新編》，《魯迅全集》第 2 卷，人民文學出版社，1981 年版，第 397 頁。

於是他們也像堂吉訶德和他的隨從桑丘一樣，開始了漫遊的生活。在這其中，他們遇見了各色人。在時代的變化面前，二位雖然非常的敏感，但還是對新的變革充滿了恐懼和懷疑。正如堂吉訶德，他們都依靠一種似乎亙古不變的倫理來踐行於他們的殘生。魯迅的這一戲仿精神與盧那察爾斯基相比似乎有過之而無不及。他並沒有在小說中給他們太多的對話，包括大量的說理和宗教虔誠，而是兩個可憐巴巴的手無縛雞之力、胃口又不好、還怕冷的，已經住在養老堂裏飽食終日卻爲過去的操守所迫的老漢。在漫遊中，現實和歷史，逐漸把他們兩個視信仰如同性命的人逼到了死角。魯迅在《采薇》中也借用昏昏噩噩的御用文人小丙君來嘲諷他們。二兄弟爲自己的信條殉難之後，首陽村的人們開始請「有文化」的小丙君來寫墓碑，而後者拒絕道：

「他們不配我來寫」，他說，「都是昏蛋。跑到養老堂來，倒也罷了，可是又不肯超然；跑到首陽山裏來，倒也罷了，可是還要做詩；做詩倒也罷了，可是還要發感慨，不肯安分守己，『爲藝術而藝術』。你瞧，這樣的詩，可是有永久性的：

上那西山呀採它的薇菜

強盜來代強盜呀不知道這的不對

神農虞夏一下子過去了，我又那裏去呢？

唉唉死罷，命裏注定的晦氣！

「你瞧，這是什麼話？溫柔敦厚的才是詩。他們的東西，卻不但『怨』，簡直『罵』了。沒有花，只有刺，尚且不可，何況只有罵。即使放開文學不談，他們撇下祖業，也不是什麼孝子，到這裏又譏訕朝政，更不像一個良民……我不寫！……」（《采薇》）〔註178〕

正如盧那察爾斯基的《解放了的董・吉訶德》的結尾，董・吉訶德並沒有屈服於革命者的言論而是選擇了離開一樣，《采薇》也有著這樣因信念而決絕，從而讓人讀來傷心甚至感動的結尾。儘管這暗喻了一種悲劇，但是這種悲劇的力量，似乎給了作品一種敞開的結尾。到底是誰勝利了？革命或維新後的時代是走向了「好的秩序」還是走進了「地獄」？

而在這裏，御用文人小丙君與伯夷叔齊又構成了一種鮮明的對比。知識

〔註178〕魯迅《故事新編》，《魯迅全集》第 2 卷，人民文學出版社，1981 年版，第 411 頁。

者內部的這種截然不同的窘境，恰暗示了中國頗有意味的道德文化。在魯迅的第一篇文言小說《懷舊》（1911 年）中，魯迅就開始從中國穩定的鄉村結構之中發現了知識者和庶民體系的嚴密和腐化，通過一場「入侵」所引發的恐慌使他們的精神結構圖窮而匕見。我們亦能找到這樣自以為是綿延不絕的典型「禿先生」（仰聖兄）：

> 先生能處任何時世，而使己身無幾微之病，故雖自盤古開闢天地後，代有戰爭殺伐治亂興衰，而仰聖先生一家，獨不殉難而亡，亦未從賊而死，綿綿至今，猶巍然擁皋比為予頑弟子講七十而從心所欲不逾矩。若由近日天演家言之，或曰由宗祖之遺傳；顧自我言之，則非從讀書得來，必不有是。（《懷舊》）

這「宗祖之遺傳」恰是需詬病的歷代智識分子的集體病症。相比較小丙君與仰聖兄的所謂「順時勢」、無信仰，無堅持；伯夷叔齊擁著一個極端甚而腐化的道德邏輯，反而表現出了真實的悲劇力量，而「非從讀書得來」恰暗示了一種知識者所獨有的逃避和虛偽。

19 世紀俄國很多大作家都注意到了堂吉訶德這一文學形象的不朽的社會價值和藝術價值。在對它的引介和評價方面包括普希金、別林斯基、果戈理、屠格涅夫、高爾基等等。高爾基稱堂吉訶德是「真實事實的極自然而必要的誇張」。（摘自論文《文學教放》。一九三五）〔註 179〕而盧那察爾斯基本人曾經在《西歐文學史》〔註 180〕中講述過他對於堂吉訶德的看法：

> ……西萬提斯，具有異常高貴性格的一個人，實在地，他本身就是一位唐吉訶德，他認為一個人必須能為人類犧牲自己才當得起人的名稱，他是他那時代的資產階級的最好代表之一，表現著種種反抗精神與脫出那沒有公理正義的惡勢力懷抱中的掙扎，但是這愛自由與正在形成中的資產階級的代表卻匍匐在舊時代的理想前，他讚賞它，他想去仿傚它，他希望這是皆能成為唐吉訶德腦中所想像

〔註 179〕李嘉譯述：《俄國作家論莎士比亞及西萬提斯》，《文學月報》，第 3 卷，第 2、3 合期（1941 年 12 月 10 日），第 100 頁。

〔註 180〕發表時間當為十月革命之後，寫作《解放了的董·吉訶德》之前。根據是盧那察爾斯基：《論文學·譯後記》：「十月革命勝利……列寧立即任命盧那察爾斯基偉人民委員會所屬十二個部門之中的教育人民委員會的人民委員（部長）……盧那察爾斯基在這個重要崗位上連續戰鬥了十二年，……此外又親自在高等院校講授本國和西歐文學史」。蔣路譯，人民文學出版社，1978 年版，第 630 頁。

的那樣，不幸得很，世界壓根兒就不是那樣。西萬提斯同情他小説
中的賬房老闆及商店掌櫃嗎？絕對不會的，很明顯的，在他看來，
現實的世界是充滿了愚蠢，欺騙及狂暴的，將唐吉訶德和以那樣殘
酷的愚蠢的態度來嘲弄譏笑他的充滿了丑儒弄臣的公廷來相較，他
顯得多麼無限的高貴呀！〔註181〕

　　……在這種世界內那看來是可笑的，被蠻荒的法律所統治著的
這個世界內是沒有理想主義者存在的餘地的。……唐吉訶德和桑曹
潘撒必須繼續在這世界內窒息著，直到開始將社會主義付諸實行的
時候。當那個日子到來的時候，許多熱心的烏托邦主義者的堂吉訶
德們，夢想家們都可以得到機會將他們的英雄浪漫主義用於革命工
作上；他們將不再是幻想的騎士，而將成爲現實生活中的一個眞正
有用的勞動者……〔註182〕

　　盧那察爾斯基顯然認爲堂吉訶德代表了舊的階級（資產階級），他們的
那一套令人讚賞的倫理和道德標準不適應於當前的時代需要。即便是如此，
他們仍然與那些嘲笑他的人相比顯得「無限的高貴」，盧那察爾斯基給當時
時代中的堂吉訶德的建議則是，革命成功之後，和平到來，將這種「英雄浪
漫主義」用於革命工作，當社會主義付諸實現的時候，這些奇思妙想將不再
是空想，反有利於「成爲現實生活中的一個眞正有用的勞動者」。（這恰恰暗
合了前文所引劇本結尾處革命者對董·吉訶德所說的一番話：「等到我們到
了目的地，我們就要脫掉染著血腥的盔甲，那時候，我們來叫你，可憐的董·
吉訶德，那時候我們給你說：走進我們爭得的蓬帳裏來罷，來幫助我們的建
設。」）盧那察爾斯基的這一看法似乎也和他所創作的《解放了的董·吉訶
德》在對堂吉訶德的態度上構成了思想上的某種互文關係。

4. 反封建還是反虛偽：阿金與《采薇》

　　《解放了的董·吉訶德》的翻譯，花費了從 1931 年 11 月開始登載，一
直到 1933 年 10 月寫完後記爲止，一共歷時兩年左右的時間。想必魯迅也像
是爲其它的左翼小說如《鐵流》、《毀滅》一樣，爲此劇作耗去不少的心力。

〔註181〕李嘉譯述《俄國作家論莎士比亞及西萬提斯》，《文學月報》，第 3 卷，第 2、
　　　　3 合期，1941 年 12 月 10 日，第 99 頁。
〔註182〕李嘉譯述《俄國作家論莎士比亞及西萬提斯》，《文學月報》，第 3 卷，第 2、
　　　　3 合期，1941 年 12 月 10 日，第 100 頁。

相比這一項龐大的左翼文學的翻譯工作，不能不說魯迅看起來十分微薄的小
說創作《故事新編》在文體乃至思想內核上從翻譯中或多或少的創作上的共
鳴。

在這兩年當中，魯迅還曾發表一篇雜文《中華民國的新「堂‧吉訶德」
們》：

> 不錯，中外古今的小說太多了，裏面有「輿櫬」，有「截指」，
> 有「哭秦廷」，有「對天立誓」。耳濡目染，誠然也不免來攏棺材，
> 砍指頭，哭孫陵，宣誓出發的。然而五四運動時胡適之博士講文學
> 革命的時候，就已經要「不用古典」，現在在行為上，似乎更可不用
> 了。〔註183〕

以堂吉訶德為參照，直接批判當時，申明中國只有一些半途而廢、淪落
變質乃至虛假的堂吉訶德。仔細理解《采薇》深意，大概可以看到這篇雜文
可算其注腳之一。魯迅諷刺胡適之為代表的知識分子是不具備像堂吉訶德那
樣的理想主義色調的不合作品質的所謂「中庸主義」者，對一些虛偽、做作，
表面柔和而實際上不下關鍵性判斷與作為的抨擊。在這種急迫性中，對外界
敏感、責任感深厚的魯迅自然會以自己作為一個文學者的職責來約束和要求
自己。在這個方面，魯迅似乎比當時三十年代的中國文壇的任何一個作家都
深刻的痛苦把握著。

而我們在當時的左翼文藝批評家胡風身上看到的是另一番解釋，據他晚
年回憶，為「悼念」瞿秋白而作的對於《解放了的董‧吉訶德》的批評，其
中區分了「革命的人道主義」和董‧吉訶德「糊塗的人道主義」〔註184〕，這
篇文章便是 1934 年 7 月 15 日發表在《中華日報‧星期專論》上的《董‧吉
訶德的解放》。這篇文章十分鮮明地指出了革命緊迫性，認為偉大的不是「良
心」而是「『良心』世界的實現的行動」，知識分子必須「為著自由的王國」「與
大眾合流」，「得到最高的融合」。很顯然，胡風在明晰的論述線條之中，站在
代表著「大眾」和「鬥爭力」的革命的工人階級一邊〔註185〕。作為一篇紀念
文章，胡風似乎另有深意。這種建設意義上的解釋，即對於堂吉訶德這樣一

〔註183〕魯迅《二心集》，《魯迅全集》第 4 卷，人民文學出版社，1981 年版，第 352
頁。
〔註184〕胡風：《胡風回憶錄》，人民文學出版社，1993 年版，第 41 頁。
〔註185〕胡風：《堂吉訶德的解放》，《胡風全集》第 2 卷，湖北人民出版社，1999 年
版，第 191〜196 頁。

個人物經過人道主義、而進入無產階級的合流之中，顯然與 1933 年的魯迅在譯作後記中說的類似，然而魯迅並沒有繼續推進、建設，使之成爲一個階級的文學參照，這應該是他和當時的左翼文藝理論家（如胡風）間的差異。錢理群在《豐富的痛苦》中這樣寫道：

儘管堂吉訶德本人的態度十分嚴肅、認眞，甚至有幾分虔誠；作者的敘述語調還算平靜，但讀者卻能感覺到一種調侃、戲謔的味道。就在這或嚴肅或平淡或戲謔的模仿中，騎士小說自身的荒誕所造成的災難性後果，也都暴露無餘、不攻自破了。〔註186〕

這一看法，似乎也直可印照魯迅關於《采薇》中這對拿儒家貴族倫理武裝的「眞吉訶德」兄弟漫遊作品的文學機理。我們知道，在塞萬提斯的這部作品之中，他曾經寫過試圖將堂吉訶德和他的忠實隨從奔到中國這個古老而遙遠的國家〔註187〕，雖然沒能達成心願，但是卻由盧那察爾斯基將他們置入到了革命氛圍中的俄羅斯土地上，他嚴格地按照了兩人的人格邏輯特性將故事鋪展開了，好像是《堂吉訶德》本身的續作一般。雖然，中國的革命文學家們，並沒有將這一典型嫁接到中國的文學環境之中，然魯迅對中國自身的貴族文化典型的深刻把握應該讓他從盧那察爾斯基的這部作品中找到了某種啓示和共鳴。

談及貴族文化典型，在三十年代以降的人文語境裏，它和人們對於「封建」的看法總是密不可分的。竹內實在《阿金考》中結合魯迅晚期雜文《阿金》（1935 年 3 月），以及《采薇》中的阿金形象，他認爲魯迅語言中的這個「阿金」是發生了變化的：《采薇》中的阿金是從「魯迅最討厭」（《阿金》）到後來的「給予了肯定的、帶有反封建色彩的阿金」。〔註188〕因爲，阿金在小說《采薇》之中起到了直接促使他們死亡，以及在他們死後散播吃鹿肉而死的謠言的作用。竹內實的這種論述，前提是伯夷、叔齊兄弟首先是革命思想

〔註186〕錢理群：《豐富的痛苦——堂吉訶德與哈姆萊特的東移》，北京大學出版社，2007 年版，第 11 頁。

〔註187〕《獻辭》：「最急著等堂吉訶德去的是中國的大皇帝。他一個月前特派專人送來一封中文信，要求我——或者竟可說是懇求我把堂吉訶德送到中國去……。」〔西〕塞萬提斯：《堂吉訶德》（下），楊絳譯，人民文學出版社，1987 年版，第 1 頁。

〔註188〕孟廣來、韓日新編：《〈故事新編〉研究資料》，濟南：山東文藝出版社，1984 年，第 543～544 頁。

的反面,即所謂「封建」。

　　《采薇》中食鹿肉的片段並非魯迅全部杜撰,典故出於劉向《列士傳》。原文是:

> 時有王糜子往難之,曰:「雖不食我周粟,而食我周木,何也?」伯夷兄弟遂絕食。七日,天遣白鹿乳之。經由數日,叔齊腹中私曰:「得此鹿完啖之,豈不快哉!」於是鹿知其心,不復來下。伯夷兄弟俱餓死也。〔註189〕

　　魯迅對此種說法作了修改,而是在小說中將之放置在阿金這個他晚年專門撰文將其漫畫化〔註190〕的文學人物的傳言身上,加之前文分析,或可見魯迅對伯夷、叔齊二兄弟態度。很難說,阿金是完全帶有「肯定」色彩的角色。竹內實之將這個問題簡單化的根源,應是他太想坐實《故事新編》和左翼革命文學之間的關係了。

　　順便提及,在尼采的作品《查拉斯圖拉如是說》中,就曾經描述過二王逃離自己的國家到曠野的細節,逃離的原因恰恰是因為自己的國家「那裏的一切(「禮儀」,「好社會」,「高貴」,筆者加)虛偽而腐爛」,〔註191〕「一切都是污穢的闖入的狗,他們鍍飾了棕葉」。〔註192〕與《采薇》中的二兄弟相比,前者不過是用逃離而反其腐朽,後者不過是用腐朽的固執而反其崩壞罷了。二者其實都在著眼於至純的政治道德。

　　就這兩部作品而言,它們都將一個純粹的個體放入複雜的現代環境之中,遭受非議與磨難,體會更多的存在困境。相較於盧那察爾斯基,魯迅似乎在文本中更多面對的是主人公生存或生活的困境與存在困境的相互矛盾,至少在這一點上,我們發現了他和作為文學者和作為文藝理論家的盧那察爾斯基之間的一個分疏:有意無意地淡化了後者所看重的意識形態上的評判與建設。

　　盧那察爾斯基將自己的生命、文化體驗投注到對於理想社會的希冀之上,

〔註189〕孟廣來、韓日新編:《〈故事新編〉研究資料》,濟南:山東文藝出版社,1984年版,第105頁。

〔註190〕據魯迅本人說,《阿金》本是寫給《漫畫生活》的。見《魯迅全集》,第6卷,人民文學出版社,1981年版,第213頁。

〔註191〕尼采:《查拉斯圖拉如是說》,楚圖南譯,湖南人民出版社,1987年版,第305頁。

〔註192〕尼采:《查拉斯圖拉如是說》,楚圖南譯,湖南人民出版社,1987年版,第306頁。

因而其文學的範本也是多層次的。作爲一個敏銳的文學者，魯迅對於異國蘇聯的想像應該首先在對它的文學世界的描述上。當然，歸根結底，應該是基於他自身的對於國民改革的必要性的認知基礎之上，他通過這種內在的驅力去尋求範本和動力，然後通過信任好友瞿秋白及其翻譯的文學與理論世界〔註193〕，來信任關於一個國家的文化及其政體的世界。但對於己國，魯迅的文字裏似乎有一種更堅決的東西，忍不住讓其死滅，並賦予其一種在世俗批判中的無意義。在《解放了的堂吉訶德》中，盧那察爾斯基則將堂吉訶德剔除到了對立的階級社會群體之外，而魯迅讓兄弟二人死於各階層的喧鬧之中，不給出路。這一方面是文學歷史典型的內涵所成；另一方面，這個結尾別具匠心，正如《理水》的結尾讓大禹走向了日常的君主做派，他似乎比盧那察爾斯基更爲親近自己筆下的主人公（後者著力於思想的論辯和觀念的清理）：總是將虛假的理想之路、完美之境扼殺，卻又同樣顯示著寬大的同情之心。

　　從 1928 年到 1934 年魯迅對堂吉訶德看法的前後變化，說明了他對「群眾」的洪流本身從未看作是一種理想的手段抑或狀態，而是對其保有足夠的警惕和距離感。而《采薇》正是在此歷練的基礎之上清醒的世象的描繪圖景。

　　然而，當這種「群眾」的洪流成爲一種希望的幻象之後，魯迅眼前所見的是一個個活生生的人，他看到了知識分子的虛僞和投機，加以抨擊和嘲諷，因此，對那些舊道德的追殉者（人道主義、封建結構）反而給與了尊敬和同情。作爲一個對人性洞察力敏銳，並要求人的質地的眞實性的文學作家，他常這樣反詰：你們虛僞投機成那樣，還配談別的？他要他們揭掉身上的面具，爽然登上他的解剖臺。他許多文字的基調都是這樣，即不去描寫將來的「黃金世界」，而是目下的漸進的可能的「改造」。

　　作爲文學家，魯迅和盧那察爾斯基都面臨政治世界的干擾，但是他們在處理文學問題時，自覺地踐行其文學者身份（或者文學形式），這促使他們走向政治視野之外的另外一面（或者更廣大的一面）。身處複雜的文化環境中，魯迅在社會變革和文化變革面前，深刻認識到以上兩種典型身上的尷尬；但是一進入到文學世界，他又把這種角色的力量放大，竭力地鋪染他們的生活和語言。在文學和政治乃至道德的多重「眞」與「力」的要求之下，《采薇》

〔註193〕魯迅對瞿秋白的信賴很大一部分來自於對後者俄文翻譯水平之高的敬佩，馮雪峰就曾回憶魯迅認爲:「在當時國內的文藝界是找不出第二個可與秋白同志比較的。」（《1928～1936 年的魯迅——馮雪峰回憶魯迅全編》，上海文化出版社，2009 年版，第 137 頁。）

表現出了它的複雜性。正是在這種複雜性上，《采薇》與《被解放的堂吉訶德》一起，折射出了各自作者所屬的國家交錯的時代社會關係和階級關係。

三、「幾乎無事的悲劇」：《死魂靈》翻譯和《故事新編》創作

（一）魯迅與果戈理

　　竹內好在他的著作中，有幾次提及魯迅和果戈理的共同之處：「顯示了閉塞社會中有生命力的作家的共通命運。」〔註194〕他尤其認爲魯迅晚年的《死魂靈》的翻譯和《故事新編》最後幾篇的寫作，代表了某種從「從批評之場轉向創作之場」，「而且那是包含評論在內的更高一級的創作之場」，「因爲那不是混沌的自我表現，而是由以社會爲媒介的個人的問題意識貫穿起來了，所以它是人民性的、發展性的。不過因爲尚在萌芽狀態，魯迅就失去了肉體，所以從藝術的完美程度上看，遠遠不如初期的作品。」〔註195〕這一觀點恰恰體現了魯迅的所謂「轉向」背後的創作努力。而這種努力又是與他的批評世界是接續性的，是一種新的嘗試（不管它的藝術的完美程度如何）。而與此創作同時期的翻譯之間就構成了混同在他那一時期文學生命的某種內在的精神力量。所以反之，弄清楚魯迅的翻譯，對於他的創作，也應當具有十分重要的相互給予的意義。

　　魯迅和俄國文學有著非常密切的關係。十九世紀以來的豐富的俄國文學給了他深厚的文學營養。安德烈耶夫、迦而洵、普希金、高爾基、托爾斯泰、陀思妥耶夫斯基、法捷耶夫等等，都給他留下了深刻的印象。以「轉移性情，改造社會」爲指歸的最初文學事業的嘗試《域外小說集》，翻譯最多的也是俄國作品，其次是芬蘭、波蘭等被壓迫民族文學。綜觀魯迅的譯作，俄國文學及其文藝批評佔了他整個譯作一半以上。〔註196〕

〔註194〕竹內好：《阿Q正傳的世界性》，《從「絕望」出發》，靳叢林編譯，北京：三聯書店，2013年版，第215頁。

〔註195〕竹內好：《魯迅入門》《從「絕望」開始》，靳叢林編譯，北京：三聯書店，2013年版，第97頁。

〔註196〕〔瑞典〕雷特納·蘭德伯格：《魯迅與俄國文學》，王家平，穆小琳譯，《魯迅研究月刊》，1992年第9期。

　　1936 年 2 月他致信夏傳經說：「凡所編譯的，惟《引玉集》《小約翰》《死魂靈》三種尚佳，別的較舊，失了時效，或不足觀，其實是不必看的。」〔註 197〕除了《引玉集》是他與瞿秋白合作編成的蘇聯木刻作品選集之外，後二者均爲魯迅親力。研究過魯迅對於《小約翰》《死魂靈》漫長的關注和翻譯過程〔註 198〕的讀者會發現，魯迅顯然對這兩部作品有其跨越「時效」的偏愛。

　　作爲一個很少脫離其所處時代和社會的極具現代品格的作家，魯迅一方面「出力」於「中國有益」的「打雜」〔註 199〕，另一方面自有其品格和氣質傾向所引導下的「文學行爲」的自覺選擇，即便魯迅早期受到俄國革命思潮衝擊後所翻譯的「同路人」文學，也會從中發現魯迅選擇的獨特性。例如他翻譯的《豎琴》這本短篇小說集十篇之七〔註 200〕。這些小說講述了革命時代前後人們的生存狀況。包括青年男女、莊園主、軍人、政客、市民、兒童等等複雜和動蕩的生存境遇。對理想的懷疑與矛盾始終是這些文學背後不變的底色。（這似乎也是俄羅斯文學的傳統。）魯迅在 1929 年 1 月翻譯《十月》的序言裏也說：

　　　　這回來譯他一種中篇，觀念比那《農夫》是前進一點，但還是「非革命」的，我想，它的生命，是在照著所能寫的寫：眞實。我譯這篇的本意，既非恐怕自己沒落，也非鼓吹別人革命，不過給讀者看那時那地的情形，算是一種一時的稗史，這是可以請有產無產階級文學家們大可放心的。〔註 201〕

〔註 197〕1936 年 2 月 19 日致夏傳經信。《魯迅全集》，第 13 卷，北京：人民文學出版社，1981 年版，第 314 頁。

〔註 198〕見《魯迅翻譯文學研究》第四章《魯迅文學翻譯文本分析》中第二節《魯迅中期翻譯文本比較分析——荷蘭作家望‧藹覃的承認童話〈小約翰〉》與第三節《魯迅晚年翻譯文本比較分析——俄國作家果戈理的文學名著〈死魂靈〉》。吳鈞：《魯迅翻譯文學研究》，濟南：齊魯書社，2009 年版，第 130 ～176 頁。

〔註 199〕1935 年 10 月 4 日魯迅致蕭軍信：「至於我的先前受人愚弄呢，那自然；但也不是第一次了，不過在他們還未露出原形，他們做事好像還於中國有益的時候，我是出力的。這時我歷來做事的主意，根柢即在總賬問題。」《魯迅全集》第 13 卷，北京：人民文學出版社，1981 年版，第 226 頁。

〔註 200〕即《洞窟》、《在沙漠上》、《果樹園》、《窮苦的人們》、《豎琴》、《亞克與人性》、《拉拉的利益》。

〔註 201〕《魯迅譯文全集》第 6 卷《〈十月〉首二節譯者附記》，福州：福建教育出版社，2008 年版，第 221 頁。

　　《十月》裏描述的兄弟兩個因爲不同的選擇（社會革命黨和布爾什維克）各自履行著自己的「革命事業」，由於派別鬥爭，以至於鄉鄰之間相互殘殺，於是革命縱容了人性中的暴虐的一面，最終，在一片廢墟中帶著鄰人和自己兄弟的死，一度勇敢作戰的伊凡意識到了自己的「錯誤選擇」，選擇了自殺。可以說，這是一篇對暴力進行反思的小說，它更關注的是做爲一切外在性的基礎：「俄國、人、人性」〔註202〕。

　　這其中，魯迅與果戈理的關係很耐人尋味。他從不諱言他自認「藝術上不應該」的「逼促」〔註203〕的第一篇現代小說《狂人日記》與果戈理關係，相比果戈理那篇描寫精神畸形的小公務員生活的同名短篇小說，他認爲自己的作品將話題放置在更廣闊的社會背景裏，「比果戈理的憂憤深廣」〔註204〕，並有效地賦予中國現代文學以「革命實績」，「恢復」了他最初對於文學的「信仰」〔註205〕。饒有興味地是，之後近二十年過去了，魯迅又「回到」了果戈理，他開始翻譯這個在當時外來思想潮流中看似並不激進的 19 世紀的諷刺家的長篇小說。雖然當時已經有不少人翻譯了果戈理的中短篇和戲劇〔註206〕，但他是還策動當時的出版界友人擬重新翻譯以成果戈理的選集〔註207〕。

〔註202〕《豎琴》集中的《勞苦的人們》作者雅各武萊夫（Aleksandr Inkovlev）十月革命後，經過了苦悶，最終爲「綏拉比翁的兄弟們」之一個，他的自傳云：「俄羅斯和人類和人性，已成爲我的宗教了。」見《豎琴》後記，《魯迅譯文全集》第 6 卷，福州：福建教育出版社，2008 年版，第 83 頁。

〔註203〕《對於〈新潮〉一部分的意見》（1919 年 4 月 16 日），《魯迅全集》，第 7 卷，《集外集拾遺》，北京：人民文學出版社，1981 年版，第 226 頁。

〔註204〕1935 年 3 月《〈中國新文學大系〉小說二集序》：「在這裏發表了創作的短篇小說的，是魯迅。……算是顯示了『文學革命』的實績，……然而這激動，卻是向來怠慢了紹介歐洲大陸文學的緣故。一八三四年傾，俄國的果戈理（N. Gogol）就已經寫了《狂人日記》……。但後起的《狂人日記》意在暴露家族制度和禮教的弊害，卻比果戈理的憂憤深廣，也不如尼采的超人的渺茫。」《魯迅全集》，第 6 卷，《且介亭雜文二集》，北京：人民文學出版社，1981 年版，第 238 頁。

〔註205〕竹内好在 1943 年的《魯迅》一書中這樣說：「我猜想魯迅在《狂人日記》發表前的沉默期間，對其生活道路有決定性的事，是對其文學恢復信仰。」轉引自藤井省三：《魯迅比較研究》，陳福康譯，上海外語教育出版社，1997 年版，第 63 頁。

〔註206〕見 1935 年 2 月 9 日致孟十還信，當時已有出版的李秉之、韓侍桁、顧民元等人譯的小說和戲劇。《魯迅全集》第 13 卷，北京：人民文學出版社，1981 年版，第 54 頁。

〔註207〕1935 年 2 月 3 日致黃源信：「譯文社出起書來，我想譯果戈理的選集，當與孟十還君商量一下，大家動手。有許多是有人譯過的，但只好不管。」《魯迅

正如尼采之於魯迅，果戈理也一定有什麼東西，吸引了當時的這位已經碩果累累的翻譯家綿延一生的注意。

追溯起來，魯迅與果戈理宿緣已久。早在魯迅倡導「自覺之聲發」的《摩羅詩力說》中就有：「其煌煌居歷史之首，而終匿形於卷末者，殆以此歟？俄之無聲，激響在焉。俄如孺子，而非喑人；俄如伏流，而非古井。十九世紀前葉，果有鄂戈里（N. Gogol）者起，以不可見之淚痕悲色，振其邦人」〔註208〕。周作人在談到魯迅創作《阿Q正傳》的背景時候，也認為果戈理很受魯迅青睞：

> 他所最受影響的卻是果戈理，《死魂靈》還居第二位，第一重要的還是短篇小說，《狂人日記》，《兩個伊凡尼支打架》，以及喜劇《巡按》等。波蘭作家主要是顯克微支，……用滑稽的筆法寫陰慘的事迹，這是果戈理與顯克微支二人得意的事，《阿Q正傳》的成功的原因一部分亦在於此，此蓋為但能熱罵的人所不及者也。〔註209〕

《狂人日記》是果戈理所創作的小公務員的精神扭曲而寫實的生活，《兩個伊凡》雖是短篇小說，然而更近於喜劇，講述兩個都叫做伊凡的地主本是好朋友，因為一場財產糾紛而產生口角，一個叫做另一個「公鵝」，使自以為體面的對方感到傷了自尊，於是兩個人對簿公堂，直到垂垂老矣，仍然在無聊地生活，無聊地打著官司。這故事在一片荒誕和嘲諷的氣息中展現了當時的小地主生活。〔註210〕

1934年下半年，面臨文網的嚴密和文壇的一片烏煙瘴氣，魯迅開始著手果戈理的翻譯工作，所譯果戈理《鼻子》和立野信之《果戈理私觀》同時發表在《譯文》月刊創刊號上〔註211〕，又與孟十還合議後者翻譯的《五月的

全集》第13卷，北京：人民文學出版社，1981年版，第40頁。

〔註208〕《魯迅全集》第1卷，北京：人民文學出版社，1981年版，第64頁。

〔註209〕周作人：《關於魯迅》，《年少滄桑——兄弟憶魯迅（一）》，河北教育出版社，2001年版，第246頁。

〔註210〕這部魯迅「最受影響」的短篇小說《兩個伊凡》，亦曾經也擬入他的翻譯計劃，曾經預定為「朝花小集之三」，為朝花社出版，終未譯出。沈鵬年輯：《魯迅研究資料編目》，上海文藝出版社，1958年版，197頁。

〔註211〕1934年9月16日《譯文》月刊第1卷第1期。《鼻子》譯者附記：「他的巨著《死掉的農奴》，除中國外，較為文明的國度多有翻譯本，日本還有三種，

夜》，為避文網的查禁，他對孟說：「以後的譯文，不能常是紹介 Gogol，高爾基已有《童話》，第三期得檢查老爺批云：意識欠正確。所以從第五期起，擬停登數期，我看先生以後最好是譯《我怎樣寫作》，檢查既不至於怎樣出毛病，而讀者也有益處。」然而，另一面，在同一封信裏他又忍不住說：「果戈理雖然古了，他的文才可真不錯。日前得到德譯的一部全集，看了一下，才知道《鼻子》有著譯錯的地方。我想，中國其實也該有一部選集……不過現在即使有了不等飯吃的譯者，卻未必有肯出版的書坊。現在雖是一個平常的小夢，也很難實現。」〔註212〕此第三天又朝孟發牢騷說：「計劃的譯選集，在我自己，現在只是一個夢而已。近十來年，設譯社，編叢書的事情，做過四五回，先前比現在還要『年富力強』，真是拼命地做，然而，結果不但不好，還弄得焦頭爛額。現在的一切書店，比以前更不如，他們除想立刻發財外，什麼也不想，即使訂了合同，也可以翻臉不算的。」翻看魯迅 1935 年到 1936 年的書信可知，「選集」這件事情曲曲折折地伴隨著魯迅在翻譯果戈理《死魂靈》的始終，終而未能如願。

　　1935 年初，他開始根據「德人 Otto Buek 譯編的全部」〔註213〕為底本，參照日譯本，決計譯所擬想之選集裏小說部分的最大部頭《死魂靈》，然後是鄭振鐸的《世界文庫》催要，而愈加緊翻譯。魯迅翻譯過程中給朋友的書信中說：

> 近這幾天因為趕譯《死魂靈》，弄得昏頭昏腦，我以前太小看ゴンコリ了，以為容易譯的，不料很難，他的諷刺是千錘百鍊的。其中雖無摩登名詞（那時連電燈也沒有），卻有十八世紀的菜單，十八世紀的打牌，真是十分棘手。上田的譯本並不壞，但常和德譯本不同之處，細想起來，好像他錯的居多，翻譯真也不易。
> 〔註214〕

現在又正在出他的全集」。

〔註212〕見 1934 年 12 月 4 日致孟十還信。《魯迅全集》第 12 卷，北京：人民文學出版社，1981 年版，第 579 頁。

〔註213〕柏林普羅皮勒出版社 1920 年出版、奧托‧布克（Otto Buek）編譯的《果戈理全集》中的《死魂靈》德譯本。《死魂靈》第二部第一章譯者附記：「現在所用的底本，仍是德人 Otto Buek 譯編的全部」。《魯迅譯文全集》，第 7 卷，福州：福建教育出版社，2008 年版，第 309 頁。

〔註214〕1935 年 5 月 17 日致胡風信。《魯迅全集》第 13 卷，北京：人民文學出版社，1981 年版，第 129 頁。

> 譯果戈理，頗以爲苦，每譯兩章，好像生一場病。德譯本很清
> 楚，有趣，但變成中文，而且還省去一點形容詞，卻仍舊累墜，無
> 聊，連自己也要搖頭，不願再看。翻譯也非易事。〔註215〕

到了《死魂靈》一年多漫長的翻譯出版結束之後，不滿足中國新文學出版界冷淡插畫事業的魯迅〔註216〕，又於臨死之前幾個月自費出了當時在中國所能看到的最全的《死魂靈一百圖》〔註217〕。

（二）果戈理的《死魂靈》及其創作過程

由此，魯迅翻譯《死魂靈》彷彿是順理成章的事情，然除了魯迅所佩服和曾經「小看」的果戈理「可真不錯」的「文才」、「千錘百鍊」的「諷刺」之外，要進一步想弄清《死魂靈》與病事交雜的魯迅晚年的關係，我們似乎也只能從果戈理和他的這部未完的長篇巨著去找了。

19 世紀初，盛產偉大作家的古老而沉鬱的俄羅斯民族又在它的文學傳統裏誕生了一位極具個性的作家果戈理。他早年以用輕快而諷刺的筆調描寫小俄羅斯的《狄康卡近鄉夜話》而聞名，之後又寫了相當多的短篇和爲人所熟知的諷刺喜劇《欽差大臣》。當 26 歲的果戈理在他的一系列文學實踐後文學風格的漸趨成熟〔註218〕之後，他於 1835 年開始著手寫《死魂靈》，這場延續了 16 年的寫作是被這樣記錄的：

> 從一八三五年，他寫這作品的第一頁草稿起，到一八五二年，

〔註215〕1935 年 6 月 28 日致胡風信。《魯迅全集》第 13 卷，北京：人民文學出版社，1981 年版，第 159 頁。

〔註216〕1935 年 5 月 22 日致孟十還信：「所以我以爲插圖不但有趣，且有益；不過出版家因爲成本貴，不大贊成，所以近來很少插本。歷史演義（會堂出版的）頗注意於此，幫他銷路不少，然而我們的『新文學家』不留心。」1935 年 6 月 28 日致胡風信。《魯迅全集》第 13 卷，北京：人民文學出版社，1981 年版，第 134 頁。

〔註217〕俄國畫家阿庚於 1847 年完成，培爾那斯基刻版。魯迅於 1936 年 7 月以三閒書屋名義自費印行。

〔註218〕〔俄〕内斯妥爾·珂德略來夫斯基於《〈死魂靈〉序》中認爲果戈理的創作有個漸變的過程，即由「幻想的浪漫的傾向和他的鋒利而誠實的人生觀察的強有力的天稟之間」在早期作品中有著不可調和的矛盾，「但寫實的描寫藝術，果戈理卻從他那有名的笑劇《巡按使》（一八三六年），這才達到真正的本色的完成。」《魯迅譯文全集》，第 7 卷，福州：福建教育出版社，2008 年版，第 8、10 頁。

死從他手裏把筆掣去了的時候止。在這十六年中：他用六年：一八三五年至一八四一年——這之間，他自然還寫另外的詩——，來完成那第一部。其餘的十年，就完全化在續寫他的作品的嘗試上了。〔註219〕

《死魂靈》第一部所敘述的內容，以投機主義者乞乞可夫的行蹤爲線索，描寫了他所經過的地主和將軍們的莊園，並且同這些財產的所有者以買死農奴的名籍來企圖獲取大量的政府貼補而期大發橫財，最後卻在一片流言蜚語中，他未能得逞，不得不在一個風雨如晦的夜晚逃走。在魯迅的眼裏，小說顯現出「他（果戈理）有特別的才能，來發見實際生活的一切可憐，猥瑣，膚淺，污穢和平庸，而且到處看出他的存在」〔註220〕。魯迅所翻譯的《死魂靈》第二部殘章，影影綽綽中寫出乞乞可夫仍舊圓滑的另外企圖，通過欺騙的手段成爲一個殷實穩重的小地主，而以一個思想和行爲酷似作者本人——33歲的想要寫「俄國社會和歷史」的「無聊人」——爲背景主線，最後故事在乞乞可夫拜訪「空虛主義」者柏拉圖的兩個能幹務實的地主兄姊中結束。魯迅這些殘卷的翻譯也逐漸輕車熟路。而他的翻譯《死魂靈》順序是：第一部——序言——第二部殘卷。可見其對第一部完整性的欣賞。

果戈理從起先寫作《死魂靈》起，就認定自己要寫的將是一部可歌可泣的「長詩」。「用所有的光明和黑暗的兩方面，顯出在俄國的政治生活和社會生活的一切五花八門來。果戈理要在這裏使舊的史詩復活在新的形式上；所以他故意把自己的小說來比荷馬的歌唱—— 一篇韻語，也就是一篇詩。」〔註221〕《死魂靈》預期的內容似乎是爲了通過現實社會的林林總總來滲透到俄國人乃至所有人共通的靈魂層面：

> 作家所以把《死魂靈》叫做長詩，是因爲他想強調這部作品所
> 固有的特點：它的長篇史詩性質，藝術概括的廣度，敘事因素同敘
> 事的抒情色彩的結合。在《死魂靈》體裁的確定上表現出果戈理關
> 於劃分詩的種類所持的觀點。他認爲所有戲劇和敘事作品中最偉

〔註219〕〔俄〕內斯妥爾·珂德略來夫斯基：《〈死魂靈〉序》，《魯迅譯文全集》，第7卷，福州：福建教育出版社，2008年版，第14頁。

〔註220〕〔俄〕內斯妥爾·珂德略來夫斯基：《〈死魂靈〉序》，《魯迅譯文全集》，第7卷，福州：福建教育出版社，2008年版，第7頁。

〔註221〕〔俄〕內斯妥爾·珂德略來夫斯基：《〈死魂靈〉序》，《魯迅譯文全集》，第7卷，福州：福建教育出版社，2008年版，第14頁。

大、最豐富、最全面的是史詩，史詩「包括的不是某些特點，而是
整個時代，在這個時代中，人物以當時人類所持有的思想、信仰甚
至認識的方式進行活動。整個世界圍繞著主人公本身在更廣大的領
域顯示出來，而且不只是一些個別的人物，而是整個民族，常常許
多民族都聚集在史詩當中。」〔註222〕

這自然是果戈理對於「長詩」的想像。《死魂靈》序言裏內斯妥爾‧珂德
略萊夫斯基這樣引用他的話說：

「上帝創造了我，」果戈理曾經說，「他對我並沒有隱瞞我的
使命。我的出世，全不是為了要在文學史上劃出一個時期來。我的
職務還要簡單而切近：就是要各人思索，而不是我獨自首先來思索。
我的範圍是魂靈，是人生的強大的，堅實的東西。所以我的事務和
創作，也應該強大和堅實。」〔註223〕

這多少可以體現了果戈理個人的藝術觀，雖然前者用了更大的口吻去描
述，然它們的共同點似乎是一致的，即「呈現」事實的真相，遠比道德的「引
導」重要。這種觀點，我們能從小說本身中，即從魯迅所說的「舊式文人」
的「一大套議論裏」——果戈理忍不住突然在《死魂靈》第七章中生發的他
對於自身創作境遇的大段感慨——中，看出一二：

他用檀香的煙雲來蒙蔽人們的眼目，用妖媚的文字來馴服他們
的精神，隱瞞了人生的真實，卻只將美麗的人物給他們看。大家都
拍著手追隨他的蹤跡，歡呼著圍住他的戎車。人們稱他為偉大的世
界的詩人。……但和這相反，敢將隨時可見，卻被漠視的一切：絡
住人生的無謂的可怕的污泥，以及布滿在艱難的，而且常是荒涼的
世路上的嚴冷減裂的平凡性格的深處，全都顯現出來，用了不倦的
雕刀，加以有力地刻畫，使它分明地，凸出地放在人們的眼前的作
者，那運道可是完全兩樣了！……

他還不逃不脫當時的審判，那偽善的麻木的判決，是將涵養在
他自己溫暖的胸中的創作，稱為猥瑣，庸俗，和空虛，置於侮辱人

〔註222〕〔俄〕米‧赫拉普欽科：《尼古拉‧果戈理》，劉逢祺、張捷譯，上海譯文出
　　　　版社。2001年版，第487頁。
〔註223〕〔俄〕內斯妥爾‧珂德略來夫斯基：《〈死魂靈〉序》，《魯迅譯文全集》，第7
　　　　卷，福州：福建教育出版社，2008年版，第15頁。

性的作者們的劣等之列，說他所寫的主角正是他自己的性格，從他
那裏搶去了心和精魂和才能的神火；因爲當時的審判，是不知道照
見星光的玻璃和可以看清微生物的玻璃，同是值得驚奇的，因爲當
時的審判，是不知道高尚的歡喜的笑，等於高尚的抒情地感動，和
市場小丑的搔癢，是有天淵之別的。當時的審判並不知道這些，對
於被侮辱的詩人，一切就都變成了罵詈和譴責：他不同意，不回答，
不附和，像一個無家的遊子，孤另另地站在空街上。他的事業是艱
難的，他覺得他的孤獨是苦楚的。〔註224〕

　　由此可見，這段在小說中看似突兀的段落，體現出，用廣大的筆幅呈現
眞實的生活，尤其是用他所擅長的諷刺天才，以暴露他所見的那些俄國人乃
至是整個人性中委瑣、無聊和庸俗的一面，從而做到作者早年所具備的輕快
的浪漫主義情懷的延續，完成某種「高尚的抒情的感動」，似乎成了果戈理創
作《死魂靈》的孤獨宿命。

　　然而，果戈理的最後十年生活在創作的挫折和不斷的自我否定之中。1847
年所發表的《與友人書簡選》居然自我袒露他對於《死魂靈》存在的敘述缺
陷和宗教道德缺失的懺悔，引起了當時社會文化界的騷動〔註225〕。正如他在
早期的《彼得堡故事》中的短篇《肖像》中所描寫的年輕畫家那樣：因爲懷
疑表達庸俗主題作品的藝術性，而墮落到華麗虛假的天地，最終葬送自己所
擅長的善於吸收現實豐富、活潑與眞實的才能。或者這在他的第一部再版序
文裏還能找到他的類似焦慮：

　　　在你面前，大約你也已經看過那第一版，是描寫著從俄國中間
體出來的人的。他在我們這俄羅斯的祖國旅行，遇見了許多種類，
各種身份，高貴的和普通的人物。他從中選擇主角，在顯示俄國人
的惡德和缺失之點，比特長和美德還要多；而環繞他周圍的一些人，
也選取其照見我們的缺點和弱點，好的人物和性格，是要到第二部
裏這才提出的。〔註226〕

〔註224〕《魯迅譯文全集》，第7卷，《死魂靈》，福州：福建教育出版社，2008年版，
　　　　 134頁。
〔註225〕〔俄〕伊·伊·帕納耶夫曾回憶說：「後來他談到自己，讓我們大家感到，他
　　　　 那本著名的《書信選》是在發病的時候寫成的，本不應出版，但是出版了，
　　　　 他感到非常後悔。他彷彿在我們面前替自己辯白似的。」《回憶果戈理》，藍
　　　　 英年等譯，東方出版社，2008年版，第26～36頁。
〔註226〕1846年《死魂靈》第一部第二版序文，《作者告讀者》，《魯迅譯文全集》第7

然而，對于果戈理的最後十年《死魂靈》續作的創作失敗，眾說紛紜，在有關果戈理的回憶錄裏可見一些端倪：

一八五一年秋：

> 「該不是《死魂靈》第二卷吧？」博江斯基問道，向我使了個眼色。
>
> 「對啦……有時寫一點。」果戈理很不樂意地說。「可是毫無進展，有的字得用鉗子往外夾。」
>
> 「什麼妨礙您呢？您這兒這樣舒服，這樣安靜。」
>
> 「天氣呀，害人的氣候呀！不由得讓人想起意大利，想起羅馬，那兒寫起來順手得多，一點不費勁兒。我本打算冬天到克里米亞去找符‧馬‧克尼亞熱維奇，到那兒去寫作，順便回家看看，家裏來信叫我回去參加伊麗莎白‧瓦利西耶芙娜妹妹的婚禮……」
>
> 〔註227〕

將一切原因歸咎爲天氣，似乎表現出果戈理對於自己創作《死魂靈》瓶頸階段判斷方面的不確定和失落。果戈理的《死魂靈》第一部是在羅馬等地遊歷養病時候完成的。他十分害怕寒冷的天氣。加之置身熟悉環境所帶來的喧囂，他於1842年夏第四次遊歷歐洲，傾心於《死魂靈》第二部的創作，這時候的歐洲風起雲湧的革命浪潮刺激了他對自己作品思想性的懷疑，在病情十分嚴重的情況下，他的創作步履維艱，六年之後，他甚至由那不勒斯上耶路撒冷朝聖，同年四月在歐洲革命浪潮風起雲湧的時刻回到了祖國，在病痛中苦苦支撐著《死魂靈》第二部創作活動的同時完全地追隨聖教。

一八四八年年底：

> 他這時候更加懷疑自己的作品，不過是從另外一個角度——宗教的角度來懷疑了。他想像那裏面也許含有有害於讀者道德的東西。將會刺激他們，影響他們的情緒。在這種思想的支配下，臨終前的一個禮拜他對主人亞‧彼‧托爾斯泰說，「我快死了，請你把這個筆記本拿到菲拉列特總主教那兒去，請他讀一遍，然後按照他的

卷，福州：福建教育出版社，2008年版，第235頁。

〔註227〕〔俄〕格‧彼‧丹尼列夫斯基：《我所認識的果戈理》，《回憶果戈理》，藍英年等譯，上海：東方出版社，2008年版，第115頁。

意願出版。」〔註228〕

可見，爲寫《死魂靈》之外「一個小時也不願意朝上帝多要」的果戈理〔註229〕對於創作出現枯竭的猶疑和痛苦。「爲了寫他的書所學要的東西」而去耶路撒冷朝聖也像「一個不孕的女人在中世紀教堂的黑暗中乞求生母馬利亞賜給她一個孩子」〔註230〕一樣沒有結果。另外，果戈理很早就患有一種「抑鬱性神經病」〔註231〕，1849～1850年病情惡化，他常常「神經嚴重失調」「內心悲傷」〔註232〕，尤其是作品內部思想性的壓力，鑄成了創作的阻力。

總之，無論是天氣、疾病，還是安逸的條件、深刻的對宗教道德的懺悔意識、甚至是曾對果戈理讚賞有加的別林斯基如今所指責的他遠離祖國缺乏對於本民族眞實的現實素材的把握〔註233〕等等⋯⋯果戈理一直到死，都沒能找到寫作事業給自己帶來的心靈上的安寧，終於，把寫在筆記本上的第二卷遺稿在精神恍惚中付之一炬。

（三）眞實的世界：「幾乎無事的悲劇」

1935年8月，魯迅發表在《文學》月刊的署名爲「旁」的一篇《幾乎無事的悲劇》，可算是明確的對《死魂靈》及其藝術特徵的討論。這時候魯迅已經將第一部翻譯到了一半，其中乞乞可夫拜訪五個典型人物（瑪尼羅夫、彼得洛夫娜、羅士特萊夫、梭巴開維支、潑留希金）的篇幅都已經在「汗流浹背」中翻譯完畢。在這篇文章中，魯迅以羅士特萊夫的形象爲例再三強調了

〔註228〕〔俄〕尼·瓦·貝格：《回憶尼·瓦·果戈理》，《回憶果戈理》，藍英年等譯，東方出版社，2008年版，第184、188頁。

〔註229〕〔俄〕柯羅連柯：《文學回憶錄》，第205～206頁，轉引自程正民：《果戈理：氣質、生命力和創作》，《俄羅斯文藝》，1989年第6期，第51頁。

〔註230〕納博科夫：《俄羅斯文學思想講稿》，丁駿、王建開譯，上海三聯書店，第49頁。

〔註231〕程正民：《果戈理：氣質、生命力和創作》，《俄羅斯文藝》，1989年第6期，第46～52頁。

〔註232〕〔俄〕維·魏列薩耶夫：《生活中的果戈理》，周啓超、吳曉都譯，安徽文藝出版社，1996年6月版，第677～678頁。

〔註233〕別林斯基1847年7月15日致果戈理信：「這並不是因爲你這人就不是一個會思索的人，而是因爲您這麼多年來已習慣於從您那美妙的遠方來看俄國；可是眾所週知，再沒有比遠方看事物──在這種狀態下，我們願把事務看成什麼樣子便可以看成什麼樣子──更爲輕鬆了⋯⋯」〔俄〕維·魏列薩耶夫：《生活中的果戈理》，安徽文藝出版社，1996年6月版，第343頁。

果戈理的創作特色：

> 那創作出來的腳色，可真生動極了，直到現在，縱使時代不同，國度不同，也還使我們像遇見了有些熟識的人物。諷刺本領，在這裏不及談，單說那獨特之處，尤其是用平常事，平常話，深刻的顯出當時地主的無聊生活。

對于果戈理所塑造的羅士特萊夫奢侈豪華而近於無聊的生活中的一個細節：命令乞乞可夫摸他豢養的小狗的「冰冷的鼻頭」以及察看他那頭「瞎眼的母狗」，魯迅議論說：

> 這時羅士特萊夫沒有說謊，他表揚著瞎了眼的母狗，看起來，也確是瞎了眼的母狗。這和大家有什麼關係呢，然而，世界上有一些人，卻確是嚷鬧，表揚，誇示著這一類事，又竭力證實著這類事，算是忙人和誠實人，在過了他們整一世。

> 這些平常的，或者簡直近於沒有事情的悲劇，正如無聲的言語一樣，非由詩人畫出它的形象來，是很不容易察覺的。然而人們滅亡於英雄的特別的悲劇者少，消磨於極平常的，或者簡直近於沒有事情的悲劇者卻多。〔註234〕

魯迅感到這種生動而又無聊的生活是如此接近於真實，以至於即便跨越時空也是如此熟悉和親切。他說「含淚的微笑」在俄羅斯的本土已經被「健康的笑」所替代，然而於「別的地方，仍然有用」，還藏著中國社會的許多「活人的影子」。於是，「倘傳到了和作者地位不同的讀者的臉上，也就成爲健康：這是《死魂靈》的偉大處，也正是作者的悲哀處。」

在這之前，魯迅在 1935 年 5 月「答文學社」的《什麼是「諷刺」》中談到對於諷刺藝術的看法，能夠看出當時已經在著手翻譯《死魂靈》的魯迅與上述觀點上存在的一致性：

> 我想，一個作者，用了精鍊的，或者簡直有些誇張的筆墨——但自然也必須是藝術地——寫出一群人或一面的真實來，這被寫的一群人，就稱這爲諷刺。……

> 「諷刺」的生命是真實，不必是曾有的實事，但必須是會有的實情。所以它不是「捏造」，也不是「誣衊」；既不是「揭發隱私」，

〔註234〕魯迅：《幾乎無事的悲劇》，《且介亭雜文二集》，《魯迅全集》第 6 卷，北京：人民文學出版社，1981 年版，第 370～371 頁。

又不是專記駭人聽聞的所謂「奇聞」或「怪現狀」。它所寫的事情是
公然的，也是常見的，平時是誰都不以爲奇的，而且自然是誰都毫
不注意的。不過這事情在那時已經不合理，可笑，可鄙，甚而至於
可惡。但這麼行下來了，習慣了，雖在大庭廣眾之間，誰也不覺得
奇怪；現在給它特別一提，就動人。……

　　然這材料，假如到了斯惠夫德（J. Swift）或果戈理（N. Gogol）
的手裏，我看是準可以成爲出色的諷刺作品的。在或一時代的社會
裏，事情越平常，就越普遍，也就愈合於諷刺。……

　　如果貌似諷刺的作品，而毫無善意，也毫無熱情，只使讀者
覺得一切世事，一無足取，那就並非諷刺了，這便是所謂「冷嘲」。
〔註235〕

　　魯迅強調眞實是諷刺的生命。且對象是一些不被注意的病態的社會裏的
人們司空見慣的凡常的生存狀態。鑒於對《死魂靈》及其藝術手法的批評，
我們都可以看到魯迅對述果戈理的藝術創作態度的肯定，即用充滿熱情的筆
調來暴露或者呈現各個階段各種人的平凡甚至瑣屑無聊的眞實生活，「要各人
思索，而不是首先我來思索」的「人生的眞實」。可見魯迅仍然是在堅持早期
所翻譯的蘇聯「同路人」文學時所依據的「眞實」標準。

　　對于果戈理《死魂靈》的第二部創作，魯迅在翻譯過程中也有議論：

　　果戈理（N. Gogol）的《死魂靈》第一部，中國已有譯本，這
裏無需多說了。其實，只要第一部也就足夠，以後的兩部──《煉
獄》和《天堂》已不是作者的力量所能達到了。果然，第二部完成
後，他竟連自己也不相信自己了，在臨終前燒掉，世上就只剩下殘
存的五章，描寫出來的人物，積極者遠遜於沒落者：在諷刺作家果
戈理，眞是無可奈何事。（第二部第一章譯者附記）

　　其實，這一部書，單是第一部就已經足夠的，果戈理的運命所
限，就在諷刺他本身所屬的一流任務。所以他描寫沒落人物，依然
栩栩如生，一到創造他之所謂好人，就沒有生氣。例如這第二章，
將軍貝德錫且夫是丑角，所以和乞乞可夫相遇，還是活躍在紙上，
筆力不讓第一部；而烏理尼加是作者理想上的好女子，他使盡力氣，

〔註235〕《什麼是「諷刺」》，《且介亭雜文二集》，《魯迅全集》，第 6 卷，北京：人民
　　　　　文學出版社，1981 年版，第 328～329 頁。

要寫得她動人，卻反而並不活動，也不像眞實，甚至過於矯揉造作，比起先前所寫的兩位漂亮太太來，眞是差得太遠了。(《死魂靈》第二部第二章譯者附記)〔註236〕

魯迅將果戈理沒能如願完成長詩《死魂靈》歸于果戈理的長於諷刺而短於歌頌：諷刺才華鑄就了《死魂靈》第一部的偉大的藝術成果；而他偏偏要在第二部以後放棄自己藝術的長處而選擇描寫具備和雨煦風的「好人」。借諷刺以展示「好人」的筆法，似乎是果戈理力有不逮的。魯迅甚至在書信裏說：「他臨死之前，將全稿燒掉，是有自知之明的。」〔註237〕而對于果戈理的創作，除了欽敬與遺憾之外，魯迅還是對他本人及其創作抱以同情之理解：

當在譯 K 氏序時，又看見了《譯文》終刊號上耿濟之先生的後記，他說 G 的一生，是在恭維官場；但 K 氏說卻不同，他認爲 G 有一種偏見，以爲位置最高的，道德也高，所以對於大官，攻擊特少。我相信 K 氏說，例如前清時，一般人總以爲進士翰林大抵是好人，其中並無拍馬之意。況且那時的環境，攻擊大官的作品，也更難發表。試看 G 氏死時候的模樣，豈是諂媚的人能做得出來的。我因此頗感慨中國之評論人，大抵特別嚴酷，應該多譯點別國人的評傳，給大家看看。〔註238〕

G 是老實的，所以他會發狂。你看我們這裏的聰明人罷。都吃得笑眯眯，白胖胖，今天買標金，明天講孔子……〔註239〕

這種「同情」應緣自于果戈理作爲一個寫作者的忠於眞實的創作態度；也來自於對作家的知人論世，即天才果戈理的藝術創造並不能脫離他所處的時代。同時，應該別有一種惺惺相惜感，因爲他本人亦常常因爲創作出來的作品被歪曲和誤解。

從這裏，我們大致可以看出，魯迅之由《死魂靈》果戈理作品地位中的「第二」(前引周作人語) 轉向「第一」，是有其藝術態度上的轉變的：《兩個伊凡》之類與《死魂靈》同樣都體現了果戈理所獨具的那種諷刺才能，但前

〔註236〕《魯迅譯文全集》第 7 卷，福建教育出版社，2008 年版，第 309～310 頁。
〔註237〕1936 年 5 月 4 日致曹白。《魯迅全集》第 13 卷，北京：人民文學出版社，1981 年版，第 369 頁。
〔註238〕1935 年 10 月 20 日致孟十還。《魯迅全集》第 13 卷，北京：人民文學出版社，1981 年版，第 232 頁。
〔註239〕1935 年 10 月 29 日致蕭軍信。《魯迅全集》第 13 卷，北京：人民文學出版社，1981 年版，第 238 頁。

者展開的世界顯然是比較單一的，而《死魂靈》的世界則是一個從城市到鄉下各個階層參與的「狂歡」世界；相應的是，與《兩個伊凡》中輕鬆而令人傷感的筆調相比，後者顯得更加沉鬱與悲涼，用別林斯基的話說，是「含淚的笑」。

有意思的是，魯迅的對於《死魂靈》的批評，完全沒有借助於任何當時流行的理論，而是用一個敏感作家所具備的獨特感知力直接表達出他對於《死魂靈》及其創作環境的懷著敬意與欽佩的真切的「讀後感」，這裏面，他驚歎的果戈理的「文才」不僅僅是「諷刺」，也還有更為深廣的層面，即他所說的貌似十分含糊並不處於審美層面的「無聊」的價值和意義，然而，這種敏銳的觀察力雖然不屬於那個三十年代文學評論世界的話語系列，但恰恰是後來同樣作為作家的批評家所說到「庸人」的世界。深諳十九世紀到二十世紀俄羅斯文學的納博科夫曾這樣說：「果戈理風格的紋理中所存在的縫隙和黑洞暗示著生命本身之紋理中存在的缺陷」，「這個世界就是存在本身，它排斥任何可能毀滅它的東西，因此，任何改革、任何鬥爭、任何道德目標或努力都是完全的徒勞，就好比改變一顆行星的軌迹。」〔註 240〕即，文學的實質不是諷刺批判道德層面，不是呈現客觀鏡象中的現實，而是表現人性中的缺陷和縫隙，是接受世界文學意義上的豐富性的存在，「無聊」作為人類實存的紛亂現象，綿延到不同的時空，也常常注定給文學蒙上了一種令人驚奇和歎息的悲劇色彩。魯迅恰恰是在《死魂靈》中看到這樣寶貴的質素的吧。〔註 241〕

（四）《死魂靈》與《故事新編》寫作

通過以上分析，我們可以看出，果戈理是一個善於諷刺的文學家，他尤其善於描寫平常人之瑣屑的生活。在魯迅眼裏，這「悲劇」內含著果戈理真實的靈魂和天才的諷刺，又如此切近於當時中國的現實生活。那麼，魯迅對

〔註240〕納博科夫：《俄羅斯文學講稿》，丁駿、王建開譯，上海三聯出版社，2015 年版，第 58 頁。

〔註241〕在這裏需要注明的是，筆者曾以本節論文參加過在 2011 年北京魯迅博物館召開的「翻譯與二十世紀中國文學」會議，會上宣讀了此文，後來編輯未經作者許可將論文題目改為《魯迅的翻譯《死魂靈》與《故事新編》的「諷刺」》發表在《中國現代文學研究叢刊》（2011 年第 1 期），很大一部分上混淆了本文的意義範疇。

他所翻譯果戈理的《死魂靈》的文學旨趣和文學批評到底與魯迅的《故事新編》有什麼樣的關係呢。

《故事新編》也是備受爭議之作。正如我們一開始閱讀時體驗到的那樣，魯迅《故事新編》是「漸入化境」的。就 1935 年 11 月、12 月創作的最後四篇：《理水》《出關》《采薇》《起死》來說，其中《理水》延續了之前《故事新編》中的英雄人物形象，塑造了「鐵鑄一般」的實幹家的大禹。但這時候，已經能從中看到各種聲音喧囂的元素在內部穿梭。而到了最後三篇，則是將其明確思想隱遁，各種聲音都出來了，此時不再有什被謳歌的英雄，而是喧嚷與眞實的各色人群。各人的生活都庸常與親切化了，連不同凡響的經典人物也在被生活或生存所困厄，並且，從這「古事記」裏又完全可以看到現代人的影子。魯迅是在一種什麼樣的心境裏完成了這種「轉換」的呢？從他此時的書信中，我們可以發見一些線索：

> 毫無改革之意，只在防患未然，不許「新錯」，而又保護「舊錯」，這豈不可笑。……一個人活到五六十歲，在中國實在做不出什麼事來（但，英雄除外），古人之想成仙，或者也是不得已的。（1935 年 4 月 10 日致曹聚仁）〔註 242〕

> 弟一切如常，惟瑣事太多，頗以爲苦，借筆墨爲生活，亦非樂事，然亦別有可爲。（1935 年 5 月 22 日致邵文熔）〔註 243〕

> 弟一切如常，惟瑣事太多，頗以爲苦，所遇所聞，多非樂事，故心緒頗不舒服。（1935 年 5 月 22 日致曹靖華）〔註 244〕

> 《死魂靈》第四章，今天總算譯完了，也到了第一部全部的四分之一，但如果專譯這樣的東西，大約眞是要「死」的。（1935 年 5 月 22 日致黃源）〔註 245〕

> 我如常，但速老耳，有幾種譯作不得不做，亦一苦事。（1935 年 6 月 16 日致李霽野）〔註 246〕

> 敝寓如常，可釋遠念，令人心悲之事自然也不少，但也悲不了

〔註 242〕《魯迅全集》，第 13 卷，北京：人民文學出版社，1981 年版，第 107 頁。

〔註 243〕《魯迅全集》，第 13 卷，北京：人民文學出版社，1981 年版，第 131 頁。

〔註 244〕《魯迅全集》，第 13 卷，北京：人民文學出版社，1981 年版，第 132 頁。

〔註 245〕《魯迅全集》，第 13 卷，北京：人民文學出版社，1981 年版，第 133 頁。

〔註 246〕《魯迅全集》，第 13 卷，北京：人民文學出版社，1981 年版，第 150 頁。

多少。（1935 年 6 月 24 日致臺靜農）〔註 247〕

現在真不像在做人，好像是機器。（1935 年 7 月 27 日致蕭軍）〔註 248〕

打雜為業，實在不大好。（1935 年 8 月 16 日致蕭軍）〔註 249〕

就是近幾年，我覺得還是在外圍的人們裏，出幾個新作家，有一些新鮮的成績，一到裏面去，即醬在無聊的糾紛中，無聲無息。（1935 年 9 月 12 日致胡風）〔註 250〕

知所遇與我當時無異，十餘年來無進步，還是好的，我怕是至少是辦事更頹唐，房子更破舊了。（1935 年 9 月 20 日致臺靜農）〔註 251〕

近來腰眼大熾，四近居人，大抵遷徙，景物頗已寂寞，上海人已是驚弓之鳥，固不可詆為「庸人自擾」。但謠言則其實大抵無根，所以我沒有動，觀倉皇奔走之狀，黯然而已。（1935 年 11 月 15 日致臺靜農）〔註 252〕

上海亦曾大遷避，或謂將被征，或謂將征彼，紛紛奔竄，汽車價曾至十倍，今已稍定，而鄰人十去六七，入夜闃寂，如居鄉村，蓋亦「閒適」之一境，惜又不似「人間世」耳。（1935 年 12 月 3 日致臺靜農）〔註 253〕

也許，晚年的魯迅在這部帶有暮氣而生動的世界裏看到了中國瀕危的真相，但似乎又無話可說，從中也看到他暮年遒勁蒼涼的心境，我們還可以從他給當時給楊霽雲寫的一副明末項聖謨《大樹風號圖》題詩：「風號大樹中天立，日薄西山四海孤。短策且隨時且暮，不堪回首望菰蒲。」中體諒其心境〔註 254〕。在這種「無聊」、「心悲」「黯然」又「心悲不了多少」的頹唐之境中，果戈理文學中的那種敗壞無聊的影影幢幢的人物形象反而顯得生動

〔註 247〕《魯迅全集》，第 13 卷，北京：人民文學出版社，1981 年版，第 156 頁。
〔註 248〕《魯迅全集》，第 13 卷，北京：人民文學出版社，1981 年版，第 177 頁。
〔註 249〕《魯迅全集》，第 13 卷，北京：人民文學出版社，1981 年版，第 190 頁。
〔註 250〕《魯迅全集》，第 13 卷，北京：人民文學出版社，1981 年版，第 211 頁。
〔註 251〕《魯迅全集》，第 13 卷，北京：人民文學出版社，1981 年版，第 219 頁。
〔註 252〕《魯迅全集》，第 13 卷，北京：人民文學出版社，1981 年版，第 249 頁。
〔註 253〕《魯迅全集》，第 13 卷，北京：人民文學出版社，1981 年版，第 260 頁。
〔註 254〕李國華：《魯迅舊詩的菰蒲之思》，《中國現代文學研究叢刊》，2014 年 1 月。

和鮮活。那就是他在一開始所說的大國的文藝——「俄如伏流，而非古井」〔註255〕。知彼知己，所謂「刨壞祖墳」是這些新文化的變異與發展，《故事新編》的最後幾篇的創作，似乎是在這種穿越和感受當中也完成了他最後的文學創作上的審美體驗。

被魯迅引爲知己的瞿秋白，曾在《〈魯迅雜感選集〉序言》將魯迅置入他所嫻熟的無產階級理論系統，他深刻地剖析了在當時社會文化背景下的魯迅作品的價值。這篇著名的文章中有兩句貌似遊弋出「理論」體系之外的解人之話：

「魯迅是竭力暴露黑暗的，他的諷刺和幽默，是最熱烈最嚴正的對於人生的態度。」

「第四，是反虛僞的精神。這是魯迅——文學家的魯迅，思想家的魯迅的最主要的精神。」〔註256〕

無獨有偶，在果戈理時代，別林斯基在《智慧的痛苦》中寫道：「在十九世紀，幻想也像感傷一樣，是可笑的、庸俗的和膩人的。現實——這才是我們時代的標語和口號，現實包含在一切裏面——在信仰中、科學中、藝術中、生活中。雄偉的、英勇的時代，不能忍受任何虛假的、僞造的、荏弱的、軟綿綿的東西，卻只愛好強大的、牢固的、實在的東西。」〔註257〕以「強大、牢固、實在」爲作家的主要藝術精神。同時也合于果戈理的《死魂靈》。魯迅的《故事新編》，一方面是對傳統的繼承，另一方面他的諷刺又迥異於晚清以來諷刺譴責小說中的成熟而頑固的舊思想的附著。從《理水》到《出關》《采薇》《起死》，是逐漸削弱了具有明確方向性的價值意義，而喜於描述人物的瑣屑的生活，經典中的復活的人物驟而成爲平凡生活的眞實的人。而在這裏，恰恰是這種「幾乎無事的悲劇」使作品中通過對凡俗生活的點化生成某種「強大，牢固，實在的東西」，進而產生了一種來源於「最熱烈最嚴正的對於人生的態度」所能催生的具有吸引力的眞實。

值得一提的是，果戈理在處理乞乞科夫、羅士特萊夫、潑留希金等人的

〔註255〕《魯迅全集》，第1卷，北京：人民文學出版社，1981年版，第64頁。

〔註256〕瞿秋白：《〈魯迅雜感選集〉序言》，《魯迅雜感選集》，上海：青光書局，1933年版，第22～24頁。

〔註257〕別林斯基：《別林斯基全集》第3卷，莫斯科，蘇聯科學院出版社，1956年版，第四三二頁。轉引自米·赫拉普欽科著《尼古拉·果戈理》，劉逢祺，張捷譯，上海譯文出版社，2001年版，第23頁。

「卑劣」形象時遊刃有餘，而當面臨眞正的道德者的時候，卻無從下筆。正如魯迅對他的第二部《死魂靈》的寫作遭挫的原因分析一樣，他直面了在同時代的尼采提出的課題：疲弱而腐朽的道德者在個體生命力或者生命意志面前往往敗於鮮活的罪人或者瘋子。漸趨僵化的社會規範與宗教道德的塑造使得「好人」「貴族」只有一種可憐的扁平的類型。這是十九世紀的現實主義作家果戈理所遭際的文學挫折。

而魯迅在這方面具備不同的文學環境，一方面他多少仰賴於先秦原典中他們原本就富有的外在形象和哲學精神，但他塑造出了墨子（到得楚國，衣褐短小，穿著像鷦鷯）、大禹（漆黑的苦工，卻有著一個潑婦一樣的老婆）、老子（靠講經吃飯卻其實什麼也不想說）、伯夷叔齊（儘管無論如何小心翼翼爲了吃飯，但還是一個山頭背離了他們的生存信念）、莊子（陷入生死齊一的悖論中不能自拔）這些鮮活無奈的「經典」形象，剝離了當時無論從形象到思想上都漸趨僵化的遠古人物的外殼，在作品中注入了混響的世界，他們不再是「正面」的堂皇的被矗立的偶像，而是卡在生存和信念之間，左右躊躇，捉襟見肘。這就使得作品帶有強烈的「無聊」色彩，然而，這「無聊」並非世俗意義上的無意義，而是包含了各種存在，即這種存在的整體「它排斥任何毀滅它的東西」，哪怕是其中一件令人啼笑皆非或傷感的東西。

對果戈理來說，他的作品是「虛假和混沌組成的」﹝註258﹞，所以一旦極具創造性的才華散盡，續作不能像少年時期通過寫信向母親索要素材寫《康狄卡近鄉夜話》﹝註259﹞那樣生趣自如。身處宗教傳統國度的果戈理，所企圖延續的長篇，告終於他內心的宗教與道德嚮往。道德宗教在他生命力逐漸衰竭時的不斷召喚，迫使他最後無法完成這首「長詩」。

1935 年 9 月由陳望道翻譯發表在《譯文》終刊號上的岡澤秀虎的評論

﹝註258﹞「果戈理的世界是由虛假的混沌組成的，而人類的本質恰恰可以從這種虛假的混沌中非理性地提煉出來。」納博科夫：《俄羅斯文學講稿》，丁駿、王建開譯，上海三聯出版社，2015 年版，第 57 頁。

﹝註259﹞〔俄〕果戈理：《果戈理書信選（上）》，滿濤譯，《文藝理論研究》，1984 年第 2 期。1829 年 4 月 30 日爲寫《狄康卡近鄉夜話》給媽媽的信道：「您有敏銳的觀察力，您知道我們許多小俄羅斯的風俗和習慣，因此我知道您一定不會拒絕在我們的來往書信中把這些材料告訴我。這在我是非常，非常重要的。在下一封信裏，我盼望您能寄給我關於鄉村教堂差役的全身服裝的描寫，從上衣到褲子……還有如今已婚婦女和莊稼漢所穿的衣服的名稱。」

《果戈理和杜思退益夫斯基》曾這樣比較果戈理與普希金、托爾斯泰、萊蒙托夫之間的差異性，他指出果戈理「典型的知識的眼界特別有限」，「他的原始性（幼稚）卻和兩人（指普希金和托爾斯泰，筆者加）截然不同」，「在動物的典型中間，這崩潰自顯化為向著人性的完全的荒蕪」。他說：

> 「這類原始的東西的主宰就是他的第一個特殊性，它老是顯現在他對於喜劇和滑稽的東西的偏愛上。……他的敘述的調子不是平靜的，也不是平勻的，它是熱烈的，好像暴風雨模樣的。他的文章是複雜的抒情的奔流，常常攔著詠歎，撒著冗談，有時甚於流入插科打諢，但仍升作莊重的抒情。……而他的體式，就成了一種雜色的混合。」

岡澤秀虎認識到了果戈理的獨特之處，即其喜劇性和抒情性。魯迅顯然與其有相似的看法。在以上幾篇《故事新編》的作品之中，我們似乎也能夠看到人物的原始性和人性荒蕪感，這集中體現所謂「油滑」和「油滑」之上所呈現的喜劇性；不同的是，魯迅在這幾篇作品中的抒情，基本上隱遁在作品的最暗處，更不用說《死魂靈》那樣插入帶有綿長的詠歎調似的獨白了。

巴赫金曾經在「史詩與長篇小說」的討論中這樣談到了果戈理的創作特性：

> 果戈理本來設想以《神曲》作為自己史詩的形式，覺得這一體式能體現他的作品的偉大，可結果他寫出的是梅尼普諷刺。他一旦進去就無法走出親昵交往的範圍，也無法把保持距離的正面形象引入這一範圍之中。長篇史詩裏那些保持一定距離的形象，無論如何也無法與親昵交往中的形象在同一個描繪領域裏相遇。……果戈理丟失了俄國，也就是說丟失了理解和描繪俄國所需要的角度，在記憶和親昵交往兩者之間迷了路（說的白一點，他還沒能在望遠鏡上拉開相應的距離）。〔註260〕

從「史」的意義上來說，《死魂靈》並不能算是嚴格意義上的「史」，因為他衍生了太多的細節贅餘，不足以成為同時代或後來的讀者觀察那個時代的重要參考，巴赫金的評價從某種程度上也極為準確，是「親昵」在其中「作祟」，這種「親昵」表現為作者充滿了熱情的筆觸描寫了一些「豐富而詭異

〔註260〕〔蘇〕巴赫金：《史詩與長篇小說》，《巴赫金全集》第 3 卷，錢中文譯，河北教育出版社，2009 年版，第 523 頁。

的細節」〔註261〕，這些「詭異的細節」上又浮泛了「無聊」的泡沫，「史」需要事件的確鑿，時間的穩定，理性的強度，但在他這裏面我看到的不過是一片紛繁往復的混響。但從橫向的意義上，我們在果戈理的作品中又能夠看到靈魂的強度，某種熟悉而隨處可見的親切氛圍，以及人類大多數情況下不在所謂的莊嚴之境下產生的人性中的「缺陷」，這些也足以印刻在俄羅斯乃至人類的靈魂史之中，具有另一種意義上的永恆性。如果我們進一步考察魯迅的《故事新編》創作的初衷和最終達成的效果，就會看到魯迅似乎面臨著以上與果戈理同樣的創作宿命。只不過，他所借助的「典故」背後本身還有人類某些普遍的倫理預設，一旦將其置入到普通的生活環境中去，他們也是具有同樣的永恆性。從這個意義上，他們又是各具藝術特色的「史詩」性的作品。因此，這種「親昵」離正當意義上的「詩史」雖然還很遠，但二者可能未必「丟失」了自己的國家，他們只是將自己的文學放在包含自己的國家在內的更爲廣大的空間和意義上來呈現的。

四、小　結

　　魯迅生在 19 世紀的末端，不是太近，也不是太遠於世界文藝尤其是俄羅斯文藝的輝煌時期。這一世紀的文學的輝煌和現代藝術的生長，恰爲他的巨大的熱情和興趣提供了某種土壤。在魯迅的翻譯歷程之中，有很多作品是魯迅擬翻譯而未能的作品。這些散見於當時一些報刊雜誌的廣告之中。例如挪威作家漢姆生的中篇小說《維多利亞》。這是一部具有現代特色的心理因素的小說。在當時看來，是相對先鋒的作品，可見魯迅對於新的表現主義的文學手法的關注。要提及的是，法國畫家高更的帶有遊記性質的小說《諾阿，諾阿》，魯迅曾對其中展現的相對原始的人群的任性之美而加以讚歎，並嘗試譯之的願望一直延續到三十年代〔註262〕。1933 年他給增田涉的書信中也提及找尋德文本的事情，但終未譯成〔註263〕。就魯迅的藏書而言，印象派的作品，例如梵高、賽尚、莫奈，等都給他留下了深刻的印象。高更在此期間（塔希

〔註261〕納博科夫：《俄羅斯文學講稿》，丁駿、王建開譯，上海三聯出版社，2015 年版，第 16 頁。

〔註262〕1933 年 5 月野草書屋出版的《不走正路的安得倫》卷末，《文藝連叢》，見《魯迅全集》，第 7 卷，《集外集拾遺》，北京：人民文學出版社，1981 年版，第 460 頁。

〔註263〕見陳建軍：《魯迅與〈noa noa〉》，《魯迅研究月刊》，2008 年第 5 期。

提島居住的三年時間裏）的畫作線條是有力的，色彩是濃烈的，有點笨拙，卻透著原始的情慾的信息，相比較梵高，他更具有表現主義浪漫主義的特質。島嶼上的人單純、熱情、坦率，這一切都給這段歷史以熱烈的殖民色彩。高更在其中所扮演的是帶有文明的自我批判色彩的進步者。作為一個後印象派的文字，給魯迅帶來的觀感絕不亞於看到實在的畫作。他在 1933 年 3 月出版的《蕭伯納在上海》頁底《文藝連叢》的廣告中稱此作品說：

　　　　　裏面所寫的就是所謂「文明人」的沒落，和純真的野蠻人被這
　　沒落的「文明人」所毒害的情形，並及島上的人情風俗，神話等。
　　譯的是一個無名的人，但譯筆卻並不在有名的人物之下。〔註264〕

比較其三十年代的《故事新編》創作，可見對人的原始性或曰完整性的召喚，文明、知識、或科學，在高更的議論中常帶有反思：反對一切文明人內心的虛偽和做作，乃至「沒落的」優越感，回歸審美，不去破壞。

總之，魯迅的翻譯和他的思想之間構成了某種相互映襯的關係。魯迅在三十年代所參與的左翼小說的翻譯中，做了審慎的揀擇，這些揀擇的作品，並非是刻板地按照歷史的實踐而書寫的革命文學，而是在歷史的跌宕之中，試圖去挖掘人內部更為深刻曲折的東西。魯迅經歷了早期的無政府主義文學的代表阿爾志跋綏夫的作品的洗禮，他甚至在 1928 年前後仍然認同「自由和平等不能並求，也不能並得」〔註265〕，可見他對現實世界的冷酷把握和認識。三十年代前後的左翼文學及其理論的翻譯的參與，給與了研究者以充分的魯迅之「向左轉」的證據。然而，通過以上的細密的分析，我們仍能夠看到魯迅在認識這些作品時候的複雜性，正如竹內好所說，「為了從中選擇出自己的本質性成份，先投身於對象之中」〔註266〕。一方面他認識到在時代緊迫之時，文學所能做的極為微薄，但這也必須是文學的必然宿命；另一方面，他還是始終堅守著文學本身的複雜性和開放性。在翻譯選擇和評論之中，十分委婉和節制地表達出了他對真正的文學的讚歎和期許。

連帶著以上我們所見到的魯迅在翻譯活動之中給與我們的小說空間，至於《故事新編》的呈現世界的方式和當時流行的左翼文化與文學思想之間的關係，也許能夠從代田智明的文章之中找到一些暗示：

〔註264〕樂雯（瞿秋白）編譯：《蕭伯納在上海》，上海書店，1933 年版。
〔註265〕《魯迅譯文全集》，第 3 卷，《思想·山水·人物》題記，福州：福建教育出版社，2008 年版，第 119 頁。
〔註266〕竹內好：《魯迅》，未來社，1961 年版，第 82～83 頁。

在此，魯迅所說的「油滑」並非故事情節上的缺欠，也不是丑角所附加的插科打諢。《采薇》中這種「油滑」乃是浸透於文本世界全體的，或者可以說是使世界得以成立的某種「感情」吧。……這「意義的生成」也便是其所呈現的一個「世界相」。

《故事新編》文本所提示的對話性達到了與 1920 年代截然不同的層面。敘述已不再作為創作主體內在矛盾的糾葛直接或間接地呈現出來，敘述者本身盡可能變成了空白性的、存在感非常薄弱的東西，……。創作主體自由自在地掌控著敘述的焦點，從這個意義上講，可以自由地接近（變成）任何一個人物，但又並非特定的某一個。……因此，當政者和知識分子（中介的、逃避的、權力的、幫閒式的等）或者民眾（善良的、無知的、惡意的等）其各自的存在，作為存在而相互關聯的生物世界即世界本質，是可以通過交織著的滑稽的悲喜劇形式而有機地描繪出來的。站在這種多層面之世界相的創出之上，為了變革和解碼既成的世界，主體的勞動和言說所帶有的實踐性。假如要歸結為老套的但也是重要的結論，或許魯迅所接受的馬克思主義也是這樣一種獨特的東西吧。〔註267〕

代由智明一方面肯定了《故事新編》隨著時間的演進所具備的「世界全體」的表現氣質，另一方面，他也同時補充了伊藤虎丸等人的對於《故事新編》和馬克思主義之間的關係的模糊認識，他將這種關係的核心定位在實踐上，即「勞動」和「言說」的實踐對於「既成的世界」的解碼和變革上。如果說這種變革觀念能夠成為較為寬泛的無產階級革命文學體系的話，那麼，《故事新編》作為馬克思主義文學這樣一個結論，或可以說從某種角度能夠成立的罷。當然，這種說法，雖然帶有現代以來對於馬克思主義思想的擴充和變革之後對於文學性質相對提出新的解釋範疇的嫌疑，但也並非沒有舊的源頭，竹內好晚年通過翻譯重新閱讀《故事新編》時就曾經指出後期的作品充滿了「人民」性，並且認為「那傾向正在從批評之場轉向創作之場」，「而且那是包含評論在內的更高一級的創作之場」。〔註268〕實際上這顯示著《故事

〔註267〕轉引自趙京華：《周氏兄弟與日本》，北京：人民文學出版社，2011 年版，第 120～121 頁。

〔註268〕竹內好：《魯迅入門三・作品的展開》，《上海魯迅研究》（2007 年秋），靳叢林譯，上海社會科學院出版社，第 213～214 頁。

新編》二三十年代這十幾年時間中的微妙分野，即，雖然都是以歷史神話題
材為基礎的作品，但卻顯示著文學創作上的差異。李桑牧在針對魯迅的《故
事新編》和現實主義文學之間的關係時這樣說：

> 作品中燃燒著的諷刺的火焰，那種企圖燒毀現實中的一切腐朽
> 的、黑暗的、醜惡的、虛僞的、倒退的事物，攻擊社會反動勢力的
> 勇氣和力量，竟和果戈理、謝德林等人的諷刺作品具有同等偉大的
> 意義。〔註269〕

如果文學能夠與現實之間形成這樣的張力關係，那麼，無論如何我們是
可以稱之為「革命」的。當然，這是魯迅的寬泛意義上的基於人和它所處的
社會的漸進的「革命文學」。正如以上一些文藝評論家所談到的那樣，在新的
社會沒有到來之前，這種過渡的文學具有強烈的革命精神，進一步，當理想
破滅，人們不得不面對自己當下所存在的各種各樣的問題進行掙扎與反思的
時候，這種文學便已經是當下，也同樣是終極意義上的文學。或者，與其如
此，不如我們將這一切議論的界域打開，正如當初魯迅在評價陀思妥耶夫斯
基的作品時的精神時所說的：「在甚深的靈魂中，無所謂『殘酷』，更無所謂
慈悲，但將這靈魂顯示於人，是『在高的意義上的寫實主義者』」〔註270〕。

〔註269〕李桑牧：《卓越的諷刺文學——〈故事新編〉》，《長江文藝》，1954年第5期。
〔註270〕《魯迅全集》第7卷，《集外集·〈窮人〉小引》，北京：人民文學出版社，1981
　　　　年版，第104頁。

第三章　魯迅文體關係與《故事新編》

　　在魯迅所有作品之中，我們也看到了他最早的寫作也不過是如《戛劍生雜記》、《惜花四律》、《蒔花雜誌》〔註1〕等等詩文（1898～1901），充滿了傳統的士人氣息，這些作品當然不同於後來的進入現代序列的作品的文風。魯迅的文體變化並不是他預謀已久，而是一時一地真摯地準確表達的需要。竹內好在《魯迅入門》講到魯迅創作的藝術形式：

　　　　他的作品是豐富多彩的。他做過各種各樣的嘗試。其中許多嘗
　　試都失敗了，即使是失敗，也有開拓意義。不論是哪次失敗，他自
　　己都輕鬆地把它們丟掉了。……而且，一般來說，觀念性和由此而
　　生的難於理解，是他作品的特徵。這表明，作為作家他還有很大的
　　不足。他對許多形式都不滿足。他的工作就是自己不斷地創造各種
　　形式再一個一個地破壞這些形式。〔註2〕

作為不斷進行新體式開拓的魯迅文學，從早期的白話小說到後來的雜文、歷史題材小說，在文體上都充滿了獨特的魅力。甚至是他早期的幾首白話詩，也與同時代的新詩實驗有著完全不同的特徵。也許有研究者認為這是魯迅致力於新文學創造的刻意為之的作品。然而，實際上，對於作家創作，文體的問題追根究底離不開與它相統一的思想或情感。在魯迅的文體不斷地發生變化和調整的過程中，他的內在的文學訴求是這一變化的驅動力。如果

〔註1〕　《戛劍生雜記》：生鱸魚與新粳米炊熟，魚須小方塊，去骨，加秋油，謂之鱸
　　　　魚飯。味甚鮮美，名極雅飭，可入林洪《山家清供》。云云。《魯迅全集》第8
　　　　卷，《集外集拾遺補編》，北京：人民文學出版社，1981年版，第467～477頁。
〔註2〕　〔日〕竹內好：《魯迅入門》，《上海魯迅研究》（2006年秋），靳叢林譯，上海
　　　　社會科學院出版社，第195頁。

拋棄文學創作者的內在訴求，而直奔文學形式的革新，那麼成就的作品，更大的程度上，具有歷史性和時效性，但並不能經受一種作爲文學意義上長久鑒賞和批評的考驗。魯迅的文體寫作，雖然一方面離不開他的外在的文學環境和傳統積蓄；另一方面，也是他的文學內驅力的必然結果。至於這種形式的優劣並非在於形式本身，而是在不同的情況下他傳達得「準確」與否，「順手」與否。

　　一個作者的寫作與他想要對話的對象有著十分密切的關係。表達本身是一種傾訴的行爲，不管何種傾訴，是自覺還是不自覺，都有一個或多個特定的言說對象。在魯迅的諸種文體之中，顯然有的有著完全可以析得的對話者，然而，隨著魯迅從「有對話」到「無對話」的轉變，乃至從「主題性」到「故事性」的轉化，都能夠看出魯迅在文學創作上這種內面的驅動力上的基本變化。

　　《故事新編》作爲魯迅作品中形式最爲複雜的一種文體，它顯然也有著因爲內在的「準確」的需要而不斷地在文體的不自覺變革之中獲得它應該具備的樣子。我們要做的顯然不是如何誇讚這種樣子的與眾不同，而是盡可能地去發現文體的遊走過程及其背後的微妙變化與暗潮。以下是我所能思考到的對於魯迅文體變遷的幾個方面，雖顯參差，然或不乏暗示。

一、「無花的薔薇」：魯迅的早期白話詩與《野草》

> 很多的夢，在黃昏起哄……
> 顏色許好，暗裏不知
>
> ──《夢》

（一）《新青年》與魯迅新詩

　　1924 年 12 月 8 日魯迅在《語絲》上發表了署名《野草（二～四）》的三篇小作品。分別爲《影的告別》、《求乞者》、《我的失戀》。通過對《野草》全部作品的閱讀，可以發現，《我的失戀》較爲特別，是仿照東漢張衡《四愁詩》的所謂「擬古的打油詩」。新詩寫作之初，「詩人們」一直在從相對自由的古詩源頭中汲取營養，如胡適，他從白話的視角來重新評估中國古典詩歌，甚而認爲古詩文原本就是當時的白話〔註 3〕。然而，這《野草》中唯一

────────────

〔註 3〕如胡適、顧頡剛等便認爲《尚書》和《詩經》都是當時的口語寫就，1925 年

的「新詩」儘管符合魯迅自身的創作邏輯〔註4〕，但顯然卻是爲某種意義上的反「新詩」而作的。〔註5〕《野草》的序言富含充沛的感情和隱晦的筆調，完全是另一篇獨立的正文，而且，它對於《野草》的全部文體，即後來被稱爲的「散文詩」〔註6〕的體式的運化過程，並無特出的說明。

實際上，早在《語絲》（1924年11月）第一期《「說不出」》中，魯迅就表達了他對新詩的不滿：

> 我以爲批評家最平穩的是不要兼作創作。假如提起一隻屠城的筆，掃蕩了文壇上的一切野草，那自然是快意的，但掃蕩之後，倘以爲天下已沒有詩，就動手來創作，便每不免做出這樣的東西：
>
> 宇宙之廣大呀，我說不出；
>
> 愛人之愛呀，我說不出。
>
> 啊呀呀，我說不出。
>
> 這樣的詩，當然是好的。倘就批評家的創作而言。……

顯然，這是在諷刺一些刻意爲詩的批評家、詩人，甚而是那些因爲刻意而矯飾濫情的白話詩歌。（「掃蕩一切文壇上的野草」，不免讓人想起他的《野草》集的命名，的確在他的內心，這個命名是對這種「自創」的文體的「速朽」的無聊和寂寞吧。）具體到批評對象，「我說不出」之類的「神秘主義」作品也遭到了魯迅的嘲諷和批評。如在《語絲》第三期（1924年12月1日）上徐志摩發表他的譯詩《死屍》（波德萊爾）及詩論：「所以詩的眞妙之處不在他的字義裏，卻在他的不可捉摸的音節裏；他刺戟著也不是你的皮膚（那本來就太粗太厚！）卻是你自己一樣不可捉摸的魂靈」。緊接著魯迅就在《「音

8月17日《語絲》第40期中顧頡剛《〈金縢篇〉今譯》中說，此翻譯是用現代的白話來翻譯古代的白話，並不爲侵犯經典的神聖性。

〔註4〕許壽裳說：這詩挖苦當時那些「阿呀，我活不了囉，失了主宰了」之類的失戀詩盛行，故意做一首「由她去罷」收場的東西，開開玩笑。他自己表明爲「擬古的打油詩」，閱讀者多以爲信口胡謅，覺得有趣而已，殊不知貓頭鷹本是他自己所鍾愛的，冰糖壺盧是愛吃的，發汗藥是常用的，赤練蛇也是愛看的。還是一本正經，沒有什麼做作。許壽裳：《摯友的懷念》，河北教育出版社，2000年版，第149頁。

〔註5〕魯迅在《〈野草〉英文譯本序》中說它是爲「諷刺當時盛行的失戀詩」。《魯迅全集》，第4卷《二心集》，第356頁。

〔註6〕1933年魯迅在《魯迅自選集》自序中認爲這些作品「誇大點說，就是散文詩，以後印成一本，謂之《野草》」。《魯迅全集》，第4卷《南腔北調集》，第456頁。

樂」？》（《語絲》第五期，1924 年 12 月 15 日）一文當中對徐的這篇文章極
盡諷刺之能事，結尾道：

> 「咦，玲瓏零星邦滂砰瑎的小雀兒呀，你總依然是不管什麼地
> 方都飛到，而且照例來唧唧啾啾地叫，輕飄飄地跳麼？然而這也是
> 音樂呀，只能怨自己的皮粗。

> 只要一叫而人們大抵振振悚的怪鴟的真的惡聲在哪裏！？」

既然新文化運動所造就的白話文改革成為趨勢，中國的由來已久的工整
雅正的「已經死了」〔註7〕的詩歌事業逐漸轉向了「活」的自由散漫的白話體。
一些為革新而革新的創作者便也紛紛出來，其中刻意為詩者，便很難「情動
於中而行於言」。想用白話文，熟練而藝術地發抒詩情，也是新詩初創期詩人
們所必須直面的挑戰。徐志摩的譯詩及其詩論遭到的嘲諷，顯然是跟詩歌作
品本身的音樂性無關，恐怕更多的是魯迅對徐志摩在文中所表達在他看來的
過於堆砌詞藻和內容上流入單薄和輕佻的強烈不滿。魯迅後來談寫作《不周
山》，「見了一位道學的批評家攻擊情詩的文章，心裏很不以為然，於是小說
裏就有一個小人物跑到女媧的兩腿之間來，不但不必有，且將結構的宏大毀
壞了。」（《南腔北調集‧我怎麼做起小說來》）（1933 年 3 月 5 日）可以看出，
魯迅之反對「戀愛」詩並非反其情，反其真；而是反其淺，反其偽。1925 年
魯迅寫給許廣平的信中，有好幾處說到新詩：

> 中國現今文壇（？）的狀態，實在不佳，但究竟作詩及小說者
> 尚有人。最缺少的是「文明批評」和「社會批評」，……可惜現在所
> 收的稿子，也還是小說多。

> ……那一首詩〔註8〕，意氣也未嘗不盛，但此種猛烈的攻擊，
> 只宜用散文如「雜感」之類，而造語還須曲折，否，即容易引起反
> 感。詩歌較有永久性，所以不甚合於做這樣題目。滬案之後，周刊
> 上常有極鋒利肅殺的詩，其實是沒有意思的，情隨事遷，即味同嚼
> 蠟。我以為感情正烈的時候，不宜作詩，否則鋒芒太露，能將「詩

〔註7〕 胡適在 1921 年教育部辦的第三屆國語講習所講國語文學史就公然列出第二
講：古文是何時死的？後收錄在他的《白話文學史》中。見胡適：《白話文學
史》，上海古籍出版社，1999 年版，第 6～11 頁。

〔註8〕 或指許廣平上信中談到的高長虹的《精神與愛的女神》中的篇首之作《精神
的宣言》，見長虹：《精神與愛的女神》（狂飆小叢書第一種），狂飆社，1925
年版。

美」殺掉。

　　　　我所要登的是議論，而寄來的偏多小説，詩。先前是虛僞的「花呀」「愛呀」的詩，現在是虛僞的「死呀」「血呀」的詩。嗚呼，頭痛極了！所以，倘有近於議論的文章，即易於登出，夫豈「騙小孩」云乎哉！？〔註9〕

可見當時魯迅對詩的要求非常之嚴格，不僅是因爲當時的一些新詩的淺薄虛僞，更爲重要的，是社會批評性質的文章相對新詩更有批判力量，而這種內容不宜用詩歌的方式來表達。在魯迅看來，詩美十分重要，是含蓄而永久的，不應該鋒芒太露，不應該時效性太強。雖然這一要求與他後來的三十年代隨著內在情勢的變化而寫的白話歌吟體有所出入，但從他在這段時間寫的極少幾首詩歌中，能夠看到這種思路的端倪來。

就我們所知，魯迅正式發表的白話詩除了《野草》中這首「擬古的打油詩」之外，還有其它的六首。其中1918年在《新青年》上署名「唐俟」發表的就有五首，分別爲《夢》《愛之神》《桃花》《他們的花園》《人與時》（見《新青年》4卷5號、5卷1號）。1919年4月15日（《新青年》6卷4號）又在此刊上發表了《他》。可見這段時間是他創作新詩的聚集期。而此時，也正是中國「新詩」發生期。《新青年》（「其實是一個議論的刊物，所以創作並不怎樣著重，比較旺盛的只有白話詩」〔註10〕）自1916年2卷6號發表了胡適八首白話詩歌〔註11〕之後，陸陸續續有其他人的詩歌作品次第發表，除胡適之外，還有沈尹默、劉半農、俞平伯、陳衡哲、沈兼士等等。周作人在10年後在給劉半農《揚鞭集》作序的時候也曾經對此過往發表過看法，他說：「《新青年》總是三天兩頭有新詩，半農到歐洲後也還時常寄詩來給我看。那時做新詩的人實在不少，但據我看來，容我不客氣地說，只有兩個人具有詩人的天分，一個是尹默，一個就是半農。」〔註12〕周作人此評價自然與兩人的私交有關，同時他們也頻頻出手寫新詩，對新詩創作的嘗試和成熟有著不可忽視的示範力量。然而，周作人顯然沒有對「開新詩風氣之先」並且創作數量

〔註9〕　魯迅、許廣平：《魯迅景宋通信集》，長沙：湖南人民出版社，1984年版，第53、87、91～92頁。

〔註10〕《魯迅全集》，《且介亭雜文二集·〈新文學大系〉二集序》，北京：人民文學出版社，1981年版，第238頁。

〔註11〕分別是《朋友》、《贈朱經農》、《月》（三首）《他》、《江上》、《孔丘》。

〔註12〕見1926年5月30日作《〈揚鞭集〉序》，《語絲》第82期。

可觀的胡適大加褒獎，更不用說魯迅。

《新青年》4卷5號發表有7首詩。其中前三首就是魯迅的《夢》《愛之神》《桃花》。後四首依次為劉半農的《賣蘿蔔人》、胡適《「赫貞旦」答叔永》、俞平伯《春水》，劉半農《三月廿四夜聽雨》。值得注意的是，最後一首詩原文〔註13〕後附錄有「補白」，即周作人談及魯迅和自己對此首詩歌的看法：

「家兄說，形式舊，思想也平常。我覺得──稍微偏於感情的，傷感的（sentimental）一面，也不大好。」

由此可見魯迅在新詩觀上，有兩樣要求：一則以形式，一則以思想。（實際上，魯迅在後來的文學作品判斷上，常常也是基本技藝或形式、思想內容結合的評價標準。）劉半農的這首七言詩雖然不完全合律，但在形式上還沒有脫離舊詩的痕跡，質地上也是古代文人常說的思鄉主題。那麼，創作上，魯迅自己是否實現了他的這種「形神合一」的詩觀呢？我們且看此期他寫的前三首詩歌。第一首《夢》：

很多的夢，趁黃昏起哄。

前夢才擠卻大前夢時，後夢又趕走了前夢。

去的前夢黑如墨，在的後夢墨一般黑；

去的在的彷彿都說：「看我眞好顏色」；

顏色許好，暗裏不知；

而且不知道，說話的是誰？

暗裏不知，身熱頭痛。

你來你來！明日的夢。

在形式上已是新詩體，語言亦趨白話。內容上，是在寫各種迷離恍然的前後之夢讓做夢者「身熱頭痛」。從意味的表達上說，此首詩歌可能暗示著記憶、歲月、以及甚深的虛無。但從詩歌的審美上說，此詩似乎在意蘊上不夠綿長。《愛之神》是一首情詩，似乎又帶有某種詼諧和晦暗的色彩。

一個小娃子，展開翅子在空中，

一手搭箭，一手張弓，

不知一下，一箭射著前胸，

〔註13〕原詩爲「我來北地將一年，今日初聽一宵雨。若移此雨在江南，故園新筍添幾許？」

「小娃子先生，謝你胡亂栽培！

但得告訴我我應該愛誰？」

娃子著荒〔註14〕，搖頭說，「唉！

你是還有心胸的人，竟也說這宗話。

你應該愛誰，我怎麼知道。

總之我的箭是放過了！

你要是愛誰，便沒命的去愛他；

你要是誰也不愛也可以沒命的去自己死掉。」

　　若是別個詩人，定叫「小娃子」爲「丘比特」了。然而魯迅拒絕了這樣特有的詩閫稱呼。另外，其中的描述的情境也是相當尷尬的：愛神前來光顧卻無人可愛。最後愛而不能。又離愛不能存活，只有去「死掉」的份兒了。可見作者在詩情上的某種調侃甚至拒絕。第三首《桃花》，也相當有意思：

春雨過了，太陽又很好，隨便走到園中，

桃花開在園西，李花開在園東。

我說「好極了！桃花紅，李花白。」

（沒說桃花不及李花白）

桃花可是生了氣，滿面漲作「楊妃紅」。

好小子！眞了得！竟能氣紅了面孔。

我的話可並沒有得罪你，你怎的便漲紅了面孔。

唉！花有花道理，我不懂。

　　桃李爭豔，顧此失彼，顯示出春天裏滿心得意地無奈。從整體看來，雖可爲閒趣，未嘗不可解作情詩。但又與他詩不同，個中似乎是拒絕哀傷與幽怨之類的情感的。

　　而同期第四首劉半農的《賣蘿蔔人》則是一首敘事詩。他用的是寫實的手法表達下層社會人的困窘。中間穿插了旁觀的兒童。寫得自然生動。在白話的運用上也流轉自然。可算佳作。第五首，胡適的《「赫貞旦」答永叔》則古詩痕迹太重，意象也流於陳舊堆砌，缺乏該有的簡練。第六首俞平伯的《春水》，則一樣是寫春天看到一個沿路的婦人乞討的故事。從思想上來說，也無脫古詩中的「諷諭體」。從這一期來看，魯迅的這三首詩歌在意境上欠發揮，在白話的使用上也還欠打磨。但是從內容和思想上來看，並不遵從古

〔註14〕今當爲「慌」。

詩的一些規範和束縛，甚至能夠從中看出他試圖打破古舊的規範和束縛，有「一蹴而就」的嫌疑。我們看這幾首詩歌的結尾，唯有《夢》稍覺在意境上是一致的。《愛之神》無愛而至於「去死」、《桃花》的「花有花道理，我不懂」則在詩歌的延伸上給與了挫折感，而同期其它諸人的同期作品，除了劉半農《賣蘿蔔人》圓熟的白話功底和敘事能力之外，都似乎還處於對古詩的因襲階段。

在此之後，《新青年》5 卷 1 號又發表了包括魯迅的兩首《他們的花園》《人與時》在內的 9 首詩歌。其餘分別是胡適《四月二十五日夜》《戲孟和》、劉半農《窗紙》《無聊》、沈尹默《月》《公園裏的「二月蘭」》〔註15〕《耕牛》。第一首《他們的花園》：

> 小娃子，卷螺髮，
>
> 銀黃面龐上還有微紅，──看他意思是正要活。
>
> 走出破大門，望見鄰家：
>
> 他們大花園裏，有許多好花。
>
> 用盡小心機，得了一朵百合；
>
> 又白又光明，像才下的雪。
>
> 好生拿了回家，映著面龐，分外添出血色。
>
> 蒼蠅繞花飛鳴，亂在一屋子裏──
>
> 「偏愛這不乾淨花，是糊塗孩子！」
>
> 忙看百合花，卻已有幾點蠅矢。
>
> 看不得，捨不得。
>
> 瞪眼望天空他更無話可說。
>
> 說不出話，想起鄰家：
>
> 他們大花園裏，有許多好花。

從全詩看，這首詩歌與其說是詩歌，毋寧說是寓言。因它所承載的思想含量遠遠超過了它所要表達的詩歌特有的節奏和美感。病態的小孩家裏困窘骯髒，即便從鄰居那里弄來一朵純潔無瑕的百合，也要被家裏的環境沾染上「蠅矢」。在這個時期的新詩，大概只有魯迅願意用「蠅矢」罷。他在詩中似乎總有這樣一種擔憂，就是無論如何美好的東西，最終都要出現對立面，轉而變成一種失敗或停頓或無間隙的沉默。第二首《人與時》：

〔註15〕原刊文爲《公園裏「的二月蘭」》，標點誤。

一人說，將來勝過現在。

一人說，現在遠不及從前。

一人說，什麼？

時道，你們都侮辱我的現在，

從前好的，自己回去。

將來好的，跟我前去。

這什麼什麼的，

我不和你說什麼。

　　這首詩歌完整，一樣富於思辨性。它似乎體現了一種「現在」哲學。最後一個「這什麼什麼的」，則表達了對過去、現在和將來的不知所措，既然對於時間不知所以，那麼時間自然不會和他「說什麼」。這寫出了人對時間的三種態度，同樣充滿了糾結和破壞精神。

　　接下來，同期胡適《四月二十五日夜》，講述的是詩人一致愛談的月亮意象。讀者可將之擬作自然，也可作戀人。但是在思想和境界上仍舊顯得火候不到，到了《戲孟和》，則純是打趣。更顯單薄。接下來，劉半農的《窗紙》寫在窗紙上的幻象，富於想像力，但缺乏層次感。《無聊》則在描寫春景，意境唯美，語言流暢，但也無非如此，缺乏更廣的延伸。沈尹默《月》（又談月），不離古詩之「我歌月徘徊」「醉後各分散」。《公園裏的「二月蘭」》意在反封建，但手法太舊。《耕牛》同樣也在表達社會不平。但還是不脫「諷喻」體，其內容遠遠超過了詩的美感。

　　所以，從這一期的 9 首詩歌來看，魯迅的詩歌依然顯得較為獨特。那麼，我們來看魯迅的最後一首詩歌《他》及其並行發表在 6 卷 4 號上的詩歌。依次為沈尹默《生機》《赤裸裸》、胡適《「應該」有序》、《一涵》。《他》位於第三首。

　　　　一

「知了」不要叫了，

他在房中睡著；

「知了」叫了，刻刻心頭記著。

太陽去了，「知了」住了，——還沒有見他，

待打門叫他，——鏽鐵鏈子繫著。

　　　　二

　　秋風起了，

　　快吹開那家窗幕。

　　開了窗幕，會望見他的雙靨。

　　窗幕開了，——一望全是粉牆，

　　白吹下許多枯葉。

　　　　三

　　大雪下了，掃出路尋他；

　　這路連到山上，山上都是松柏，

　　他是花一般，這裏如何住得！

　　不如回去尋去他，——呵！回來還是我的家。

　　這首詩歌發表於 4 月 15 日〔註16〕，按理說是春天的季節，他卻在這首詩歌裏描述了三個季節，夏、秋、冬。唯獨少了春的季節，可見他似乎並不是很善於用春天作爲他詩歌的意象。前面他的那首詩歌《他們的花園》，雖然是寫春天，但是並不是我們所常見的春天的抒情詩歌，而是將「百合」與「蠅矢」並說。可以看到他對於經典的春天的文學意象是拒絕的。但是，從意境上看來，這首詩歌在語言上和意蘊上都多了一層延伸的空間，有漸趨成熟的可能。同期，胡適的《一涵》和《「應該」有序》，前者又在寫月亮之意象，但相對單薄，後者則是爲祭人所寫的一首情詩，仍然缺乏含蓄；沈尹默的《生機》和《赤裸裸》則在形式和思想上太過平淡。而且《生機》仍然是寫春天的「生機」，總體上也缺乏節奏感和深度。

　　從魯迅所發表的這 6 首詩歌的整體創作環境上來看，魯迅的新詩的起點並不算是低的，至少在他所認爲的「內容」上如此。但是，從風格上來講，魯迅的這六首詩歌顯然與其他人寫的新詩作品有著強烈的差異性。他選擇的意象，以及所表述情感和思想的方式，都與當時的胡適、劉半農、沈尹默等大相徑庭。他們的詩歌傾向於兩種思路：一則以表達春天的哀愁，愛情的得失；一則以表達對於社會不公等現象的批判與控訴。而魯迅，則更善於用詩來象徵和抽象思辨，無論是對於愛情、時間，還是社會。而且，結尾也總是那樣峻急，這種「峻急」一方面給人一種對於詩歌內容思想的思考；另一方

─────────────────────

〔註16〕見《編年體魯迅著作全集》，福州：福建教育出版社，2006 年版，第 1 卷目錄。

面，讓人感覺到思維先行，無形中喪失了美感和意境。正如青木正兒在甫一看到中國新文學變遷中的潮流時，就發現了魯迅的小說的長處，稱他爲「有遠大前程的作家」，同時在對當時《新青年》的幾位詩人的評價上，他似乎也仍能看出這位名爲「唐俟」的新手詩人的缺陷來：

> 現在的一個事實是，有了白話詩的同行，劉半農、沈尹默、唐俟等也踊躍參加。這些人中，胡適稍有癖好，即以閃現西學新知識而劈新風；沈則可看出站在本國立場上力圖擺脫舊習，但往往因了古人而步舊詩之意境之中；劉是最有新式文人氣質的，卻常常難免遭人非議爲膚淺；唐則詩味淡泊，未能入境，就像扒拉茶泡飯一樣，往壞了說是索然無味。〔註17〕

此一判斷還是較爲公允的。而「未能入境」則體現了魯迅無法將其自然地思考的精髓化入詩歌這一具體的文體之中，所謂「茶泡飯」也顯示其詩歌形式的枯澀、逼促的缺陷來。當然，這也並非暗示魯迅的「茶泡飯」詩歌不能在一定的寫作訓練中獲得它的自尊，只是魯迅創造了這種形式之後又很快地「破壞」它，似乎有更適合他的語言等待著他尋找。

（二）「詩歌之敵」：內面的呈現

如上所述，從藝術作品的獨立性上來說，魯迅的新詩雖然富於個性，但其中思想上的理性和矛盾，遭遇了新詩本身的形式上的局限。從他對新詩的觀點和態度我們也知道，魯迅並非一個新體詩歌的愛好者〔註18〕，他早年雖然在《摩羅詩力說》中倡導「攖人心」的詩人精神，但其愛讀的，還是反映社會變革和追求人類進步的裴多菲等人的詩歌。或可說，中年走向文學創作之路的魯迅似乎不能也不願用新詩形式完全承載他的思想和語言。那麼，他是否就可以直接完全放棄寫這些代表著文化革新的新詩嘗試轉而純粹進行他所擅長的小說和散文創作呢？

如果我們仔細觀察他在寫作新詩環境之外的平行的作品。我們就會發

〔註17〕〔日〕青木正兒：《以胡適爲中心的潮湧浪旋著的中國文學》，《中國文學》1卷1～3號（1920年9～11月），轉引自〔日〕丸山升：《日本的魯迅研究》，靳叢林譯，《魯迅研究月刊》2000年第11期。第48～49頁。

〔註18〕魯迅1935年3月5日發表在《芒種》第一期的《集外集》序言中說：「我其實是不喜歡做新詩的──但也不喜歡做古詩──只因爲那時詩壇寂寞，所以打打邊鼓，湊些熱鬧；待到稱爲詩人的一出現，就洗手不作了。」

現，這些作品要遠較他的新詩明朗成熟得多。從 1918 年到 1919 年，魯迅創作了小說《狂人日記》、《孔乙己》、《藥》、《明天》，其它的有雜文如《我之節烈觀》《我們現在怎樣做父親》等等，另外還有大量的「隨感錄」，我們可以看到魯迅堅韌的對於舊社會的批判性，常常也顯示出他確信不疑的時代和歷史的「進化觀」。他似乎仍然堅持認為：「尼采式的超人，雖然太覺渺茫，但就世界現有人種的事實看來，卻可以確信將來總有尤為高尚尤近圓滿的人類出現。」〔註 19〕這種理性批判，似乎與其同期所創作的新詩內部產生矛盾。如前我們所分析的，有的新詩《夢》《人與時》等等顯然在意蘊的表達上比較暗淡，而在並行的胡適等人的新詩作品身上看到的似乎更多的是對希望、愛情、自然、進步的追求。也就是說，相對而言，魯迅小說和雜感表述他對於外在世界的鮮明觀點態度乃至評價；而隱的一面，也就是他內心的糾葛和暗淡的夢境和失落，那時似乎是用他的新詩體來表達的。歷來很多學者認為魯迅前期作品（包括新詩在內）帶有強烈的革新精神的進化論觀〔註 20〕，但這似乎並不符合魯迅新詩作為獨立的文體呈現給人的思考，當然更有悖於一個文人複雜而豐富的人生體認。

那麼，放棄了新詩體的嘗試之後，魯迅是否就遏制住了他「隱」的一面呢？從魯迅所經歷的一系列外在的生活和社會實踐來看則更加不可能。他一反過去「但彷徨的人種，是終尋不出位置的」〔註 21〕的絕然的進化思想，感受到了更加強勁的苦悶感和挫折感。〔註 22〕於是《野草》《彷徨》等應運而生。同時，他也借翻譯《桃色的雲》《苦悶的象徵》《出了象牙之塔》等以紓壓，在他所樹立的一貫的獨立的、革命的、批判的戰鬥形象的夾縫中獲得喘息。《彷

〔註 19〕即《隨感錄四十一》，作於 1919 年 1 月 15 日，見《新青年》6 卷 1 號，署名唐俟。

〔註 20〕如鄭心伶《魯迅詩淺析》，石家莊：花山文藝出版社，1985 年版，作者對每首詩歌的分析都力求暗合當時的社會環境和魯迅的「戰鬥精神」。

〔註 21〕《隨感錄五十四》，《魯迅全集》，第 1 卷，《熱風》，北京：人民文學出版社，1981 年版，第 345 頁。

〔註 22〕《自選集自序》中說：「後來《新青年》的團體散掉了，有的高升，有的退隱，有的前進，我又經驗了一回同一戰陣中的夥伴還是會這麼變化，並且落得一個『作家』的頭銜，依然在沙漠裏走來走去，不過已經逃不出在散漫的刊物上做文字，叫做隨便談談。……只因為成了遊勇，布不成陣了，所以技術雖然比先前好一些，似乎也似乎較無拘束，而戰鬥的意氣卻冷得不少。」《魯迅全集》，第 4 卷《南腔北調集》，北京：人民文學出版社，1981 年版，第 456 頁。

徨》多少為虛構情節的小說創作，而《野草》是更加直接的心靈抒發，別人「謬託知己，舐皮論古，什麼是『入於心』」〔註23〕的評價，但也僅僅是討厭異於己者〔註24〕追著屁股探究而已。

　　值得注意的是，在魯迅寫作新詩的時期（1918～1919），他並沒有寫一首舊體詩。這一方面於他所響應的白話文學革命有關，另一方面，他用新詩也疏解了內心的矛盾和彷徨（嚴格地說，魯迅不是在《彷徨》時才彷徨的）。而到了魯迅停止新詩寫作之後，他陷入了很長的沉寂。回顧一下，從 1900 年到 1912 年，魯迅一直沒有停止寫舊體詩。到了 1913 年之後，魯迅集中於古籍的整理與校勘，甚至是佛經的閱讀，這時並沒有舊體詩的創作。按照魯迅的話說，抄古碑的生活於他是一種緩解寂寞和壓力以及痛苦的方式。到了 1918 年魯迅「出山」之後，則開始了新詩體的嘗試。也就是兩年間連續創作的這六首詩。從這個細節裏我們可以發現，不管是新還是舊，魯迅一直在用詩歌來疏解他的這種內在的隱蔽的情感。而且，從他的舊體詩的質量上來說，我們也不難看出，這一載體似乎更容易流暢地表達他想表達的東西。然而，從整個時代上來看，尤其是在魯迅所主張的「新的形式」和「新的思想」之後，他也似乎在尋找一種言說方式，能夠恰到好處地描繪他內心深處那些難以罄盡的情感、寂寞或者別的什麼說不清的東西。

　　魯迅創作新詩「戛然而止」，同時其他的許多寫作者卻紛紛投入到詩歌的創作中去。魯迅所深惡痛絕的「戀愛詩」，也隨著響應新文化而如雨後春筍。魯迅似乎一直對這些詩歌並不喜歡。我們從他在《新青年》發表的 6 首詩歌看出，他在形式和內容上都是有意為新的。如果引別個詩人為伍的話，那麼胡適的《嘗試集》足以起到倡導的作用，他何必再來「敲邊鼓」呢？比如《新青年》5 卷 4 號中胡適《「應該」有序》為一個為情「吐血而死」的青年曼陀的詩集作序，序以詩的形式：

> 他也許還愛我——也許還愛我——
> 但他總勸我莫再愛他。
> 他常常怪我，

〔註23〕見魯迅：《海上通信》（1927 年 1 月 16 日），《華蓋集續編》，《魯迅全集》，第 3 卷，1981 年版，北京：人民文學出版社，第 398 頁。

〔註24〕如高長虹。他在 1926 年 11 月發表在《狂飆》第五期的《北京出版界形勢指掌圖》，稱讚《野草》令他「驚異而又幻想」。此時二人的矛盾已經開始激化。

> 這一天，她眼淚汪汪地望著我，
>
> 說道：「你如何還想著我？
>
> 你想著我又如何對他？
>
> 你要是當眞愛我，
>
> 你應該把愛我的心愛他，
>
> 你應該把待我的情待他。」。

　　自不待言，這是說三角戀的愛情。然作爲詩歌，寫得太過直白，絲毫沒有詩歌該有的氣氛。想同期發表詩歌的魯迅，肯定也見過這樣的詩歌不止一首。同樣，到了《語絲》創刊之初，他也一如既往，極其討厭徐志摩等人的詩歌，撰文嘲諷之，這甚至成了他和「新月派」結怨的「第一步」，那麼，對於語絲社的幾位同仁如周作人一度褒揚的劉半農、沈尹默的詩歌，尤其是在《新青年》上的那些初習作，魯迅的態度自然也是有保留的。魯迅在 1925 年 1 月 17 日《京報》附刊《文學周刊》第五期的一篇文章《詩歌之敵》中，就很鮮明地指出：

> 中國的大驚小怪，也不下於過去的西洋，綽號似的造出許多惡名，都給文人負擔，尤其是抒情詩人。而中國詩人也未免感得太淺太偏，走過宮人斜（古代埋葬宮女的墳地，引者注）就做一首「無題」，看見樹丫叉就賦一篇「有感」。和這相應，道學先生也就神經過敏之極了：一見「無題」就心跳，遇「有感」則立刻滿臉發燒，甚至於必以學者自居，生怕將來的國史將他附入文苑傳。

> 說文學革命之後而文學已有轉機，我至今還未明白這話是否眞實。但戲曲尚未萌芽，詩歌卻已經奄奄一息了，即有幾個人偶然呻吟，也如冬花在嚴風中顫抖。

　　儘管他反對「道學先生」嘲笑新詩尤其是「抒情詩人」，但也見他對於當時詩壇上的年輕詩人們「搬起石頭砸自己的腳」的創作環境表示出的惋惜。

　　其實，魯迅這種反對文學消閒和無病呻吟的觀點由來已久，在他所翻譯的《苦悶的象徵》中就有明確的此類藝術觀：「文藝倘不過是文酒之宴，或者是花鳥風月之樂。或者是給小姐們散悶的韻事，那就不知道，如果是站在文化生活的最高位的人間活動，那麼，我以爲除了還將那根柢放在生命力的躍進上來作解釋之外，沒有別的路。」〔註 25〕而當時的許多新詩作品恰恰是它

〔註 25〕《魯迅譯文全集》第 2 卷，《苦悶的象徵》，福州：福建教育出版社，2008 年

的反面例證。

到了 1934，他還不無感慨地說：「我以爲一切好詩，到唐已做完，此後倘非能翻出如來掌心之齊天大聖，大可不必動手，然而言行不能一致，有時也胡謅幾句，自省殊亦可笑。」〔註 26〕可見，相較濃厚的舊詩成就，他對於新詩體的近 20 年來的努力成果還是不太敢恭維的。因而，無論從主觀的寫作經驗，還是客觀的詩歌環境上來說，魯迅對於新詩體裁所能承擔的內容和形式容量還是保持懷疑甚至輕蔑態度的。直到 1936 年，魯迅被騙去給白莽的遺詩作序，也還是對於新詩保持著某種距離感：「我所惆悵的是我簡直不懂詩，也沒有詩人朋友，偶而一有，也終至於要鬧開，不過和白莽沒鬧，也許是他死得太快了罷。」〔註 27〕

一直到 1936 年斯諾對魯迅的文學訪談中，魯迅仍然認爲，那些「最優秀的詩人」如冰心、胡適、郭沫若，他們的詩作「沒有什麼可以稱道的，都屬於創新試驗之作」，「中國詩歌並不成功」，並且對於「研究中國現代詩人，純係浪費時間。不管怎麼說，他們實在無關緊要。」甚至不無鄙夷地說，「除了他們自己之外，沒有人把他們眞當一回事，『唯提筆不能成文者，便作了詩人』」。〔註 28〕可見在他的整個創作生涯中，新詩對他來說，除了一開始作爲「敲邊鼓」的操弄之外，基本上是以一種旁觀者的視角來看待的，並且對新詩的成績並不認可。很顯然，魯迅並不是全盤否定新詩這一體式，（要不然他在創作早期不會翻譯一些其它國家民族詩人，如雪萊、裴多菲、武者小路實篤等人的詩歌。）更多地，應該是中國新詩發展幾十年來自身所承載的美感和思想內容並不足以給予魯迅強大吸引力的緣故。然而，魯迅的新詩嘗試，也恰恰說明了他思想的內面的延伸，需要其它在他看來容量更大的文體作爲有效的承載。除了上述魯迅試圖用新體詩歌來表達自己的內在的複雜的情緒之後，他三十年代所謂「轉向」之後的新體詩歌創作就開始走向了「打油」和諷刺之途，而那些表達隱曲的複雜的內心的文體，則走向了另外的途徑。

版，第 237 頁，。

〔註 26〕《給楊霽雲的信》，《魯迅全集》第 12 卷，北京：人民文學出版社，1981 年版，612 頁。

〔註 27〕1936 年 4 月《文學叢報》月刊第一期，《白莽遺詩序》。

〔註 28〕《魯迅同斯諾談話整理稿》（1936 年），安危譯，《新文學史料》，1987 年第 3 期。

（三）早期新詩、「自言自語」與《野草》

《野草》作爲更爲接近詩歌的文體和他的早期詩歌到底是否存在著某種內在的聯繫呢？這裡不妨選取幾個角度說說。

題材——「愛」

如前所述，《野草》中《我的失戀》是對於「啊呀呀，我要死了」的戀愛詩的諷刺。然而，魯迅在早期詩歌中有意無意地也寫了帶有戀愛內容的詩歌，雖然跟別的同期寫作者的風格相比更加的隱晦，從後來看，魯迅對這些早期詩歌是不以爲然的，他也並不自稱詩人，是要「待到稱爲詩人的一出現」而已。到了《野草》時期，我們看到了《臘夜》這樣的寫「愛」的散文詩〔註29〕。這篇文章寫得相比較《野草》中其它的篇章較爲溫良一些，大概也只有《好的故事》可以跟它的靜謐與溫存相比了（雖然骨子裏，這兩篇文章的虛無感昭然若揭）。然而，從形式上看，《臘葉》從審美的意味上要比早期的戀愛詩圓熟得多。

> 他也並非全樹通紅，最多是淺絳，有幾片則在緋紅地上，還帶著幾團濃綠。一片獨有一點蛀孔，鑲著烏黑的花邊，在紅，黃和綠的斑駁中，明眸似的朝人凝視。

這種對葉子的沖淡中華麗而生動的描寫，實在令人驚歎。而如前面我們分析的，同是寫愛，新詩如《愛之神》等的峻急和理性乃至詼諧的成分，卻使得詩歌本該有的審美意境大大喪失。

意境——「夢」

魯迅第一首發表在《新青年》上的新詩便是《夢》，而《野草》中從《死火》到《死後》七篇都以「我夢見」開頭，即便沒有「夢」做開頭的其它文章，從意境上也可以判斷多是表達和夢境相類的感受，比如《影的告別》開首說「人睡到不知時候的時候，就會有影來告別」，《好的故事》則純粹是寫夢境。而從詩歌和散文詩的體式上，魯迅寫「夢」，前者爲概括的許多抽象夢，而後者則多爲具體的夢。如果我們做個假設，把上述的新體詩《夢》當作《野草》的序言，也自恰入，如此想來，也不會遭到像那篇「去吧，我的野草，連著我的題辭」的幽憤之序後來被抽除的命運〔註30〕。或可以說，

〔註29〕 《〈野草〉英文本序》中說，《臘葉》是「爲愛我者想要保存我而作的」。《魯迅全集》，第4卷，《二心集》，北京：人民文學出版社，1981年版，356頁。
〔註30〕 魯迅1935年11月23日給邱遇的信說：「《野草》的題詞，係書店刪去，是無

魯迅七八年前開始積聚著某種寫作內心夢境的情愫在《野草》中終於得以恰如地書展。正如《苦悶的象徵》中所說到的那樣的境界：「人生的大苦患大苦惱，正如在夢中，欲望便打扮改裝著出來似的，在文藝作品上，則身上裹了自然和人生的各種事象而出現」〔註 31〕。很多人拿《野草》和《苦悶的象徵》作互文關係的探討，認爲《野草》的創作完全是受了《苦悶的象徵》的啓發，很顯然忽視了魯迅早期新詩中的內在情愫對於《野草》之縱向關係。

思想——「人與時」

對魯迅的人與時間的關係、及其上所附著的意義的討論，已經屢見不鮮。然而，如果我們仔細考察《人與時》與《過客》，便會更深刻地體會到魯迅身上所具備的看待時間和人生的矛盾與複雜。《人與時》講述了對待時間的三種態度，很多讀者認爲，這是魯迅號召人們要立足於當下，創造未來。但是從獨立的文本出發，我們很難看出哪一種態度是屬於作者的。行文也只能表明，他對此主題顯示出濃厚的興趣和注意力。《過客》則一開始就交待了「時與人」的背景，也恰恰是三種人：小孩，過客，還有老年人。如果我們仔細閱讀，便會發現，這三個人的人生狀態與《時與人》中的三種狀態大致是對應：

《人與時》（1918）	《過客》（1925）
「一人說，將來勝過現在」	女孩————約十歲，紫髮，烏眼珠，白地黑方格長衫。 （「不，不不的，前面有許多許多野百合，野薔薇，我常常去玩，去看他們的。」）
「一人說，現在遠不及從前」	老人————約七十歲，白鬚髮，黑長袍。 「前面？前面，是墳。」
「一人說，什麼？」	過客————約三四十歲，狀態困頓倔強，眼光陰沉，黑鬚，亂髮，黑色短衣褲皆破碎，赤足著破鞋，脅下掛著一個口袋，支著等身的竹杖。 「老丈，你大約是久住在這裏的，你可知道前面是怎麼一個所在麼？」

意的漏落，他們常是這麼模模糊糊的——，還是因爲觸了當局的忌諱，有意刪掉的，我可不知道。」《魯迅全集》，第 13 卷，北京：人民文學出版社，1981年版，第 256 頁。

〔註31〕《魯迅譯文全集》第 2 卷，《苦悶的象徵》，福州：福建教育出版社，2008 年版，第 239 頁。

「時道，你們都侮辱我的現在， 從前好的，自己回去， 將來好的，跟我前去， 這什麼什麼的， 我不和你說什麼。」	「那不行！我只得走。回到那裏去，就沒一處沒有名目，沒一處沒有地主，沒一處沒有驅逐和牢籠，沒一處沒有皮面的笑容，沒一處沒有眶外的眼淚。我憎惡他們，我不回轉去。」

從我們前面所分析的魯迅新詩的特點，不難看出，《人與時》這首詩歌同樣也具備在魯迅所慣有的幽默諷刺的風格，也就是說，無論是採取什麼態度，那高高在上的時間都給與了諷刺，因為它們「侮辱了現在」，現在該如何，詩歌並沒有給出明確的答案。只是和對那個不知未來是好是壞的「一人」說「我不和你說什麼」。而《過客》當中也對此並沒有給出答案，只是最後，無論是「墳墓」還是「百合」，「過客」都將選擇繼續前行——因為他憎惡現在的「沒一處」的不理想境地。可見，從獨立的文本的角度上來分析，這兩篇作品所涵蓋的思想，絕非「進化論」「中間物」等等觀點所能說清楚的。然而，二文的內在的思理是一致的。只是後者更具象，更符合詩或散文詩所具備的意境之美罷了。

有意思的是，在魯迅的新詩和《野草》之間，似乎還有一個銜接文體，那就是 1919 年 8 月到 9 月間魯迅在《國民公報》新文藝欄發表的署名為「神飛」的小品集《自言自語》七小節（第七節後原注「未完」）。文中的自序說，「我」聽到一個「天天獨坐著」的叫做「陶老頭子」天天「說三話四」，「卻有幾句略有意思的段落」，「連我也答覆不來」的「昏話」。其中有些篇章常被認為是《野草》中某些篇章的雛形，如《火的冰》（二）之於《死火》、《古城》（三）之於《過客》、《我的兄弟》（七）之於《風箏》。從表現的意境和內容上讀者也很容易能找到二者之間的互文關係。只不過後者在文采和意象上更為豐腴和深沉罷了。至此，線索就更加清晰了，魯迅在他的主要的 6 首新詩的嘗試之後，深感在表達上的困厄，開始用一種「自言自語」的方式，表達他說也說不清楚、答也答不上來內心的「昏話」，其意義在於到了《野草》可謂真正成熟和流暢起來。由此可見，魯迅在選擇一種文體的時候並不是自覺的，而是在不斷地嘗試和探索，並且以尋找適合自己及內心的表達內容為要求的結果。夏濟安在《魯迅作品的黑暗面》中說，「在《野草》這樣嚴肅的散文詩中出現這樣一首打油詩（指《我的失戀》，筆者加）正暗含著魯迅對令人遺憾的白話詩現狀的評價。《野草》其餘的詩都是真正詩的雛形。充滿著強烈

感情的形象以奇形怪狀的線條在黑暗的閃光中或靜止或流動。正如熔化的金屬，無法定形」〔註32〕。故新詩並不能表達他的思想中的詩意，反而是《野草》中那樣帶有尼采哲學氣質的複雜形式才是魯迅的詩意表達的「準確」的語言形式。另一方面，《野草》中這種包含著不安和躊躇的東西恰恰能夠表現出在他的早期小說之中所不能承載的某種更爲凝結和複雜的情緒。〔註33〕

（四）騷體翻譯、舊詩創作

當然，除此之外，在魯迅寫作新詩之前，關於現代意義上的詩歌，他還翻譯了海涅、裴多菲、伊東幹夫、蕗谷虹兒等人的作品，而在他早期的文言翻譯序列中，較爲明顯的是將現代詩翻譯成騷體，最早的應算是他在日本留學期間翻譯的海涅的兩首詩歌〔註34〕。又如在《斯巴達之魂》《紅星佚史》中均用騷體的詩歌作爲故事講述中場的詠歎，這種類似的情形，甚至延續到了《故事新編》的創作（如《鑄劍》），但這種騷體式的翻譯是當時翻譯風潮的產物，很顯然和《鑄劍》中插入騷體詩創作自覺是不太一樣的。

然而，需要區分的是，早期譯作以「舊」的形式，並非在傳達「舊」的內容，正如被認爲魯迅的第一篇現代小說並非《狂人日記》而是在《小說月報》上的《懷舊》〔註35〕。這在與他們密切相關的以同樣「周逴」的筆名所創作《紅星佚史》的序言中或可取其一二：

> 中國近方以說部教道德爲棨。舉世靡然。斯書之翻。似無益於今日之群道。顧說部曼衍自詩。泰西詩多私製。主美。故能出自繇之意。舒其文心。而中國則以典章視詩。演至說部。亦立勸懲爲臬極。文章與教訓。漫無畛畦。畫最隘之界。使勿馳其神智。否者或群逼桮之。所意不同。成果斯異。然世之現爲文辭者。實不外學與文二事。學以益智。文以移情。能移人情。文責以盡。他有所益。客而已。而說部者。文之屬也。讀泰西之書。當並函泰西之意。以

〔註32〕 夏濟安：《魯迅作品的黑暗面》，樂黛雲譯，《國外魯迅研究論集》（1960～1980年），北京大學出版社，1981年版，第370頁。

〔註33〕 「他因爲小說不能承載的東西而感到不安，又因爲這種不安意識而創作《野草》。」〔日〕竹內好：《魯迅入門》，《從「絕望」開始》，三聯書店出版社，2013年版，第126頁。

〔註34〕 周作人：《藝文雜話》，《中華小說界》，第2期（1914年2月）。

〔註35〕 巴人：《魯迅小說的藝術特點》，《六十年來魯迅研究論文選》（下），李宗英、張夢陽編，北京：知識產權出版社，2010年版，第831頁。

　　古目觀新制。〔註36〕

據考證這篇序言並非魯迅所寫〔註37〕，但無論如何代表了二兄弟對於新的文學的獨立性的認識和看法。大體而言，魯迅用騷體翻譯詩歌一直延續到了二十年代，到了1925年年初在《語絲》上逐漸用現代白話翻譯了裴多菲的五首詩歌〔註38〕，這時候恰恰是魯迅「野草體」成型的先後，還有那首更有明顯的「野草」痕跡的日本伊東幹夫的《我獨自行走》〔註39〕：

　　　　我的行走的路，
　　　　險的呢，平的呢？
　　　　一天之後就走完，
　　　　還是百年的未來才了呢，
　　　　我沒有思想過。

　　　　暗也罷，
　　　　險也罷，
　　　　總歸是非走不可的路呵。

　　　　我獨自行走，
　　　　沉默著，囊囊地行走。

　　　　即使討厭，
　　　　這也好罷。

　　　　哭著，
　　　　怒著，
　　　　狂著，
　　　　笑著，

〔註36〕商務印書館丁未年（1907）11月初版，爲說部叢刊初集第七十八編。
〔註37〕林辰：《論〈紅星佚史〉非魯迅所譯》，《魯迅事迹考》，新文藝出版社，1955年版，第78～82頁。
〔註38〕《魯迅譯文全集》第8卷，福建教育出版社，2008年版，第131頁。
〔註39〕《魯迅譯文全集》第8卷，福建教育出版社，2008年版，第134頁。

　　都隨意罷！

　　厭世呀，發狂呀，
　　自殺呀，無產階級呀，
　　在我旁邊行走著。

　　但是，我行走著，
　　現今也還在行走著。

　　它很容易讓人想到《過客》。翻譯和創作上詩歌文體的轉換，恰恰給了我們一種啓示，那就是魯迅在探索屬於自己的詩歌之路上還是有一個過程的，並且，離不開他所處的環境對於中外新詩的借鑒和翻譯，當然，並非這些環境都給了他一種創作詩歌的正向的推動作用。比如當時已然盛行，但是普遍存在著某種輕飄飄的浪漫氣息的新詩，對步入中年的他不但不沒有很大的吸引力，反而促使他探索另外一條道路，這就是屬於他的詩體——《野草》。

　　當然，除了後來大量的舊體詩歌之外，魯迅短暫的新詩體驗到了三十年代發生了很大的變化。1934 年 11 月 1 日，致竇隱夫信中說：

　　　　我只有一個私見，以爲劇本雖有放在書桌上的和演在舞臺上的兩種，但究以後一種爲好；詩歌雖有眼看的和嘴唱的兩種，也究以後一種爲好；可惜中國的新詩大概是前一種。沒有節調，沒有韻，它唱不來；唱不來，就記不住，記不住，就不能在人們的腦子裏將舊詩擠出，佔了它的地位。許多人也唱《毛毛雨》，但這是因爲黎錦暉唱了的緣故，大家在唱黎錦暉之所唱，並非唱新詩本身，新詩直到現在，還是在交倒楣運。

　　　　我以爲內容且不說，新詩先要有節調，押大致相近的韻，給大家容易記，又順口，唱得出來。但白話要押韻而又自然，是頗不容易的，我自己實在不會做，只好發議論。〔註40〕

1935 年 9 月 20 日致蔡斐君信：

　　　　詩須有形式，要易記，易懂，易唱，動聽，但格式不要太嚴。

〔註40〕《魯迅全集》第 12 卷，人民文學出版社，1981 年版，第 556 頁。

要有韻，但不必依舊詩韻，只要順口就好。〔註41〕

很顯然，這是三十年代的文藝大眾化運動語境下的討論，鑒於大部分現代新詩身上的某種散文性，不便於記誦，他更注重其歌唱性質。三十年代他曾親自也跟著在《十字街頭》等刊物寫了幾首帶有強烈的諷刺氣質且看起來也很押韻的歌詩。不過，相對於這些按照他早期所說的「時效性」較強的詩歌，似乎沒有太大的差異，並沒有引起人們其文學性上的關注，反而，他本人還是習慣於用舊體詩的方式來表達自己。並且，很顯然，後者在「詩美」上，更爲眞切一些。用夏濟安的話說，「儘管他對舊中國，對中國古書採取拒斥的極端立場，但有時他還是讓自己完全屈服於舊詩，屈服於它的朦朧晦澀，屈服於它的傳統的重壓。他可以使自己適應傳統文化的精華，即使在劇烈的社會動亂和政治革命年代，也仍然能從中得到安慰」。〔註42〕雖然，夏濟安所認爲的採用舊形式就是「屈服於朦朧晦澀」的說法值得商榷，（如《懷舊》作爲魯迅用舊的形式反省舊的內容，如他的早期文言翻譯如囂俄《哀塵》之寬烈奔放的文言風度，並未影響作品內容上的現代人光芒，魯迅後期的舊體詩的寫作也未必是一種「拒斥」或「屈服」傳統的表現。）魯迅的詩歌文體的演進之路的確是擔負起了他深邃而痛苦的內面的某種「安慰」。

（五）《故事新編》中的歌與詩

如竹內好所言，魯迅的寫作從二十年代到三十年代是從「詩」到「散文」的轉變。這裏有必要去討論一下魯迅在「散文」世界中的《故事新編》裏所使用的歌的或詩的內容和素材。一個是著名的《鑄劍》中的三段《哈哈愛兮》歌，（如前文所述，很容易讓人想起那部因由遠古神話而改編的奇幻小說《紅星佚史》中插入的韻文歌辭）第二個是虛寫的《非攻》中的「賽湘靈」所唱的《下里巴人》，再就是《采薇》中通過小丙君之口說出的伯夷叔齊所作「只有刺，沒有花」的詩。

關於《哈哈愛兮》歌的內涵，很多研究者根據魯迅的寫作環境和上下文都做過詳細的探討〔註43〕，但作爲與小說融爲一體的美學形式，我寧願相信

〔註41〕《魯迅全集》第13卷，人民文學出版社，1981年版，第220頁。

〔註42〕夏濟安：《魯迅作品的黑暗面》，樂黛雲譯，《國外魯迅研究論集》（1960～1980年），北京大學出版社，1981年版，第369頁。

〔註43〕如高遠東：《歌吟中的復仇哲學──〈鑄劍〉與〈哈哈愛兮歌〉的相互關係讀解》，《魯迅研究月刊》，1992年第7期。

它本身的注解的多種可能性，況且，我們在魯迅 1936 年 3 月 28 日寫給增田涉的信中讀到這樣的解釋：

> 在《鑄劍》裏，我以爲沒有什麼難懂的地方。但要注意的是那裏面的歌，意思都不明白，因爲是乞丐的人和頭顱唱出來的歌，我們這種普通人是難以理解的。第三首歌，確實偉麗雄壯，但「堂哉皇哉兮嚇嚇唷」中的「嚇嚇唷」是用在猥褻小調的聲音。〔註44〕

也就是說，雖然諸家的解釋都有其合理之處，但作爲小說的一部分，魯迅仍然認爲包括他自己在內（「我們」），這都是具有傳奇性或神性而對象化了的不可解的歌吟。至於其中的「嚇嚇唷」之類的在民間歌謠是戲文中常見的沒有聲音的擬聲詞，也不過是在作品中給讀者傳達一種合理的情緒罷了。從整個二十年代《故事新編》帶有強烈的表現性和浪漫主義氣質上來說，這首詩在小說中的存在並不突兀。整體上說，正如在上一章中談論到的《鑄劍》本身的帶有哲學意味的思考一樣，這首歌依然是延續了《野草》以來魯迅「詩」的創作的組成部分，只不過莊諧並存的早期新詩形式自如地消融在《鑄劍》的詩性的哲學整體中罷了。

《非攻》中的《下里巴人》則以側面書寫的形式表達出來，原文是這樣：

> 再向中央走是一大塊廣場，擺著許多攤子，擁擠著許多人，這是鬧市，也是十字路口交叉之處。墨子便找著一個好像士人的老頭子，打聽公輸般的寓所，可惜言語不通，纏不明白，正在手掌心上寫字給他看，只聽得轟的一聲，大家都唱了起來，原來是有名的賽湘靈已經開始在唱她的《下里巴人》，所以引得全國中許多人，同聲應和了。不一會，連那老士人也在嘴裏發出哼哼聲，墨子知道他決不會再來看他手心上的字，便只寫了半個「公」字，拔步再往遠處跑。然而到處都在唱，無隙可乘，許多工夫，大約是那邊已經唱完了，這才逐漸顯得安靜。〔註45〕

這段落多少是魯迅對於遠古楚國的想像。《下里巴人》本爲宋玉《對楚王問》中描述的郢中集體相和的歌詩的情狀。小說中並未指出這首歌的具體內容。但是從當時魯迅所處的情境乃至當時左翼文學盛行的局勢，大約是作

〔註44〕《魯迅全集》第 13 卷，北京：人民文學出版社，1981 年版，第 659 頁。
〔註45〕《魯迅全集》第 2 卷《故事新編》《非攻》，北京：人民文學出版社，1981 年版，第 457～458 頁。

者在自覺不自覺地表達這種氣氛。幾乎在同一時期魯迅所翻譯的西班牙的巴羅哈的作品《山民牧唱》的一些篇章中，我們也能看到這些世象的類似描述〔註46〕。這是一種將民眾的群體在作品中顯相的方式。

　　而墨子在這個氣氛中無法言聲，連好不容易找到的「士子」也不理會他，投身於這種歌唱之中。直到他找到自己的勞動的同道「一家木匠店」才問到公輸般。或許這首歌恰襯托了墨子一種孤獨的心境，群體的歌吟並不能代替實際的勞動實踐和善行義舉。魯迅似乎借用墨子這個形象給了他所失望的知識分子一個行動上的楷模或者希望。而《下里巴人》這首帶有空疏氣氛的歌謠，一是表現了魯迅對空喊口號的不信任，同時，因為側面的描寫，也表達了魯迅對與民眾的眞實形象的模糊認識。而這種感受，實際上也延續著早期在《鑄劍》之中的哲學情境，只不過與「黑色人」相比，相對具有同盟和力量罷了。很顯然，正如魯迅三十年代對新詩的不便記誦的意見一樣，這裏的墨子也不記得賽湘靈所唱的《下里巴人》之類的「大眾化」歌曲的具體內容了。

　　在《采薇》中，伯夷叔齊的詩則遭到了小丙君的嘲笑。這首詩歌只有四行，乍一看下去很像魯迅早年的新詩，其「打油」氣質也不遜於《我的失戀》。原文是：

　　　　上那西山呀採它的薇菜，

　　　　強盜來代強盜呀不知道這的不對。

　　　　神農虞夏一下子過去了，我又那裏去呢？

　　　　唉唉死罷，命裏注定的晦氣！〔註47〕

小丙君對這首詩非常憤怒，他說伯夷叔齊不肯「安分守己」，不肯「為藝術而藝術」，而且批評說：

　　　　「你瞧，這是什麼話？溫柔敦厚才是詩。他們的東西，卻不但『怨』，簡直『罵』了。沒有花，只有刺，尚且不可，何況只有罵。即使放開文學不談，他們撇下祖業，也不是什麼孝子，到這裏又譏訕朝政，更不像一個良民……」〔註48〕

〔註46〕《魯迅譯文全集》第七卷，《山民牧唱》，《會友》等，福建教育出版社，2008年版，第444～450頁。

〔註47〕《魯迅全集》第2卷，《故事新編·采薇》，北京：人民文學出版社，1981年版，第411頁。

〔註48〕《魯迅全集》第2卷，《故事新編·采薇》，北京：人民文學出版社，1981年版，第411頁。

　　小丙君的議論很容易讓人回想到當時新詩界的一些論爭，包括後來的「爲藝術而藝術」之類的一些討論。而「沒有花，只有刺」很容易讓人想到魯迅早期從他所不滿足的「新詩」而轉向的雜感性質的《無花的薔薇》〔註49〕。這是魯迅對於「士人」知識分子的諷刺，在伯夷叔齊面對倫理的破壞而「愼終追遠」乃至「死罷」的眞誠之中，還有人虛僞地憑藉「溫柔敦厚」的詩歌來換取「永久性」。這個問題涉及到魯迅對待文學的看法。我們回溯一下魯迅的整個創作，早期他稱自己的《吶喊》是「遵命文學」，後來的《彷徨》呢，「只因爲成了遊勇，布不成陣了，所以技術自然比先前好一些，思路也似乎較無拘束，而戰鬥的意氣卻冷得不少」〔註50〕。這裏面暗藏了一個秘密，「遵命」意識的過分參與傷害了寫作的技術和思路。而魯迅將小丙君的議論用在這裏，實際上是在昭告有些事物也許比文學本身更重要。因而，暫時的文學和永久性的文學，魯迅顯然選擇前者。這也是我們在看待魯迅文學及其觀念的重要提示，即如何理解其早期新詩和雜感中的「無花的薔薇」這一意味。當然，魯迅的文學並非表現在這二者的決裂式的分佈，而是緊密地結合，到了《故事新編》越加成爲自然而然的統一體，無須像《吶喊》中的作者突然站出來，所謂不憚「曲筆」。

　　從以上可以看出，魯迅《故事新編》中的歌與詩的成分雖然滲透了所在作品的內在氣質，然而，仍然離不開魯迅早期對新詩的態度和看法，他將這些都融入到自己的小說創作之中去，或表達情緒，或描寫氣氛，或用來諷刺，都十分恰當地構成了作品內部的重要組成部分，並且傳達出原本新詩創作中所不能表達的深層次的意味。對魯迅來說，早期的新詩雜感之類的意義在於「無花」，其作爲文學乾澀之處亦在「無花」。不能不說，除了《野草》之外，魯迅的在小說之中，才眞正實現了詩的深層表達，雖然形式上，如竹內好所言，是「散文」的。

〔註49〕　《魯迅全集》第3卷，《華蓋集續編》（1926年作）中連續有四篇雜感名爲《無花的薔薇》《無花的薔薇之二》《無花的薔薇之三》《新的薔薇——然而還是無花的》，均是諷刺針砭社會人事的短篇，人民文協學出版社，1981年版，第255、261、286、291頁。

〔註50〕　《魯迅全集》第4卷，《南腔北調集·〈自選集〉自序》，北京：人民文學出版社，1981年版，第457頁。

二、從無常到女弔：《朝花夕拾》與《故事新編》中的生死

死亡是一切人生哲學的源頭，或者，是它得意積聚的勢能。在魯迅的身上尤其存在著這樣的問題。每當我閱讀到魯迅的《故事新編》之時，總能感受到魯迅面對死亡的嚴峻、快慰和寬容，雖然，這寬容不是具象上的，是悲憫。在魯迅諸多關於死亡的文章中，有一篇寫在病入膏肓之時，他讓自己的「女人」開燈「看來看去的看一下」（《「這也是生活」……》）〔註 51〕，這暗含著種種事項都與己相關的緊迫感，同時也有他的自我調侃和消解。1936年魯迅逝世之後，大量文學刊物上的魯迅紀念專號發表相關文章，其中鹿地亙這樣回憶：

> 五天前——十月十七日的下午，那聲音才玩笑似地笑著說過：「我在《中流》九月號上寫的遺囑你看過沒有？」那，我是知道的。不過，還沒有讀過。我是不喜歡活人講到「死」的話的，所以那時，也只當是我的師友的不好聽的玩笑那麼聽著。我也笑著說：「在明治中葉，日本有一個叫齋藤綠雨的文人，發表過死亡的廣告。」「噢，那是舊事了，那個人馬上就死了嗎？」他就問我。「不久就死了。當然不是預感的死，好像是偶然的病死。」〔註52〕

每當讀到這個細節，筆者都會深刻地感受到魯迅之對於死亡的坦然與焦慮。在魯迅發表「遺囑」的同時，十月號上的《中流》又發表了一篇承接著魯迅那溫婉又不失戾氣的帶有早期作品《朝花夕拾》氣質的回憶性作品《女弔》。

嚴家炎說，「魯迅的創作跟『回憶』關係很密切。除了散文集《朝花夕拾》……《吶喊》《彷徨》中許多小說及《野草》中的一部分散文詩，素材都來源於回憶」〔註53〕。殊不知，從廈門期間立意寫作系列的 8 篇歷史神話題材小說的魯迅，也同時給與了這個集子一種更為廣大的回憶空間。即在他對於生活的記憶之外，對於歷史智識的追溯與回憶。

魯迅曾在「從記憶中抄出來」的「離奇而蕪雜」的《朝花夕拾》的序言

〔註51〕《魯迅全集》第 6 卷，北京：人民文學出版社，1981 年版，第 601 頁。

〔註52〕鹿地亙：《魯迅的回憶》，雨田譯，《小說月刊》1 卷 2 期（1936 年 12 月），第594 頁。

〔註53〕嚴家炎：《讀〈社戲〉》，《論魯迅的複調小說》，上海教育出版社，2002 年版，第 19 頁。

中說：「文體大概很雜亂，因爲是時作時輟，經了九個月之多。環境也不一
……」〔註54〕如果我們回頭看看《故事新編》可能感到更爲頭疼，因爲這
部作品何止九個月，甚至是九年也不止的創作期，《朝花夕拾》的回憶因爲
是印刻著個人經驗和體驗的影子，《故事新編》則更是以一己之力承載歷史
文化，更呈現出其文體的複雜性。

　　《朝花夕拾》一共十篇，分別寫在三個不同的地方，後五篇是在廈門所
寫。而前兩篇在西三條胡同、中三篇在北京流離期間，三個地方三個時間，
作品在形態氣質上多少有些差異。我們在閱讀中也能感受到前五篇作品雖然
談論童年，但是其嚴正性和戾氣十分深厚，而作品的基本風貌，仍然落於最
後五篇涵泳耐讀的從容氣質之中。

　　其中，魯迅在 1926 年在京期間流離時所寫《無常》，還有魯迅去世之前
不久寫的另一篇《女弔》，這兩篇帶有回憶性質的文章，一方面顯示出魯迅對
時局的批判精神，另一方面也顯示出他對於家鄉鬼魅文化中所蘊藏的具象美
（如無常之所謂「鬼而人，理而情，可怖而可愛」〔註55〕）的熱愛。前後兩
個時期所作的這樣相等題材的作品，恰均是在他處於危難之時。前者是在外
因的作用之下，對於世間的「公理」之類表示徹底的失望，於是以兒時所憶
的民間神話來自譴譴人；而後者是在面臨自然死亡時的鮮豔的回憶。魯迅曾
說「至於勾攝生魂的使者的這無常先生，卻似乎於古無徵，耳所習聞的只有
什麼『人生無常』之類的話。大概這意思傳到中國之後，人們便將他具象化
了。這實在是我們中國人的創造」〔註56〕。這顯示爲「中國人」如何將哲學
的形而上的人生思路變成「具象化」的審美對象，而《女弔》也同樣，曾認
爲它是「單就文藝而言，他們就在戲劇上創造了一個帶復仇性的，比別的一
切鬼魂更美，更強的鬼魂」〔註57〕。魯迅認爲二者是紹興「兩種特色的鬼」，
無常的白色袍子，和女弔的紅色衣裳，都構成了強烈的情緒色彩。在精神情
調上他們分別有一鬆落一剛勁的特色。

〔註54〕《魯迅全集》第 2 卷，北京：人民文學出版社，1981 年版，第 230 頁。
〔註55〕《魯迅全集》，第 2 卷，《朝花夕拾・無常》，北京：人民文學出版社，1981
　　　　年版，269 頁。
〔註56〕《魯迅全集》，第 2 卷，《朝花夕拾・無常》，北京：人民文學出版社，1981
　　　　年版，第 269 頁。
〔註57〕《魯迅全集》，第 6 卷，《且介亭雜文末編・女弔》，北京：人民文學出版社，
　　　　1981 年版，第 614 頁。

　　令讀者感到好奇的是，為什麼魯迅在自己人生面臨著死亡的兩大特殊的時刻，他轉而尋求故鄉的鬼魂意象來尋求胸臆的抒發？它們到底給魯迅帶來了什麼樣的力量，讓他在這樣關鍵時刻，半開玩笑半認真地討論著這樣詭異的故事。

　　這時，再回頭看看魯迅晚年的《故事新編》的寫作，我們或許能夠從中找到與他的這些散文更為親切的關係。魯迅1935年寫的《故事新編》最後幾篇小說，它們所表現出的溫情和怪誕都如此地自如自在。尤其最後一篇的《起死》，我們或在「漢子」的身上看到「無常」的影子，又在「莊子」身上的「道袍」中看到他的道貌岸然的辛苦和可笑。魯迅已經不喜歡去談論那些不能夠給他帶來審美和自由快慰的人事上的糾葛了，儘管他還通過雜文，按照自己的方式明辨是非，於是他笑說，「自殺，自然是卑怯的行為，鬼魂報仇更不合於科學，但那些都是愚婦人，連字都不認識，敢請『前進』的文學家和『戰鬥』的勇士們不要十分生氣罷。我真怕你們要變成呆鳥」〔註58〕。顯然，在魯迅看來，敢於潑辣自然的生死，要比故作深沉苟且偷生的人更為值得尊敬。在《起死》當中，魯迅將這一哲人形象多少嫁於「莊子」身上，因而他在質問著一個已經作古的骷髏漢子說「您不知道自殺是弱者的行為嗎？」〔註59〕這與遊蕩人間的哀哭無奈但又自如潑辣的無常女弔又有什麼兩樣呢？

　　在魯迅自身的死中，我們似乎只能夠看到魯迅堅韌的生。如果死是生的一部分，那麼為什麼要在臨終妥協，只因為它在時間上是生的一個結點嗎？魯迅選擇在死後「我也一個都不寬恕」，恰是以生的姿態去死。至於死後的宗教乃至鬼神，魯迅並不過問，在《我的一個師父》中他用包含著溫情和戲謔地口吻表現出家鄉人潑辣生活的種種細節，生意滿膺，毫無保留。所以，他在最後的歲月裏，不是想要急於總結功過，或者屈服於死後的世界，而是仍然表達著自己生的尊嚴。

　　對於《出關》《起死》之類，如果說為否定老莊之空談和虛無主義，那麼魯迅自始至終並沒有拋棄對文學上的莊子精神的偏愛甚至迷戀〔註60〕。對

〔註58〕《魯迅全集》，第6卷《且介亭雜文末編‧女弔》，北京：人民文學出版社，1981年版，第617頁。

〔註59〕《魯迅全集》第6卷《故事新編‧起死》，北京：人民文學出版社，1981年版，第469頁。

〔註60〕郭沫若：《莊子與魯迅》：「在最近的複讀上，這感覺又加深了一層。因為魯迅愛用莊子所獨有的詞彙，愛引莊子的話，愛取《莊子》書中的故事為題材而從事創作，在文辭上讚美過莊子，在思想上也不免有多少莊子的反映，無論是

此，他有其積極的選擇。批判不是主要目的，《起死》中的「莊子」自成爲藝術形象便不再是中國古典世界裏的莊子，它僅僅是「具象上」上的「穿著道袍」的莊子。魯迅化用其中的某些細節，使之成爲一個活生生的人。在一大片荒地和蓬草之間，優遊的莊子這樣登場：

> 口渴不是玩意兒呀，眞不如化爲蝴蝶。可是這裏也沒有花兒呀，……哦，海子在這裏了，運氣！運氣！

接著和一個死去的漢子之間發生了啼笑皆非的生死糾纏。顯然，我們能夠從中看到魯迅對經典中的莊子慣有的「莊生夢蝶」「方生方死」等相對主義情境的嘲諷。

> 司命：哈哈！這也不是眞心話，你是肚子還沒飽就找閒事做。
> 認眞不像認眞，玩耍又不像玩耍。還是走你的路罷，不要和我來打岔。

本篇是《故事新編》中最後一篇文章，全篇除了表達上述對於莊子哲學的嘲諷之外，還有一種和莊子思想相通的東西，即對人事生死的悲憫，對是非的尷尬與銷融。尤其是結尾的時候，死而復活的漢子揪著巡警要衣服的鏡頭，讓人不免唏噓，世俗的批判意味也變得無力和飄渺，故事本身顯得可愛好玩。

> 漢子——（揪得更緊，）要不然，我不能探親，也不能做人了。
> 二斤南棗，斤半白糖……你放走了他，我和你拼命……
> 巡士——（掙扎著，）不要搗亂了！放手！要不然……要不然……（說著，一面摸出警笛，狂吹起來。）

筆到此處，這時的魯迅或讀者似乎該站在更高的位置上去俯瞰他們和思考整個人世。其實，1926 年在廈門期間，魯迅就對莊子表示出了無比的欣賞，且這種欣賞與章太炎是一脈相承的：

> 儒墨晚於老子，一者崇實，一者尚質，故文辭略之華采；周季漸有繁辭，敍述精妙，文辭美富者，今存《莊子》。其文汪洋闊閎，儀態萬方，晚周諸子之作，莫能先也。……中國出世之說，至此乃圓備。（《漢文學史綱要·老莊》）〔註61〕

順是逆。」《〈故事新編〉研究資料》，山東文藝出版社，1984 年版，第 649 頁。
〔註61〕魯迅：《漢文學史綱要》，《魯迅全集》第 9 卷，人民文學出版社，1981 年版，第 364～366 頁。

　　　　莊子晚出，其氣獨高，不憚抨彈前哲。憤奔走遊說之風，故作
　　《讓王》正之。惡智力取功之事，故作《胠篋》以絕之。其術與老
　　子相同，其心乃與老子絕異。……已與關尹、老聃分裂爲二。……
　　其分裂爲二者，不欲以老子之權術自污也。(《諸子學略說》)〔註62〕

　　可見《故事新編》後期作品，是徹底打破個別的理想主義，賦予甜美的
諷刺乃至同情，這分明就是莊子之「以天下爲沉濁，不可與莊語」的視野和
風度。「不可莊語」，自會諧出，於是一系列的「油滑」「無事」反而成了「不
遣是非，以與世俗處」的境界的絕好表達。這裏要十分注意的是，魯迅的這
一寫作境界，並非是在世俗的行動之中失去方寸，解決個人精神困境的莊子
思維，與別個人之借用老莊思想給自己「精神勝利法」來麻醉於現實從而無
甚特操，完全是兩碼事。

　　從這個意義上說，魯迅的《故事新編》的題材選擇雖是極具「功利性」
的，然而，他依靠它的這種「功利性」，卻復活了一個全新的從未封閉的豐
富而喧囂的世界。它們的意義的伸展，一方面遭遇尷尬的瓦解，另一方面，
意義又被鮮活而豐富的細節所點燃。與最初的倫理探尋的寫作初衷不同的
是，作品如此展開的世界則更加顯示出了某種博大的胸懷。《故事新編》內
部之有如此的趨勢，大概是緣自魯迅病事交雜，日漸沉重，對生死對歷史作
出深刻而厚重的宣泄吧。從《理水》到《起死》，他陡然將筆調邁向了蒼涼
而靜穆的世界，正如他自己在病床上咕噥的那樣，「外面的進行著的夜，無
窮的遠方，無窮的人們，都與我有關。」〔註63〕或者，我們能夠在他的這
一篇最後時期的談生死疾病的「可歌可泣」的人生的文章中，看到魯迅三十
年代寫作《故事新編》的一種狀態，這種狀態十分簡單，但又是那麼的深刻：

　　　　象心縱意的躺倒，四肢一伸，大聲打一個呵欠，又將全體放在
　　適宜的位置上，然後弛懈了一切用力之點，這眞是一種大的享樂。
　　在我是從來未曾享受過的。我想，強壯的，或者有福的人，恐怕也
　　未曾享受過。……

　　　　李白怎樣做詩，怎樣耍顚，拿破崙怎樣打仗，怎樣不睡覺，卻

〔註62〕章太炎：《諸子學略說》，《章太炎講國學》，北京：東方出版社，2007年版，
　　　　第43頁。
〔註63〕《魯迅全集》，第6卷，《且介亭雜文末編》，《「這也是生活……」》，北京：人
　　　　民文學出版社，1981年版，第601頁。

不說他們怎樣不要顛，要睡覺。其實，一生中專門要顛或不睡覺，
是一定活不下去的，人之有時能要顛和不睡覺，就因爲倒是有時不
要顛和也睡覺的緣故。然而人們以爲這些平凡的都是生活的渣滓，
一看也不看。……

　　其實，展示的日常生活，是並不全部可歌可泣的，然而又無不
和可歌可泣之部相關聯，這才是實際上的戰士。〔註64〕

　　魯迅最後對生死全部的同等看待，實際上是回到了一種寬容豁達的心境
之中，吃喝拉撒，懶散用工，都是完全人生的組成部分。而《故事新編》之
中則充滿了如此多的這樣的簡單的生存，所有的英雄神像都和凡人一樣，都
要吃飯，都要睡覺，都有苦惱，且這些苦惱都不是常人所說的「可歌可泣」
的苦惱，這才是最眞實的全部的人生狀態。而文學，也應該肩負起這樣的簡
單的道理，並且按照它應有的理路將人生的這種不幸呈現出來。

三、從《吶喊》《彷徨》到《故事新編》

　　上文提及，魯迅的前期創作中帶有明顯的「曲筆」性，其中一個非常重
要的主題就是「國民性的批判」，雖然，從功效上來說，這一主題是貫穿魯迅
創作始終的。關於「國民性」的敘述，除了魯迅所觀察的童年農人的鄉村和
知識分子充斥的城市之外，魯迅還借助了某種「外在」的眼神來觀察自身。
這就是爲什麼至今爲止，仍然有許多對中國農民社會深懷眷戀的研究者認爲
魯迅所描述的鄉村太過刻毒、扁平化，不是眞實的中國鄉土的原因。魯迅的
鄉村，自然和沈從文，廢名的鄉村有著明顯的差異，無論是詛咒、憐憫或者
是眷戀、批判，實際上都在作者「離開」之後建築了他們的文學空間。

　　作爲帶有強烈寫實色彩的魯迅文學來說，現實的參照和「他者的眼光」
同樣重要。在魯迅談到的西方人看待中國的書（即「他者的眼光」）中，有一
本是美國傳教士通過觀察中國所寫《支那人氣質》，這本書在明治時期流行於
日本，據說是當時及後來美國和日本瞭解中國的重要參考讀物，魯迅曾經在
1933 年期望有人能夠翻譯出來，希望國人讀來加以反省〔註65〕。而後，他還

〔註64〕魯迅：《「這也是生活……」》，《魯迅全集》，第 6 卷《且介亭雜文末編》，人民
　　　　文學出版社，1981 年版，第 600、601、603 頁。
〔註65〕魯迅：《書信集・致陶亢德》，《魯迅全集》第 13 卷，人民文學出版社，1981
　　　　年版，第 245～246 頁。

給他的日本朋友，同樣是基督徒的內山完造寫的另一本關於觀察當時中國人品性的《活中國的姿態》寫序，他提及這些外國人所寫的中國人的情狀，中國人需要在感性上多加瞭解和反省。

《支那人氣質》這本書中〔註66〕，作者展露了19世紀後期二十世紀初期中國的貧瘠和落後，我們也能在作者的帶有幽默和同情氣息的筆調之中，找到魯迅作品的影子。比如，談到中國人之間的相互辱罵，以侮辱尊嚴和祖先，而不就事論事（《阿Q正傳》）；比如，中國人在臨死之前的喧鬧和沒有尊嚴（《父親》）；還有中國人在議論他人之時的「八卦」特色（「阿金」）；甚至有關中國人對人死之後的靈魂問題（《祝福》）等等。這些都能夠看出魯迅有意識地在揭露國民弊病。有研究者甚至認為魯迅的文學寫作，實際上很受這本書的影響〔註67〕。相似的是，這種揭露「對象化」的結果，正如美國人之帶著好奇、不解、同情的「陌生化」語氣，魯迅小說中也攜帶一種變異了的文學上的「陌生化」。

很顯然，這種「陌生」並不是魯迅照搬了日本或西方人的視角，而是在他們的文字之中找到了某種共鳴。正如前文所述，他的這種「陌生」視角並不是別人賦予他的。而是一種現代的文學視角。魯迅生活在十九世紀到二十世紀過渡的五十多年中，也是世界文學積纍、勃發得最為令現在人震驚的時期，他能夠看到偉大的世界文學的某些共同之處，無論是日本人的冷峻、超脫、壓抑，還是俄羅斯文學中的精密、細緻、廣大、沉鬱，都讓他知曉真正的偉大文學恰恰是對所有的人間世象所露出驚奇喜悅的神色。正如他後期著力翻譯的《死魂靈》一樣，他深知，果戈理的創作核心並不是在揭露俄羅斯國民的現實世界，或帶著某種強烈的道德使命感加以批判，而是將之「陌生化」，從而在腐朽人性土壤上開出野花，作家所親眼看到的這一切都不是「理所當然」〔註68〕。魯迅恰恰把握了這一原則，在他的小說創作中將那些富於「國民性」特色的典型人物描寫得淋漓盡致，當然，和果戈理《死魂靈》第一部不同的是，魯迅的小說《吶喊》內部蘊含了強大倫理即社會改革的期許。

〔註66〕明恩溥：《中國人的文明和陋習》，李向辰譯，陝西人民出版社，2013年版。
〔註67〕李冬木：《魯迅怎樣「看」到阿金？──兼談魯迅與〈支那人氣質〉關係的一項考察》，《魯迅研究月刊》，2007年第7期。
〔註68〕「我認為真正的藝術家不會對任何事情抱理所當然的態度」。納博科夫：《俄羅斯文學講稿》，丁駿、王建開譯，第114頁。

　　魯迅早期的對於「國民性」的批判，帶有具體的實在感，到了後來，他的作品似乎不滿足於這種帶有「曲筆」特色的「吶喊」，而是不露聲色地讓人們沉浸在中國新時代的表象世界之中，從中提取更為混亂同時更為豐富的質素。從《吶喊》到《彷徨》再到《故事新編》，我們能夠看到即使在小說文體內部，也在發生著某種鮮明的跳躍性。

四、「無邊的現實主義」：《故事新編》與後期雜文寫作

　　　魯迅批判思想的精髓，必須在他對體系化陷阱以及自我陶醉的
　　雙重閃避所餘留的不確定空間去找尋。〔註69〕

——胡志德

　　是在激流之中尋求安歇之處寫點小品文或愛情小說，還是赤膊上陣，以一種戰鬥的姿態自存，文學創作正式起步時已近不惑的魯迅選擇了後者。雜文便是這種情勢之下的倫理文學，魯迅在作品中幾乎明確表達了他對於國家、民族、文化、政治乃至國民性的一切看法，為此，他也公然地站在時未「合法」的政黨一邊，對當政者進行激烈的攻擊。三十年代他所影響下的那些小報刊如《十字街頭》甚至滿紙髒話地對敵投槍，宣傳無產階級思想和文藝，他也對此作派毫不阻攔。這種偏激，的確能夠讓人想到憤激時候的莊子和尼采的諸多譬喻。或許有人會認為這種流氓式的「放蕩」是魯迅的晚年的巨大瑕疵，但是從更深層的意義上說，魯迅所具有的那種因為強大精神理想和現實之間的巨大差異所帶來的痛楚，以至於蔑視和憤恨，正可以得到說明。波德萊爾對於「放蕩」有一句話，說「放蕩有時與天才俱來，這不過證明了天才的極為強大；不幸的是，對許多年輕人來說，這個題目，不是表示一種偶然，而是表示一種必不可少的東西」〔註70〕。或許，我們能夠從這段話當中得到啟示，便是那些對魯迅的思想進行捨本逐末的自喜之剖析從而證明其倫理上的惡意與偏俠的行為，其本身可能含有某種惡意和偏狹。而魯迅的這種「寸鐵殺人」的行文方式及其思想是否也是《故事新編》的靈魂呢？

〔註69〕　〔美〕胡志德：《胡風與魯迅批判》，轉引〔美〕自安敏成：《現實主義的限制
　　　　　——革命時代的中國小說》，姜濤譯，北京大學出版社，2001年版，第66頁。
〔註70〕　〔法〕波德萊爾：《給青年文人的忠告》，《波德萊爾美學論文選》，郭宏安譯，
　　　　　北京：人民文學出版社，1987年版，第18頁。

　　很顯然，《故事新編》尤其涉及到了魯迅的後期思想。而理解其後期文學行為是一個十分微妙和複雜的過程。研究者們喜從《故事新編》中推導出雜文中相對理性的分析，形象化地加以證明，甚至認為《故事新編》是「雜文化的小說」，因此其主題思想的探討也難逃雜文中的核心命題。但實際上，《故事新編》文體的催生伴有與之並不完全一致的文學上的複雜性。魯迅最後甚至放棄了早期帶有利用古舊形象進行排遣自我的小說寫作，而是直接參與到了一種更廣大的語言世界之中。

　　唐弢在《故事的新編，新編的故事》（1960 年 6 月）中說《故事新編》：「一方面保持著他在小說創作中嚴謹的現實主義的原則，一點也不肯將古人寫歪；另一方面，通過藝術概括大膽地馳騁著浪漫主義想像，發揮了他在雜文裏經常運用的那種漫畫化的手法」〔註71〕。將雜文中「漫畫化」手法的發揮，顯然是從文學的表現力上直接將魯迅的雜文和後期小說直接掛鉤在了一起。竹內好曾經在文章中說，「籠統而言，中國文學是從文學革命流向革命文學，再到無產者文學，而伴隨著無產者文學的解體又逐漸呈現出一個朝向民族主義的統一傾向的。」並且他認為魯迅並不是獨立在這個文學的歷史脈絡之外的作家，而是「與中國文壇共同搖擺」〔註72〕，丸山升繼承了竹內好的這種說法，注重從魯迅的政治履歷之中考察魯迅的內在精神面，他認為：「中國革命這一問題始終在魯迅的根源之處，而且這一『革命』不是對他身外的組織、政治勢力的距離、忠誠問題，而正是他自身的問題。一言以蔽之，魯迅原本就處在政治的場中，所有問題都與政治課題相關聯；或者可以進一步說，所有問題的存在方式本身就出在政治的場中，『革命』問題作為一條經線貫穿魯迅的全部。」〔註73〕那麼，在這種情況下魯迅在不同時期的作品分別都具備了各自時期的「革命」的特質和要素，有意思的是，作為與中國文壇「共同搖擺」的文學樣式，《故事新編》成為一襲難解的迷霧。竹內好後來稱「《故事新編》是文學者魯迅未果之夢跡」，但同時按照他在《近代的超克》中的思路，《故事新編》又在他所能闡釋的魯迅的語言的範圍之

〔註71〕唐弢：《唐弢文集》第 7 卷（魯迅研究卷下），社會科學文獻出版社，1995 年版，第 369 頁。

〔註72〕〔日〕竹內好：《近代的超克》，李冬木譯，北京：三聯書店，2005 年版，第 110 頁。

〔註73〕〔日〕丸山升：《魯迅・革命・歷史──現代中國文學論集》，王俊文譯，北京大學出版社，2005 年版，第 29 頁。

外，好比是一個「跟全體對立一樣展示著一個新的世界」〔註74〕。

魯迅的雜感寫作由來已久，從二十年代到三十年代大致可以分為幾個部分。第一個部分是表達知識分子自身的思想變化，如暗沉的《野草》，第二個部分是關於社會和自我思想的雜感之類，如《墳》等。到了大革命失敗以後，魯迅的雜感寫作開始主要面臨世俗的對象，著力於「向外」的「戰鬥性」。頗有意味的是，1927 年到 1928 年左右魯迅的雜文寫作主要是面對「革命文學」發表自己看法，對方攻擊魯迅是「有閒」「有錢」的「侍弄古董」的「堂吉訶德」，而到了 1928 年的下半年，魯迅一方面反駁虛偽的脫離大眾的革命文學者，另一方面積極學習、閱讀和翻譯革命文藝書籍，轉而又變成了看似激進的一派。魯迅在這兩個期間的雜文寫作是最具備鬥爭性的，中間的廈門一沉寂，彷彿都是猛獸後退，為縱然一躍的蟄伏。但是這兩個時期的不同，也是魯迅雜文研究者的關注的核心。

更為複雜的是，在不同的時期，魯迅的雜感、雜文寫作伴隨著小說創作的始終。如上文的研究一樣，魯迅一方面用雜感表達自己對社會的看法，而《野草》之類則是其內心的獨白式的解脫；到了《彷徨》階段的時候，魯迅依然表達的是與他的一貫的戰鬥性和開放性不相一致的迷茫和探索；而後期的雜文寫作，魯迅的兩種文體，除了舊體詩之外，與它形成一種對峙的姿態的，恰是《故事新編》。那麼，對於魯迅的晚年，顯然要處理的是他的晚期雜文寫作和《故事新編》到底在文體在思想上存在著什麼樣的關係。伊藤虎丸因為二者之間在時間和空間上的相互疊合性，從而肯定二者之間一定有著什麼樣的關係，他這樣評論《故事新編》的內在軌跡：

> 可以認為魯迅在思想上和政治上都是支持馬克思主義的，但作為作家，他卻沒留下一篇稱得上「普羅文學」的作品。他再被認為接受了馬克思主義一吼（後），小說創作也僅有《故事新編》中《非攻》以下 5 篇。其次，如果說魯迅的思想是在二十年代後期由進化論發展到了馬克思主義，那麼這一「發展」也就不能不在從 1922 年的《不周山》（改題為《補天》）經過 1926、1927 年的《眉間尺》（改題為《鑄劍》）和《奔月》，到 1933、1935 年的《非攻》和《理水》這一過程中的具體作品構成和作品中的人物

〔註74〕〔日〕竹內好：《近代的超克》，李冬木譯，北京：三聯書店，2005 年版，第101 頁。

性格上反映出來。這就是說，《非攻》和《理水》以下的作品，也
就成了說明魯迅作為小說家所接受的馬克思主義是怎樣的一種
「主義」的惟一材料。〔註75〕

可是，在這一時期內，魯迅從未提倡過文學寫作的具體系統的理論方
法，在他自己的作品或文章中，也不曾提到任何明顯的馬克思主義創作方
法。他在這段時間內所寫的作品，只有收入《故事新編》的五篇小說。也就
是說，這五篇作品，是從小說家角度去研究魯迅文學中的馬克思主義的幾乎
「惟一材料」。雖然，那都是些取材於古代故事的作品，除了《非攻》《理水》
的顯著的人物塑造外，表面上看不出絲毫基於「馬克思列寧主義學說」及「共
產主義的世界觀」之上的痕跡。〔註76〕伊藤虎丸的這種評論，實際上似乎
延續並具化了他的先輩竹內好對於魯迅小說的整體脈絡的模糊看法〔註
77〕，然而，這種說法如果沒有具體的考察和說明，還是模糊和曖昧的。

（一）魯迅後期雜文之「雜」

什麼是魯迅眼中的雜文呢？魯迅曾經在《且介亭雜文》序言中指出：

其實「雜文」也不是現在的新貨色，是「古已有之」的，凡有
文章，倘若分類，都有類可歸，如果編年，那就只按作成的年月，
不管問題，各種都夾在一處，於是成了「雜」。〔註78〕

這「古已有之」便是指劉勰《文心雕龍》卷三《雜文》中所言：「詳夫
漢來雜文，名號多品：或典誥誓問，或覽略篇章，或曲操弄引，或吟諷謠詠。
總括其名，並歸雜文之區。」〔註79〕值得注意的是，魯迅在這裏將文集明確
冠「雜文」，而之前的《準風月談》《偽自由書》《花邊文學》之類不能不說

〔註75〕〔日〕伊藤虎丸著，《魯迅與日本人》，李冬木譯，石家莊：河北教育出版社，
2000 年版，第 156 頁。
〔註76〕〔日〕伊藤虎丸著，《魯迅與日本人》，《〈故事新編〉之哲學序》，李冬木譯，
河北教育出版社，2000 年版，第 45 頁。
〔註77〕竹內好認為：「和《吶喊》、《彷徨》相對立的，是晚年編為一集的《故事新
編》。這種對立似乎不是來自於題材和處理方式，而是小說的路子原本不
同，我甚至懷疑是否專為抹殺《吶喊》和《彷徨》才寫《故事新編》的。」
〔日〕竹內好：《近代的超克》李冬木譯，北京：三聯書店，2005 年版，第
81 頁。
〔註78〕《且介亭雜文序言》，《魯迅全集》第 6 卷，北京：人民文學出版社，1981 年版，
第 3 頁。
〔註79〕《文心雕龍校證》，王利器校箋，上海古籍出版社，1980 年版，第 97 頁。

也是這樣的文體，而在此這個「雜文」的新界定，顯然是魯迅應對當時在文壇上人們對他的這種文體的批評。而根據劉勰看法，諸種文體會於一集乃曰「雜」，而單篇在體式上似乎是固定的，也就是說，魯迅所劃分的「雜文」文體，顯然是一個總括的概念。魯迅自己也曾說，隨筆是屬於雜文的一類的〔註80〕，我們的確也能夠從魯迅的三十年代的 6 本雜文集中看到不一樣的文章體式。如《半夏小集》很像早期隨意點染的雜感集，又如《阿金》〔註81〕之於《吶喊》，《憶韋素園君》之於《朝花夕拾》，《秋夜紀遊》《我要騙人》之於《野草》等等，至於序文雜感之類也隨時可見，但如果讀者足夠細心，也基本上能夠看出魯迅「雜文」中有一個穩固的文體脈絡，那就是針砭時弊的隨筆雜感，一方面它的時效性非常強，另一方面，魯迅也深知他採用這種文體的功利性，他在《且介亭雜文二集》後記中總結說：

> 從《新青年》上寫《隨感錄》起，到寫這集子裏的最末一篇止，
> 共歷十八年，單是雜感，約有八十萬字。後九年中的所寫，比前九
> 年多兩倍；而這後九年中，近三年所寫的字數，等於前六年。那麼，
> 所謂「現在不大寫文章」，其實也並非確切的核算。〔註82〕

可見魯迅在雜文寫作上的勤奮。除了翻譯和編輯書籍之外，恐怕魯迅把大量的精力都用在寫作雜文上了。竹內好說：「像周作人與林語堂那樣，各自擁有自己立場的批評家也並不少，但像魯迅那樣以論爭爲媒介打倒對手，自己也生活在對手之中的做法是絕無僅有的，而且今後恐怕也不會有。」〔註83〕但是，讀者的看法未必如魯迅，他們仍然站在舊有的文學視野上來看待魯迅的成就，魯迅因此曾經這樣辯解說：

〔註80〕《且介亭雜文二集・〈打雜集〉序》：「雜文中之一體的隨筆，因爲有人說它是近於英國的 Essay，有些人也就頓首再拜，不敢輕薄。」《魯迅全集》，第 6 卷，北京：人民文學出版社，1981 年版，第 292 頁。

〔註81〕本篇雖然在雜文的篇目裏，但是對阿金這個人物的描寫相當的精緻、細膩。幾乎是寫實了的。這個女人委瑣、無聊，然而又自覺活得充實，可愛。這是魯迅感到悲哀的。那就是如果中國全體的女性是如此，那麼將來會是什麼樣子呢？「願阿金不能算是中國女性的標本」。魯迅在論戰之中之對於群眾階層的袒護和愛轉而因爲他們的這種無聊的甚而是愚昧的生活而感到失望。這種矛盾的心情也能在《故事新編》之中體現出來。

〔註82〕《魯迅全集》，第 6 卷，《且介亭雜文二集》後記，北京：人民文學出版社，1981 年版，第 451 頁。

〔註83〕竹內好《魯迅入門》（之五），靳叢林等譯，《上海魯迅研究》，2007 年秋季號，第 212 頁。

但我知道中國的這幾年的雜文作者，他的作文，卻沒有一個想到「文學概論」的規定，或者希圖文學史上的位置的，他以為非這樣寫不可，他就這樣寫，因為他只知道這樣的寫起來，於大家有益。農夫耕田，泥匠打牆，他只為了米麥可吃，房屋可住，自己也因此有益之事，得一點不虧心的糊口之資，歷史上有沒有「鄉下人列傳」或「泥水匠列傳」他向來就並沒有想到。如果他只想著成什麼所謂氣候，他就先進大學，再出外洋，三做教授或大官，四變居士或隱逸去了。歷史上很尊隱逸，《居士傳》不是還有專書嗎？多少上算呀，噫！

其實，近一兩年來，雜文集的出版，數量並不及詩歌，更其趕不上小說，慨歎於雜文的泛濫，還是一種胡說八道。

我是愛讀雜文的一個人，而且知道愛讀雜文還不只我一個，因為它「言之有物」。我還更樂觀於雜文的開展，日見其斑斕。第一是使中國的著作界熱鬧、活潑；第二是使不是東西之流縮頭；第三是使所謂「為藝術而藝術」的作品，在相形之下，立刻顯出不死不活相。〔註84〕

很顯然，魯迅通過給徐懋庸的雜文集寫序，一反過去認為的雜文在純粹的文學創作中的重要作用〔註85〕，在這裏他幾乎說明了寫雜文的意圖和他本身給雜文的定位：首先，雜文實際上是魯迅對文學於時局功利性的一種期許，在很早的《語絲》《莽原》時期魯迅就曾經寫信朝許廣平不無抱怨地談到所收稿件詩歌小說居多，而「社會批評」少，因而同時，他也是有意識地踐行這種文體；其次，他將雜文文體當作是文學演進中的一種新的有活氣的文體，並不認為這種文體遜色於詩歌或者小說，相反，它「於大家有益」，而且顯出「中國著作界的熱鬧，活潑」。這也是魯迅五四以來一貫地對文人的虛浮和空泛的失望和反省。另外，我們也能夠從魯迅自我的陳述中看到他編集的辦法

〔註84〕 魯迅：《且介亭二集·徐懋庸〈打雜集〉序》，《魯迅全集》第6卷，北京：人民文學出版社，1981年版，第291、292、293頁。
〔註85〕 1932年12月14日《〈自選集〉序言》中魯迅稱自己「可以勉強稱為創作的，在我至今只有這五種」，也就是指《吶喊》《彷徨》《野草》《朝花夕拾》《故事新編》前半部。可見魯迅在這一時期對於雜感、雜文之類並不看成是一種獨立的創造型的作品。《魯迅全集》，第4卷，《南腔北調集》，第456頁。

是「凡有文章」「按照編年」，可以斷定魯迅更多的關注的是時間（歷史），而不是完全指文體，所以他稱之為「雜文」。魯迅也曾多次在論戰中說，要顯示論證的全部，而不是只看一面〔註86〕，他更在乎的是作品的時間和內容，也就是在長度和廣度上的準確性。很顯然，魯迅更重視雜文創作「史」的性質。從雜文作品中「史」的性質的強調和內容的「於大家有益」的功利性的強調，很可以看出它們的內在的文學特點。他那篇著名的對朱光潛「靜穆」說的批評就是魯迅當時歷史觀和文學觀的一個很好的例子。他通過對朱光潛的美學態度的批判，指出文學（美學）研究應當呈現原作的全貌、作家的全貌乃至整個歷史的全貌。〔註87〕

　　為什麼魯迅在這一時期轉而如此專心地尋求一種功利意義上的文學，顯然與他所處的社會文化環境岌岌可危有直接的關聯。當然，他的雜文中的這種文學上的「急功近利」的態度很為現在的很多讀者所不滿，其中峻急而緊迫乃至偏激的句子甚至會讓人反感，倘若他的雜文寫作的才能用在更豐富的文學創作之中該是怎樣一番景象？這是很多一廂情願的讀者所感到扼腕歎息的。然魯迅的路徑也有其自然的趨理。我們也許能夠從他的一篇批評小品文作家的段落裏找到最直接的原因：

　　　　寫著這樣的文章，也不是怎麼舒服的心地。要說的話多得很，但得等候「中日親善」更加增進的時光。不久之後，恐怕那「親善」的程度，竟會到我們中國，認為排日即國賊——因為說是共產黨利用了排日的口號，使中國滅亡的緣故——而到處的斷頭臺上，都閃爍著太陽的圓圈的罷，但即使到了這樣子，也還不是披瀝真實的心的時光。〔註88〕

〔註86〕《且介亭雜文二集・「題未定草」八》：「只是這些敵人是決不肯自承，……也決不肯任其流傳的……於是到了後來，就只剩下一面的文章了，無可對比，當時的抗戰之作，就好像無的放矢，獨個人向空中發瘋。」《魯迅全集》第6卷，北京：人民文學出版社，1981年版，432頁。
〔註87〕《且介亭雜文二集・「題未定草」六》，同時他批評朱光潛所代表的空泛美學上所附著的文人，「徘徊於有無生滅之間的文人，對於人生，既憚擾攘，又怕離去，懶於求生，又不樂死，實有太板，寂絕又太空，疲倦得要休息，而休息又太淒涼，所以又必須有一種撫慰」。《魯迅全集》第6卷，《且介亭雜文二集》，北京：人民文學出版社，1981年版，第426頁。
〔註88〕《且介亭雜文末編・我要騙人》，《魯迅全集》第6卷，《且介亭雜文末編》，北京：人民文學出版社，1981年版，第488頁。

　　也就是說，魯迅一方面認識到時局的緊張和文人的無用，另一方面積極開闢文學在歷史現實的掙扎和戰鬥上的可能性——一切究源於中有急迫。再看魯迅在雜文寫作之際的特點，可以明顯地看出，魯迅也絕不是「朝天空發瘋」，而這正是魯迅雜文寫作推動的潛流，檢點從《準風月談》到《且介亭雜文末編》能夠很明晰地看到，幾個大的論爭背後魯迅的真正的社會歷史和哲學態度。他不拘限於自己，願意被批評，甚至願意論戰，這樣可以在辯難之中自我調整和成長。

　　至於《故事新編》和後期雜文之間的密切關係，研究者們傾向於通過雜文中的內容去尋找《故事新編》在其中的影子。自然，作為小說，多半取材於現實，於是我們就能夠看到許多這樣的聯繫甚至氛圍，這些都是多感而敏銳的魯迅在現實中所發見的小說材料積纍的基礎。例如《理水》中相應的「闊人已騎文化去，此地空餘文化城」〔註89〕的氛圍，都是魯迅寫作時現實的思考：失地而不失文化不過是一種幻想，在民族危亡時刻談文化的國粹都是滑稽可笑的。而至於顧頡剛中的「疑古思想」，魯迅在《崇實》中也說：「倘說因為古物古得很，有一無二，所以是寶貝，應該趕快搬走罷。這誠然是說得通的。但我們也沒有兩個北平，而且那地方也比一切現存的古物還要古。禹是一條蟲，那時的話我們且不談罷，至於商周時代，這地方確是已經有了的。為什麼倒撇下不管，單搬古物呢？」〔註90〕這段話可以看出魯迅對顧頡剛胡適等人的「科學歷史」思想的不屑，即客觀真理的追求在民族危亡面前毫無意義，且這種考察不過是使民族喪失自覺心的砝碼，既然禹已不存在，又何來對中華民族的最初認識，亡國與不亡毫無兩樣。1933年4月《中國人的生命圈》有「雖然一面是別人炸，一面是自己炸，炸手不同，而被炸則一。」〔註91〕魯迅《理水》中常也出現這種「水天一色」的不堪局面：一面是洪荒，一面是《山海經》中的神國投遞下來的給文化人好處的食物，而給民眾的是樹皮和草葉是炸彈，可見魯迅用這些荒謬無邏輯的細節表達的對於實情之同情與傷心。那麼，《故事新編》與後期雜文之間的這種相互映照是否就能夠達

〔註89〕　《魯迅全集》第4卷，《南腔北調集》，北京：人民文學出版社，1981年版，第477頁。

〔註90〕　《魯迅全集》第5卷，《偽自由書》，北京：人民文學出版社，1981年版，第12頁。

〔註91〕　《魯迅全集》第5卷，《偽自由書》，北京：人民文學出版社，1981年版，第99頁。

到二者思想和語言上的完美的一致和統一呢？這是筆者所要關心的核心問題，以下從他所論及的文藝思潮分幾個方面來討論。

（二）硬譯與《故事新編》：以魯迅對盧那察爾斯的翻譯爲例

1928 年之前的文藝論爭，魯迅冷靜地站在反對青春陽光的「太陽社」和「創造社」一邊。魯迅爲什麼一任樹敵，成爲靶心，是其個性使然，還是其太沉溺於自我？按照他自己的說法，是因爲看到當時的所謂「革命文學」的宣傳上的幼稚和成果上的慘淡。到了 1928 年的下半年，魯迅一方面反駁虛僞的脫離大眾的革命文學者，他在給韋素園的信中批評創造社說：「一切都非依這史觀著作不可，自己又不懂，弄得一塌胡塗。」〔註92〕另一方面積極學習、閱讀和翻譯革命文化書籍。變被動爲主動。《壁下譯叢》即是對革命文學的直接的回應。

魯迅之選擇對於文學理論的眞正介入和探討，與其對外界的現實環境及因之而起的文化波動的敏感有關，加之他本人是一個善於將自我剖析到對立面的人物，故其痛苦的變革過程也是一個內外的催生過程。

李霽野回憶魯迅說馬列主義是「最明快的哲學，許多以前認爲糾纏不清的問題，用馬克思主義觀點一看，就明白了。」〔註93〕從魯迅的早期著作中可以看出，魯迅的文學事業本身背負著革命時代的一種民族使命感。也就十分強調文學的最終的社會功用。那麼，系統有致的馬列主義哲學，也許一方面提供了陳舊的古典文學審美範式所沒有的民族遠景，另一方面，內部的明晰的主題也脫穎而出了。這自然是之前接觸的民族文學、日本自然主義文學乃至尼采哲學中所沒有的。李霽野的這段回憶似乎也不是空穴來風。

1930 年，在共產黨的干預之下，魯迅與那些論爭的團體共同構成了左聯。此後，魯迅開始集中精力與新月派論爭。第一戰即是針對梁實秋的《「硬譯」與文學的階級性》。按一般思路，「硬譯」這樣的「技術活」，如何上升到政治、階級、革命的範疇裏？

梁實秋在《新月》二卷 6、7 號合刊（1929）分別發表了《文學是有階級性的嗎？》《論魯迅先生的「硬譯」》之後，實際上是對翻譯和文學的階級性的質疑和批評。在這裏，魯迅強調了翻譯時有其自身的漢語空間的開拓，

〔註92〕《魯迅全集》，第 11 卷，北京：人民文學出版社，1981 年版，第 629 頁。
〔註93〕李霽野：《回憶魯迅先生》，新文藝出版社，1956 年版，第 38 頁。

他不是封閉的體系，因而一開始「生造」會帶來不爽快，但如果成為習慣之後，就會有利於漢語的句法的豐富和開拓，而如果比照了順爽的句法，則很容易使漢語走向死胡同。〔註94〕他似乎很清楚翻譯事業有一套自身的「進化史」，他說：

> 然而，世間總會有較好的翻譯者，能夠譯成既不曲，也不「硬」
> 或「死」的文章的，那時我的一本當然就被淘汰，我就只要來填這
> 從「無有」到「較好」的空間罷了。〔註95〕

另外，魯迅發現梁實秋不懂得他所譯，認為是因為他根本就不懂得這方面的知識，讀不懂便來要怪翻譯本身。魯迅的這一反擊，雖然看中的是翻譯技術，到了後來就成了對於新月派的整個文學理念的攻擊。首先，他認為，階級文學理論的好處是「明快」的，但他並不認為是只要這一家的，另外的文學也要存在；其次，他又不贊同那些看似懂得無產階級文學理論的所謂新銳批評家們，如蔣光慈；再就是，魯迅認為梁實秋等人提出的人性的文學論否認階級的文學論，也是十分可笑的，甚至不無偏激地說，上升到人性，不如上升到生物的文學〔註96〕。

可以看出，魯迅對文學的階級性也並不簡單地認同，而是有他自己的判斷力。連帶著的是，他對於當前的翻譯事業的不滿，他舉例說尼采和達爾文的翻譯不足，而另一邊談到他們的人卻趨之若鶩，與其如此，還不如弄出個究竟來〔註97〕。這或許也是魯迅為什麼後來支持徐梵澄翻譯尼采，而鼓勵瞿

〔註94〕 魯迅：《「硬譯」與文學的階級性》：「日本語和歐美很「不同」，但他們逐漸添加了新句法，比起古文來，更宜於翻譯而不失原來精悍的語氣，開初自然是須「找尋句法的線索位置」，很給了一些人不「愉快」的，但經找尋和習慣，現在已經同化，成為己有了。中國的文法，比日本的古文還要不完備，然而，也曾有些變遷，例如《史》《漢》不同於《書經》，現在的白話文不同於《史》《漢》；有添造，例如唐譯佛經，元譯上諭，當時很有些「文法句法詞法」是生造的，一經習用，便不必伸出手指，就懂得了。現在又來了「外國文」許多句子，即也須新造，──說得壞點，就是硬造。據我的經驗，這樣譯來，較之化為幾句，更能保存原來的精悍的語氣，但因為有待於新造，所以原先的中國人是有缺點的。」《魯迅全集》，第4卷，北京：人民文學出版社，1981年版，第199～200頁。

〔註95〕 《魯迅全集》，第4卷《二心集》，北京：人民文學出版社，1981年版，第210頁。

〔註96〕 《魯迅全集》，第4卷《二心集》，北京：人民文學出版社，1981年版，第204頁。

〔註97〕 《「硬譯」與文學的階級性》：「中國曾經大談達爾文，大談尼采，到歐戰時候，則大罵了他們一通，但達爾文的著作的譯本，至今只有一種，尼采的則只有半部，學英德文的學者及文豪都不暇顧及，或不屑顧及，拉倒了。」《魯迅全

秋白翻譯俄國文學及其文藝理論的原因。

　　至於魯迅爲什麼在翻譯理論之時表現出如此的艱澀功夫，恐怕來自對理論本身的嚴肅性的認識。魯迅同時也翻譯過一些文學作品，後者的確在文從字順和理解性上比較容易一些。除了體現出剛開始說的中國讀者對於理論的生疏從而導致文法顯得更爲艱澀之外，還包括魯迅在文學翻譯的過程中相對顯得自由一些。因爲他深刻地把握了漢語本身作爲文學語言的美感。而翻譯謹嚴的馬克思文藝理論則需要深刻推敲，逐字逐句獲得。另外，似乎也與魯迅早年的學術積纍和學術習慣有著很大的關係。

　　是否存在著這樣一個邏輯：那就是魯迅嚴肅刻板的翻譯方式實際上是某種對漢語語法進行改造和前進的考慮，同時因爲它是符合漢語的習慣又是穩健的；另一方面，面對漢語語言本身的既定的規律和習慣，魯迅的這種翻譯又好像是稚拙，落後和不招漢語讀者待見的。也就是說，魯迅本著漢語客觀的規律，以一種開放的心態來對待翻譯，在沒能夠用更好的方式來詮釋與翻譯外來理論或文學之前，他寧願選擇類似樸學中的「笨功夫」。他甚至也知道，作爲一種革命時代的文學翻譯，他更多地是爲了自己和試圖瞭解這一思想體系的知識分子的閱讀期待和接受，而不僅是爲了他所提出的無產階級大衆的文學願景：「爲了我自己，和幾個以無產階級文學批評家自居的人，和一部分不圖「爽快」，不怕艱難，多少要明白一些這理論的讀者。」〔註98〕

　　以上所談是翻譯的形式問題，三十年代之後魯迅在雜文中也多次提及當時中國的翻譯事業。他一方面對那些不講求歷史，將自身陷入「絕境」的「超脫」的文學觀加以批評，另一方面，也並未放棄文學形式本身的審美性的需要。他曾針對穆木天批評樓適夷的《二十世紀歐洲文學》中說樓氏的一些對法國文學稱讚的按語是不對的看法發表意見。魯迅解釋說：「凡作者，和讀者因緣愈遠的，那作品就於讀者愈無害。古典的，反動的，觀念形態已經很不相同的作品，大抵即不能打動新的青年的心（但自然也要有正確的指示），倒反可以從中學學描寫的本領，作者的努力。」另一方面，他又審愼地提出：

　　　　恰如大塊的砒霜，欣賞之餘，所得的是知道它殺人的力量和結
　　晶的模樣：藥物學和礦物學上的知識了。可怕的倒在用有限的砒霜，

　　　　集》，第4卷，《二心集》，北京：人民文學出版社，1981年版，第211頁。
〔註98〕《「硬譯」與「文學的階級性」》，《魯迅全集》，第4卷，《二心集》，北京：人
　　　　民文學出版社，1981年版，第209頁。

和在食物中間，使青年不知不覺的吞下去，例如似是而非的所謂「革命文學」，故作激烈的所謂「唯物史觀的批評」就是這一類，這倒是應該防備的。〔註99〕

可見魯迅在當時的翻譯內容上的處理方法還是有所區分的。在他眼裏，這些無產階級文藝理論與其說是一種哲理或者行動指南，毋寧說它是一種社會科學。例如翻譯果戈理，是魯迅在晚年無論從翻譯的形式還是在翻譯的內容上都是尊著漢語的習慣和文學審美本身的需要而作的一些開明而豁達的努力，雖然，它與時代的「革命文學」和「無產階級文藝理論」並無直接的關聯。

魯迅所「硬譯」的盧那察爾斯基的思想其實也多少給了我們一些啟示。1927 年 1 月（《莽原》2 卷 1 期）《現代文學的共通性》這篇譯文中就談到盧那察爾斯基的言論及其文學觀：

　　　　社會底進化，生活中的「局勢變遷」免不了要隨身帶著文學中的，亦即它底結構和體裁中的「局勢變遷」。普式金底，尤其是都介涅夫底平衡靜思的風調在革命生活如陀思妥耶夫斯基的一些古典作家那裏，找到極異樣的生活底拖累來替代勻稱有序的結構，這拖累常是雜亂而且初看來很荒誕可笑，雖說在它自身後隱藏著有節制的作者一定的藝術心機。革命的作家沿著這道路還要更往遠處走。他們之間連最有節制的人都決然和舊文學底「姿態」決裂了。在詩底區域裏我們找到了自由的韻律，壯音的效果，詩的行數等等的破壞，在美術的散文的區域裏——倘若不是完全沒有題旨，那無論如何卻有它底乖僻的擴展；寓言的破壞，英雄的絕跡，代替個人主義等等而對於群眾心理加以特別注意。那透入著作品底裏去的詩人底社會觀和情緒便顯為這純一著的中心。

　　　　以此，那倘若不和英雄的，即難免和革命的日常生活聯合的題目和主旨底新範圍，便首先確定這現代文學的風調。

很顯然，盧那察爾斯基認為文學對象不是描寫英雄與貴族的感傷風調，而是走向平民個人的群眾心裏的描摹。另外，通讀包括魯迅當年所譯盧那察爾斯基的文章可以看到這位文藝批評家所著力之處：知識分子的身份的參與

〔註99〕《準風月談·關於翻譯（上）》，《魯迅全集》第 5 卷，北京：人民文學出版社，1981 年版，第 296 頁。

的有利性，雖然他們大多數傾向於個人主義，但其對無產階級勞苦大眾的領悟力仍然是佔有優勢的；新的革命文學建立在之前的優秀的文化成果之上，不是單獨的虛妄的無產階級的獨創性；社會的經濟的因素所賦予的階級劃分及其所代表的文藝類型；知行合一，無產階級文藝的要求及其特殊需要，在知識分子成爲無產階級的代言人之前（或無產階級本身）他們的藝術是自發地代表他們的階級，然到了此一時刻，知識分子一方面開始繼承前人所有的文藝成果，另一方面要批判地吸收，同時完成更爲先進的任務——即代表廣大實踐中的革命的前進的運動的無產階級的先進文藝的光明方向。故而，暫時，魯迅要求寫作者們只寫身邊的事，不一定要上前線，上工廠，而要寫「包括描寫現在中國各種生活和鬥爭的意識的一切文學」，展現「全部作品中的眞實的生活，生龍活虎的戰鬥，跳動著的脈搏，思想和熱情，等等」〔註100〕。從這裏可以看出，魯迅之選擇翻譯這一文學與革命關係的思維較爲切實的盧那察爾斯基，是遵循他一貫的文學創作原則的。

　　早在 1923 年出版的翻譯波德萊爾的《巴黎風光》的序言之中，本雅明就根據自己的翻譯經驗和已有的歐洲的翻譯理論，提出了自己的帶有哲學氣質的《翻譯者的任務》。他向來以帶有顛倒性質的哲學眼光來看待文學問題。他認爲對於文學翻譯者來說，那些不確定的內涵的翻譯反而更爲重要，否則翻譯的不是文學，而是「信息」，但這並不意味著使用慣有的本國的語言來傳達文本的涵義是最佳的選擇，他認爲語言之間是相互成長和變動的過程。對於譯本來說，它一方面是原作的「來世」，它的任務是傳達本質，另一方面它自身也通過翻譯實現了語言的變革。「正是譯作抓住了作品的永恆的生命之火和語言的不斷更新。因爲譯作不斷把語言令人敬畏的成長付諸檢驗，看看它們離隱藏的意義的敞露還有多遠，或者關於這一距離的知識能讓我們把這一距離縮小到何等程度。」繼而，他認爲這並不意味著翻譯就應該隨意的「意譯」，而是詞語與句式的「直譯」。他說：「如果我們要把一個瓶子的碎片重新黏合成一隻瓶子，這些碎片的形狀雖然不用一樣，但卻必須能彼此吻合。同樣，譯作雖不用與原作的意義相仿，但卻必須帶著愛將原來的表意模式細緻入微地吸收進來，從而使譯作和原作都成爲一個更偉大的語言的可辨認的碎片，

〔註100〕《魯迅全集》，第 6 卷，《且介亭雜文末編》，《論現在我們的文學運動——病中答訪問者，O. V. 筆錄》（1936），人民文學出版社，1981 年版，第 591～592 頁。

好像他們本是同一個瓶子的碎片。」「由直譯所保證的忠實性之所以重要，是因爲這樣的譯作反映出語言互補性的偉大嚮往。一部眞正的譯作是透明的，它不會遮蔽原作，不會擋住原作的光芒，而是通過自身的媒介加強了原作，使純粹語言更充分地在原作中體現出來。我們或許可以通過對句式的直譯做到這一點。在這種直譯中，對於譯者來說最基本的因素是詞語，而不是句子。如果句子是矗立在原作語言面前的牆，那麼逐字直譯就是拱廊通道。」〔註 101〕從這個意義上說，本雅明的這則翻譯理論恰恰能夠揭開魯迅之頑固地堅持文學翻譯上的「硬」的態度的巧合。

我們在後來魯迅和瞿秋白所掀起的一場關於《毀滅》的翻譯討論之中也能夠看到這一點。那麼，魯迅的著眼點恰恰是他意識到的這兩點：一個是他深深地知道文學的翻譯並不僅僅是在傳達文本的內容，也即本雅明所說的「信息」，文學的本質恰恰是「信息」之外的東西；另外，魯迅也深刻地知道文學語言的演進促使翻譯語言本身也應該是敞開的，而不是封閉起來的。正是用一種歷史的眼光去觀察語言，才應該在不斷的變革和創造之中使用自己的語言。雖然，本雅明懷疑轉譯的價值：

> 一部作品水準越高，它就越有可譯性，哪怕我們只能在一瞬間觸及它的意義。當然，這只是對原作而言。譯作本身是不可譯的，這不但因爲它本身固有的種種困難，更因爲它同原作意義之間的結合是鬆散的。〔註 102〕

在這一點上，魯迅似乎也知道這個問題。在別人指責他很多的文學作品都是根據日、德語轉譯過來的時候，他也深刻地認識到翻譯的不足，這從他對英語、俄語、德語等語種的翻譯人才的密切交往中就能夠體現。例如，這也可以集中體現在《解放了的董·吉訶德》的翻譯之時，他放棄自己翻譯，轉而對瞿秋白翻譯的重視上。

著眼於漢語的發展，認清文學語言的不確定性的本質，並且在「直譯」的方式之中展現作品傳達出的一種可能性的空間。這大概就是魯迅貢獻給那個時代的翻譯實踐和翻譯哲學。魯迅的「硬譯」理論在其文藝批評和文學翻

〔註 101〕本雅明著，漢娜·阿倫特編：《譯作者的任務》，《啓迪：本雅明文選》，張旭東、王斑譯，北京：三聯書店，2008 年版，第 86、90、91 頁。

〔註 102〕本雅明著，漢娜·阿倫特編，張旭東、王斑譯：《譯作者的任務》，《啓迪：本雅明文選》，北京：三聯書店，2008 年版，第 93 頁。

譯中得到了完全的體現，雖然二者的譯文的遊走方式不盡相同，但在魯迅看來，這均是一種開明而勇敢的改進中國漢語結構的嘗試。這一嘗試表面上看與其文藝創作無關，但實際上也體現了他的傳達語言的意識和習慣。

　　我們在《故事新編》中看到的，恰是這樣一種逐漸走向開放而自由的語言態度。以上分析可見魯迅的硬譯觀的核心在與梁實秋的論戰中體現爲馬克思主義式的階級性探討，但是在翻譯實踐上，我們可以清楚地發現，魯迅的硬譯最終指向的是文學和漢語語言本身，是在一個文學家立場上對於馬克思主義批判性的吸收與再造。這一點同時也體現在上文中一些日本學者如竹內好、丸山升、伊藤虎丸等人指出的《故事新編》後期五篇之內，作品中，「挪用」馬克思主義社會階級分析框架，然而這個挪用是文學意義上的，它所指向的空間，並非我們在第二章所談到的蘇聯式的左翼文學世界。例如《非攻》《理水》《采薇》《起死》等篇中，我們能夠看到與那些精神領袖密切相關的物質生活的重要性，其中勞動者、平民階層的出現，以及充斥在其中的「群眾心理」等等，但它們並不是純粹的馬克思主義意義上的本質探討或階級分佈，這也正是《故事新編》看似一盤散沙，但又不可拆分出一條明晰的線索的重要原因。這其中，最爲有價值的恰恰是其中所蘊含的細節的豐富性和可能性，正如「硬譯」所傳達的常常不是「信息」，並且，在寫作形式上，它又是一種漢語文學語言的實驗性開拓，我們甚至能夠看到從魯迅那裏一直延伸到當代的歷史、神話題材小說的創作給我們提供的新的開放性的文學空間。

（三）大眾語俗語與《故事新編》

　　魯迅可算是大眾語運動的急先鋒。早在他任職教育部職員時期，就曾經致力於文字語言的改革。1925 年在《京報副刊》上還引起過一場對「咬文嚼字」的翻譯問題的討論。他以反對「舊有思想束縛」爲出發點，寫了一篇《咬文嚼字》，此文表現出對一些譯筆中出現的中國「習俗」中的女名和百家姓的譯作極端厭惡，招致了一些翻譯者的不滿，他們紛紛寫文駁難，魯迅至終也未屈服於對方觀點〔註103〕。到了三十年代，他更加受瞿秋白等人的譯介及其社會語言主張的影響〔註104〕，甚至一度「偏激」到將漢字與民族存放在勢不兩立的地步。

〔註103〕《魯迅全集》第 7 卷《集外集》，北京：人民文學出版社，1981 年版，第 59～74 頁。
〔註104〕《瞿秋白文集》，第 3 卷《新中國文草案》，北京：人民文學出版社，1989 年版，第 423～492 頁。

〔註105〕對於文字如何在文學之中發揮社會作用，也是魯迅在這一時期集中思考的問題。他認為，白話並非文言的直譯，大眾語也並非文言或白話的直譯，大眾語有其自身的特色和生動的文學性。〔註106〕1934年署名「華圉」的《門外文壇》可謂是魯迅談致力於中國語言文字改革的認真之作。在其中，他將文字變遷、「言文一致」、和「大眾語」等問題結合起來，其中似乎能夠找到他曾經一度試圖致力於《中國字體變遷史》的大綱，但很顯然，統率其中的線索這個時候已經轉化成：在文化語言出現危機或平衡階級差異的過程之中，語言文字如何扮演自己恰當的角色。他一反過去的老師章太炎等文字學家所重視的對於語言文字的原初性的尊重和本源性的不可侵犯，而以一種運動的觀念來看待語言文字的變遷，實際上是強調運動結果的必然性，乃至肯定當前大眾語改革的合法性。儘管當時有人嘲笑大眾語的具體規章的模糊性〔註107〕，然而，魯迅仍然在具體的事項上做出自己的理解和努力。其中，一個十分突出的問題是方言。

在《花邊文學》中，魯迅除了時事的批評之外，直接討論的核心問題不過「階級文學」（文學普遍性）、「大眾語」、文言白話乃至歐化之間的關係以及與此相關的翻譯問題。魯迅指出，在提倡「大眾語」的同時要批判地繼承和使用方言，同時運用它來豐富文學語言。《門外文談》中，他不無嚴肅地用「媽的」為例，認為它的多種用法，恰體現了方言的匱乏，並且認為要「做更淺顯的白話文，採用較普遍的方言，姑且算是向大眾語去的作品，至於思想，那不消說，該是『進步』的。」〔註108〕而且，在當時，已經有人做了方言寫作的嘗試，最典型的一個例子就是1934年8月發表在《中華動向》上的三篇運用「土話」來寫的作品及其評論〔註109〕。魯迅在《門外文談》中談到

〔註105〕《漢字和拉丁化》：「如果大家還要活下去，我想：是只好請漢字來做我們的犧牲了。」《花邊文學》，《魯迅全集》第5卷，北京：人民文學出版社，1981年版，第556頁。

〔註106〕《「大雪紛飛」》，《花邊文學》，《魯迅全集》第5卷，北京：人民文學出版社，1981年版，第552～553頁。

〔註107〕林語堂：《怎樣洗練白話入文》（《人間世》半月刊，第13期，1934年10月5日）：「今日既無人能用以二十字說明大眾語是何物，又無人能寫一二百字模範大眾語，給我們見識見識，只管在雲端吶喊，宜乎其為大眾之謎也。」

〔註108〕《答曹聚仁先生信》，《且介亭雜文》，《魯迅全集》第6卷，北京：人民文學出版社，1981年版，第78頁。

〔註109〕分別是《中華日報・動向》（1934年8月12日）的《狹路相逢》、《一封上海話的信》《吃官司格人個日記》以及後來8月23日胡繩的《走向實踐的路去──讀了三篇用土話寫成的文章後》。

「土話」的作用說：

> 方言土語裏，很有些意味深長的話，我們那裏叫「煉話」，用起來是很有意思，恰如文言的用古典，聽者也覺得趣味津津。各就各處的方言，將語法和詞彙，更加提煉，使他發達上去的，就是專化。這於文學，是很有益處的，它可以做得比僅用泛泛的話頭的文章更加有意思。……大眾，是有文學，要文學的，但決不該爲文學做犧牲，要不然，他的荒謬和爲了保存漢字，要十分之八的中國人做文盲來殉難的活聖賢就並不兩樣。所以，我想，啓蒙時候用方言，但一面又要漸漸的加入普通的語法和詞彙去。現用固有的，是一地方的語文的大眾化，加入新的去，是全國的語文的大眾化。〔註110〕

可見魯迅之於方言在文學運動中的看法。而在他自身的創作實踐之中，除了雜文中少量的用來論爭的意義較爲單純的方言的採用之外，我們能夠在《故事新編》中找到這種語言，例如《出關》中說著上海話的嘈雜的老子講座的聽眾、《理水》中唱著《下里巴人》的歌伎、還有《采薇》中的伯夷叔齊兄弟的北方方言、小窮奇的上海口語等等，或可說，這是魯迅自覺不自覺地「大眾語」的嘗試。

然而，《故事新編》雖然在形式上採用了這些，但是卻未曾在內容上讓大眾讀得懂。也許，魯迅的大眾意願和自身的能力是背道而馳的。或者說，魯迅較高的審美力和對大眾的明白直話的通俗文學要求之間出現了分歧。雖然在《故事新編》中魯迅並沒有放棄對於知識分子的諷刺，但是作爲大眾來說，不諳古代掌故，不瞭解大都市的政治文化氛圍，不按察時代的大背景，不拋開又需抓住凡俗的生活、認識到民族的急迫，及自身身份危機，是不可能讀懂《故事新編》的。或者，說到底，《故事新編》還是知識分子的「高級」文學。

在 1930 年魯迅所寫的一篇文章《文藝的大眾化》中對於「大眾化」這種情形進行了多角度的分析，他認爲一方面「大眾化」不應該「迎合大眾，媚悅大眾」，另一方面，「在現下的教育不平等的社會裏，仍當有種種難易不同的文藝，以應各種程度的讀者之需」，他之對於「大眾化」的水平，也進

〔註110〕 《門外文談》，《且介亭雜文》，《魯迅全集》第 6 卷，北京：人民文學出版社，1981 年版，第 97～98 頁。

行了不無悲觀的估量，他說，「那文字的難易程度，恐怕也只能到唱本那樣」
〔註 111〕。而且他對文藝大眾化的實現有著清醒的認識，即「多作或一定程
度的大眾化的文藝，也固然是現今的急務。若是大規模的設施，就必須政治
之力的幫助」〔註 112〕。即文藝的大眾化的實現，必須依靠大眾政治的實現
爲前提。在關於他的「大眾化」期待上，竹內好是這樣說的：

> 不過他的啓蒙並不是像梁啓超或是下一時代的胡適式的所
> 「給予」的啓蒙，他不是把自己降格爲「人民」，而是把自己上升
> 到「人民」的高度。他的啓蒙不是妥協，而是與現狀的鬥爭，是
> 自我改造。……雖然他知道，如果模仿梁啓超的文體翻譯小說就
> 會成功，但他沒有那麼做，而是選擇了「失敗」的道路。爲了實
> 現他特有的文學行爲，從接近政治之中拉出自己，所以他先是逼
> 迫自己陷於政治之中（這一逼迫終點就是文學），必須走到窮途末
> 路，「失敗」的冒險是很有必要的。〔註 113〕

這種對於大眾化的複雜態度，自然影響了他對於文藝創作本身的實踐，
在《故事新編》中，這種複雜性恰能夠體現出來。一方面魯迅的修養和文學
創新的希求使得他的小說沒有刻意落於「唱本」的水平，同時，在他的後期
《故事新編》作品中，（如《非攻》《理水》等）又很容易看到某種帶「政治
大眾化」意味的「幻影」。

（四）回到文化革命：從《雜感選集》到《海上述林》

受瞿秋白等所引進的蘇聯的文藝社會史的模式影響，魯迅在三十年代開
始對建立一套中國文學史的序列表達了濃厚興趣。這裏，他所期許的，是與
其早期《中國小說史略》在史觀上完全不同的學術著作〔註 114〕，要在社會史

〔註 111〕《文藝的大眾化》，《魯迅全集》第 7 卷，《集外集拾遺》，北京：人民文學出
　　　　　版社，1981 年版，第 349 頁。
〔註 112〕《文藝的大眾化》，《魯迅全集》第 7 卷，《集外集拾遺》，北京：人民文學出
　　　　　版社，1981 年版，第 350 頁。
〔註 113〕竹內好：《魯迅入門》，《從「絕望」開始》，靳叢林編譯，北京：三聯書店出
　　　　　版社，2013 年搬，第 29 頁。
〔註 114〕1933 年 12 月 20 日致曹靖華信中說：中國文學概論還是日本鹽谷溫作的《中
　　　　　國文學史講話》清楚些，中國有譯本。至於史，則我以爲可看（一）謝無量：
　　　　　《中國大文學史》，（二）鄭振鐸：《插圖本中國文學史》（已出四本，未完），

的基礎上的重新認識和檢討中國文學史，開始更加重視對現實有所裨益的文學的價值，並表現出與這類文學家的親近之感〔註 115〕但很可能因爲時間或者精力的不允許〔註 116〕，魯迅最終未能完成他的這部作品，僅在許壽裳等人的回憶中，留有一則文學史提綱存世。

在《壁下譯叢》中，魯迅用譯文回應了當時「革命文學」派大而空的言論和口號。他一向反對以文學爲口號性的宣傳工具，認爲眞正的革命文學所負載的是一種革新的文化觀。魯迅這一觀念的實踐外化，集中體現在瞿秋白爲其編選的《雜感選集》中。在序言裏，瞿秋白以其所熟知的蘇俄文藝理論，將重點放在階級革命與社會革命相對立統一的層面，對魯迅文學中的嚴肅而眞實的革命精神進行了分析。

而魯迅在 1936 年爲當時已犧牲了的瞿秋白編選出了《海上述林》——當時爲避開政府審查而命名爲「科技哲學」——其中發表了大量瞿秋白的譯文，且多半是文藝批評和文藝理論。從魯迅爲瞿秋白所擇選的文章中，或可見魯迅對他思想和觀點的側重。《高爾基論文選集》中，有一篇《寫在前面》（1932年 12 月 11 日）的話：

> 高爾基的論文，也和魯迅的雜感一樣，是他自己創作的注腳。
>
> 爲著勞動民衆奮鬥的偉大藝術家，永久是在社會的階級戰線上的。戰鬥緊張和劇烈的時候，他們來不及把自己的情感，思想，見解鎔化到藝術的形象裏去，用小說戲劇的題材表現出來，他們直接向社會說出自己的「心事」，吐露自己的憤怒、憎惡或是讚美。……高爾基的創作是這三四十年之中的俄國歷史的反映，而他在每一時

（三）陸侃如，馮沅君：《中國詩史》（共三本），（四）王國維：《宋元戲曲史》，（五）魯迅：《中國小說史略》。但這些都不過可看材料，見解卻都不正確的。《魯迅全集》第 12 卷，北京：人民文學出版社，1981 年版，第 299 頁。

〔註 115〕1934 年冬，內山書店與劉大杰、郁達夫等人會晤談文學史的編寫：杜甫的詩好，文章也就不行。律詩後人可擬，古體的內容深厚，風力高昂，不可擬的。陶、李在中國文學史上都是頭等的人物。我覺得陶潛站得稍遠一點，李白站得稍高，而杜甫就好像今天還活在我們人堆裏似的。《魯迅年譜》第 4 卷，北京：人民文學出版社，1981 年版，第 158 頁。

〔註 116〕魯迅在 1933 年 10 月 21 日致曹靖華信中：「我現在校印《被解放的唐·吉訶德》，它兄譯的。自己無著作，事繁而心粗，靜不下。文學史尚未動手，因此地無參考書，很想回北平用一兩年功，但恐怕也未必做得到。那些木刻，我很想在上海選印一本，紹介於中國。」《魯迅全集》第 12 卷，北京：人民文學出版社，1981 年版，第 42 頁。

期的劇烈事變之中，還給我們許多公開的書信，論文，隨感，那就是更正面的，公開的表示他對於事變或是一般的社會現象的態度。〔註117〕

　　如果說魯迅之創作雜文有其一定的歷史動因的話，那麼將之放在整個世界的格局中看，也許會更清晰。那就是文中提到的，高爾基也曾和魯迅一樣，面臨著自身國家民族處於艱難時代所必須承擔的使命和責任。瞿秋白說：

　　　高爾基的這本書集裏，的確反映著新的社會建設過程的，這裏，關於智識階層，關於農民，關於工人，關於婦女，小孩子，關於文學和文化革命，關於叛徒，關於刑事犯……關於一切種種社會現象，都有透闢的見解和深刻的考察。他不會像幼稚的革命作家似的，只限於狹隘的「戰壕裏的生活」，他看得見整個「戰鬥」。要知道「戰鬥」的目的，「戰鬥」的事實，是整個社會秩序的改變，是幾百萬群眾的新生活的痛苦艱難的產生過程，社會關係的各方面的現象，都在這「戰鬥」範圍之中。

　　　高爾基的文化革命觀點，是和一些「文化的」文學家絕對相反的。他認爲文化的基礎是勞動，他認爲現代的英雄是「群眾裏的人」。……〔註118〕

　　除了魯迅所整理的這些瞿秋白的高爾基的論文翻譯之外，回溯既往，早在 1928 年魯迅就已經翻譯升曙夢的《最近的戈理基》（其時已經有三種譯本），其中說：

　　　戈理基當作一種獨特的現象，和各人相接觸，一面深邃地窺伺那內面底本質，竟能夠將在那裏的獨特的東西發見了。契訶夫的世界，大抵是千八百八十年代至九十年代的有些混沌而無色彩的智識階級的世界，但戈理基的世界，則是那時的昏暗的，不爲文化之光所照的世界，然而是平民的世界，富有色彩，更多血氣的。……戈理基卻從極端跳到極端去。從對於音樂，歌，力，高揚的歡喜，急轉而爲對於無意義的人生的絕望的發作。有時也從對於勞動的緊張和歡喜的肉底陶醉，一轉而忽然沉在自殺的衝動中去了。

　　　……戈理基和敬慕他的勞農大眾的邂逅，將成爲偉大的文化史

〔註117〕瞿秋白：《海上述林》，諸夏懷霜社校印，1936 年版，第 267 頁。
〔註118〕瞿秋白：《海上述林》，諸夏懷霜社校印，1936 年版，第 269 頁。

底意義的事件，是毫無疑義的罷。〔註119〕

從這裏即可以看到，魯迅所認識到的高爾基的文學，也是拋棄過分自重的知識分子世界而進入平民的大眾的視野之中，從而宣揚一種樸素的力的世界，這與魯迅三十年代之後所努力的文學走向是有契合之處的。

魯迅又在1934～1935年間通過日文翻譯了高爾基的《俄羅斯童話》，「雖說『童話』，其實是從各方面描寫俄羅斯國民性的種種相，並非寫給孩子們看的。」〔註120〕這部作品通過誇張和變形的寓言的方式，展現了革命前後的社會歷史世態，諷刺和質疑了各種類型的知識分子——諸如哲學家、詩人、小說家、歷史學家等等——的無所作為。雖然是高爾基的早期作品，但已經具備了某些超現實的質素。例如第十一章，一群不滿於舊的政治和舊的人的類型的幻想家，將泥窪當作「太古的深池」，然後朝其中吐口水，試圖通過這樣來創造出新的人類來。然而，這時候受到一個少年米佳的旁觀，並且揭穿了他們所吐的對象，早已不是「史前」的，而現在「卻成了誰的東西」。而那些幻想家轉而憤怒地嘲罵米佳是「化了妝的社會主義者」。這則故事很容易讓人想到《補天》，女媧補天造人之後，人類所殺伐征戰所造成的一系列困境才是世界的真相。這是一種宗教視野，同時也具有現實意義。

同時，我們檢察魯迅三十年代的雜文，也正是在這樣的脈絡裏的創作的，除了以上討論的諸種問題之外，魯迅也致力於在中國「文學和文化革命」上的拾荒的事業，他像高爾基一樣，談婦女問題、兒童問題、戲劇問題、教科書問題、監獄問題，學生運動等等。例如兒童問題，在最後一本雜文集裏還多次談到兒童教育書籍的粗劣，魯迅也正是這樣致力於「整個社會秩序的改變」而非僅僅致力於他所被裹挾的整個政治變革之中。關於這一點的論爭，竹內好在七十年代也仍然認為魯迅並沒有發生本質上的變化，他認為「從1927年國共對立時起，魯迅在政治上逐漸傾向於『左』。但那是維護廣泛的自由立場的緣故，與意識形態沒有直接關係。」〔註121〕

《海上述林》的編選，至少給了我們以下幾種啟示：魯迅在後期受到瞿

〔註119〕《魯迅譯文全集》第4卷，《壁下譯叢・最近的戈理基》，福州：福建教育出版社，2008年版，第154～155頁。

〔註120〕《魯迅譯文全集》第6卷，《〈俄羅斯童話〉小引》，福州：福建教育出版社，2008年版，第405頁。

〔註121〕竹內好：《魯迅與日本》《從「絕望」開始》，靳叢林編譯，北京：三聯書店，2013年版，第336頁。

秋白和革命時期的蘇聯文學，尤其是高爾基的文體影響；看來不僅僅是仍存在的民族危機使得魯迅大肆呼喊和反對任何一切無力的派別的錯誤，還有一種便是在平穩社會也須有變革的建設性的觀點；文化的革命不同於「戰壕裏的革命」是魯迅和高爾基作為文學作家的雜文寫作的底色；瞿秋白給魯迅編輯《雜感選集》也似乎受到他的編寫高爾基文集的啓發；以上瞿所謂「市儈」類別實際上是瞿秋白閱讀高爾基等蘇聯文學文藝批評家的外來話語，可見瞿秋白的話語體系在當時的中國如何傳播並影響魯迅。

那麼，《故事新編》是否在意味上與雜文一致？可以說，基於魯迅對於急迫性的認識，他的雜文寫作在內容上有許多《故事新編》的「半成品」。這時我們或許需要更進一步界定雜文和小說之間的距離和界限：在反映現實的小說中，通過典型的環境，典型的人，思想內容上符合時代發展的根本趨勢。如果說《故事新編》中確有某篇有其明顯的指斥和諷刺，但此一內涵卻並非能將《故事新編》全體被覆蓋。

安敏成認為魯迅的作品在「但是」的結構中失去了現實主義的意義〔註122〕，筆者以為，正是這種相互的消解和破壞，才使得作品的文學意義在對作品的扁平的政治意義的需求之中實現了某種程度上的中和混沌，這也可以說是中國獨具特色的延續著中國古典審美規則以來的「現實主義」美學的典範。

> 正因為魯迅悉知中國現實的沉重，所以他從不輕易相信能夠真正動搖中國沉重現實的力量可以簡單地產生，從此意義上，魯迅的思想確實不是單純的樂觀主義。而且，因為深深知道改變現實的不易，知曉除了依靠現有的力量對它加以培育之外別無他途，所以魯迅思想中包含了超越幻想及作為其反面的絕望的因素，這和卑俗意義上的悲觀主義完全不同。〔註123〕

是不是可以這麼說：即便魯迅晚年確是接受了馬克思主義，但他的馬克

〔註122〕安敏成認為：「魯迅的小說期望開啓的批判意識之門是以轉折詞『但』為門樞的，讀者一旦踏入，便不能再脫身。在幻滅與希望之間，魯迅展示了又阻礙了他創作的小說實效。他冷酷的反省最終擾亂了西方的小說模式，觀察者確定的客觀性和讀者淨化反應的圓滿被雙雙打破。」〔美〕安敏成：《現實主義的限制──革命時代的中國小說》，姜濤譯，北京大學出版社，2001 年版，第 81 頁。

〔註123〕〔日〕丸山升：《魯迅・革命・歷史──現代中國文學論集》，王俊文譯，北京大學出版社，2005 年版，第 201 頁。

思主義既不同於他所後來分道的周揚、徐懋庸之輩，也不等同於他所信賴的瞿秋白、馮雪峰、胡風等人，而是從這些年青的馬克思主義者們看來他簡直就是前馬克思主義甚或是非馬克思主義，正是他對馬克思主義的理解本身就有這樣的一定的寬度，所以一旦跳出了路線論、運動論這些條條框框，就連很多馬克思主義者的缺點以及幼稚都作爲人性的多樣化而被包容在「豐富性」和「有趣性」裏了。〔註 124〕所以他對社會文化和政治的變革一向持審愼甚至悲觀的態度，丸山升說，魯迅的「革命」概念不僅僅只是「奪取政權」，「還要變革整個文化」，這種思考要比魯迅更爲「全面、深刻」〔註 125〕。而《故事新編》中所表達的帶有多層次的反諷、遲疑，乃至嘲弄，恰是這樣一個豐富的收納的包裹。

在馬克思文藝理論中，現實主義文學一直是一個備受討論的問題。人們似乎發現文藝作品在現實面前的尷尬處境。包括那些給與強烈衝擊又很好地繼承了過去的文藝成果的富於革命的新作品。很顯然左翼小說是根據內容來判斷，瞿秋白《魯迅雜感選集》序言中，將魯迅的雜感做了詳細的階級和社會剖析，他認爲這些「早期的革命家」身上也帶有某種缺陷：

> 而同時，這些早期的革命作家，反映著封建宗法社會崩潰的過
> 程，時常不是立刻就能夠脫離個性主義——懷疑群眾的傾向的；他
> 們看得見群眾——農民小私有者的群眾的自私，盲目，迷信，自欺，
> 甚至於馴服的奴隸性，往往看不見這種群眾的「革命可能性」，看不
> 見他們的笨拙的守舊的口號背後隱藏著革命的價值。魯迅的一些雜
> 感裏面，往往有這一類的缺點，引起他對革命失敗的一時的失望和
> 悲觀。〔註 126〕

關於魯迅作品中的群眾形象，好像自從魯迅《吶喊》以來並未能獲得突破。如阿 Q 類的質樸和愚昧並存，在《故事新編》中也仍然如此。魯迅試圖描寫的群像除了勞動性、生存、沉默、油滑的表情之外，並無自覺的覺醒意識。儘管在《非攻》《理水》中有集體實踐上的影影幢幢，但那多是虛寫，且《非攻》中的行動者，與其說是工農勞動者，毋寧說是士人。可

〔註 124〕〔日〕木山英雄：《告別丸山昇》，《魯迅研究月刊》，景慧譯，2007 年第 9 期。

〔註 125〕丸山昇：《通過魯迅的眼睛回顧 20 世紀的「革命文學」和「社會主義」》，《魯迅研究月刊》，2004 年版，第 12 期。

〔註 126〕瞿秋白：《〈魯迅雜感選集〉序言》，《魯迅雜感選集》，上海：青光書局，1933年版，第 18〜19 頁。

見，魯迅在「轉向」之後，仍然未能實現描寫瞿秋白所說的「革命的可能性」。這一方面，是新文化運動以來魯迅固有的啓蒙精神使然，且這種啓蒙正是帶有著某種精神上的強度和優越感，無論在政治上還是在文化上的啓蒙，都不可分離；另一方面，他沒有所謂群眾鬥爭經驗，無法杜撰群眾的「革命的可能性」。他在三十年代的上海文人團體之中，並不能親歷工農的生活，許多事情都是間接所得。雖然心嚮往，但也只能站在他的一己的行爲範圍之內完成自己的寫作任務。因此，如果從群眾的「革命的可能性」中去尋找《故事新編》文學的性質的話，那麼魯迅又沒能眞正地走進「左翼文學」的嚴格規範之中。從這個意義上說，竹內好說的有道理：魯迅自始至終只是一個啓蒙者。

法國著名的馬克思主義的文藝批評家羅傑‧加洛蒂被譯介到中國的唯一本討論現實主義文藝的《論無邊的現實主義》對這個問題給與了一個貌似偏激的答案。他在蘇聯的《外國文學》（1965）發表的《現實主義及其邊界》，回應了蘇聯文藝家批判他是「無原則的現實主義」：一，世界在我之前就存在，在沒有我之後也將存在。二、這個世界和我對它的觀念不是一成不變的，而是處於經常變革的過程中。三、我們每一個人對這種變革都負有責任。〔註127〕而爲他強烈的辯護的路易‧阿拉貢則爲本書慷慨激昂地寫了序言：

> 馬克思是這樣做的第一次，或許應該說是唯一的嘗試：凡是信仰它的人，必須保證永不忘記他不僅在爲那些在他周圍、而他也熟悉並與他處於同樣的生活境況中的人說話，而且在爲一切無論怎樣的、可能不同於他並有著自己的變化前景的人說話。〔註128〕

從本書中所舉的三個藝術家：畢加索、聖瓊‧佩斯、卡夫卡的分析中，我們實際上能夠看到以上的共同點，即作品或者說藝術家對於變革節奏的敏銳把握。作者強調其中的演變和運動的突進，同時對作品所根植的土壤進行辯證地分析和解說。他認爲藝術上的現實主義應該是「人參與人的持續創造的意識、即自由的最高形式」，「作爲現實主義者，不是提供事物、事件、人

〔註127〕轉引自〔法〕羅傑加洛蒂：《論無邊的現實主義》，吳岳添譯，譯百花文藝出版社，1998 年版，《譯者前言》，第 6 頁。

〔註128〕〔法〕羅傑加洛蒂：《論無邊的現實主義》，吳岳添譯，譯百花文藝出版社，1998 年版，《譯者前言》，第 3 頁。

物的仿製品或複製品，而是參加一個正在形成的世界的行動，發現它的內在
節奏」，他大膽地宣稱：

> 以現實主義的名義要求一部作品反映全部現實、描繪一個時代
> 或一個民族的歷史進程、表現其基本的運動和未來的前景，這是一
> 種哲學的而不是美學的追求。〔註129〕

　　從這個意義上說，這是新時代的馬克思主義者在面臨新的藝術形式所自
身的理論視閾所做出的迅即的回應，《故事新編》也恰是這種在不同的所謂「現
實」意義上的作品的新的展現，即便看起來這個理論對於寫舊故事的《故事
新編》過於超前和抽象，而無論是卡夫卡還是畢加索，他們的藝術品與《故
事新編》之間也有著絕大的差異，因為對於後者來說，他的直接的嚴肅性、
民族性、邏輯性乃至清晰性，都是「比較易懂」的〔註130〕，然而，或者，我
們在魯迅自己的言談中能夠找到他的這種並不拘囿於任何文藝理論的一以貫
之的文化革新的心願與不斷地開闢文學前路的努力，自然，這也包括他對左
翼文學的關注和身體力行。他在 1931 年 2 月 4 日致信李秉中顯然明確地談及
自己參與左翼文學與其前期啟蒙思路的連續性：

> 我旅滬以來，謹慎備至，幾於謝絕人世，結舌無言。然以昔曾
> 弄筆，志在維新。故根源未竭，仍為左翼作家聯盟之一員。而上海
> 文壇小丑，遂欲趁機陷之以自快慰。造作蜚語，力施中傷，由來久
> 矣。哀其無聊，付之一笑。〔註131〕

這也是他較之政治革新更廣闊的變革視野的證明，名目並不重要，根本乃在
變革社會與文化，然正如他所談的大眾語改革，第一要著則在政治，故左翼
之文學自然為其文化藍圖之憧憬中的政治期待，而於他本身，則根本在改變
所謂國民性，革新社會，用瞿秋白所引之高爾基的話說，是「文化革命」。（這
一概念當然不同於後來風行於全世界背景下的中國六七十年代現象）而在魯
迅的《故事新編》之中，我們看到的或更多的是包括這種政治期待在內的美
學而非「哲學」的「現實主義」文學的努力「維新」。

〔註129〕〔法〕羅傑加洛蒂：《論無邊的現實主義》，吳岳添譯，譯百花文藝出版社，
　　　　1998 年版，第 172 頁。

〔註130〕唐弢：《關於〈故事新編〉》（1982），《中國現代文學研究叢刊》，1983 年第 2
　　　　期，第 293～294 頁。

〔註131〕《魯迅全集》第 12 卷，人民文學出版社，1981 年版，第 37 頁。

（五）小結：「刪夷枝葉的人，決定得不到花果」〔註132〕

　　從以上幾個方面可知，《故事新編》後期的作品涉及到以上的議題，同時並將一個作家在這種紛爭氛圍中的部分經驗納入其中。更值得深思的是，魯迅的雜文在晚期開始致力於全面地歷史地看待問題，從其討論文學創做到文學批評，乃至對於歷史人物的看法，一種文體的演變，一種學術問題的定位等等。甚至對其導師章太炎先生，他也認為是曾經致力於一處的專家，並不能代替回答整個社會的政治、文化問題。〔註133〕魯迅深刻地意識到了在聯繫中全面歷史地認識才是準確的認識論，表現在文學創作上，那自然就是將各種相互聯繫的因素納入其中，兼容並包，在這種情況下，各人按照各樣的情態，以最真實最全面的樣貌呈現出一種整體的世界來。《故事新編》的創作，越到後來越具備了這種風範和境地，從而逐漸擺脫了早期作品中作者「曲筆」或者主觀介入的傾向性，同時這種「不參與」又不是漠不關心，而是懷著一種廣大的同情之心和幽默情懷〔註134〕書寫交錯歷史的嚴正面貌。

　　以上所根據雜文內容分為幾個部分探討《故事新編》中包含了革命文學時期的各個部分的思想：大眾語、硬譯、長篇計劃、文化革命等等。但是，這部小說集雖然暗含這些部分，但很顯然，其中的思想並不具備合力上的完整的明確的方向性。這時候，就要去考察魯迅晚期雜文中的強調全面呈現歷史現實的一種世界觀和歷史社會觀。魯迅用文學的呈現現實來代替它發聲，逐漸擯棄了作品的倫理方向，從這個角度上來說，如果說果戈理的作品是「現實主義」〔註135〕，那麼魯迅的《故事新編》也同樣是。在談到革命時期政治

〔註132〕《「這也是生活……」》，《且介亭雜文末編》，《魯迅全集》第 6 卷，北京：人民文學出版社，1981 年版，第 601 頁。

〔註133〕《名人和名言》：「其實，專門家除了他們的專長之外，許多見識是往往不及博識家或常識者的。太炎先生是革命的先覺，小學的大師，倘談文獻，講《說文》，當然娓娓可聽，但一到攻擊現在的白話，便牛頭不對馬嘴，即一例。」《魯迅全集》第 6 卷《且介亭雜文二集》，北京：人民文學出版社，1981 年版，第 362 頁。

〔註134〕1927 年 12 月 7 日魯迅翻譯了鶴見祐輔的《說幽默》。作者認為，即幽默緣於修養和深的悲哀，又不同於嘲諷和笑罵，它是一種可以使「人生豐饒，世界幸福」的辦法。而幽默不陷落於冷嘲的辦法是「純真的同情」。「同情是一切事情的礎石」，「可以說，靠著嫣然的笑的美德，在我們蕭條的人生上，這才也有一點溫情流露出來。」

〔註135〕愛倫堡：《人‧歲月‧生活》：「烏克蘭的幻想，烏克蘭的幽默使古老的俄國的嚴峻外貌生色不少。果戈理是個病態的人，有著與之難以相處的性格，但是

和文學的關係時，竹內好和丸山升說：

　　　　文學誕生的本源之場，總要被政治所包圍。這是爲使文學能開
花的苛烈的自然條件。嬌弱之花沒有生長的可能，勁秀之花卻可獲
得長久的生命。我在現代中國文學那裏，在魯迅身上，看到了這一
點。〔註136〕

　　　　魯迅作爲一個個體在面對整個革命時的方式是精神式的、文學
性的，這在性質上異於部分地只將革命中的文學、精神領域當作問
題的看法。〔註137〕

　　　　但是從今天看來，確實存在「五四」的能量主要由當事者的活
力來保持的一面；時而苦悶，時而寂寞，有時憤怒地看著他們中的
很多人隨著成熟或老化開始回歸上文所說的傳統，但依舊繼續戰鬥
著，『以免光榮和死屍被一同拖入爛泥的深淵』的唯一一個人，是魯
迅。若不怕言過其實的話，大概魯迅是近代史上即便稱不上是唯一，
也是極少數的一個深刻掌握了從中國文化、中國文明的框架之外看
中國的視點的人。〔註138〕

　　如果按照整個時期的魯迅的歷史觀和社會文化觀來看，《故事新編》的作
品是十分豐富而深刻的。但正如中國的繪畫一樣，魯迅擅長中國白描式的傳
神寫作，在作爲翻譯家一生吸收西方的文化與文學之後，採用的仍然是中國
的散點透視方法，但卻極其生動地用古法來革新了古人物，這非因循守舊，
也非將整個歷史陷入一個大的「虛空」之中，而是本身具備一種「強韌精神」，
即所謂「在自己陳腐古舊之際，能借助一種『突變』突進到新的天地」〔註139〕。

它用自己的作品醫治了多少人啊！我知道，果戈理是『偉大的現實主義者』，
　　　　任何一本教科書上都是這麼說的，我在中學裏就背誦『第聶伯河在風和日麗
　　　　時優美無比』這樣的詩句。」馮南江等譯，海南出版社，2008年版，第236
　　　　頁。
〔註136〕〔日〕竹內好《近代的超克》李冬木等譯，北京：三聯書店，2005年版，第
　　　　135頁。
〔註137〕〔日〕丸山升：《魯迅・革命・歷史——丸山升現代中國文學論集》，王俊文
　　　　譯，北京大學出版社，2005年版，第37頁。
〔註138〕〔日〕丸山升：《魯迅・革命・歷史——丸山升現代中國文學論集》，王俊文
　　　　譯，北京大學出版社，2005年版，第316頁。
〔註139〕〔日〕丸山升：《魯迅・革命・歷史——丸山升現代中國文學論集》，王俊文
　　　　譯，北京大學出版社，2005年版，第19頁。

　　同樣是現實主義的作品，茅盾長篇小說的《子夜》或更受到當時的關注，但實際上，筆者認爲，橫亘在《子夜》和《故事新編》之間的恰恰是理論上所說的現實主義序列的文學，只不過茅盾所極力表達的正是他作爲一個頗有素養的按循馬克思主義立場的文藝家的批判現實主義的文學視野及其內容，而魯迅經過了現實主義和社會文化史觀等等的突進，而進入到了一種無邊卻有透徹見地的現實之路上。

　　魯迅在不經意間以雜文中的素材構成《故事新編》中的成分，在處置這兩部分之間的寫作時，魯迅仍然自覺地將《故事新編》納入了眞正的文學範疇〔註140〕，筆者以爲，他所選擇的雜文，更在於它的歷史功能，而它們之所以能夠至今彌久不衰，仍是因爲在中國歷史的變動中仍然存在著這些問題。在雜文世界中，語言的翻譯與大眾語均是文學語言形式的層面，而在這其中魯迅採用了具有具象特質的方言，這些都構成語言文學的天然基礎，而在內容的選擇上，魯迅則仍然遵守了文學的眞實原則，將歷史的現實與其想像的眞實糅合起來，不迴避整個人生歷程中遇到的磨難和悲辛，從而構築了迥異於雜文那種目的性較強的文學品質。而這一系列規範與秩序，在魯迅的最終小說創作中被拋棄殆盡了。魯迅的文字成爲眞實的表象，其深刻性並非其中所涵蓋的思想的深度，而是其描述思想與現實的無比的廣度與忠誠度。同時，這一忠誠又無可替代，只屬於他自己，甚至是屬於他的這一部作品。如果說魯迅的《故事新編》與其雜文有著密切的文體關係的話，那麼這種總結需要注意的恰恰是他們之間的這種基於文學的巨大差異。

五、本章小結

　　魯迅曾經在《故事新編》的序言中，對歷史題材的小說做了兩種劃分。即，一是教授小說，另外一種是「隨意點染」之作。歷來的研究者似乎傾向

〔註140〕竹內好認爲魯迅晚年的眞正的文學創作意圖明顯：「他晚年的文章，創作意圖相當明顯。……他好像是有某種新的動向。那種動向究竟是什麼？由於他的死我們不得而知。不過，從他躺在死神的病床上，像著魔一樣翻譯著《死魂靈》，如果把這些也加在一起考慮的話，難道不可以人爲那傾向正在從批評之場轉向創作之場嗎？而且那時包含評論在內的更高一級的創作之場。……不過因爲尚在萌芽狀態，魯迅就失去了肉體，所以從藝術完美程度上看，還遠不如初期的作品。」竹內好：《魯迅入門》（之五），靳叢林等譯，《上海魯迅研究》（2007年秋季號），第215頁。

於將魯迅的小說劃分到後一類之中。在我看來,《故事新編》應該是二者的結合,魯迅在翻譯文藝理論和文學作品時也並非拆分很清楚,譯文藝作品時也力求傳達語言上的準確。對魯迅而言,文學不僅僅要求大眾化,徹底白話,它只是語言變革的一部分。政治家是從眼前的政治任務出發,文學家從文學的根本任務出發,一方面魯迅要實現這種變革,但並不是實現一種封閉式的文學。也就是說,一切討論針對問題解決方案,對魯迅來說,其核心仍然是語言變革的努力嘗試。

在魯迅身上有一種學術的嚴謹性與本身自由的衝突,完全用巴赫金的狂歡(朱崇科,見第一章研究綜述)、日本的狂言〔註141〕(錢模樣)之類,來框架魯迅的《故事新編》,往往失去比得到的要多。其中對歷史沿革、對漢語言改造的努力,這些也是貫穿於整個文字實踐的重要部分,它甚至超越了社會政治想像。這些都構成了他的複雜性。瞿秋白著眼於眼前,「大眾化」是具體的政治任務,而對魯迅來說,是要將它納入更大的語言變革的課題之中,不斷地從外來的文學樣式中尋求中國藝術樣式中缺少的東西。故他允許存在的可能性越多,讀者群也更複雜。

處在一個變革時代的魯迅,面對的是文學定義的整體變化、語言文字的整體變革時期。其中,魯迅既是清醒的參與者,又是評價者。通常來說,這種評價和實踐並非涇渭分明。他並不能自外於這種評價和實踐,而是文體上的互為說明和批判。他不斷尋找一種能夠實現自己語言變革的東西,從讀者來說,晚期真正能承載他的這種語言實踐達到某種自由度的,反而是《故事新編》,在一定程度上,它達到了文體與時代的結合,或者說,魯迅對以往所有批判反省對象的認識的結合。

我們知道,從作品來看,魯迅的文體意識上的界限設置並不嚴格,而是開放性的相互滲透。而從魯迅對待文學文體的意義上講,他所偏好仍在小說。這從他的整理舊文學和翻譯外國文學的實踐中能看到。《古小說鉤沉》中稱作小說為「不可觀」之人實是「墨守故言,此其持萌芽以度柯葉」,且稱小說「在文林,有如舜華,足以麗爾文明,點綴幽獨,蓋不第為視聽之具而止」〔註142〕。

而魯迅對《故事新編》的某種外在的「不自信」,多少源自於魯迅對於

〔註141〕錢模樣:《〈起死〉藝術樣式探源:與巴羅哈〈少年別〉、日本「狂言」的比較》,《南通師專學報》(社會科學版),1990年第1期,第62~66頁。

〔註142〕魯迅:《古小說鉤沉》序,《魯迅輯錄古籍叢編》第一卷,人民文學出版社,1999年版,第3~4頁。

文學乃至文人本身功能和意義上的焦灼（在這一點上，具備對話對象並參
與戰鬥的雜文寫作，顯然給了魯迅某種持續的外在生命力）。然而，恰恰是
這一問題，實現了對魯迅諸種文體的結合，由於思想和形式上的自由開放，
使得《故事新編》可以稱作是敘事的「詩歌」，也可是敘事的《野草》，更
或是「敘事的雜文」，甚至在魯迅本身所寫的不多的三本小說集之中，另外
的《吶喊》《彷徨》，在《故事新編》中也能找到對二者的觀照和回應。例
如《出關》，最為人所知的公案是邱韻鐸 1936 年 2 月 11 日在《時事新報》
上發表的《〈海燕〉讀後記》對此的評價。這篇在魯迅看來顯然是「誤讀」
的文章這樣寫道：

> 至於讀了之後留在腦子裏的影子，就只是一個全身心浸淫著孤
> 獨感的老人的身影。我眞切地感覺著讀者會墮入孤獨和悲哀去，跟
> 著我們的讀者。要是這樣，那麼，這篇小說的意義，就要無形地減
> 弱了。我相信，魯迅先生以及像魯迅先生一樣的作家們的本意是不
> 在這裏的。我更相信，他們是一定會繼續運用他們的心力和筆力，
> 傾注到更有利於社會變革的方面，……以聯結成一個巨大無比的力
> 量。

魯迅對此類誤讀也表示了強烈的不滿，他的那篇的著名的《〈出關〉的
「關」》〔註143〕表示了對這種將作品中的人物對號入座的看法，並且指出《出
關》中對老子的態度實際上是爲破解這種「徒作大言的空談家」，這點他顯
然是合於章太炎《諸子學論略》中對於孔老的批判態度的。並且，魯迅認爲
老子的西出函谷關，是「三十年前，在東京從太炎先生口頭聽來的……至於
孔老相爭，孔勝老敗，卻是我的意見」。這裏有一個相當矛盾的問題。那就
是魯迅是否是在眞實地表達內心的想法？如果是，那麼是否合於魯迅三十年
代的心境。這篇文章引起了讀者的「誤解」，所以魯迅說：

> 看所有的批評，其中有兩種，是把我原是小小的作品，縮小得
> 更小，或者簡直封閉了。
>
> 一種，是以爲《出關》是在攻擊某一個人。……
>
> 還有一種，是以爲《出關》乃是作者的自況，自況總得占點上
> 風，所以我就是其中的老子。
>
> 那麼，卻是我的文字壞，不夠分明的傳出「本意」的緣故。

───────────────

〔註143〕魯迅：《〈出關〉的「關」》1936 年 5 月發表於《作家》月刊第 1 卷第二期。

他起了有利於老子的心思，於是不禁寫了「巨大無比」的抽象的封條，將我的無利於老子的具象的作品封閉了。

這種作家和讀者對應地去談作品本意的互動，自然是作家本人的解釋更可信一些。但是似乎擺在我們面前到有這樣一個問題：爲什麼邱韻鐸等人會發表如此這般的議論呢？他們自當有閱讀經驗。而且，從這篇「讀後感」的整個行文來看，是合理的。對老子的「這種嘲笑更像作者的自嘲。作者的解說並不能打消我們從作品中獲得的印象。」（竹內好）〔註144〕我們知道，作品一旦脫離了母體，它的解讀可能性便是無限的。用魯迅自己的話說，應當是不「封閉」的。用任何一種「封閉」的方式去閱讀《出關》，都有可能把作品讀死。這也是爲什麼我們必須扭轉一貫地研究《故事新編》以津津樂道其中的「索引」爲根本指向的原因。

顯然，引起魯迅不得不站出來解釋自己的作品，恰不是因爲「文字壞」，而是它本身的豐富的可能性。而且，單就眞從老子本人出發，透過字裏行間，還眞能讀出「浸淫著孤獨感」的老人形象。雖「本意」是反對「大言空談」的道家在凡俗生活中所面臨的自身信仰的尷尬，然而，我們卻能夠從中看到太多老子作爲一個平凡人的瑣碎生活。這些瑣碎沖淡了魯迅的批判的「本意」，諸如開頭兩段幾乎完全重複的文字，講述了老子的守靜和無聊，諸如歡喜著生活的喧嚷的眾人：關尹喜、巡警、學生、書記和賬房先生，以及夾雜著各種方言的聲音和議論，這些人物無聊而近於可愛，幾乎要分散了作品本身想要達到的批判意味。魯迅在《出關》裏要給我們展開的是一個打開的世界，一個顛覆了老子思想卻沒有否定老子生活的世界。其中鮮活的凡俗生活和無聊細節，以致很難從作品中找到鮮明的思想內核，以至於那個時代評論家所亟需的政治社會文化立場宣示。

因此，魯迅的文體之間的相互勾連的關係，到了《故事新編》，則帶有一種寬大的視野和胸懷將其容納其中。而魯迅從一開始想借助古代題材的媒介而寫作的《故事新編》，在十三年間成爲其文體嘗試的晴雨錶。

〔註144〕〔日〕竹內好：《魯迅入門》《從「絕望」開始》，北京：三聯書店，2013 年版，第 144 頁。

第四章 「穩定地燭照著一切」：
《故事新編》的哲學

一、尼采與《故事新編》

　　眾所週知，魯迅和尼采之間有著十分密切而複雜的關係。從整體的文化背景的意義上說，二者都在通過面臨古典社會與現代社會之間的夾縫中的焦慮和思考。前者表現在他的開放而生機勃勃的哲學論著當中，而後者體現在一系列的遒勁頓挫的作品語言之中。如果說，尼采的作品是文學的話，那麼通過魯迅的文學語言來探討其中普遍的哲學範疇也不是沒有先例。

　　魯迅在很早就翻譯過尼采的作品，並且曾經提出「尼采式的超人，雖然太覺渺茫，但就世界現有人種的事實看來，卻可以確信將來總有尤爲高尚尤近圓滿的人類出現」，並用帶有尼采式樣的語言說：「隨喜，讚美這炬火或太陽，因爲他照了人類，連我都在內」〔註1〕。此類話語雖然在魯迅早年雜感寫作中常見，但筆者認爲這「超人」的影像撫照著魯迅的整個文學生涯。

　　日本較早的魯迅研究者竹內好寫出了《魯迅》，力圖從本質上解決自身苦悶，實際上也恰從思想的維度進行剖析。竹內好認爲魯迅是文學家的魯迅，但若眞到了審美一層，則顯得有些模棱兩可。再者，他是以文學家的存在這一哲學前提去試圖瞭解魯迅的。《魯迅》強調魯迅內部的複雜性。即作爲文學者（哲學）的魯迅和作爲革命者和啓蒙者的魯迅的相互存在。他通過其作品

〔註1〕《隨感錄四十一》，《魯迅全集》第 1 卷，北京：人民文學出版社，1981 年版，第 325 頁。

挖掘魯迅思想的內面精神，同時又通過魯迅作爲文學者的表象（文學）來證實魯迅是一個啓蒙者。魯迅內心的罪感，以及身體的神性等等，都構成了一種「迴心」的範疇，這種範疇才是魯迅文學的眞正底色。汪暉在他的《反抗絕望》之中著重指出了早期魯迅如何受到尼采思想的影響，即是啓蒙理性和西方生命哲學之間的矛盾〔註2〕。同樣，在進行對魯迅思想階段劃分之時，許多研究者也傾向於將魯迅的早期思想跟尼采結合起來。而對於三十年代左右所謂「轉向」之後的思想，人們更多地通過他寫的大量的雜文中去總結。眾所週知，尼采常在寫作期間，病情惡化，開始從自己早期的思想轉身，同時推崇科學，認爲與藝術應該是「雙駕車」。然而，我們在尼采語調高昂、情感充沛、精神高傲的語言之中，或許能夠感受到，尼采的思想並不僅僅是思想本身，而彷彿是思想的熱身、大腦承受力的起重機。魯迅在物質和精神之間似乎也有這樣一個內容，只不過，他沒有尼采那麼純粹地投入因自身的強力意志的冶煉而付出的藝術事業，以及文化活力復興的野心，魯迅強大的群體責任感讓他的世界觀變得更加複雜深邃。雖然，從文學上看，魯迅有過一段時間短暫的對於尼采的模糊的模仿。不論是詩、散文詩，還是隨筆。也就是說，他給魯迅的文學影響，並非一發而促成後者堅實的成熟之作。

實際上，雖然魯迅在二十年代的《故事新編》寫作與尼采的思想有著十分親密的關係，同時，這也能夠從他所翻譯的「帶有尼采式的強者的色彩」〔註3〕的阿爾志跋綏夫身上間接看到。在這裏需要思考的是，魯迅是否在到了三十年代之後仍然具備尼采思想的底色。這時期魯迅鮮有文章提及尼采，但問題仍然十分複雜。尤其是通過閱讀《故事新編》，筆者更加感受到這樣一種持續在魯迅內部的一種精神氣質的播散。雖然，可能《故事新編》在呈現尼采的精神方面不僅僅是早期的關於「生命哲學」中的那種「主體」存在的焦慮問題。

本章所試圖討論的幾個方面，雖較爲粗疏，但或會爲解讀和理解魯迅三十年代思想提供有所裨益的小切口。而選取尼采來進行所謂「影響對比」並非目的，而是將闡釋的落腳點放在魯迅的後期作品身上。

在薩弗蘭斯基的解說之中他這樣界定尼采的世界，「誰注重絕大多數人的安康，進行的是道德思考；誰把成功的形象中的高潮，這個迷狂的頂峰，宣

〔註2〕 汪暉：《反抗絕望：魯迅及其文學世界》，北京：三聯書店出版社，2008 年版。
〔註3〕 《譯了〈工人綏惠略夫〉之後》，《魯迅譯文全集》第 1 卷，福州：福建教育出版社，2008 年版，第 139 頁。

佈爲文化的意義，進行的是審美思考。尼采選擇審美的思考方式。」〔註4〕而魯迅是試圖將其結合起來。簡單地說，就是道德和形式的完美結合。那麼，到了晚期《故事新編》，卻爲何達到了如此模糊如此充滿不確定性的世界面貌呢？

（一）尼采的歷史觀和《故事新編》

魯迅在 1933 年 3 月 5 日的《我怎樣做起小說來》中說：他創作《不周山》（《補天》）的初衷是「在描寫性的發動和創造，以至衰亡」〔註5〕的。在這裏要注意的是，「以至衰亡」實際上表現了充溢的強大的飽滿的生命力，在這個絢爛的世界創造，最終消耗殆盡的故事。這同時是中國生命與文化力的源泉，他對最原初歷史的追溯的神話想像的源頭，正是尼采精神的文學式的浪漫主義的複寫。稍讀經典，便可知女媧形象和是被連接在原初世界的產生的神話之中的一條線索，正如一切神話的源頭中所表現的那種對人類的冷漠，和對整個世界的天眞眼神，古典的文言傳說中，強調的是世界在紛亂和矛盾運動中的成形，而《補天》則抽取了女媧的這段創造過程，並糅合了其它的矛盾因素，使得作品具有了清晰的生命力的爆發與旺盛的過程。並且，以至衰竭。

當然，在這之中，我們似乎很容易能夠看出作品試圖連接兩個對魯迅來說關係密切的人物，尼采和弗洛伊德。（創造力的滿溢和消解自我的欲望。文學創作本質也是如此。從這個意義上說，魯迅試圖用文學來表達文學的本質。這很有意思。）實際上，這兩種學說也密不可分，而《補天》中十分明顯的絢麗的色彩，恰恰顯現出強烈的感染力。像尼采一樣，將自己與世界對立起來的孤獨與荒野之王的高傲之感〔註6〕，讓魯迅傾心於思索與外在對象之間的關係。但是，從作品本身的藝術性上來說，這篇作品寫得相對刻意。

小說《非攻》中有一段出典於《墨子・耕柱》。即：

〔註4〕 薩弗蘭斯基：《尼采思想傳記》，衛茂平譯，華東師大出版社，2010 年版，第 73 頁。

〔註5〕 《我怎樣做起小說來》，《魯迅全集》，第 4 卷《南腔北調集》，人民文學出版社，1981 年版，第 513 頁。

〔註6〕 「獅子的意志自顧如此：飢餓，兇猛，孤獨，無神。」「在沙漠中，永遠居住眞實者，自由思想家，曠野的王；但城市裏卻居住著飼養得很好的知名的智者——一群負載的驢子。」尼采：《查拉斯圖拉如是說》，楚圖南譯，湖南人民出版社，1987 年版，第 122 頁。

> 子夏之徒問於墨子曰：「君子有鬥乎？」子墨子曰：「君子無鬥。」
> 子夏之徒曰：「狗豬猶有鬥惡有士而無鬥矣？」子墨子曰：「傷矣哉！
> 言則稱於湯文，行則譬喻狗豬，傷矣哉！」〔註7〕

墨子的這個說法讓人想起了波德萊爾的議論：

> 實際上，仇恨是一種珍貴的汁液，是一種比波吉亞家族的毒藥
> 更貴重的毒藥，因爲它是用我們的血、我們的健康、我們的睡眠和
> 我們的三分之二的愛情製成的！我們不該濫用。〔註8〕

鬥爭仇恨，必須得有一定的對稱性。動輒將鬥爭放到某個對稱中，不見得是明智的。不輕易鬥，不輕易貶低和擡高，這些都顯示出作爲君子和具有主體性者的尊嚴。在魯迅鬥爭哲學之中，我們常常看到，他對強勁的敵手的鬥爭的熱忱，又常抱怨無聊，因爲自己沒有像樣的敵手，所謂「獨戰」的寂寞〔註9〕，「敵人不足懼，最令人寒心而且灰心的，是友軍中從背後來的暗箭；受傷之後，同一營壘中的快意的笑臉」〔註10〕。尼採選擇「超人」的意志所構築起來的精神強體，魯迅顯然也常是這樣。他之不滿於這個世界中的一切存在的概念化、體制化的機體中的人，毋寧是反對深陷其中的必然性的不自由。魯迅身置這樣的不自由之中，又警覺、盡力不被其同化，這在魯迅的語言中，表現爲對國家、對智者（知識分子）對抽象的奴性的一種強烈抨擊。他反視歷史本身的藏垢納污，一方面讓青年人學會在複雜的社會鬥爭中施行「壕塹戰」，另一方面，自己則隻身匹馬，參與任何所見的有害於構建人的主體的缺陷作鬥爭，從這個意義上說，魯迅的思想更多的地帶有優越性，這種優越性並非源於財富或知識的地位，而是內在的精神強度和戰鬥性。儘管這也耗費了他許多的「血」「健康」乃至「睡眠」。魯迅於 1932 年 8 月 15 日致臺靜農信中說：

> 我曾於《小說月報》上見其（鄭振鐸，筆者加）關於小說者數
> 章，誠哉滔滔不已，然此乃文學史資料長編，非「史」也。但倘有
> 史識者，資以爲史，亦可用耳。

〔註7〕 孫詒讓撰：《墨子閒詁》，北京：中華書局，2001 年版，第 482～483 頁。
〔註8〕 波德萊爾：《給青年文人的忠告》，《波德萊爾美學論文選》，郭宏安譯，北京：人民文學出版社，1987 年版，第 15 頁。
〔註9〕 《致蕭軍蕭紅》，《魯迅全集》第 12 卷，北京：人民文學出版社，1981 年版，第 584～586 頁。
〔註10〕 《致蕭軍蕭紅》，《魯迅全集》第 13 卷，北京：人民文學出版社，1981 年版，第 116 頁。

　　我亦頗麻木，絕無作品，真所謂食菽而已。早欲翻閱二十四史，

曾向商務印書館預約一部，而今年遂須延期，大約後年之冬，才能

完畢，惟有服魚肝油，延年卻病以待之耳。〔註11〕

　　作為一個善於思辨的文學家，魯迅的史觀，卻是很複雜的。因為首先他對中國的古代史的閱讀也不夠深澈，他所關心的更多的似乎也只是毫無正統史觀的雜史筆記之類，與其說他以此樹立自己的歷史認識，毋寧說他對其中故事小說帶有的哲理意趣的興趣要大於歷史研究。從上可以看出，到了三十年代，他也試圖建立自己的史觀，利用對社會學，經濟學等各個因素來重新觀察中國的歷史，並且，他還試圖在此基礎上建立自己的文學史的長篇寫作。

　　然而，《故事新編》是魯迅唯一通過歷史、神話傳說「演繹」的作品。其中應當涵蓋了魯迅對於中國歷史的一種思維方式。從另一種意義上說，就是對過去的思考和對經典的翻新。從魯迅在1935年11月底作「治水」訖，接著，到十二月底，他作完了《故事新編》的最後三篇《采薇》《出關》《起死》。魯迅在1935年12月3日夜間給增田涉寫信說：「目前正以神話作題材寫短篇小說，成績也怕等於零」。這裏有兩點：其一，十二月，他作的這三篇都是古已有之的人物，魯迅之稱為「神話」肯定有其內在的用意，也就是除了女媧、嫦娥之類他認為是神話之外，另外中國的先秦諸子故事，也可能是他口中的「神話」。再就是，「成績也怕等於零」，可以看出，如果不是謙虛，他對自己的《故事新編》的藝術水平，還是存疑的。從來沒有停止對自己的懷疑，但是仍然不會因此成為別人，這獨立性也表現在魯迅在創作上。他深深地跟隨自己的思路和方法，成為自己文學之路徑上的忠實者。不然，從一開始的《不周山》他就該停止自己這類題材的創作。而同時，這一階段，可說是魯迅「復古」的階段，翻譯19世紀早期的果戈理、與增田涉合作翻譯自己的中國小說史研究成果，這些，或許能給我們一些暗示。

　　魯迅早在《摩羅詩力說》中即以文明和古舊蠻荒文化的「野氣」之間的關係通過尼采為中介，提到後者給與前者的革新作用，他說：

　　尼怯（Fr‧Nietzsche）不惡野人，謂中有新力，言亦確鑿不可

移。蓋文明之朕，固孕於蠻荒，野人狂獠其形，而隱曜即伏於內。

文明如華，蠻野如蕾，文明如實，蠻野如華，上徵在是，希望亦在

是。〔註12〕

────────────────

〔註11〕《魯迅全集》第12卷，人民文學出版社，1981年版，第102～103頁。
〔註12〕《魯迅全集》第1卷《墳》，人民文學出版社，1981年版，第64頁。

　　《故事新編》中所表現出來的那種蠻荒與行動力，恰是魯迅依靠古舊的題材來激活整個民族文化精神的體現。二十年代的《補天》《奔月》《鑄劍》之類，都可認爲是一種和尼采的強力意志相契合的作品。它所述說的是「主體」作爲生命能量的一種釋放和消解。當然，這其中包含著至善的道德傾向。不然強力意志的打造完全可以站在「后羿」乃至「黑色人」的對立面。然而，很顯然，這三篇小說的共同之處都是通過一個具有「超人」氣質的神明力量來完成某種具有超越性的道德使命。

　　然而，隨著越來越往後寫，當《故事新編》的界域越來越模糊的時候，我們能夠看到一種貌似中間主義的思考：這就是薩弗蘭西斯所說的一種奧德賽式的焦慮：

　　　　尼采在奧德賽命運的棘手的情境中找到了這個象徵，這毫不奇怪。爲了能聆聽塞壬的歌唱，但又不必走向自身的毀滅，奧德賽讓人把自己綁在桅杆上。奧德賽體現了狄俄尼索斯的智慧。他聽見了可怕的事物，但是，爲了保存自身，他認可文化的束縛。〔註13〕

　　文化作爲一種過往的歷史的不斷革新橫亙在世人的面前。而魯迅恰恰在這種焦慮之中完成了對於自己作品的演繹。大禹猶如一個被放逐的英雄，經歷了三年的篳路藍縷的勇猛生涯，同時承繼著祖先留下來的規訓意志。最後，他消失在眾人的慶典之中，正可以顯示魯迅之對於尼采的這種象徵的回應和思考。然而，魯迅的作品又遠非當時的一切歷史小說那樣，僅僅是爲了時下的目的而去演繹歷史，他在作品之中展開的並非知識化的內容，對於這一點，我們從尼采的歷史觀裏也能找到對應：

　　　　在悲劇之書中他曾經寫道：永不知足的現代文化那可怕的和歷史的需要，把無數其它文化聚集在自己周圍，耗盡心力的認知願望，這一切要是不表明神話的損失，神話家園和神話母腹的損失，那麼它還能表明什麼呢？〔註14〕

　　或許我們可以依次延伸開來，例如魯迅和顧頡剛的交惡關係。這個民國公案向來被認爲是現代文學一個被不斷糾纏的話題。大家往往從他們的治學路徑或者是人際交往，甚至地方主義的層面出發。魯迅雖然在書信中一再地

〔註13〕薩弗蘭斯基：《尼采思想傳記》，衛茂平譯，華東師大出版社，2010年版，第80頁。

〔註14〕薩弗蘭斯基：《尼采思想傳記》，衛茂平譯，華東師大出版社，2010年版，第91頁。

稱顧頡剛是一個弄權排擠的人,但我們並很少能從別處找到直接的證據。但很難否認的是,魯迅似乎從與他認識不久,就開始極為討厭這位歷史學研究上的新秀。這一思路一方面當然與魯迅之厭惡顧頡剛對胡適之實用主義哲學及其所開闢的實證的史學研究方法有關;但另一方面,我們似乎看到二人在性格氣質上的絕大差異。顧頡剛之將疑古思想放大到所謂的「禹是一條蟲」的結論,看起來似乎失去了中國傳統文化或說中國歷史法則之中的美學因素。他曾經在 1934 年 7 月 6 日致鄭振鐸信批評說:「其實他是有破壞而無建設的,只要看他的《古史辨》,已將古史『辨』成沒有,自己也不再有路可走,只好又用老手段了。」〔註 15〕從某種角度上說,在魯迅看來,顧頡剛所忽視了的,恰恰是這種最珍貴的神話學的因素,它是民族活力的根源,而不是所謂「耗盡心力的認知」。《不合時宜的沉思》中尼采認為這種「認知」是一種「時代精神」。「他指責這種精神:用一種塵世的協調,一種解圍之神、亦即機器和熔爐之神,取代一種形而上學的安慰。」〔註 16〕「現代人最後隨身拖拽著一大堆無法消化的知識石塊,這些石塊然後不時厲害地在身體內嘎嘎作響」,「一種外表,沒有任何內在適應它。這是一個古代民族不認識的矛盾。(尼采)」〔註 17〕從反知識的過程之中獲得新知才是尼采或者魯迅所希望看到的真相。而與此相關的歷史觀念,也應該是如此。「人們必須把歷史的原則倒過來反對歷史。借助歷史的知識道破歷史學的權力。」〔註 18〕實際上,同知識的權力所獲得的一種新的意志一樣,這種「反歷史的歷史觀」也通過這種顛倒的方式重新觀察對歷史的看法。而實證主義,貌似是一種不偏不倚地看法,但它實際上放棄了存在所能提供給它的一種選擇機會。且它本身就是一種被動的虛偽的選擇過程。我們在《出關》之中能夠看到老子這樣的悲劇命運,魯迅通過老子對孔子的問話,實現了對儒家文化的破解,因為道家思想本來就是「絕聖棄智」的典範。然而,魯迅不僅僅是對老子這種精神演繹,更讓人吃驚和震驚的地方就在於他將老子也給「格」掉了,那就是聖人老子的「絕聖棄智」最終也未能逃離被恭維和因為吃飯而低頭講學寫五千言

〔註 15〕 《魯迅全集》第 12 卷,人民文學出版社,1981 年版,第 477 頁。
〔註 16〕 轉引自薩弗蘭斯基:《尼采思想傳記》,衛茂平譯,華東師大出版社,2010 年版,第 114 頁。
〔註 17〕 薩弗蘭斯基:《尼采思想傳記》,衛茂平譯,華東師大出版社,2010 年版,第 130 頁。
〔註 18〕 薩弗蘭斯基:《尼采思想傳記》,衛茂平譯,華東師大出版社,2010 年版,第 135 頁。

的被迫重擔。甚至，從某種意義上說，整個《故事新編》的後期作品彷彿都是一種「絕聖棄智」的再演繹。《故事新編》在某種程度上在跟知識分子對話，且他自己，也是這一群體中的一員，同時這也是他反觀歷史所給與知識化的歷史睿智地一刺。如果我們將視野放大，其實魯迅並非到了後期才開始對這種思路進行反省。我們在魯迅利用鄉村的革命題材所寫成的小說《阿 Q 正傳》的序言（1921）之中，也看到這種類似宣言的句子（實際上這個作品是如此地接近三十年代《故事新編》的群像氣質）：

> 我所能聊以自慰的，是還有一個「阿」字非常正確，絕無附會假借的缺點，頗可以就正於通人。至於其餘，卻都非淺學所能穿鑿，只希望有「歷史癖和考據癖」的胡適之先生的門人們，將來或者能夠尋出許多新端緒來，但是我這《阿 Q 正傳》到那時卻又怕早經消失了。〔註19〕

一方面，這段話表達出對於正史考據得以流傳的不屑，另一方面，作者對於歷史中沉澱下來的名不見經傳的時時刻刻在「速朽」的「幾乎無事的悲劇」表達出了一種沉迷與歷史考據的知識者所不能理解的興趣。薩弗蘭西斯說：「把知識的針刺轉向知識自身──這在尼采那裏意味著：知識不再誤認為，自己是針對著可怕事物的保護裝置。超越自身的知識，不僅覺察到了自己的界限，而且還覺察到了迷惑和眩暈感。」〔註20〕

這樣可知，為什麼在魯迅的眼睛裏，即便是非神話題材的小說，也可稱作「神話」的原因了，因為在他的這種歷史觀的角度上說，「神話」本身也是歷史的珍貴成分。在他最早的論文《破惡聲論》中，他也提到過這種民族的「神思」的珍貴性：

> 夫神話之作，本於古民，睹天物之奇觚，則逞神思而施以人化，想出古異，誠詭可觀，雖信之失當，而嘲之則大惑也。太古之民，神思如是，為後人者，當若何驚異瑰大之？……夫龍之為物，本吾古民神思所創造，例如動物學，則自白其愚矣，而華土同人，販此又何為者？〔註21〕

〔註19〕《魯迅全集》第 1 卷，《吶喊‧阿 Q 正傳》，北京：人民文學出版社，1981 年版，第 489～491 頁。

〔註20〕薩弗蘭斯基：《尼采思想傳記》，衛茂平譯，華東師大出版社，2010 年版，142 頁。

〔註21〕《集外集拾遺補編》，人民文學出版社，1981 年版，第 30～31 頁。

　　而以歷史、神話題材寫作的《故事新編》，在行文語言中所表現出來的嚴正性，足以讓他的這部小說稱之為「歷史小說」，也就是說，如果我們以魯迅的眼光來看《故事新編》，它是可以很爽然地被稱為「歷史小說」的。也就是說，稱作《故事新編》是否是「歷史小說」本身並不重要，關鍵是找出歷史的合理的根據，這樣才能避免如唐弢所說的單純的淺薄的界定的陋習〔註22〕。

　　對於人們津津樂道，甚至於強調其斷裂性的魯迅的前後思想的「轉變」，即所謂二十年代末期轉向左翼思想，這樣看來，二者仍有其內在的一致性，即實際也是尼采精神的一貫展現。在魯迅看來，能代表一時代之強勁的反叛力量，即尼采口中所謂否定中的上升者，也就是左翼政治與文化。魯迅之後來又與後者發生矛盾，顯然並不妨礙他支持與扶植的合理性。在魯迅那裏，沒有完滿，只有行進，在勢如破竹的批判與建立中的前進。

（二）物質性的淵默 〔註23〕 與《故事新編》

　　尼采在自己的哲學脈絡之中也是如此，他一方面致力於人的強力意志的無限挖掘，另一方面，面對日益癲狂的思維冒險，他開始認識到科學作為一種存在是如何廣大，同時又是如何滲透到渺小的人的情緒之中的。他在《瞧，

〔註22〕　唐弢說：「認為《故事新編》不是歷史小說，不合規範，否定小說主要是以古人古事為骨幹的這一事實，固然是在世俗的所謂的歷史小說裏打坐，目光短到離不開自己的臍眼；相反地，力爭《故事新編》是歷史小說，奉為圭臬，貶低小說運用某些現代生活細節的戰鬥意義，其實也還是在世俗的所謂的歷史小說裏推磨，轉來轉去仍然沒有跳出原來的圈子。事實說明這些都不過是形而上學的概念的遊戲。」見《故事新編研究資料集》，山東文藝出版社，1984年版，第258頁。

〔註23〕　「淵默」源出於《莊子》：「尸居而龍見，淵默而雷聲。」關涉「淵默」與「魯迅」，最典型是魯迅在早期創作和後人的評價中。如他在《摩羅詩力說》中稱，「顧瞻人間，新聲爭起，無不以殊特雄麗之言，自振其精神而紹介其偉美於世界；若淵默而無動者，獨前舉天竺以下數古國而已」。可見借用「淵默」表達對「古國」悄無聲息的表述，但又並非完全否定，而是一種「大國伏流」的氣象感慨。而後有徐梵澄回憶為魯迅在事功失敗或休歇之後的一種道家或佛教的狀態。（《徐梵澄文集》第4卷《星花舊影——對魯迅先生的一些回憶》，上海三聯書店，2006年版，第388頁。）由此可見此詞彙的哲學意義。本節中用此一說，完全是起於一種哲學上的直覺判斷，魯迅晚年思想體現在《故事新編》諸篇小說中，恰恰帶有某種「淵默而雷聲」的氣象，然這種「氣象」似乎並非表現在其中的義理思想上，而更是繁華之後的物質淳厚之氣。

這個人》一書的回顧中，他描述了同瓦格納分離後的這個階段：「我身體消瘦，形容憔悴，顧影自憐；在我的知識範圍內正好缺乏現實性，而『理想』只適合魔鬼的口味！── 一種正在燃燒的熱望侵襲著我：從那時開始，實際上我只從事生理學。醫學和自然科學方面的工作，──甚至只有當使命迫切地要求我時，我才重新回到原來的歷史研究中來。」〔註24〕一方面，精神的強大促使自己的思想空間走進了一個逼仄而有穿透力的世界之中，同時，拓展自身與外在世界之間的關係又同時會反過來影響自己的精神世界的開拓和張揚。在尼采身上這種需要始終伴隨著他始終，尤其是在他的身心極度分離，精神強大到「無」而身體脆弱到極致，從而影響到自己和身體和周圍世界的關係之時。

對魯迅而言，除去在外力表現上的掙扎給予安慰的古典文獻之外，他的學術背景和他間歇性地產生興趣的自然科學，反而成為他紓解自我思想的一個辦法。我們能夠從一系列整理中國傳統的古典文獻和他的礦物、醫學、植物學的考察之中找到端倪。例如其它早年（1910～1911）所整理的語言與生物世界結合起來的《嶺表錄異》，是一個讓人震驚的表情漠然的物象世界。如其兩個短箚《辛亥遊錄》（1911 年），執迷於花山野菰的描述，甚至擬從《說郛》中抄校花木典籍。甚至到了三十年代，他仍然致力於植物藥用價值的考察和翻譯，這些都能夠顯示魯迅在自然科學上所做出的努力〔註25〕。另外有意思的是，魯迅的文學翻譯，我們也能夠看到許多原作的作者多半是醫生，他們尤其喜歡沉溺於對自然世界的鋪陳和描述，使得作品在空間的展開上異彩紛呈，並且具有十分詳盡的真實性。

在現代文學中，純物質的描寫似乎能夠給讀者帶來更為複雜真實的感受。我們從 20 世紀現代的很多作品中能夠看到範例。例如單純的帶有破解性的美國文學中，麥爾維爾的《白鯨》，就通過大量的自然科學常識的鋪陳，來襯托他的作品。與其說這是為了襯托文學作品的真實性，毋寧說是一種哲學意義上的平衡。這種平衡使得作品中的情緒得到疏導，使得一些瘋狂的舉動變得合理。林辰在《魯迅傳》中詳細描述了魯迅早年在科學和倫理學方面的

〔註24〕尼采：《瞧，這個人──尼采自傳》，黃敬甫、李柳明譯，北京：團結出版社，2006 年版，第 100～101 頁。

〔註25〕王雲五、周建人編：《藥用植物及其它》，樂文（魯迅）等譯，上海：商務印書館，1936 年版。

兼顧的興趣。他說：「由於這時便早具有了豐富的自然科學的修養，又加以對於規範科學（如倫理學）也有極深的研究，所以對於一切事物，客觀方面既能說明事實之所以然，主觀方面又能判斷其價值所在，使他後來在創作上和思想上才會那麼的精密和正確」〔註26〕。隨著魯迅的寫作生活的開闊，舊有的倫理學逐漸成為其文學的底色，而「豐富的自然科學修養」在其中發揮出活潑的文學表象的呈現作用。我們在《故事新編》之中尤能感受到這種神性與物質性完美結合。

　　魯迅也恰是在這些學科的影響之下，使得自己能夠在相對虛空的文學世界裏找到依託。而這種冷漠的依託方式一方面沖淡了他情緒上的激昂；另一方面，也使得漠然的哲學因素滲透到了他的文學作品之中。當然，這種物質性又不同於自然科學的冷酷無情，而是將人放置在一種強大物質的生存環境之中，更凸顯出人的可悲憫。如果說魯迅在尼采的相對激越的精神之下，表現出一種「柔和」的色彩的話，那麼這算是一個重要的調和因素。薩弗蘭斯基說：

> 尼采想通過提升的注意力和一種柔韌的語言的幫助，讓他共同作用的、共同震顫的衝動和表象的混雜，如同在一個放大鏡下那樣變得清晰可見。也就是說，牽涉到的不是解釋和構思，而是形象化和直觀。〔註27〕

　　這種物質性與存在之間橫亙著一個東西。那就是人的精神的橋梁。魯迅的《故事新編》越到後期越是「形象化和直觀」的。同時，這種「形象化和直觀」又體現在他的作品的「物質性」上，魯迅作為寫作者遠遠地隱藏在作品的背後，向外界推出一個似乎於講述者完全無關的世界。這世界混雜、喧囂、自然風貌，亙古飄渺，人情世故，歡喜憂傷：《奔月》中的后羿非常理性和仁厚，老婆都上了月亮，他還能吩咐傭人去弄些辣子雞之類作為尋嫦娥的備膳。這裏面，和其它篇章一樣，充斥著幾乎沒有正式貨幣存在的物物交換的原始色彩（大餅、黑母雞、兩柄鋤頭、三個紡錘之類），這些都增加了故事的民俗性，生動性和真實性；《非攻》中的墨子在勝利之後一切並沒有結束，反而在雨中淋了一個大風寒；《采薇》中的二兄弟則餓死在山上；《起死》中

〔註26〕　林辰：《魯迅傳》，福建人民出版社，2004年版，第51頁。
〔註27〕　薩弗蘭斯基：《尼采思想傳記》，衛茂平譯，華東師大出版社，2010年版，第236頁。

的漢子不斷地呼喊著他的「二斤南棗，斤半白糖」。世界處在荒漠和煙塵飛揚之中，彷彿是礦採廢棄之後的局面，嚴峻得讓人唏噓寒冷，同時體貼得讓人溫暖無比。

魯迅曾經在 1935 年評價狂飆社時總結說「尼采教人們準備著『超人』的出現，倘不出現，那準備便是空虛。但尼采卻自有其下場之法的：發狂和死。否則，就不免安於空虛，或者反抗這空虛，即使在孤獨中毫無『末人』的希求溫暖之心，也不過蔑視一切權威，收縮為虛無主義者（Nihilist）。巴紮羅夫（Bazarov）是相信科學的；他為醫術而死，一到所蔑視的並非科學的權威而是科學本身，那就成為沙寧（Sanin）之徒，只要以一無所信為名，無所不為為實了。」〔註 28〕可見在這之中，魯迅在對他從二十年代至於三十年代所閱讀、所翻譯的欣賞對象，諸如阿爾志跋綏夫、尼采、屠格涅夫等人的文學作品和哲學的觀念試圖所要做的調整。雖然這多少受到當時馮雪峰所翻譯的蘇聯左翼文藝理論的影響，但仍能夠體現出魯迅對於自己早期在尼采「超人」哲學上的新的反思。

喜歡將語言脫離作家獨立分析的意大利小說家卡爾維諾在《千年備忘錄》裏有這樣一段話：

> 在實際生活中，時間是一種財富形式，對它，我們個個都吝惜極了。在文學中，時間也是一種財富形式，可它要被悠閒地花費，淡定地消遣的。我們不必搶著當第一個越過預定終點的人。相反，儲蓄時間是件好事，因為我們儲蓄得愈多，我們就愈經得起失去。……它自然而然地離題，從一個對象跳至另一個對象，一百次失去線索，然後經過一百次的迂迴曲折之後又找到了。……離題是一種用來延緩結局的策略，是一種使作品中的時間繁複化的方式，一種永遠躲避和逃離的辦法。逃離什麼？當然是逃離死亡……〔註 29〕

這裏的「死亡」，即作品的死亡，故事的死亡，乃至作者思想的死亡。然而，在「死亡」之前的漫長時間之中，填充的是世界的表象，是在文學描述之中的物質世界，這樣的世界看起來無聊而多餘，但卻能夠給作品一種強大

〔註28〕 《〈中國新文學大系〉小說二集序》，《且介亭雜文二集》，《魯迅全集》，人民文學出版社，1981 年版，第 254 頁。
〔註29〕 〔意〕卡爾維諾著，黃燦然譯：《新千年備忘錄》，上海：譯林出版社，2009年版，第 47 頁。

的物質載體，使之變得真實而生動。這在魯迅的《故事新編》中尤其有著客觀而自如的表現。他這些作品中的角色，大多數身處矛盾之中，這得以在無論是內在思想的背離還是社會關係的複雜性上都生成了某種因為延遲而生成的生命活力。

> 「災情倒並不算嚴重，糧食也可敷衍」，一位學者們的代表，苗民語言學家說：「麵包是每月會從半空中掉下來的；魚也不缺，雖然未免有些泥土氣，可是很肥，大人。至於那些下民，他們有的是榆葉和海苔，他們『飽食終日，無所用心』──就是並不勞心，原只要吃這些就夠。我們也嘗過了，味道並不壞，特別得很……」（《理水》）

> 伯夷咳了起來，叔齊也不再開口。咳嗽一止，萬籟俱寂，秋末的夕陽，照著兩部白鬍子，都在閃閃發光。

> 伯夷怕冷，很不願意這麼早就起身，但他是非常友愛的，看見兄弟著急，只好把牙齒一咬，坐了起來，披上皮襖，在被窩裏慢吞吞地穿褲子。

> 等到叔齊知道，怪他多嘴的時候，已經傳播開去，沒法挽救了。但也不敢埋怨他；只在心裏想：父親不肯把位傳給他，可也不能不說很有眼力。（《采薇》）

甚至還有那閒人「幾乎無事」的描述：

> 走了六七十步路，聽得遠遠地有人在叫喊：

> 「您那！等一下！薑湯來哩！」望過去是一位年輕的太太，手裏端著一個瓦罐子，向這邊跑來了，大約怕薑湯潑了出去罷，她跑得不很快。

> 大家只好停住，等候她的到來。叔齊謝了她的好意。她看見伯夷已經自己醒來了，似乎很有些失望，但想了想，就勸他仍舊喝下去，可以暖暖胃。然而伯夷怕辣，一定不肯喝。

> 「這怎麼辦好呢？還是八年的老薑湯熬的呀。別人家還拿不出這樣的東西來呢。我們的家裏又沒有愛吃辣的人……」她顯然有點不高興。

這時候的派代表與薑湯，已經失去了它的功效，變成了某種延遲故事時

間的絕好材料，又如《理水》中描述選定拉去做報告水災情況的平民代表，簡直是極盡「油滑」之能事。

> 下民的代表，是四天以前就在開始推舉的，然而誰也不肯去，說是一向沒有見過官。於是大多數就推定了頭有疙瘩的那一個，以為他曾有見過官的經驗。已經平復下去的疙瘩，這時忽然針刺似的痛起來了，他就哭著一口咬定：做代表，毋寧死！大家把他圍起來，連日連夜的責以大義，說他不顧公益，是利己的個人主義者，將為華夏所不容；激烈點的，還至於捏起拳頭，伸在他的鼻子跟前，要他負這回的水災的責任。他渴睡得要命，心想與其逼死在木排上，還不如冒險去做公益的犧牲，便下了絕大的決心，到第四天，答應了。大家就都稱讚他，但幾個勇士，卻又有些妒忌。（《理水》）

總之，從《理水》到《采薇》是逐漸見證思想如何被延宕的作品。《采薇》是屬於伯、叔二兄弟的生命和時間之作。原本即可是一個因迂腐「不食周粟」而餓死的「迅速」的故事，但卻被作者點化得十分繁複，甚至有的細節「偏離」文脈，比如那些富於戲謔和油滑色彩之細節：吃「苦，粗」的松子；發現薇草的過程；薇草的無數種吃法；村裏人的觀望；小丙君的詩論；直到自己的邏輯和信仰遭到了當頭棒喝的瓦解，於是兄弟二人迅速餓死。這「迅速」在很久的延遲之後瞬間到達。二人死後又以阿金「食鹿肉」的謠言泛起故事和某種意義上的泡沫。

在這篇小說裏，頗值得一提的是「離題」要素，推遲故事進展的障礙之一是食物。他們每每用「烙大餅」來代替計量的時間：

> 約有烙三百五十二張大餅的工夫，這才見別有許多兵丁，肩著九旒雲罕旗，彷彿五色雲一樣。

> 大約過了烙好一百零三張大餅的工夫，現狀並無變化，看客也漸漸地走散；又好久，才有兩個老頭子抬著一扇門板，一拐一拐地走進來，板上還鋪著一層稻草：這還是文王定下來的敬老的老規矩。

此類句式在《故事新編》中實不乏見，它們充斥在作品中，形成某種「儲蓄」起來的「經得起失去」的故事時間的效果。因它們延長了故事內部的時間，又如用看起來無意義的「吃」來插入故事的表述在《采薇》中以薇菜的發現和做法達到了極致：

> 但凡要看的人，得拿出十片嫩榆葉，如果住在木排上，就改給

一貝殼鮮水苔。(《理水》)

　　果然，這東西倒不算少，走不到一里路，就摘了半衣兜。他還是在溪水裏洗了一洗，這才拿回來；還是用那烙過松針麵的石片，來烤薇菜。葉子變成暗綠，熟了。但這回再不敢先去敬他的大哥了，撮起一株來，放在自己的嘴裏，閉著眼睛，只是嚼。

　　「怎麼樣？」伯夷焦急的問。

　　「鮮的！」

　　兩人就笑嘻嘻的來嘗烤薇菜；伯夷多吃了兩撮，因爲他是大哥。

　　他們從此天天采薇菜。先前是叔齊一個人去採，伯夷煮；後來伯夷覺得身體健壯了一些，也出去採了。做法也多起來：薇湯，薇羹，薇醬，清燉薇，原湯燜薇芽，生曬嫩薇葉……

　　在這裏面，我們彷彿看到時間因爲無聊而又合理必須的「吃」，在靜靜地毫無任何關係和意義的流動著。

　　當然，魯迅後期的《故事新編》的小說中的這種強調生存，從某種意義上說，即馬克思意義上的生產資料。它強調把古人拉到了樸素的現實生活之中，如《理水》中洪荒之中各階層人各異的食物獲取與分配；《非攻》之中墨子臨行前行囊裏「冒著熱氣」的大餅；《采薇》中時時給他們二兄弟的力量同時給予諷刺性考驗的各種食物（大餅、薇菜、鹿肉）等等。

　　魯迅晚年十分緊迫於自己的「打雜」生活，一方面他希望能獲得自由創作出具有革新意義的作品，另一方面，這些爲了生存的方式又束縛著他的自由寫作。他在 1935 年以後的書信中常常埋怨自己的「打雜」，多少都讓他更迫切地人身到「第一要生存」的重要性。《非攻》中除了某富於淵默的物質世界的表現之外，同時仍然延續了自我與民眾的再次疏離，尤其是在戰亂之中，這種疏離感所帶來的痛苦更加明顯。有意思的是，這是作爲啓蒙者魯迅在懷疑啓蒙還是表達啓蒙的失敗？「墨子」很少說話，秉承墨家所謂「言無務多而務爲智，無務爲文而務爲察」〔註30〕，踽踽行於各國，去楚國之後仍然是滿城唱著《下里巴人》歌的「下里巴人」，就算是在魯迅筆下一貫顯得天眞暴躁的「王」也需要他用「義」的道理來啓發。他進楚城找了半天，才找到一個「看起來像士的老者」。這顯示出作品中人物孤獨的悲感，雖然看起來作品

〔註30〕孫詒讓撰、孫啓治點校：《墨子閒詁》，中華書局，1987 年版，第 10 頁。

中的行動力和實踐性貼近了無產階級的藝術世界，但其內部很顯然的對於群體性的無望或者保持沉默則表達了作為「士人」的真正的內部的孤獨。與前期《故事新編》的某些小說相類，這篇漫遊性質的文章總會讓人想起查拉斯圖特拉下山之後放浪在人間和自然中的昭告「正義」和尋找同路人的情形。

當然，在墨經的原文之中有明確的「非樂」的主張，所謂鐘鼓琴瑟之聲「與君子聽之，廢君子聽治；與賤人聽之，廢賤人之從事。」〔註31〕而《下里巴人》雖為「賤人之樂」終也耽誤治政、勞作。魯迅在《非攻》之中引用此一段落，未嘗不可說是用墨子思想來解呈墨子。這從另外一個哲學角度，也體現了魯迅之對於墨家思想和所謂普羅文學之間的某種共通之處。即，在強調用度與民之生存的思想上，二者是有一致之處的。

然而，在這其中，魯迅一反過去二十年代的《故事新編》小說中的「遺世獨立」的主體形象（也是故事中的主角）的描摹，而開始在沉默之中有了自己的同伴──學生。在公輸般發現制勝的秘密是殺掉墨子之後，墨子回答說：

> 「公輸子的意思」，墨子旋轉身去，回答道，「不過想殺掉我，以為殺掉我，宋就沒有人守，可以攻了。然而我的學生禽滑等三百人，已經拿了我的守禦的器械，在宋城上，等候著楚國來的敵人。就是殺掉我，也還是攻不下的！」〔註32〕

這或可以說是魯迅後期所謂政治轉向的痕迹在小說中的體現。在《墨子·公輸》中講述了幾乎和《非攻》整個的敘事線索。結尾墨子勸服了公輸般、楚王之後，說：「子墨子歸，過宋，天雨，庇其閭中，守閭者不內也。故曰：治於神者，眾人不知其功；爭於明者，眾人知之」〔註33〕。這段之中的議論「治於神」「爭於明」雖不直接存在於魯迅的這篇小說之中，但恰恰反映了墨子在精神倫理上的超越性，這點與尼采思想有著十分相似的地方。在《非攻》之中，魯迅將這種超越性的力量通過側面描寫出來，我們無法知道在小說中墨子和公輸般具體如何佈局，但作品中的氣氛顯然讓人對墨子帶有神明般力量

〔註31〕 孫詒讓撰、孫啟治點校：《墨子閒詁》，中華書局，1987 年版，第 354～355 頁。

〔註32〕 《故事新編》，《魯迅全集》第 2 卷，北京：人民文學出版社，1981 年版，第 462 頁。

〔註33〕 孫詒讓撰、孫啟治點校：《墨子閒詁》，中華書局，1987 年版，第 488～489 頁。

的尊貴肅然起敬。在《墨子·魯問》中有一段曰:公輸子削竹木爲鵲,成而飛之,三日不下。公輸子自以爲至巧。子墨子謂公輸子曰:「子之爲鵲也,不如匠之爲車轄。須臾劉三寸之木,而任五十石之重。故所爲功,利於人謂之巧,不利於人謂之拙。」〔註34〕這個典籍本身也許對於小說的這段情節是個很好的延伸。結合著上面一段,一方面在《非攻》之中的墨子是一個近於神明的道德家;另一方面,這種道德又僅僅應用在樸素物質的建立之中。這種建立顯然是反對木鳶之類的「無用之美」,另一方面這種毫無色彩的木刻一般的勞動的神明形象,這種「士雖有學,而行爲本焉」〔註35〕的精神又表現出了無比的美感,或者借用一句時下流行的學術話語,這是一種「反美學的美學」。當然,這與馬克思主義建立在勞動之上的美學精神也有幾分相熟識的成分。魯迅的《非攻》中也正是藏著這樣的哲學思維,才展開了作品的世界。這也是爲什麼我們在眾人喧囂的環境中看到了這麼兩個少言寡語用行動證明一切的大禹(《理水》)和墨子(《非攻》)。而我們再看法捷耶夫的小說《毀滅》的創作脈絡,也能看到他的這種矛盾和痛苦。也許正是這種內在的矛盾,使得作品投向一個更廣闊的世界之中。

二、從《齊物論釋》到《起死》

新儒家牟宗三曾經在一篇文章《水滸世界》中說:「吾嘗雲:《紅樓夢》是小乘,《金瓶梅》是大乘,《水滸傳》是禪宗。」〔註36〕牟在文章中主要談《水滸》中之「首出庶物,無有足以掩蓋之者。所以是自足而窮盡的。因爲自足而窮盡,所以只有一個當下」的禪家境界。陳克艱據此闡發其中《金瓶梅》和大乘的關係:

> 說到《金瓶梅》,因爲大多數人,包括筆者,都無緣讀過全本,它的大乘義旨,殊難言之眞切。但如與《紅樓夢》稍微比較著想一下,倒也能約略有所領會。……他要傳達的不是個人的隱曲心事和身世之感。他不需要自己求解脫,他已經解脫了。他彷彿從高處雲端俯視著芸芸眾生在生死海冷熱場中顛倒沉浮、起惑造業。他本可

〔註34〕 孫詒讓撰、孫啓治點校:《墨子閒詁》,中華書局,1987年版,第481～482、487～489頁。
〔註35〕 孫詒讓撰、孫啓治點校:《墨子閒詁》,中華書局,1987年版,第7頁。
〔註36〕 牟宗三:《生命的學問》,廣西師大出版社,2005年版,第187頁。

以無言，而竟不能已於言，寫出洋洋灑灑百回大書，以爲懲勸之韋弦，救渡之慈航，這不就是「不住生死、不住涅槃」的大乘精神嗎？
〔註37〕

從整體境界的角度看，以宗教來解文學似乎是思想者的新奇的見解，《金瓶梅》全篇多以人物對話來行爲，諸人各自陷入欲望中不能自拔，或死或生或喜或悲，除文中夾以中國文學傳統中懲戒之刻板隱語外，筆走不著痕迹。籠統地說，可算是佛家境界用冷峻目光觀望的人世惡道。

《故事新編》諸篇亦各有其境界。從《補天》到《鑄劍》是自華麗漸趨剛進，《鑄劍》中更已顯黑色人之宗教式陰影，後出作品更在萬象呈現上逐漸離了自我的窠臼而入超凡脫俗。且這一超凡脫俗並不是說作品中的人物事項，恰恰相反，是人物事項皆按照自己的本然理路輕快自由發展，尤到了《起死》一篇，作者本身完全隱了了最深處。如果說前者帶有小乘的積善修煉，那麼後者則進入一種更悲憫的大乘視野中。然文學研究並非僅僅探討作品表現了什麼樣的手法和什麼樣的境界，更其艱難者，乃是尋找其形成背後之諸多幽微。

（一）晚清諸子學的興起及章周之關係

1905 年在《民報》上，章太炎以答覆的方式總結了中國歷代哲學思想之變遷，尤其談到佛教的傳入及其流變，在他的一系列評述中，反覆出現一個佛教語彙「依自不依他」〔註38〕，可見他對中國「德教」體系中諸家雖各有不同，但同樣「自貴其心」的判斷，由此，延伸到「民族」，即，民族的歷史自足性也是其存在的根本，他說「民族主義如稼穡然，要以史籍所載人物制度地理風俗之類爲之灌溉則蔚然以興矣。不然，徒知主義之可貴，而不知民族之可愛，吾恐其漸就萎黃也。」他批判公羊學派之罔顧歷史沿革而「徒以三世三統大言相扇而視一切歷史爲芻狗」的情形，認爲士大夫應當「有厚自尊貴之風」，「自信而非利己」，這樣才能「於中國前途有益」。這種糅合了各家學說於一身，強調哲學內核推延至民族主義的情形，恰恰是章太炎試圖溝通中國學問政治的思想體現。1908 年，赴日之後，章太炎開始給周氏兄弟等講述《說文》《莊子》諸篇，會通音韻、文字、訓詁，其中不乏以此推延的關

〔註37〕陳克艱：《拾荒者言》，華東師範大學出版社，2001 年版，第 134 頁。
〔註38〕《民報》，第拾四號（1905 年）。

涉國家民族的義理思想，如對於「叛」字的解釋，在他的學生的聽講筆記中，這樣描述道：

　　半部　　叛

　　朱（希祖）：革命黨可稱反（自主），服從外國可稱叛（依他）。

　　錢（玄同）：有自主權而抗政府者曰反（革命黨），服從外國而侵本國者曰叛（反，犯上也；叛，犯上而媚外也。）言反於此而不反於彼，故從半反。

　　　周（樹人）：有自主權而抗政府者曰反，借手外人而侵本國之土地者叛。〔註39〕

這一解釋，可謂以一「叛」字區分了暴亂中何謂「革命黨」何謂「非革命黨」，「革命黨」是「依自」而推行的反抗政府的暴行，而「叛黨」則是假手外人來入侵本國領土的行為。然而，這一民族革命行為又並非狹隘的「民族主義」，而是在保持「厚自尊貴」的基礎上的根本性變革，正如其在《民報》報社簡章中所倡導的「主義」：「主張中國日本兩國之國民的聯合，要求世界列國贊成中國之革新事業」，「建設共和政體」。章太炎早期這種激奮的革命思想，實際上背後支撐的是對中國歷史政治文化思想的正本清源的強烈願望，他在闡述之中也指出了這種努力背後的可能性，那就是「依自不依他」的勇猛精進的「德教」線索。這種肯定中國歷史政治實存基礎上，又凌駕了一種至高的道德理想的形式，恰恰是中國近代儒家在逐漸歷經滄桑之後的自覺認知。它與其它的學說思想之間又有著不可分割的關係。這些似乎都在暗示著章太炎後來試圖通過一經或一種學說來統率各家的寫作模式。《齊物論釋》或許便是這種嘗試的努力。

　　對於晚清以來的諸子學的興起，王汎森說：「從清代中晚期的各種著作中，可以看出一條脈絡：治諸子學的風氣逐漸興起。不過，它何以在清代中晚期興起，到目前還難有完整的解釋。但至少可以有如下兩種看法：一、子書被引為經學考證之助；二、其義理價值被重新評估。」〔註40〕尤其是後者，可作為後來革新者利用的思想力量。章氏諸子學研究，尤至《齊物論釋》，可謂從此風氣中走出的悍將。龐俊在章太炎1936年去世之後，總結章太炎的學

〔註39〕《章太炎說文解字授課筆記》，北京：中華書局，2010年版，第58頁。
〔註40〕王汎森：《章太炎思想（1868～1919）及其對儒學傳統的衝擊》，臺北：時報文化出版，1985年版，第26頁。

術功績之時就講述了晚清以來的諸子學研究概況：「清世樸學諸師，治經之餘，旁及諸子。然其整理成績，無過勘定文字，訓詁名物而止。若夫九流之學。各有其微言奧義。無能相通，窮其原委，極其短長。則諸師猶未能逮也。」而章則通過一系列的韓非荀卿墨翟莊周之學，「新知舊學，融合無間，左右逢源，灼然見文化之本。」〔註41〕羅檢秋分析晚近的諸子學說：「如果說乾嘉學派還只是從學術門徑中重視三家（道、墨、法）著作（這也是對傳統經學的偏離），不自覺地彰顯了諸子學的價值，那麼，晚清國粹學派和五四新文化健將則已自覺地闡揚了道、墨、法的思想價值和現代意義，並使之成為批判正統儒學的思想武器。因而，道、墨、法成為近代『以復古為解放』（梁啓超）思潮中的學術中心。」〔註42〕僅僅通過翻看《國粹學報》（1905～1912）這一期刊就可見，除了國學、思想史的整理之外，注經、注諸子的活動同樣重要並且仍在延續。正是在這種學術大背景之下，章太炎將其諸子思想的學問融會一通。

與此相關的是，思想變動之外，還有一脈絡的文學活動。即稍晚時期文學者將諸子思想與行狀作為文學文本使之復活，這在相關的研究和論述之中已有所例舉〔註43〕。很顯然，魯迅也是其中較早的一位將古諸子神話等歷史題材應用於文學創造的敏感作家。也就是說，章、魯二人分別在自己的領域內面對傳統文化，運化先秦思想的精粹，進行不同角度的重新整理及再釋讀。

以墨學而論，此學說雖生長於先秦，但真正作為學術的普遍的解經範例，也是在晚清至 20 世紀後，有畢沅之整理，而俞樾亦據此曾作研究，光緒二十一年（1895），俞樾曾為孫詒讓之撰《墨子間詁》序曰：

> 竊嘗推而論之，墨子惟兼愛是以尚同，惟尚同是以非攻，惟非攻是以講求備禦之法。近世西學中之光學、重學，或言皆出於《墨子》，然其備梯、備突、備穴諸法，或即泰西機器之權輿乎？嗟乎！今天下一大戰國也，以孟子反本一言為主，而以墨子之書輔之，倘足以安內而攘外乎。勿謂仲容之為此書，窮年兀兀，徒散精神於無用也。〔註44〕

〔註41〕《制言》（半月刊），1936 年 8 月，第二十五期（太炎先生紀念專號），龐俊《章先生學術述略》。標點為筆者加。

〔註42〕羅檢秋：《近代諸子學與文化思潮》，中國社會科學出版社，1998 年版，第 5 頁。

〔註43〕見祝宇紅：《「故」事如何新「編」——論中國現代「重寫型」小說》，第一章《諸子的重寫》，北京大學出版社，2010 年版。

〔註44〕俞樾：《俞序》，孫詒讓撰、孫啓治點校：《墨子間詁》，中華書局，1987 年版。

　　由此可見章學以解詁諸子經書推衍致用之學的源流。章太炎從其師亦有解墨經的習慣，其在《訄書》《膏蘭室札記》中即有不少的篇幅述墨乃至細緻注墨的內容﹝註45﹞。魯迅雖從學術這一脈絡上轉向文學，但在其研究方法和致用思想、哲學精神的涵泳上，自然從他的文學整理和文學創作上體現出來。《故事新編》寫作，一度也有著對於禹墨精神的秉承和信賴。這是我們在處理章太炎魯迅學術脈絡關係時候尤其要注意到的。

　　在專門的文學史寫作《漢文學史綱要》中，關於諸子美學魯迅只抽老莊，可見其偏好﹝註46﹞。本節要討論的核心，仍然是魯迅與章氏之間在佛莊思想方面如何的共呼吸與各不不同。

　　眾所週知，早在日本留學期間（1908），魯迅與同鄉好友就聽講過章太炎的《說文》《莊子》《楚辭》《爾雅》等等。關於魯迅和章太炎發生直接聯繫的資料不多見，有意思的相關回憶有二，且均來自於許壽裳。一個是：

　　　　魯迅聽講，極少發言，只有一次，因爲章先生問及文學的定義如何，魯迅答道：「文學和學說不同，學說所以啓人思，文學所以增人感。」先生聽了說：這樣分法雖較勝於前人，然仍有不當。郭璞的《江賦》，木華的《海賦》，何嘗能動人哀樂呢。魯迅默默不服，退而和我說：先生詮釋文學，範圍過於寬泛，把有句讀和無句讀的悉數歸入文學。其實文字和文學固當有分別的，《江賦》、《海賦》之類，辭雖奧博，而其文學價值就很難說。這可見魯迅治學「愛吾師尤愛眞理」的態度。﹝註47﹞

　　這是一則章周之間關於「文學」概念的爭論。魯迅很顯然是站在新時代意義上的「文學」立場，「增人感」更多的是強調文本中的情感形象，這點在後來魯迅寫作《漢文學史綱要》時作了詳細的闡發﹝註48﹞，而「啓人思」無疑著力於理性與思辨，在書寫上也可能更多地強調抽象的義理。章氏曾在專論中談到：「文學者，以有文字著於竹帛，故謂之文。論其法式，謂之文學。凡文理、文學、文辭，皆稱文」，「以文辭、學說爲分者，得其大齊，審查之則不當」﹝註49﹞。並將論說與文辭相結合，「不主耦麗，亦不主散行。不分學

﹝註45﹞ 章太炎：《章太炎全集》第一卷，上海人民出版社，1982年版。
﹝註46﹞ 《魯迅全集》第9卷，人民文學出版社，1981年版，第362頁。
﹝註47﹞ 許壽裳：《摯友的懷念——許壽裳憶魯迅》，河北教育出版社，2000年版，第16頁。
﹝註48﹞ 《魯迅全集》第9卷，人民文學出版社，1981年版，第345～346頁。
﹝註49﹞ 章太炎：《國故論衡》中卷《文學七篇·文學總略》，上海古籍出版，2003年

說與文辭。其規摹至閎遠。足以摧破一切狹見之言。」〔註50〕可見兩人在文
學觀念上的不同：章氏將論說和文辭結合，實強調文學之功用，更多地貼近
中國古典文學中的義理辭章相糅合的特色；而魯迅此時已經大量接觸和閱讀
到了西方與日本的作品，並深受其影響。可見，魯迅雖然在早期無論是爲文
和思路方面受到章太炎之影響〔註51〕，但仍各自保持著語言創作路途上的個
性。這一差別體現了二人對文學語言的功能的改革與闡釋的期待和認可的不
同上。總之，魯迅收緊了章氏從傳統意義上對於「文」與「文學」的「至閎
遠」定義。

至於章氏於佛學、諸子學之間的微妙關係，也可先從清代以來的整個學
術環境談起。不獨章太炎，依梁啓超所說，佛學乃晚清思想一大「伏流」，今
文學家多兼治佛學：

> （楊）文會深通「法相」、「華嚴」兩宗，而以「淨土」教學者。
> 學者漸敬信之。譚嗣同從之遊一年，本其所得以著《仁學》，尤常鞭
> 策其友梁啓超。啓超不能深造，顧亦好焉，其所著論，往往推挹佛
> 教。康有爲本好言宗教，往往以己意進退佛説。章炳麟亦好法相宗，
> 有著述。故晚清所謂新學家者，殆無一不與佛學有關係，而凡有眞
> 信仰者率皈依文會。〔註52〕

可見章氏乃伏流中湧進之一員，以釋參道亦是自佛教傳入以來之遺風。
在1910年章撰成《齊物論釋》之前，章太炎對諸子和佛學的態度，最顯見的
理路在《自述學術次第》中：

> 余少年獨治經史通典諸書，旁及當代政書而已。不好宋學，尤
> 無意於釋氏。三十歲頃，與宋平子交，平子勸讀佛書，始觀《涅槃》、
> 《維摩詰》、《起信論》、《華嚴》、《法華》諸書，漸近玄門，而未有
> 所專精也。遭禍繫獄，始專讀《瑜伽師地論》及《因明論》、《唯識
> 論》，乃知《瑜伽》爲不可加。既東遊日本，提倡改革，人事繁多，
> 而暇輒讀藏經。又取魏譯《楞伽》及《密嚴》誦之，參以近代康德、

版，第49頁、53頁。

〔註50〕龐俊：《章先生學術述略》，《制言》（半月刊），第二十五期（太炎先生紀念專
　　　　號），1936年8月。

〔註51〕如李國華《章太炎的「自性」與魯迅留日時期的思想建構》，《現代文學研究
　　　　叢刊》，2009年1期。

〔註52〕梁啓超：《清代學術概論》，上海古籍出版社，1998年版，第99頁。

　　蕭賓訶爾之書,益信玄理無過《楞伽》、《瑜伽》者。少雖好周秦諸
　　子,於老莊未得統要,最後終日讀《齊物論》,知多與法相相涉,而
　　郭象、成玄英諸家,悉含糊虛冗之言也。既爲《齊物論釋》,使莊生
　　五千言,字字可解,日本諸沙門亦多慕之。

　　可見章太炎在讀唯識法相學之後乃對其「少好」的周秦諸子尤其是老莊思想有了更爲深邃的認識,並求力除前人「含糊虛冗」之言而能以《齊物論釋》解答莊子之全部的哲學思想,可見西哲佛理對章氏在進一步消化中國先秦思想的重大參考作用。

　　「蘇報案」之後,章太炎羈繫三年,讀得在日本所購《瑜伽師地論》和金陵刻本《成唯識論》,「晨夜誦讀,乃悟大乘義」〔註53〕。出獄後,章太炎的很多政治思想背後都有一套佛學理念,到了後來,他將自己所一度服膺的莊韓思想滲透到佛教思想之中,1909年章太炎的《莊子解詁》分期發表在《國粹學報》,署名「絳學」。其首志有言曰:「昔夫九流繁會,各於其黨,命世哲人,莫若莊氏。《消搖》任萬物之各適,《齊物》得彼是之環樞,以視孔墨,猶塵垢也。又況九淵、守仁之流,牽一理以宰萬類者哉。微言幼眇,別爲述義,非《解詁》所具也。」〔註54〕可見他逐漸摒棄儒學之相對世故狹隘,到了《齊物論釋》的撰成,可謂是將此一「微言幼眇」之思路闡發到了極致。故章氏對此也評價頗高,所謂「千六百年未有等匹」〔註55〕也。章氏和佛學,可以從他和宗仰僧之間的關係中窺見一斑。〔註56〕1916年3月30日章太炎有書與他:

　　近居憂患,頗讀《老子》、《周易》二書,初讀不悟,久習乃知
　　微文妙義,竟有契當佛法者。前此緇素高材,皆所未悟,乃自鄙人
　　發之,心爲之快。《莊子》中亦尚有多義,足與佛法相證。近刊筆記
　　一冊,一月後當可印畢也。究竟向上一關,千聖不異,而又非妄人
　　所說三教同原者所可附會。唯《中庸》等書,實是天魔外道所論,
　　不誠無物,誠即根本無明癡相,至誠可與天地參,則成就梵天王耳。

〔註53〕 章炳麟:《章太炎先生自定年譜》,上海書店,1986年版影印,第92頁。
〔註54〕 1909年(乙酉)2號《國粹學報》,《學篇》,章絳學(太炎)《莊子解故》。
〔註55〕 章太炎:《與龔寶銓》(1914年5月23日),馬勇編:《章太炎書信集》,石家莊:河北人民出版社,2003年版,第586頁。
〔註56〕 沈潛:《清末民初章太炎與黃宗仰交誼述錄》,中國近代(第十七輯),2007年。

此種書實與基督教伯仲，必不容其妄附佛法也。〔註57〕

自與烏目宗仰僧熟識之後，章氏每每在羈旅憂患之中均不意發書宗仰以求心解。章太炎於自身的憂患和學術環境之中選擇了佛學的研讀和另類思想史的撰述，每每也是他試圖通過對自身困擾的疏解辦法來疏解他對國家民族命運方面的焦慮的出口，時常，這兩個方面又是相互難以剝離。

（二）《齊物論釋》之核心思想

自從漢末魏晉佛教傳入中國之後，中國思想家和哲學家們就自覺地通過自身所熟悉的哲學框架來消化佛教，尤其道家。而且佛道之間一度存在著相互依存又相互對立鬥爭的局面。〔註58〕近代以來，中國政治經濟的大變革導致了知識分子或思想者對自身文化機制的懷疑和再次確認，其中，佛教思想再次盛行。知識分子在佛教內部穿行，以其深睿的辨識力，耽溺於唯識思想者並不少，如果按照佛學知識化的內部區分，其中自然也包含著類似於儒學中的今文經和古文經學的差別。對於在訓詁、經學等各個方面常常是崇尚古雅正統的章太炎來說，他自然會選擇在學理上相對言之有物的唯識宗作為自己的主攻對象。從整個大的環境來看，即便不是這三年牢獄生活，想必章太炎之對唯識學的關注也是極可能的。一方面是智識的考驗，尤另一面，正如在前引文中所說，在思想史的脈絡裏，儒釋道三家有著深刻的因緣關係，所謂「向上一關，千聖不異」，於是，義理上的深邃相關性決定了章氏與其之間進行了一場思想史脈絡上的愉悅碰撞和會通。這種碰撞和會通的愉悅性就體現在章太炎從少年時就已諳熟的哲學思想之中發現了寶藏，且這些寶藏令人驚奇地能夠地融彙在外來的哲學之中。他的這種欣喜的發現是十分樸拙的，他的研究方法也就是像最早期的從外國哲學宗教之中發現自身的秘密一樣，是通過對照和相互聯繫貫穿的方式。雖然章太炎在國學和佛教的研讀上都有很深的造詣，但正因為這種樸素的方式，使得他的闡釋一方面石破天驚，另一方面，或許，也為古典傳統為取得其現代形態表現出了過於激進的態度和方法。

而將佛教的唯識之學與莊子思想完全結合起來的作品，要算是《齊物論

〔註57〕馬勇編：《章太炎書信集》，河北人民出版社，2003 年版，第 93、94 頁。
〔註58〕許理和著：《佛教征服中國──佛教在中國中古早期的傳播與適應》，李四龍、裴勇等譯，江蘇人民出版社，2005 年版。

釋》。《齊物論》所提供的是一種新的視角,正如一開始,佛教的傳入之時,是以佛教底本為媒介,其中,不熟悉的詞的理解,便以中國思想中所習見的哲學詞彙作為津梁。

章太炎將《齊物論》分作七個章節來仔細講述。他一方面青睞於莊子思想,另一方面又將舶來品中自認的精華,也就是他所讀到的佛學經典,作為一種內涵於固有思想的存在物。這就顯示了他對道家思想的看重和他對中國哲學源流進行再次整理的野心。

那麼,如何處理《齊物論釋》思想的核心內容。是一個十分有趣的問題。這一時期用外來哲學闡釋中國古典思想並非章太炎一例。但是章太炎的別致之處,就在於他敢於翻出《齊物論釋》這一章作為千年哲學的淵藪與歸宿。他自認《齊物論》中涵蓋了唯識學究竟。研究者姜義華將《齊物論釋》總結為:

> 「體非形器」的自由觀和「理絕名言」的平等觀,以及這種自
> 由觀、平等觀作為一種社會政治哲學,在現實世界中應如何推廣和
> 施行。〔註59〕

而在李澤厚的思想史脈略裏,章太炎是和譚嗣同一樣企圖建立起自己的哲學體系的思想家,他認為章太炎的《齊物論釋》的思想內核是「依自不依他」的「唯心論」,均強調哲學上的自由平等的概念,無疑,也是莊子哲學的核心內容。另外,汪榮祖在《康章合論》之中用區分的方式,明晰地指出康章之間最大的文化觀念上的差別的是,一者一元,一則多元。〔註60〕在某種程度上,〔註61〕這些說法大同小異,那就是各文化(或主體)自立獨居而在外圍上又尊重多元。

新儒家牟宗三也有對《齊物論》的專門解釋:「《般若經》云:『所謂無相,即是如相。』此無相即是無有執之意;空空如也,不增不減,還其萬物本來面目,就是無相。是以道家所云的真君、真宰,只是開決常識的習見,執見,無偏無滯,自然而然,靜觀萬物的本相。」〔註62〕實亦暗合上意。

辛亥十月烏目山僧宗仰所撰《齊物論釋》的後序云:

〔註59〕姜義華:《章炳麟評傳》,南京大學出版社,2002 年版,第 489 頁。
〔註60〕汪榮祖:《康章合論》,中華書局,2008 年版。
〔註61〕李澤厚:《中國近代思想史論》,北京:三聯出版,2008 年版,第 420 頁。
〔註62〕牟宗三:《莊子〈齊物論〉義理演析》,陶國璋整構,臺北:臺北書林出版有限公司,1999 年版,第 197 頁。

「太炎居士以明夷演《易》之會，撰《齊物論釋》，成書七章，章比句櫛，觸理秩然。以爲《齊物》者，一往平等之談，然非博愛大同能比傅，名相雙遣，則分別自除，淨染都忘，故一眞不立。任其不齊，齊之至也。若夫釋老互明，其術舊矣。振條目於擾攘之中，故矯亂者無所託，存神理於視聽之内，故秘怪者無所容，亦採摭名、法，溯洄孔、李，校其異同，定其廣狹，可謂上涉聖涯，下宜民物，採賾而不可惡，索引而不可亂者也。……今太炎之書見世，將爲二千年來儒墨九流破封執之扃，引未來之的，新震旦眾生知見，必有一變以至道者。付之雕鏤，庶有益於方來。」〔註63〕

章太炎自己在齊物論釋序言上也說：

原夫《齊物》之用，將以內存寂照，外利有情，世情不齊，文野異尚，亦各安其貫利，無所慕往，饗海鳥以太牢，樂斥鴳以鐘鼓，適令顚連取斃，斯亦眾情之所恆知。然志存兼併者，外辭蠶食之名，而方言寄言高義，若云使彼野人，獲與文化，斯則文野不齊之見，爲桀跖之嚆矢明矣。〔註64〕

以佛釋道，或者以道釋佛，其中體現了在整理國故和接受他國哲學思想上的策略和方式，同時也是會通各種思想，以糅合成一種更爲精密和博大的哲學體系。在近代，此種方式不計其數。章太炎從少年時期就受到老莊的影響，尤其是看起來絕棄一切事功的莊子，激發了章太炎要求學術人格獨立。唯識學的廣大精深的閱讀自然使他開始反思自我，並使他具備了足夠的自信，能夠用全新的角度以《齊物論》爲核心綜彙其它的哲學。故李澤厚也說他是「有意識」地想要建立自己體系的哲學家。儘管姜義華認爲烏目僧能夠理解章太炎對於時代的感想和把握〔註65〕，但是令章太炎所驕傲的這部短短幾千言的作品並沒有受到他當時所期待的重視。

（三）《故事新編》與《齊物論釋》

《齊物論釋》在 1915 年重印之後，魯迅曾從章氏的長婿龔寶銓那裏獲得

〔註63〕《章太炎全集》第6卷，上海人民出版社，1986年版，第58頁。
〔註64〕《齊物論釋》序言，《章太炎全集》第6卷，上海人民出版社，1985年版，第39頁。
〔註65〕姜義華：《章炳麟評傳》，南京大學出版社，2002年版，第510頁。

一份〔註66〕，在此之前，1912 年，魯迅曾經買過此書閱讀，並將之寄給周作人。（見魯迅 1912 年 10 月 15 日日記及壬子北行以後書賬）想必這部作品魯迅也認眞閱讀過。並這期間，被袁氏軟禁中的章太炎曾送魯迅一字幅。至今掛在北京魯迅博物館：

> 變化齊一，不主故常，在谷滿谷，在坑滿坑。塗卻守神，以物
> 爲量。書贈豫才。章炳麟。

本篇選自《莊子・天運》。這一段落起於「北門成問於黃帝」有關音樂的故事。原文爲：「帝張咸池之樂於洞庭之野，吾始聞之懼，復聞之怠，卒聞之而惑，蕩蕩默默，乃不自得」。於是皇帝根據北門成的這一音樂欣賞後的三個階段，分別作解釋。其中上述章太炎所錄的這一段，本意爲音樂的聲音充塞天地之間，小到縫隙，大到山谷，充滿萬物，聽者這時「閉心之孔郤，守凝寂之精神」〔註67〕。恰是聽音樂的第二個階段，「怠」，即「懼心退息」〔註68〕「心意鬆弛」〔註69〕。由第一個階段的驚懼，到第二個階段的放鬆，再到第三個階段的「聽之而無接」的聖人之「惑」的體道境界。或許可以見得章太炎當時對自身的境遇的判斷和感受：即聖人之境不可得，然亦無有驚懼，乃至一息凝神，隨天地運化。很有意思的是，而魯迅曾經在 1931 年 2 月避居時贈日本青年長尾景和的字幅中就有《道德經》的 5、6、7 章，從「天地不仁」到「非以其無私耶，故能成其私人」〔註70〕。此三段甚爲讀者所熟識，大意仍如以上章氏所錄《天運》篇。由此可見，章魯兩人在危難之中羈留之時的精神安慰同出於道家之凝神靜氣的無畏無爲。

而關於魯迅閱讀佛經，許壽裳有另外一則回憶：

> 民三（一九一四年）以後，魯迅開始看佛經，用功很猛，別人
> 趕不上。他買了《瑜伽師地論》，見我後來也買了，勸我說道：「我
> 們兩人買經不必重複。」我贊成，從此以後就實行，例如他買了《翻
> 譯名義集》，我便不買它而買《閱藏知津》，少有再重複的了。他又

〔註66〕1915 年 6 月 17 日魯迅日記：「下午，許季市來，並持來章師書一軸，自所寫與，又《齊物論釋》一冊，是新刻本，龔未生贈也。」《魯迅全集》第十四卷《日記》，北京：人民文學出版社，1981 年版，第 168 頁。
〔註67〕郭慶藩撰：《莊子集釋》，中華書局，1961 年版，第 505 頁。
〔註68〕郭慶藩撰：《莊子集釋》，中華書局，1961 年版，第 502 頁。
〔註69〕曹礎基注：《莊子淺注》，中華書局，2000 年版，第 206 頁。
〔註70〕長尾景和：《在上海「花園莊」我認識了魯迅》，梅韜譯，1956 年《文藝報》，總第 165 期。

對我說：「釋迦牟尼眞是大哲，我平常對人生有許多難以解決的問題，而他居然大部分早已明白啓示了。眞是大哲！」但是後來魯迅說：「佛教和孔教一樣，都已經死亡，永不會復活了。」所以他對於佛經只當作人類思想發達的史料看，藉以研究其人生觀罷了。別人讀佛經，容易趨於消極，而他獨不然，始終是積極的。他的信仰是在科學，不是在宗教。〔註71〕

許壽裳亦不深了悟章太炎魯迅之於佛教，「消極」自當未必眞切：眾所週知，太炎在東京留學歡迎會上的演說詞（《民報》6 號）即提出以宗教和國粹來救國，其中發揮佛教尤其是要用華嚴、法相二宗改良舊法，「以勇猛無畏治怯懦心，以頭陀淨行治浮華心，以惟我獨尊治猥賤心，以力戒誑語治詐僞心」〔註72〕且不論適時與否，其積極勇猛救國之心昭然可見。

而在魯迅 1914 年四月以後的日記及本年的書賬中，也確實能夠發現魯迅常去「留黎廠有正書局」買佛經。同時，又與許季上、許壽裳、周作人互通有無，相互借閱，甚至自費刻《百喻經》。連帶著的，還有大量注疏老莊墨經典的文獻，以及小學音韻學的資料，並訪求章太炎的《文始》等作來閱讀。

雖然如此，魯迅之藏經與讀經似不如章太炎來的眞切與深刻，故其對讀經也當以思想上的消遣和感情上的釋放與安慰，觀察魯迅所寫諸種文字，很少有文字具體關涉宗教，尤其是佛教中的唯識思想。甚而至晚歲《我的第一個師父》一文，在釋家看來，也竟是執著於有情，可謂「佞佛」。這樣，在佛學的選擇上，魯迅並沒有像他的老師那樣，將厚深的唯識之學用於自己的爲文、議論或者學術著作之中，而似乎是隱沒在自己的胸懷默不作聲。

章氏在羈留之際對佛學的重新研讀和考究，並參之以中國先秦思想，尤其是老莊思想，而魯迅也是如此，只是兩人通過不同的方式來實現其「上升」，這種「上升」有著異曲同工的地方，那就是自我悲憫之心蔓延至整個人類的興趣。

1. 從《明獨》到《孤獨者》與二十年代《故事新編》

以上甚至有些模糊的關於魯迅、章太炎和佛學尤其是唯識學之間的關係，最終還是都要落腳到魯迅的文學之中去。有意思的是，魯迅文學中常常出現的充滿生澀、孤獨、痛苦的氣味並非一下子就消失的，這種帶有抑鬱氣

〔註71〕《摯友的懷念──許壽裳憶魯迅》河北教育出版社，2000 年版，第 26 頁。
〔註72〕《先師答夢庵書中語》，《民報》第二十一號。

質的作品，在二十年代，彌漫開來，常常不可救藥。其中《孤獨者》裏，有這樣一段很有意思的關於小孩的對話：

　　「孩子總是好的。他們全是天眞⋯⋯。」他似乎也覺得我有些不耐煩了，有一天特地乘機對我說。

　　「那也不盡然。」我只是隨便回答他。

　　「不。大人的壞脾氣，在孩子們是沒有的。後來的壞，如你平日所攻擊的壞，那是環境教壞的。原來卻並不壞，天眞⋯⋯。我以爲中國的可以希望，只在這一點。」

　　「不。如果孩子中沒有壞根苗，大起來怎麼會有壞花果？譬如一粒種子，正因爲內中本含有枝葉花果的胚，長大時才能夠發出這些東西來。何嘗是無端⋯⋯。」我因爲閒著無事，便也如大人先生們一下野，就要吃素談禪一樣，正在看佛經。佛理自然是並不懂得的，但竟也不自檢點，一味任意地說。

　　然而連殳氣忿了，只看了我一眼，不再開口。我也猜不出他是無話可說呢，還是不屑辯。但見他又顯出許久不見的冷冷的態度來，默默地連吸了兩枝煙；待到他再取第三枝時，我便只好逃走了。

　　這仇恨是歷了三月之久才消釋的。原因大概是一半因爲忘卻，一半則他自己竟也被「天眞」的孩子所仇視了，於是覺得我對於孩子的冒瀆的話倒也情有可原。但這不過是我的推測。其時是在我的寓裏的酒後，他似乎微露悲哀模樣，半仰著頭道：

　　「想起來眞覺得有些奇怪。我到你這裏來時，街上看見一個很小的小孩，拿了一片蘆葉指著我道：殺！他還不很能走路⋯⋯。」

　　「這是環境教壞的。」

　　我即刻很後悔我的話。但他卻似乎並不介意，只竭力地喝酒，其間又竭力地吸煙。〔註73〕

　　《孤獨者》寫於 1925 年，時在魯迅讀經生活的第二次高潮。這段描述之中很看出主人公「我」閱讀唯識思想的印記：前面談「壞根苗」，後面說「壞環境」，均是唯識學中先天「種子識」、後天「薰習」的佛教理念。阿賴

〔註73〕　《孤獨者》，《彷徨》，《魯迅全集》第二卷，人民文學出版社，1981 年版，第91～92 頁。

耶識，種子識，是佛教關於人性的源頭。「我」與魏連殳在《孤獨者》中實際上體現了魯迅一體兩面的存在方式。「我」對連殳的旁觀，和偶爾的慰安和刺激，都是與魏連殳共生共存的一種方式。從兒童的原本的天眞，到不得不通過生活實跡，來證明對這一觀點的破壞，乃至唯一的希望被粉碎。如果眞的如文中佛理中所議論的那樣，「我」將秉承的不是進化論，那麼「魏連殳」的這種失敗、成功，以及努力的意義都消失了。繼而，成爲還是不成爲一個勇猛的戰士，對他來說已經沒有意義了。這種失落所帶來的痛苦恰是「孤獨者」對自己生活厭倦的原因。繼而，也是使他成爲一個現代抑鬱症患者的理由，這樣，他不過是一枚「獨頭繭」，自我纏繞，自我消亡，自我質疑，自我消解。

實際上，在章太炎早期有一篇很有意思的文章《明獨》，像章太炎其它的文章一樣，這篇文章用極爲諳熟中國古典的思想和典故來解說對新時代的理解。《明獨》很顯然是在說個人和群的關係，他那句非常有名的「大獨必群，不群非獨也」實際上也是十分激進的現代觀念。他積極地將個人置放到社會之中，認爲這個「獨」不是爭奪是非的莽夫（「鷙夫」），也不是敝帚自珍的「嚴監生」（「嗇夫」），更不是看起來容易與之相混淆的隱居者（「曠夫」），而眞正的「獨」，應該有其強大主體性，不刻意附會群體，也不敝帚自珍，這樣才能在「群」中發揮作用，他用了一段異常華贍的文字表達了他對「獨」的赤誠理會：

> 大獨必群，群必以獨成。日紅採而光於罷，天下震動也；日柳色而光於夕，天下震動也；使日與五緯群，尚不能照寸壤，何暇及六合？海嘗欲與江河群矣，群則成一渠，不群則百穀東流以注壑，其灌及天表。日與群而成獨，不如獨而爲群王。靈鼓之翁博，惟不與吹管群也，故能進眾也。使嘉木與蒍群，則莫陰其下，且安得遠聲香？風之馮風也，小雛不能群，故卒以萬數。貞蟲之無耦，便其獨也，以是有君臣，其類泡盛。由是言之，小群，大群之賊也；大獨，大群之母也。〔註74〕

這種對「獨」的光芒萬丈的尊重，從而有效地有利於「群」的思想，很容易讓人想起魯迅早期翻譯的尼采在《查拉圖斯特拉如是說》中的句子：

> 誠哉！人濁流爾。若其祈能受濁流，而無不淨，維爲海已。（《察

〔註74〕章炳麟著，徐復注：《訄書詳注》，上海古籍出版社，2000 年版，487 頁。

羅堵斯德羅緒言》）〔註75〕

　　　真的，人間是污穢的浪。人早該是海了，能容下這污穢的浪而
沒有不淨。（《察拉圖斯忒拉序言》）〔註76〕

　　尼采的「超人」思想與章太炎的「獨」的思想都在自己的文化語境中，
得到了從復古的反芻到現代意義上的革新，「超人」是呼喚從腐朽的文明中生
長出更具野性力量和深邃思維的超然個人，而章太炎的「獨」也是在中國傳
統的知識分子的語境之中尋找在變革時代的新的歸宿。「大獨」，恰恰是另一
種意義上的「超人」，他身上不僅僅孕育著一種破壞的力量，更重要的是，肩
負著某種來自歷史的、道德的、群體的責任感。

　　當然，在當時（1895）危急的國內外形勢之中，章太炎並沒有僅僅從知
識者的角度來考量，而是從五個方面論述了「不迷於獨」的五種傳統身份，
即「人君之獨」，「大率（帥）之獨」，「儒墨之獨」，「卿大夫之獨」，「父師之
獨」，很顯然，章太炎將知識分子歸納到「儒墨」之中了，他論述道：

　　　用心不枝，孑然與精神往來，其立言，誦千人，和萬人，儒墨
之獨也。〔註77〕

　　當時太炎以「立言」身體力行實際上也是奉行著儒墨的精神，《訄書》自
然也是「儒墨之獨」的體現。那麼，以上梳理，可見章太炎在危難時局中如
何放置個體的理性而熱烈的思考。上述五種「獨」也是在過去社會歷史結構
相對穩定的環境下的存在方式，然而，如何在社會發生如此大的變革，並且
這種結構因為與外界發生巨大的關係而變得相對破損的情況下來探討個體所
處的地位？章太炎終於在自信的學問和篤定的精神選擇之外，表現出了某種
現代意味的焦慮：

　　　余，越之賤氓也，生又羸弱，無驥騖之氣，焦明之志，猶惕淒
忉怛，悲世之不淑，恥不逮重華，而哀非吾徒者。竊閔夫志士之合
而莫之為綴遊也，其任俠者又顧群而失其人也，知不獨行，不足以
樹大萃。雖然，吾又求獨而不可得也。於斯時也，是天地閉、賢人
隱之世也。吾不能為狂接輿之行哄，吾不能為逢子慶之戴盆，吾流
污於後世、必矣。〔註78〕

〔註75〕 《魯迅譯文全集》第 8 卷，福建教育出版社，2008 年版，第 75 頁。
〔註76〕 《魯迅譯文全集》第 8 卷，福建教育出版社，2008 年版，第 79 頁。
〔註77〕 章炳麟著，徐復注：《訄書詳注》，上海古籍出版社，2000 年版，489 頁。
〔註78〕 章炳麟著，徐復注：《訄書詳注》，上海古籍出版社，2000 年版，496 頁。

　　「獨」之失群之後的倘恍迷離之感，似乎正可以做魯迅《孤獨者》中絕好的注腳，身份的失落，無論是作爲主人公的「我」，還是作爲幕僚的「魏連殳」，都有一種窮凶極奢的失落感，孤獨感，疏離感，這種感受恰恰是因爲沒能找到「群」之所在，無論是作爲儒墨的知識分子，還是作爲亂世中的幕僚，抑或是遊蕩的文人，看似多重的身份又什麼都不是，不能安於「是」的狀態下，眞正地感到了現代的「孤獨」，也就成了小說中人們說的「獨頭繭」了。

　　在魯迅所藏的書中，除了有關文字語言俗習之外，(《新方言》)章太炎的論著均不多見，可見魯迅很早就已經脫離了章太炎師的路徑，而轉入科學乃至文學，雖然從內在的意義上講，前者亦是儒墨經世致用之一途，章太炎在不斷變化中亦可見不變者，如《明獨》之於《齊物論釋》，只是在另一種意義上，從「孤獨」的處境走向了寬容曠達，但他對於世界的合理性解釋或者期許仍然是沒有多少變化的。「群」中之「獨」，致力群之昌明；「獨」中有群，以天地庶民爲己任。論其職分，是儒家；論及「齊物」，是道家；論至於「主體」，是尼采。章太炎的哲學思辨恰恰體現在吸收眾家的營養，而不爲一種堅持，他將這些學說抽象爲一種獨立自主的人格，到了極致，便免除事功，實際上繼承了中國哲學精神的傳統。魯迅在後來的極少的並且節制的文字中談到了他的這位昔日的老師，謂之「有學問的革命家」，「革命」想是更吸引他，但實際上，他的學術偏離，更多地是因爲走上了文學的道路。而且是謂之「革命旗幟」的新文學道路。章太炎對文學的偏見，在多處都能夠看到，雖然他本人就是一個文章高手，但對文學的思想和事功性仍舊不以爲然，如他在《學蠹》中談及文人對於學問政治的破壞。但從本質意義上說，二人在骨骼深處多有相似之處。從《明獨》到《孤獨者》都可見他們在坎坷之境之中上下求索，以圖「群」於世間的孤獨之境。

　　從這裏出發，如何從這種盡頭尋找出路呢？又如何解決這種痛苦？到得《故事新編》是另外一種隱痛的紓解。《鑄劍》中，魯迅的「孤獨者」很明顯地轉化到了「黑色人」的身上，「中國的希望，只在這一點」的魏連殳，還是相信青年，爲了青年的復仇殞身於「身外的青春」，那僅有的一點點的倫理的自覺在這裏衝繭欲出，化蝶而亡。這或許是作者的思想在一步步地從早期的不斷地戰鬥後所給自己的一點一點的希望，這種帶有抗力的希望，成爲一種不自覺的習慣，並且，也成爲魯迅文本中語言跌宕的來源，就如黃庭堅的「八

節灘頭上水船」一樣，通過這種殉身——起而復仇——再殉身的氣息和能量的不斷地贍給，魯迅終於在老道的自嘲之中找到了突破點，從《奔月》到《出關》，到各種歷史題材的魔幻般的變種，我們能夠看到作品中所吐露出來的那種不再沉溺於一己之思想的糾纏的群體般的歡喜。

這種群像的描摹，被左翼稱作爲革命的行動者，如前文所述，日本許多學者甚至從中看到了大眾文學的影子；這種狂歡也被語言學論者甚至右翼文化稱作爲自由的渴望和象徵。但魯迅的努力在他自身的邏輯，《理水》是他思想糾結的落腳點，他努力地讓自己相信，作爲空談無骨相的丑角的知識分子代表小丙君，早就該讓位於實力派的行動者的墨家，然而，作爲文人和知識者的魯迅，最終還是對這一思想產生了游離和倦怠，正確的未必親切，仇恨的未必不可愛，可愛的未必能夠親力親爲，於是《故事新編》滑入了諧謔的頂點，也最終以此收場。寫完了《起死》之後該怎麼寫，從語言創造方式上，沒有終結；但從思想邏輯上，魯迅又在匆匆地完結《故事新編》並交付催稿的青年巴金之後，走到了另一種文學的盡頭。

2. 從《尚書》《荀子》到《齊物論釋》、《故事新編》

正如上文對於《齊物論釋》的評釋所說，此乃「上涉聖涯，下及民物」之作，章氏的這本著作實際上是他在困境之中貌似尋求抽離的作品。在莊子睥睨萬物的「不齊之齊」中仍然能夠找到相對應的關於「平等」關於「自足性」的「民物」樣本的解釋。關於「齊」與「不齊」的言論，我們在《尚書·呂刑》中也可能看到：「維齊非齊」〔註79〕，其本意是指法律刑法應該根據不同的情況有所變化，而不是一刀切。到了章太炎所推重的《荀子》一書中有這樣的議論：

> 先王惡其亂也，故制禮義以分之，使有富貴貧賤之等，足以相
> 兼臨者，是養天下之本也。書曰：「維齊非齊」。此之謂也。(《王制》)

〔註80〕

> 萬物同宇而異體，無宜而有用，爲人，數也。人倫並處，同求
> 而異道，同欲而異知，生也。……執同而知異，行私而無禍，縱慾
> 而不窮，則民心奮而不可說也。(《富國》) 〔註81〕

〔註79〕 章太炎：《太炎先生尚書說》，諸祖耿整理，中華書局出版，2013年版。
〔註80〕 王先謙：《荀子集解》，中華書局，1988年版，第152頁。
〔註81〕 王先謙：《荀子集解》，中華書局，1988年版，第175頁。

人之生，不能無群，群而無分則爭，爭則亂，亂則窮矣。(《富
國》)〔註82〕

這兩個段落一個是談制度，一個是談人性，均不相同一。前者《呂刑》
的引用，顯然是遵循《荀子》學說中一貫地將《詩》《書》中的具體的概念抽
象化，作為經義上的普遍概念或義理的總結之辭，這裏也是這樣，「同求而異
道」，或為求善，或為求惡，不相同一，這種差別性的強調，十分切合「民物」，
很容易讓人想起章太炎的《俱分進化論》中的基本思想。《王制》《富國》諸
篇，強調人性和人群的分別，要求按照職分各等其階層，各安其道，章氏將
這種思想用於近代變革中的中國處境。相比較而言，荀子生於當時的亂離之
世，試圖用自己的嚴酷的學術思想來拯救當時的窘迫之境，其言苛，其情篤，
同時希冀在此之上，設立一個「故百技所成，所以養一人」〔註83〕的道德至
善者。荀子的這種假設實際上沿襲了儒家學說，雖然強調人性善惡的自然存
在，但也是一種詩意的國家建構或設想。章太炎思想學術也是在社會政治發
生重大變革動蕩之時產生，一方面《齊物論釋》是所謂「集大成者」，另一方
面，也是沿革了「不出三代」〔註84〕的荀子的歷史觀，察古知今，重點總結
明清以來的思想學術，所採文獻旁及其它周邊國家，為我所用。從這個意義
上說，章太炎的思想學說又在純粹的儒家思想範疇之內，是對「民物」的切
望之辭。

「下及民物」的儒學思想，基於對這種穩定的政治秩序的肯定和期許，
表現在人性層次上，是對善惡俱分的清醒認識，到了「向上一關」，即是莊子
「不齊之齊」的道德境界，這種縱向的連貫性充分證明了中國傳統思想中的
詩意結構根本是一致的，無論是儒家道家還是在《齊物論釋》思想中所表現
出來的許多佛教中的唯識辭彙，正是這種強勁而有力的哲學線索，在章太炎
身上表現得自然而明顯。魯迅的文學自《吶喊》以來，就強調主體性的建構，
而主體建構的一個典型表現就是不損害「差等」的基礎，到了《故事新編》
更是所能見到的人群的「混響」。例如，雖然在《非攻》一文中，他表達出了
對墨子及其行為的無限尊重，但是小說中墨子軌跡的孤獨恰恰證明了他對於
墨子「平等」「兼愛」等「民物」思想的某種反思和質詢，諸子形象的書寫正

〔註82〕王先謙：《荀子集解》，中華書局，1988 年版，第 179 頁。
〔註83〕王先謙：《荀子集解》，中華書局，1988 年版，第 177 頁。
〔註84〕「道不過三代，法不二後王。道過三代謂之蕩，法二後王謂之不雅」。王先謙：
《荀子集解》，中華書局，1988 年版，第 158 頁。

不過是先秦「不齊之齊」的華贍境界的呈現。另外，在文學翻譯上，即便是到了三十年代左翼文學充分發展之時，他也仍然強調翻譯的差異性，翻譯者不同，閱讀受眾不同，翻譯也應從多個層次。雖然與從事左翼活動的作家活動家們聯繫甚為密切，但是他仍然保持著自身文學特質的純潔性，這不僅僅是現代思想帶給他對主體存在感的強調，也還是一種古典風範。

章太炎在《訄書》中曾經對儒學進行的變革性闡發，他對彌久的儒學尊貴之位表示不滿，力求將其在諸子之間尋求平衡。在這再三刪改的作品中，章太炎顯示了對其它諸家批判的穩定性。如對禹墨行狀及其學說，表示了極為敬畏的態度。他指出墨學「苦身勞形以憂天下」，其不足乃「以非樂為大」〔註85〕，太炎指出，「樂」自古以來與人的行作氣慨有著密切的關係，「無樂」便「無舞」。包括征伐、生活，都離不開「舞」，而無舞便形容枯槁，「六經」中之「樂經」也逐漸散佚。但章氏對墨子的這種「騰駕蹇驢」「自苦以苦人」之嚴酷並不專事批駁，甚而駁斥了歷代學人認為墨子的「尚儉」中的「無父無母」等，因墨沿禹而來，作為以天下為己任的知識者，更應體會其苦衷。

章太炎深刻體會了墨子及其文本身上所體現出來的一種嚴酷乃至於悲涼、自屠之氣，他引用張載的話「凡天下疲癃殘疾、煢獨鰥寡，皆吾兄弟之顛連而無告者也」〔註86〕（《西銘》），並說墨子與張載實際上是「理一分殊」，這實際上整合了儒墨二家的極致統一的部分，這些議論也很容易讓人想起魯迅的那句看起來具有現代詩意氣息的話，「無窮的遠方，無數的人們，都和我有關」，墨學思想在魯迅的思維和創作中，也仍然是互為一體。魯迅的《非攻》恰恰抓住了這種敬畏、肅穆、貧瘠之氣，故而別有一種感人的力量。

很有意思的是，如前所述，章太炎對於「增人感」的「狹隘」文學並不十分推崇，但對於墨學之「非樂」表達了某種不滿，而這些都在藝術範疇，都是通過「增人感」來實現某種激越之力，雖然章氏之「樂」指的是最初是在古老的歷史層面的功用來論述的，但很顯然，在強調藝術性上，音樂是優於語言的。儘管，他自己的文字深刻地吸收了傳統文本之中的慷慨感人之氣。魯迅個人似乎對音樂沒有多少研究和喜好，他更在乎視覺藝術的力量，無論

〔註85〕 章太炎著、徐復注：《儒墨第三》，《訄書詳注》，上海古籍出版社，2008年版，第54頁。
〔註86〕 章太炎著、徐復注：《儒墨第三》，《訄書詳注》，上海古籍出版社，2008年版，第57頁。

是文字還是繪畫、戲劇,都將落腳點放在形象的創造上。《非攻》中,有一段也跟音樂有關,雖然是側面描寫。墨子身置於陌生的楚國,在一片歡樂聲中作為背景出現,作為背景消失,背對著繁華「苦身勞形」以止天下之兵戈:

> 墨子便找著一個好像士人的老頭子,打聽公輸般的寓所,可惜言語不通,纏不明白,正在手真心上寫字給他看,只聽得轟的一聲,大家都唱了起來,原來是有名的賽湘靈已經開始在唱她的《下里巴人》,所以引得全國中許多人,同聲應和了。不一會,連那老士人也在嘴裏發出哼哼聲,墨子知道他決不會再來看他手心上的字,便只寫了半個「公」字,拔步再往遠處跑。然而到處都在唱,無隙可乘,許多工夫,大約是那邊已經唱完了,這才逐漸顯得安靜。(《非攻》)

連別的知識分子都在「發出哼哼聲」,而他全不理會,巧妙地化用了墨子「非樂」的主張,然而,在這裏,他跟太炎對於「樂」的抽象態度不同,魯迅這個場面的描寫很顯然是有感於當時社會環境,戰爭即將到來,連賽湘靈這樣的高級女歌姬都開始演唱帶有「大眾化」氣質的《下里巴人》,跟著許多的老士人也唱起來。這也暗示著一場「運動」,似乎與中國當時所處的焦灼環境有著十分微妙的關係。這時候,魯迅的態度已經很明顯,如昔日所言,一篇文章嚇不走封建軍閥,一首庶民傳唱的《下里巴人》也改變不了內外交困的時局。章太炎從古代儒戰的角度,指出墨子「非樂」的破壞性;魯迅在時局混亂的情形下,禮教已然空蕩的情形下,指出「樂」的某種欺騙性,實際上,二人都在文本中表現出了對於「樂」的純粹藝術性的忽略。可見,魯迅在對待墨子的態度上,與章太炎是有著一致性的,尤其是在其行狀上的革新性均表示了讚賞的態度。

3. 《起死》與《齊物論釋》

在章太炎《訄書》中,能夠看出他的思想哲學的雛形。無論儒、墨、法,均能在融彙之中見到其強烈的個性色彩。他的早年創作《明獨》見出他如何用傳統的思想倫理來奠定晚近以來知識分子精神世界的超越性基礎,繼而他在《平等難》中就質疑了「平等」之說在某種意義上的抽象性和欺騙性,因為在涉及到具體的情狀時,不可能存在絕對的「平等」,不同時代、不同種族、不同階層,均有其複雜的特殊性。他繼而說,「平等」之說,大約存在佛教之中。這時,章太炎的思想仍然是社會性的,即對於形而上的思辨意義上的「平等」(也即後來被他視作其哲學總彙的《齊物論釋》)尚未來得及深

入思考。他這種平等觀實際上仍然是中國傳統意義上的「差異性」,而強調「差異性」的「平等」,受影響於社會角色,而不是強調「平等」之上的「差異」,在章太炎的理想的儒家秩序中,這又是伴隨著自身所屬的階層的義務來完成的。這大概同樣適用於現代社會才有的基於個體的尊重和保障,也是對現代社會的另一種意義上的修復和革新。但這種學說,恰恰預示了後來作者對《齊物論》駁雜的闡釋中對豐富性的尊重。而與後者關係較為密切的,則是與佛教思想之間的直接或間接,親近或疏離的複雜關係。

在為數不多的對於魯迅與佛教的討論之中,徐梵澄的回憶文章頗值得關注,在這裏他並不指示出魯迅具體的與佛教文化之間的關係,而是將他早期的歷練乃至晚年的境界,歸於老莊或佛教修養:

……人生在世上,是出不到哪裏去的。……〔註87〕

先生屢次和我説過,中國文化受到佛教的影響,實在太深了。……〔註88〕

先生在日本留學時,已研究佛學,揣想其佛學造詣,我至今仍不敢望塵。但先生能入乎佛學,亦能出乎佛學。記得和我講起幾個禪宗的故事,當時只覺得有趣罷了。……但先生卻不然。是得力於那一長時期看佛經和抄古碑的修養呢,抑或是得力於道家的修養——因為先生深通老莊——胸襟達到了一極大的沉靜境界,彷彿是無邊的空虛、寂寞,幾乎要與人間絕緣。如詩所説:「心事茫茫連廣宇」,外表則冷靜得可怕,尤其在晚年如此。往往我去拜訪,值午睡方起,那時神寒氣靜,誠有如莊子所説:「老聃新沐,方將被髮而乾,慹然似非人。」我便鬧事似的講話,過了些時,喜笑方回覆了。〔註89〕

——其冷靜,「淵默」,不能純粹是對辛亥革命前後的許多事情的失望造成的,必亦是一種長期的修養,即內中的省察存養而致。換言之,在自己下過絕大的功夫。顯然,這必是受了佛經或老莊的

〔註87〕《徐梵澄文集》第 4 卷《星花舊影——對魯迅先生的一些回憶》,上海三聯書店,2006 年版,第 374 頁。

〔註88〕《徐梵澄文集》第 4 卷《星花舊影——對魯迅先生的一些回憶》,上海三聯書店,2006 年版,第 386 頁。

〔註89〕《徐梵澄文集》第 4 卷《星花舊影——對魯迅先生的一些回憶》,上海三聯書店,2006 年版,第 387 頁。

影響。這只偶而在文字中透露一點。最初對我的教言，已是不可「肆
志」了。如說自己冷靜，也以此冷靜驅遣了旁人，或說解剖了他人，
先解剖了自己之類。〔註90〕

《起死》是《故事新編》的最後一篇文章。魯迅寫完這篇文章之後他的
小說創作生涯結束了。這篇看似戲謔無度的小說實際上和《莊子》是分不開
的。小說在典故和形象上取自《至樂》中的骷髏不願復活的片段；而在義理
上則取自《齊物論》，且前者作了改動，改動的目的正是為了強調後者，二
者都在講「復為」「人間之勞」的困頓和尷尬。開首的莊子大夢，漢子起死
回生，由睡而醒，恰似大夢，然一旦醒來，又無覺悟，取生命本原之材料，
其意執如眾生在世間的喧嘩，各其執著而不可我執，故莊子的精神將文學中
的「莊子」擊敗了。正如《齊物論》中所說：「夢飲酒者，旦而哭泣；夢哭
泣者，旦而田獵。方其夢也，不知其夢也。夢之中又占其夢焉，覺而後知其
夢也。」〔註91〕接下來，像《故事新編》中其它篇章一樣，魯迅一貫地採用
了對智識者的嘲諷，對亙古不變的基本生存的強調。

> 漢子──（詫異，）什麼？……什麼叫作「什麼時候的人」？……
> 我的衣服呢？
>
> ……
>
> 莊子──嘖嘖，你這人真是胡塗得要死的角兒──專管自己的
> 衣服，真是一個徹底的利己主義者。你這「人」尚且沒有弄明白，
> 那裏談得到你的衣服呢？所以我首先要問你：你是什麼時候的人？
> 唉唉，你不懂。……那麼，（想了一想，）我且問你：你先前活著的
> 時候，村子裏出了什麼故事？
>
> 漢子──故事嗎？有的。昨天，阿二嫂就和七太婆吵嘴。
>
> 莊子──還欠大！
>
> 漢子──還欠大？……那麼，楊小三旌表了孝子……
>
> 莊子──旌表了孝子，確也是一件大事情……不過還是很難查
> 考……（想了一想，）再沒有什麼更大的事情，使大家因此鬧了起
> 來的了嗎？

〔註90〕《徐梵澄文集》第4卷《星花舊影──對魯迅先生的一些回憶》，上海三聯書
　　　　店，2006年版，第388頁。
〔註91〕曹礎基：《莊子淺注》，中華書局，2000年版，第37頁。

漢子——鬧了起來？……（想著，）哦，有有！那還是三四個月前頭，因爲孩子們的魂靈，要攝去墊鹿臺腳了，真嚇得大家雞飛狗走，趕忙做起符袋來，給孩子們帶上……

巡士——（吃驚，鬆手，細看了莊子的臉，）那麼，您是漆……

莊子——（高興起來，）不錯！我正是漆園吏莊周。您怎麼知道的？

巡士——咱們的局長這幾天就常常提起您老，說您老要上楚國發財去了，也許從這裏經過的。敝局長也是一位隱士，帶便兼辦一點差使，很愛讀您老的文章，讀《齊物論》，什麼「方生方死，方死方生，方可方不可，方不可方可」，真寫得有勁，真是上流的文章，真好！您老還是到敝局裏去歇歇罷。

正如上所述，章太炎的《齊物論釋》的核心思想，魯迅的《故事新編》的創作也是逐漸進入了這種文學的抒寫，及萬物各其自主，每種思想本身已不是終極目標，各個的呈現才是整個世界的唯一情境。《起死》中的漢子和莊子，各以其存在的人生邏輯而堅持自我的生存的法則，因而，即使是莊子本身也難以逃脫他的生命的真諦：相對，「不齊爲齊」的世界存在模式。《起死》的收尾，暗藏了魯迅並沒有將這一歷史故事集加上密封口，可以說，《起死》應當是魯迅《故事新編》思想的開頭，也是其收手的結尾。然而，正如魯迅之於古史辨派的關係令很多歷史學家對魯迅沒有好感一樣，魯迅與佛教的關係也是十分複雜的。那麼，他那些似乎「誣衊」佛教的文章該怎麼解釋呢？魯迅 1927 年《慶祝滬寧克復的那一邊》一文中說：「我對於佛教先有一種偏見，以爲堅苦的小乘教倒是佛教，待到飲酒食肉的闊人，只要吃一餐素，便可以稱爲居士，算作信徒，雖然美其名曰大乘，流播也更廣遠，然而這教卻因爲容易信奉，因而變爲浮滑，或者竟等於零了。」〔註 92〕到了晚年更有《我的第一個師父》，這更顯示出了魯迅對待佛教似乎截然不同的兩種態度，實際上，這是他對世間宗教世俗化的分辨，也正是「能入乎佛學，亦能出乎佛學」的體現。在識界和空間上，魯迅一方面認識到自己的導師章太炎先生的「專業性」太強，另一方面，更不主張利用佛教和莊子哲學來替那種「不生不死」的生活狀態找藉口。對小說，也就是藝術來說，它的至高的標

〔註92〕《魯迅全集》第 8 卷《集外集拾遺補編》，人民文學出版社，1981 年版，第163 頁。

準當然是眞實，這種藝術上的眞實並不僅僅是照抄現實生活，或者在作品中極力表示一己之見。《故事新編》正是自覺不自覺地朝著這樣的脈絡前進的。

4. 《伯夷叔齊種族考》與《采薇》

　　對於伯夷的故事，先後在《論語》《孟子》乃至《莊子》《史記》等書中都有所記載。大體其核心思想是對伯夷叔齊志行高潔的讚揚，當然，在不同的時期故事內容的編排也稍有出入，顧頡剛在 1926 年 1 月在文章中也對這一故事的演變作了具體時期具體分析的討論：

> 我的惟一的宗旨，是要依據了各時代的時勢來解釋各時代的傳說中的古史。上邊寫的題目，如疆域、信仰、學派、人才、時代的中心問題等，都是解決那時候古史觀念的最好的工具。舉一個例罷。比如伯夷。他的人究竟如何，是否孤竹君的兒子，我們已無從知道。但我們知道春秋時人是喜歡修養的，人格的陶冶以君子爲標的，所以，《論語》中講到他，便說不念舊惡，不肯降志辱身，我們又知道戰國時的君相是專將養士的，士人就是汲汲惶惶地尋求主人而爲之用，所以《孟子》上說他聽得文王有了勢力，就興起道：「盍乎歸來，吾聞西伯善養老者！」我們又知道，自秦皇統一之後，君臣之義無所逃於天地之間，忠君的觀念大盛，所以《史記》上也就說他叩馬諫武王，義不食周粟，餓死於首陽山了。漢以後，向來流動的故事因書籍的普及而凝固了，他的人格才沒有因時勢的遷流而改變。〔註93〕

　　可見顧頡剛是從歷史環境的角度對伯夷叔齊的行狀作了一番推論的。在史與實之間的關係上尤其作了詳細的分析。他重視還以歷史本來的面目，同時對歷史撰述的生成也給與了深刻透闢的考察。對於伯夷叔齊故事，章太炎幾乎在同一時期也作了具體的歷史地理方面的考察，從而確認其種族：

> 太史以伯夷與許由同論，周末如陳仲蕈皆聞其風而悅之，此皆非有亡國之痛，直以清風絜行，蟬蛻含濁之表矣。凡種類不同，禮俗素異之人，有能化及中原，永爲世範者，自釋迦以前，未有過於夷齊者也。〔註94〕

───────────────

〔註93〕顧頡剛：《古史辨自序》，河北教育出版社，2000 年版，第 81 頁。
〔註94〕章太炎：《章太炎全集》第 5 卷《文錄續編》卷一，上海人民出版社，1985

同顧頡剛一樣，這也是一條歷史的考證，但其中蘊含著章氏自己的思考。即伯夷叔齊是鮮卑族，但他們仍然葆有自身的民族性。本文寫於 1925 年，此時孫中山逝世，整個國家陷群龍無首的混亂局面，知識分子深感到面臨著被帝國主義強剝的危險，章氏指出，伯夷叔齊對儒家思想的服膺、追隨，實際上是說鮮卑族作爲一個民族面臨著「寧爲自碎，不爲他全」的獨立精神。他也曾說：

> 故僕以爲民族主義如稼穡然，要以史籍所載人物、制度、風俗之類爲灌溉，則蔚然以興矣。不然，徒知主義之可貴，而不知民族之可愛，吾恐其漸就萎黃矣。……至中國所以維持道德者，孔氏而前，或有尊之敬鬼之說，孔氏而後，儒道名法，變易萬端。原其根極，惟「依自不依他」一語。……然所謂我見者，是自信而非利己，猶有厚自尊貴之風。尼采所謂超人，庶幾相近。排除生死，旁若無人，布衣麻鞵，徑行獨往，上無政黨猥賤之操，下作懦夫奮矜之氣，以此揭櫫，庶於中國前途有益。〔註95〕

這種討論實際上仍然在章太炎的「立自不立他」的理論譜系之中。而魯迅之《采薇》一方面有對兄弟「儒學之風」（如眾研究者所說的那樣）的諷刺，另一方面，更多的應是用一種悲憫的眼光去看待二位形象的存與毀，是生命意志的不能遏制，魯迅顯然在寫作《采薇》時候並沒有採用章之《種族考》的成果，最後兩兄弟也是因爲「率土之濱，莫非王土」而「速死」，但這種速死是基於另外一種「立自不立他」的情形，即「不食周粟」。當「不食周粟」上升爲一種哲學內涵的時候，就不再是令人捧腹的諷刺對象，而是一種觀念，這種觀念不具有道德含義，而是一種自立的規則，從伯夷叔齊的最終死亡可知，這一規則是伴隨著他們的生存始終，即規則與生命並存。同時，這一內核之外，即二兄弟世界之外仍有喧鬧的人群，他們圍繞在二兄弟的周圍，並不以之爲可惜，之所以取笑他們，乃是因爲他們不是所有人的終極理念，這也是爲什麼魯迅將二兄弟的故事的史實「點染」得異彩紛呈的原因。章太炎說：「凡種類不同，禮俗素異之人，有能化及中原，永爲世範者，自釋迦以前，未有過於夷齊者也」，將釋迦與伯夷叔齊相等，可見其用心者並非恆常不變的儒家境界的推崇，而是對於堅持自身民族性和多元文化相並存的最終認同。

年版，第 88 頁。
〔註95〕 章太炎：《答鐵錚》，《民報》1907 年第 14 號。

魯迅晚年幾篇小說，可以說也是復活非知識分子的生存真實，甚至達到了強烈的歌頌氣質，實際上，也是對自己生命歷程的反詰與歎息，是另一種意義上的對自身身份的棄絕和放鬆，當然，這未必是消極和悲觀意義上的。剋制過分誇大的自我，正是對自我認定的一種反思。

5. 二人的表達方式的背後

由此可見，既然兩人在不同的時期選擇了表達同一種思路的作品。那麼，魯迅自以為「油滑」而不足觀的歷史「點染」小說，如何譬比《齊物論釋》這樣的「千六百年所未見」的哲理呢？首先，在學術與文學的選擇上，在時間和情境上都是不被允許的。魯迅在三十年代的書信裏時時抱怨自己沒有足夠的時間來寫長篇的東西，更不用說在他看來資料不足的上海做學問了。〔註96〕另一方面，魯迅對於自己的學術和文學事業有一個著名的論斷：

> 做文章呢，還是教書？因為這兩件事，是勢不兩立的。作文要熱情，教書要冷靜。兼做兩樣時，倘不認真，便兩面都油滑淺薄，倘都認真，則一時使熱血沸騰，一時使心平氣和，精神便不勝困憊，結果也還是兩面不討好。看外國，做教授的文學家，是從來很少有的，我自己想，我如寫點東西，大概於中國不無小好處，不寫也可惜；但如果使我研究一種關於中國文學的事，一定也可以說出一點別人沒有見到的話來，所以放下也似乎可惜。但我想，或者還不如做些有益於目前的文章，至於研究，則於餘暇時做，不過如應酬一多，可又不行了。〔註97〕

〔註96〕1933年6月18日致曹聚仁：「中國學問，待重新整理者甚多，即如歷史，就該另編一部，古人告訴我們唐如何盛，明如何佳，其實唐室大有胡氣，明則無賴兒郎，此種對象，都須褫其華袞，示人本相，庶青年不再烏煙瘴氣，莫名其妙。其它如社會史，藝術史，賭博史，娼妓史，文禍史……都未有人著手。然而又怎能著手？居今之世，總是在決堤灌水，飛機擲彈範圍之外，也難得數年糧食，一屋圖書。我數年前，曾擬編中國字體變遷史及文學史稿各一部，先從作長篇入手，但即此長篇，已成難事，剪取歟，無此許多書，赴圖書館抄錄歟，上海就沒有圖書館，即有之，一人無此精力與時光，請書記又有欠薪之懼，所以直到現在，還是空談。現在做人，似乎只能隨時隨手做點有益於人之事，倘其不能，就作些利己而不損人之事，又不能，則做些損人利己之事。只有損人而不利己的事，我是反對的。如強盜之放火也。」見《魯迅全集》，第12卷，北京：人民文學出版社，1981年版，第184頁。

〔註97〕魯迅。許廣平：《魯迅景宋通信集》，長沙：湖南人民出版社，1984年版，第194頁。

魯迅的最後十年還是選擇了前者,並將自己的生活更加緊密地跟中國的命運聯繫在一起,尤其是從廈門到廣州再到上海的這段時間。在諸子學研究方面,正如魯迅所批評的那樣,章似乎過分地將小學功底作爲一切學術門徑,甚至是白話文的基礎,是會漢語翻譯的前提〔註98〕,他多次反覆強調要研究諸子,必先讀經,要讀經則要知道小學:

> 今之爲學者,曰好言諸子而已矣。經史奧博,治之非十年不就,獨諸子書少,其義可以空言相難。速化之士,務苟簡而好高名,其樂言諸子也。不悟眞治諸子者,視治經史爲尤難:其訓詁恢奇,非深通小學者莫能理也;其言爲救時而發,非深明史事者莫能喻也;而又淵源所漸,或相出入,非合六藝諸史以證之,始終不能明其流別。近代王懷祖、戴子高、孫仲容諸公,皆勤求古訓,卓然成就,而後敢治諸子。〔註99〕

> 昔胡適之與家行嚴爭解《墨經》,未有所決。余嘗曉之曰:昔人治諸子多在治經後,蓋訓詁事實,待之證明,不欲以空言臆決也。今人於文字音義多未昭晰,獨喜治諸子爲名高,宜其多不安隱矣。
〔註100〕

一方面可見當時研究諸子學之盛,另一方面魯迅對於老師的以上看法也是不可輕覷的。

魯迅最早的喜用古字是受章太炎的影響,這些生僻字本身就體現了一種貫通小學的驕傲和開明,但是眞正的諸子研究方面,魯迅也很少涉及,只是在《漢文學史綱要》中談及了諸子的學問,但是從內容和觀點上都可以看到受章太炎的影響。而章太炎在解釋莊子方面,一種角度是從純文字學音韻學的方式繼承了前人,包括他的老師俞樾的研究成果,成了《莊子解詁》;另一方面,又單獨寫成《齊物論釋》以實現他在義理上的開拓,正如他自己所說的那樣,《齊物論》是莊子思想的核心,「及到莊子《齊物論》出來,眞是件件看成平等。照這個法子做去,就世界萬物各得自在……」〔註101〕這種考據

〔註98〕 魯迅:《名人和名言》,《魯迅全集》,第 6 卷,《且介亭雜文二集》,北京:人民文學出版社,1981 年版,第 362 頁。

〔註99〕 1922 年 10 月 10 日,《中華新報》出增刊,首載章氏《菿學箴言》。

〔註100〕 1936 年 3 月《制言》第 13 期《菿漢閒話》。

〔註101〕 獨角(章太炎):《社說》,《教育今語雜誌》,第 1 冊,1910 年 3 月,第 15～16 頁。

義理兼容並包的做法，在魯迅看來或許是力有不逮的。但是，從魯迅自身來說，他在晚期創作的雜感之中，顯然也有一些文章是受到章太炎的學術思路的影響，比如先解釋字義，然後鋪染開來，針砭時弊。

那麼，魯迅之選擇《故事新編》並沒有結束對於人生學術的探討，晚年的章太炎則復歸於儒術，開始著眼於質實之境的追索，這多少源於他早年乃至壯年受挫，或在佛學的選擇上未能實現個人的修煉和信仰上的究竟，於是，復歸於儒更多的也是章氏早年學術生命的擱淺和回歸，正所謂「始則轉俗成真，終乃回真向俗」〔註102〕。而魯迅之《故事新編》則一承曾經的萬物齊一、各行其是的經脈，以十分強大的內在生命力包涵一切可能復活於現代生命中的古舊形象。雖然，這其中也有魯迅對自己晚年人生經驗的反思、嘲諷乃至超脫。

（四）小結：從魯迅去世前的兩篇憶章太炎文章說起

從所謂文學性的角度上說，魯迅懷人的文章向來都十分懇切和感情濃烈。例如《范愛農》《憶劉半農君》之類。這種追悼的感情讓人讀來很容易為之大慟。然而，奇怪的是，魯迅在1936年連續寫的兩篇關於自己曾經在學問上的導師章太炎先生的文章卻十分拘謹。是敬畏？還是僅僅為了給章太炎辯白？或者因為他氣力已盡？還是兩個人已經開始有了隔膜，甚至一直有著隔膜？1932年8月12日魯迅在給許壽裳的信中提及章太炎的《文始》：

> 歸途過大馬路，見文明書局廉價出售舊書，進而一觀，則見太炎先生手影寫之《文始》四本，黯然垢污，在無聊之群書中，定價每本三角，為之慨然，得二本而出，兄不知有此書否，否則當以一部奉承，亦一紀念也。

五日後又在信中說：

> 《文始》當於明日同此信一併寄出，價止三角，殊足黯然，近郭沫若手寫《金文從考》由文求堂出版，計四本，價乃至八元也。

從中可以看出魯迅之對於曾經的老師章太炎學術乃至情感上的珍稀。

魯迅1933年6月18日夜致曹聚仁信說：「古之師道，實在也太尊，我對此頗有反感。我以為師如荒謬，不妨叛之，但師如非罪而遭怨，卻不可乘機

〔註102〕章太炎：《菿漢微言》，《章太炎政論選集》，下冊，北京：中華書局，1977年版，第736頁。

下石，以圖快敵人之意而自救。太炎先生曾教我小學，後來因為我主張白話，不敢再去見他了，後來他主張投壺，心竊非之，但當國民黨要沒收他的幾間破屋，我實不能向當局作媚笑。以後如相見，仍當執禮甚恭（而太炎先生對於弟子，向來也絕無傲態，和藹若朋友然）。自以為師弟之道，如此已可矣。」可見魯迅對太炎一直是存有敬意的，無論是否贊成他的主張和行動。因此，魯迅對他的敬重與對他晚年的「回真向俗」的委婉批評是同等的。也許，總體來看，則是對其不能激進於「萬物不主故常」的寬容心態的不足的惋惜。

顯然，魯迅在最後的十年蘊含了足夠多的人生經驗與世事的紛擾，其時創作的《故事新編》是其「絕聖棄智」的放下的再看法，也是試圖通過文學的方式建立自己的世界（再反思）的一種方式。正如《齊物論釋》之中章氏以莊學思想為主導，繫之以其它同時期的學術思想為論據。章太炎在其思想和學術歷程中，也是隨歷史命運的變化而變化，但都沒有放棄獨立性。只不過魯迅選擇了一種更為輕鬆的方式，他的小說裏充滿了同一時期的文化論爭和時代風尚，有國家民族命運也有個人恩怨情仇，每種人都要生存，都要發出聲音，而任何一個強烈的聖智精神與價值偏向都會令這個世界失之於單一。

正如前所述，論說魯迅的學術路線，有早期的整理古籍的修養工夫，才得有鈔古碑，鉤沉小說的靜默和沉鬱，另一方面，文學史的書寫，又展現了其多年練就的鑒賞功夫。這二者之間又是離不開的。郭沫若和徐梵澄都曾經看出魯迅與老莊和佛教之間的關係。但從魯迅晚年的寫作上來說，這種直接的表達近乎是「少見」的。如果讀者細心，或者深諳三十年代的情狀（國家民族）與中國最早期的諸子精神內核，乃至魯迅本身三十年代的思想變化，就會懂得《故事新編》的良苦用心，這是一組沉靜、淵默的作品，雖然各篇具體的色澤和格調不一，包括魯迅老辣的雜文筆法甚至在這裏，但都被其中靜穆的氣氛所沖淡了。

是否也可以這樣說，魯迅用這一最後的創作代替了他未竟的長篇事業。他似乎曾有所預料，在最後的時光裏，他甚至預料到了死亡。所以他勇敢地談到了死，並且做到了文學上的溫情脈脈而又冷酷的反思和回憶。他早對徐梵澄說過和尚和居士的區別，又談到「人是出世不到哪裏去的」。他將信佛與歸隱一樣，看作中國文人的大弊病，鞭策其中的虛偽和逃避。遍觀魯迅晚年關於佛教的文章，當認真地體味這些話語時，反而有脫離了名相的表現。

在章太炎的語言秩序中，他善於從歷史中計算得失，將當下的情境植入

古典的語言環境中，同時重視其理論性和邏輯性，也就是說，他的話語體系還是傳統的。從其學術視野中，他提出的變革的根據仍然是本民族的特點和文化制度沿革，又有一種正本清源式的復古傾向；這種變革背後的動力，恰恰是因爲看到了時勢的緊迫性，從現代意義上講，又不失爲民族（民主）主義革命。也就是說，以傳統解構傳統，復歸到更爲淳正的傳統中去，這一直是章太炎思辨的特點，因此，他既是一個激進的復古主義者，又是一個頑固的保守派。如果硬要將魯迅和章太炎作一對比的話，那麼，其結果就是，魯迅或許本希望通過《故事新編》實現他的更高的哲學層次的探索，而且這種哲學思路已經落實到了現實社會和政治層面。魯迅在「曼思故國，來日方長」（1904 年 10 月 8 日致蔣抑卮信）的留日生活期間，強調民族主義與其置身的環境和目視之世界態勢，將中國置於世界中自然講其民族性，而歸國後將國民置於中國中，則自然揭其國民性、劣根性：

> 此所爲明哲之士，必洞達世界之大勢，權衡校量，去其偏頗，得其神明，施之國中，翕合無間。外之既不後於世界之思潮，內之仍弗失固有之血脈，取今復古，別立新宗，人生意義，致之深邃，則國人之自覺至，個性張，沙聚之邦，由是轉爲人國。（《文化偏至論》）

在魯迅的早期的幾篇文言論文之中，我們能夠一再地看出魯迅在個人意志、民族意志、乃至世界意志上的立場和看法。這種「意志」是魯迅「主體性」思想的彌散和發揚，圍繞在它周圍的那些概念，恰能夠不斷地通過內在的強度（內曜、神思、靈臺）的加深而使他們得以不斷修正。這背後恰需要我們去延伸魯迅整個思想路程，在《故事新編》之中，我們看到了魯迅作爲敘述者，彷彿是一個時間者在穿越歷史，他不再表達一個獨異而圓滿的觀點，只是在歷史的萬象之中，靜靜地穿梭，從一個一個歷史的強力意志的執行者，變成俯瞰歷史、俯瞰當下的時間老人。而對象世界並不是虛無脆弱，而是鮮活可觀，偉人們彌散在生存的物質世界之中，慢慢地陷入了人生的窘境，在不斷地掙扎之中，最後仍然走向了悲涼而溫暖的結局。這是魯迅早年的吶喊和呼籲的輕著陸，這時候不再是文言上的強勁和用力的表達，而是四兩撥千斤地歎息和微笑。

然而，在「何謂啓蒙」的叩問中，無非是因爲發現了背後這種強烈的「自我顛覆性」，實際上，自我顛覆是讀者在概念上的自我套入，而倘若要用「啓蒙」來分析魯迅思想的話，這並不構成一種悖論。民族的神思的保存、個人的「人」之建立，都是依靠啓蒙才能建設，而只有這樣，才能獲得一種「齊

物」的力量，才能構成對話的可能。而無論分析結構和概念如何變化，魯迅所強調的仍然是「國民性」。國民性的建設的第一要招，仍然是先「啓蒙」。「相互激發」並不妨礙啓蒙。而後者是建立在前者不斷促成一個一個「人」的前提條件下的。深諳中國先秦思想的章太炎和魯迅，恰是通過這種「萬吹不同，而各使其自己也」的方式獲得個人、民族、國家乃至世界的尊嚴的。這是穀粒漲滿的呼喚，是對人的精神生長的希冀。

　　從魯迅晚年強調階級對立及生存經濟的必要性就可以看出，他從這個角度重新反思了知識分子自身所處的位置，包括先秦思想家面臨生存時的尷尬處境，但他的詮釋顯然又不單是「唯物論」，他從不利用這種唯物論來簡單地複製文學。很顯然，他對於《故事新編》或者《故事新編》的閱讀者是缺乏自信的，至少他不認爲他們能夠讀得太懂和喜歡。正如章太炎試圖集近代哲思於一身的《齊物論釋》一樣，魯迅雖然沒有章氏的那麼自信地宣稱其思想成果的價值，但《故事新編》的確是想要整合自己各種零星的確信和質疑的思想的混沌表現。但同樣的是，他們的這種願望太強大，以至於最終完成得籠統、自由，從而也更開放，熱烈。

三、《故事新編》：「以莊化尼」

　　在討論《起死》的論著中，筆者注意的仍是竹內好的解讀：

> 　　他曾經説過，在幼年時代，讀得最多的是儒教書籍，不過沒有給他什麼影響，但卻深受莊子之毒。他徹底地憎恨作爲統治者壓制手段的儒教道德，但卻尊敬作爲人的孔子不屈服於失敗的積極、主動的態度。相反，他厭惡老子的形而上學與莊子的達觀哲學所象徵的隱者的旁觀、超脫的態度。所以他把自己最崇高的尊敬獻給了墨子。但是儘管如此，莊子的超脫（化身）思想還是強烈地吸引了他（這也許與尼采有關聯）。正因爲被它吸引，所以他才不能不憎恨它。這意味著他的矛盾（想要逃脫卻逃脫不了）。之所以不把莊子戲劇化就寫不了莊子，是因爲那與他的痛苦緊密相連。〔註103〕

　　在諸子行爲和思想密集的《故事新編》中，竹內好看到了魯迅表現在其中的態度。並且他將之歸併到魯迅深受影響的莊子身上。他敏銳地把握到了

〔註103〕〔日〕竹內好：《魯迅入門》《從「絕望」開始》，靳叢林編譯，北京：三聯書店，2013年版，第145頁。

這種影響與他早期的精神偶像尼采有著某種「也許」的關聯。關於尼采與莊子思想之間的關係，有很多研究者都曾對此進行過對比較性的探析。其中較爲熟悉的是陳鼓應，他在很多著作中談到過莊子與尼采甚至於西方存在主義之間的關係。〔註 104〕魯迅的思想乃至《故事新編》之上是否凝結了尼采和莊子，卻是一個需要十分謹慎處理的問題。張釗貽在《魯迅：中國「溫和」的尼采》中，首先追溯了勃蘭兌斯等人對尼采的複雜的闡釋傳統，其中，他理出了兩條線索：「溫和」與「暴力」的尼采。其後通過論證，他指出《權力意志》等書中的關於「暴力」的闡釋的託謬與誤解之處，認爲「溫和」一直是尼采思想精神命脈的延續，他的反政治和反暴力性是基於文化精神的張顯和推動。被利用和曲解並非是「刀子」的錯誤，而是「殺人者」的錯誤使用。張在「精神貴族激進主義」一節中，指出精神貴族，其真正含義並不是外在的社會征伐，而是『反道德的道德』，是對個人精神的一種認可和出發，從某種意義上是「各適其適」的平等觀，他引用尼采關於平等、奴役、道德、權力意志等概念的論說，指出這一切都是從個人出發，反對一切強行的社會理性和普遍的道德規範的制約，也就是要「成爲你自己」。至於如何在「精神貴族」的強大的主體性面前處理各個主體之間的所謂「平等」「自由」，作者並未具體作一分析，很顯然，這二者存在著極大的矛盾之處。

　　而如何闡釋魯迅晚年雜文和他的同時期的小說之間的強大模糊的閾界，或許我們能夠從中得到啓發。精神世界的開發，某種意義上與社會政治價值的選擇是兩種不相同一的事物。強大的內在的精神世界的自我提升、調整與權力意志的發揮，顯現在外力上，不僅爲一種獨立的道德和理性，同時也是對一切扼制個體意志的權力結構的敵人，這也是爲什麼魯迅從二十年代末期與革命文學乃至死前對於共產主義或者左翼事業都帶有強烈的疏離態度。魯迅在《故事新編》中隨著年代的更新將其這一質素逐漸穩定下來，看到各種角度的批判和諷刺，在其背後，則是帶有某種悲憫色彩的「不齊爲齊」的精神指向。

　　本文選取尼采與章太炎這兩個思想載體與魯迅的密切關係，同時又在中西相互指認的兩大哲學系統（尼采－莊子、佛教－莊子）之間，找尋魯迅的精神軌跡。魯迅的生命的強度是顯而易見的，我們在前面的討論中已經將他跟帶有強烈的青春氣質的尼采作了某種程度上的粗略比較。在筆者看來，與尼采相比，

〔註104〕陳鼓應：《尼采哲學與莊子哲學的比較研究》，郜元寶編：《尼采在中國》，上海三聯書店，2001 年版，第 676 頁。

魯迅延伸了他的思考歷程,在態度上,魯迅的力量足以達到一個思考人生者所能達到的頂點,並且能夠不像尼采那樣,為自己不小心走得太遠而道出了真相,表現出某種天才式的帶有青春色彩的驕傲以及對自己所能抵達的世界的恐懼。尼采甚至被自己宣言般詩一樣的嚴正的語言的回聲所恐嚇,最終走向了精神的瓦解,而魯迅隨著時間的累積,尤其是三十年代之後,他一方面樂於走到世界的盡頭,帶著嚴肅的思考,同時,他又以嘲諷的態度返觀自己和周遭,他懂得收放自如,並將人生的命題半開玩笑又直抵要害,帶著某種力度上的迴旋。在《故事新編》中,更能集中看到這樣的思想和形式上的宛轉變動。

如他在《無常》的描述中那樣,他熱愛那些「可愛而可怖」的鬼物,同時也喜歡這樣的人生。可怖,或因死亡所產生對一切命題,因可能無法把握的外在世界;可愛,或許因涵泳人生之中,為其中的現象,細節,美,紅,白,聲調,神情(「她兩肩微聳,四顧,傾聽,似驚,似喜,似怒,終於發出悲哀的聲音,慢慢地唱道:奴家本身楊家女,呵呀,苦呀,天哪!」《女弔》)等等。追隨《無常》中的混跡於生死、現代未來之際的生活狀態,我們在後期的《故事新編》之中看到如此多的這樣的典型,最後兩篇《采薇》《起死》,不是把人物寫「死」了就是把人寫「活」了,這種顛倒來去的自由寫法,正是魯迅化解早期帶有青春氣質的憂鬱愁悶(《補天》《奔月》《鑄劍》等)的一個重要出口。

如竹內好後來在《魯迅入門》中說他的作品「結果卻在高層次上返回原點(越到晚年他的文章越簡練)。而且警句箴言和戲諧模仿文章也是他的文章所固有的。」〔註105〕如果回溯這種精神的源頭,以往的研究者似乎慣於從西方哲學那裏找到某種相似的光芒,但在源頭上,毋寧認為這是中國傳統的莊子哲學的燭照。此燭照是中國歷史的積澱的成長。這種狀態,又或許也是一種中國人掙脫生的苦悶,走向某種精神自由的方式。增田涉在《魯迅喜歡埋頭苦幹的人和他對版畫的愛好》中說:

> 他曾經說過,人什麼都不幹是最壞的,⋯⋯生活在世上而「無為」,是最沒有意思的事情。他認為老子的「無為而無不為」的話是騙人的,他討厭它。他不喜歡作這種無為的說教的老子。⋯⋯魯迅這種思想,我以為是說明他對中國人——有閒知識人性格的一面的無為思想的(這我想是從人類對於自然暴力無能的認識來的)抗

議。……總之，作些事情，埋頭苦幹是最貴重的，──這是他對中
國人強烈的希望。他自己就是這樣實行的。〔註106〕

　　所以，這裏面有兩個要辨析的方面：做什麼，是否一切爲都比「無爲」
好。老子的無爲如何被慵懶的知識分子所哄騙進去，這時候也許可以用尼采
的思想來補救，做好自己就成爲一個強大的對外的影響的力量。儘管後期魯
迅思想並不被認爲有著和尼采重合的部分，例如在他那篇用以論據的文章中
曾經說到，只是給與，不去「拿來」的尼采把自己比做「太陽」因而導致瘋
狂的可憐〔註107〕，但是尼采之於魯迅仍然像一個具備了強大吸引力的虛空。

　　從哲學的角度上說，尼采原不必是一種閱讀文本，他更是一種姿態和視
覺。是一種強大的拋棄世界同時意圖承擔起整個世界的作爲。不能不說，竹
內好、汪暉等人的魯迅研究，完全可以追溯到尼采這種強大的更新能量（無
論所謂個人、社會、文化、政治、啓蒙）的啓發之中。而這又涉及到中國的
遠古思想。如我們的文化所知，最大的靜定應當如老子所言，如一株自然植
物那樣不侵犯、不殺害，同時保持一種淳樸靜寂的是心靈。這心靈不能是完
全表現在外在，相反，是深埋於自心之中，浮表的岩漿的勃發永遠不能動撼
他的自然本性。人是冷漠世界的配備品，連那可憐的自我傷感也是冷漠的一
部分。最可悲的是哀憐具象，萬物皆在其冷漠的悲憫之懷。這哲學的最顯像
的存在也許就是其本質，在其內部實現自由與平等。外在的相互關係非其平
等與自由的根基，而自性內在的自由與平等，才是其最內在的遊弋。因此，
莊子和尼采給人的啓示是一種精神狀態，好比一個嬰兒在用新奇而充滿生命
力的眼睛去看望這個世界。一切現象被賦予了被照看的光彩。魯迅的文體上
的變化實際上是一棵樹上生長的枝葉和結出的果實，他們同呼吸，共命運，
或甜或苦，或濃或淡，或隱或顯，恰好是這種豐富的表象顯示了魯迅精神的
內在力量。這種力量之下構築的世界，「穩定地燭照著一切」〔註108〕。

〔註106〕增田涉：《魯迅印象》，鍾敬文譯，湖南人民出版社，1980 年版，第 16 頁。
〔註107〕魯迅：《拿來主義》，《魯迅全集》第 6 卷《且介亭雜文》，人民文學出版社，
　　　　1981 年版，第 38 頁。
〔註108〕唐弢：《〈故事新編〉的革命現實主義》：「在《故事新編》裏，不僅消弭了類
　　　　似《彷徨》那樣不斷求索的痕迹，同時曾經閃爍於《吶喊》各篇中的明天的
　　　　亮光，卻有了更大的發揚，形成一種信念，穩定地燭照著一切。這使魯迅的
　　　　現實主義增進了革命的因素，出現了新的理想的光芒。」《中國現代文學研究
　　　　叢刊》，1979 年第 1 期。

第五章　探索中的魯迅：從《楊貴妃》到《故事新編》

　　魯迅的創作，除了中篇篇幅的《阿 Q 正傳》之外，其它的都是短篇，乃至於魯迅同時代乃至當代的評論者、作家都曾因此表達對魯迅乃「偉大小說家」的質疑。

　　我們知道，魯迅晚年試圖延續之前的學術和文學路線，有寫一部中國文字變遷史、一部長篇小說、一部文學史的計劃。雖然他有寫作文學史的前期準備工作，但我們能夠從其古小說的輯校和小說史的寫作中，看出他的早期學術寫作基本是靠樸學功夫及青年時代以來的文學修養。他更重視的是世道人心的變遷和語言特質，很少從更廣闊的社會畫面上、尤其是「史」的階段性上去思考文學及其定位。而晚年魯迅重拾文學史寫作計劃，顯然與他後期開始關注社會和經濟變遷與文學之間的互動有著密切關係。我們能從魯迅與許廣平、許壽裳、馮雪峰、瞿秋白等的交往中清晰地發現這種聯繫〔註1〕。尤其在三十年代，魯迅更希望自己的文學史寫作能夠有十分強大的理論基礎，或者說試圖給文學繪上更廣闊的背景圖案。1930 年前後，魯迅寫信給徐梵澄探聽德國的花費，似乎有赴德的期望，並且打聽德國是否有用唯物論教文學史的事。〔註2〕在與馮雪峰的交談中，魯迅也多次提到文學史的理想的寫作方式：

〔註 1〕　馬蹄疾：《魯迅未竟之作〈中國文學史〉探究》，《社會科學輯刊》，1981 年第 5 期。

〔註 2〕　徐梵澄：《星花舊影——對魯迅先生的一些回憶》，《徐梵澄文集》第 4 卷，上海：三聯書店、華東師範大學出版社，2006 年版。

　　「治文學的人留心社會史，竟大不及這些革命家之留心文學
史。」這是他瀏覽社會科學的著作，見有引證文學作品或偶然對歷史
上文學現象有概括的一針見血的論斷的時候，幾次說過的話，當他看
了列寧對於俄國十九世紀的古典文學如龔察洛夫等人的意見的記
載，他說列寧是真懂文學，而且看中文學的；看了列寧關於未來派繪
畫的意見，就說了「革命者要的藝術，是健康的能懂的藝術」的話，
而肯定了列寧的意見。他也說過馬克思在《資本論》中當作為例子引
用了文學，倘若加以研究，真很可以做研究文學史的參考的話。對於
普列汗諾夫，他一邊譯著他的文藝論文，一邊說，「他看的書真多，
即文學書部分，有許多我們就不曉得的。」他曾認為專門治文學的人
的話，固然對文學是精，詳，但大都是在文學裏繞圈子，常常不免鑽
牛角尖，自己纏不清，總留下了一大堆疑問；而社會科學家的話，自
然是過於簡單，過於開門見山了，立即指出了什麼。他那時屢次說：

　　「中國總是需要一部社會發展史。」這也和他想動手寫文學史
有關係的。

　　他以為尤其弄文學批評，更非先努力於社會科學、社會史的研
究不可；於是，再涉獵各種的學說和文藝思想，貫通了世界文藝史，
就對於各種的文藝現象都能照出那源流和社會的根柢。〔註3〕

可見這裏魯迅非常重視社會科學和社會史的研究，但反對純粹用其來代
替文學史本身的思考，這其中應有一個更為廣闊而複雜的「根柢」來描述。
關於此點，除了我們所能看到的魯迅對構想中的文學史的零星描述外，還可
進一步從魯迅的文學活動中找尋。1932 年 6 月 10 日，瞿秋白給魯迅的信中也
有專門討論如何用社會政治、經濟史的線索來搭建文學史框架的問題。其中
瞿秋白專門談到了《九品中正與六朝門閥》（楊筠如）這本書，提示魯迅在文
學史寫作的過程中應該注重階級鬥爭和經濟社會的發展演變對文學和宗教的
影響作用，從而方可達到對五四以來舊小說進行「重新估量」的效果。〔註4〕

〔註3〕馮雪峰：《馮雪峰回憶魯迅全編》，《魯迅回憶錄》二十四，上海文化出版社，
　　　2009 年版，第 50 頁。原載《文匯報·筆會》，1946 年 12 月 5 日。

〔註4〕瞿秋白：《瞿秋白文集》，文學編，第 3 卷，《關於整理中國文學史的問題》，
　　　北京：人民文學出版社，1989 年版，第 75～86 頁。楊筠如為清華大學國學院
　　　的研究生，王國維先生的入室弟子。他的這本書關注中國官像制度的演化進

　　然而，無論是文學史還是（歷史）小說，作爲文學家的魯迅並沒有能夠通過一系列的社會理論體系建構自己的任何一個長篇，從而獲得所謂的「成功」。在魯迅的創作生涯中，常被人們談及的一部不存在的作品是關於楊貴妃的。魯迅選擇這樣一個題材，想要揭示什麼？是唐代的自信的文化體系，還是要注入新的愛情心理乃至價值觀？它與魯迅的其它的長篇計劃齊頭並進，將人們帶入了對其文藝的創造可能性的猜想之中。

　　據說，在關於唐朝的長篇計劃破裂之後，魯迅在後來的三十年代還曾設想做一個關於中國幾代知識分子的長篇。〔註5〕可見魯迅對自己的創作文體並非刻意限定。從人們對楊貴妃題材作品的種種議論來看，這部計劃中的小說，因其無論從文體還是內容上的巨大特殊性，吸引了更多的注意。從他的親友那裏我們得到了很多關於這部作品情節設置、細節安排，甚至在文體上有些出入（劇本還是小說）的回憶。這種隨著時間疊加的關於它的創作的記憶，像新歷史學中的「層疊說」那樣逐次豐富、撲朔迷離。很顯然，這種現象至少使得我們對魯迅創作的可能性帶來了某種的關注和探索，尤其當聯繫著魯迅的文學環境、歷史觀念變化、乃至文體脈絡的演變來看。

一、戲劇還是小說

　　魯迅這部擬想中的長篇，是戲劇還是小說？相關研究很多，結論也存在很大出入。從時間的跨度上說，從魯迅1924年7月去西安考察創作背景起，說法不一。早期與魯迅關係較爲密切的許壽裳、郁達夫、孫伏園均認爲是「戲劇」，甚至還指出了作品中的劇目的內容。陳平原認爲魯迅在西安期間對易俗社的相對熱烈的關注說明他試圖寫作的是戲劇。〔註6〕魯迅在西安對易俗社的好感的確令人矚目。孫伏園給周作人寫信關於這次的旅行《長安道上》中說，「易俗社……是高古的東西，懂得的大抵只有兩種人，就是野人和學者。野

　　程，在當時起著別立新標的作用。關於此點，與本文關係不大，在此從略。

〔註5〕馮雪峰：《馮雪峰回憶魯迅全編·〈魯迅先生計劃而未完成的著作〉》（1937年10月15日）：「魯迅先生說道『那天談起的寫四代知識分子的長篇，曾想了一下，我想從一個讀書人的大家庭的衰落寫起……』又加說：『一直寫到現在爲止，分量可不小。——不過一些事情總得結束一下，也要遷移一個地方才好。』」上海文化出版社，2009年版，第190～191頁。

〔註6〕陳平原：《長安的失落與重建——以魯迅的旅行及寫作爲中心》，《魯迅研究月刊》，2008年第10期。

人能在實際生活上得到受用，學者能用科學眼光來從事解釋，於平常人是無與的。」〔註7〕魯迅從小對於戲曲雖不懂，但一直有直觀上的愛好，他在西安的名勝古迹中看到文化凋零和失落，而在野的這種生機勃勃的「高古」的秦腔的活力卻帶給他安慰。他給易俗社題名「古調獨彈」，「獨」字恰恰體現了惋惜和欣慰。魯迅在西安考察期間提供招待的李級仁也認為他要創作的是戲劇。〔註8〕這很難說是一種杜撰。然而還有相當一部分人認為是長篇小說，其中的代表是與魯迅後期關係密切的馮雪峰的說法。這篇文章寫於 1937 年，也就是魯迅逝世後不久。更為貼切的證據是魯迅在 1934 年 1 月 11 日致山本初枝的信中明確地說是「五六年前我為了寫關於唐朝的小說，去過長安」，這是魯迅本人直接自認的寫作體裁。看起來，無論是「戲劇」還是「小說」的證據似乎都很確實。這是為什麼呢？在這封致山本初枝的信中，魯迅說的「五六年前」，也就是 1928 年前後。這時魯迅已完成《鑄劍》，按理說，魯迅 1924 年西安考察期間就有創作這種類型作品的打算，為什麼卻拖到了 1928 年前後，很難說這其中沒有魯迅關於這類作品創作思路的調整。1935 年魯迅在《〈故事新編〉序言》中提到他寫於 1922 年第一篇作品《不周山》之時是「想從古代和現代都採取題材，來做短篇小說」後來是因為作品的「油滑」而「對自己很不滿」「決計不再寫這樣的小說」，於是將其附錄在《吶喊》的卷末，（1923年 8 月北京新潮社初版）「算是一個開始，也就是一個收場」，而到了 1926 年秋天，魯迅因為「不願意想到目前」，於是「回憶在心裏出土，寫了十篇《朝華夕拾》；並且仍舊拾取古代的傳說之類，預備足成八則《故事新編》」，他接著說：

> 但剛寫了《奔月》和《鑄劍》──發表的那時題為《眉間尺》，──我便奔向廣州，這事又完全擱起來了。後來雖然偶而得到一點題材，作一段速寫，卻一向不加整理。〔註9〕

也就是說，魯迅 1926 年才開始重新整理自己的歷史、神話題材小說，

〔註7〕《魯迅在西安》，西北大學魯迅研究資料組印，1978 年 6 月，第 188 頁。

〔註8〕李級仁：《談寫〈楊貴妃〉》：「魯迅先生來西安講學，我任招待，曾兩次到他的寢室中去。談到楊貴妃的生前、死後、墳墓、遺迹等，記得很清楚，說要把她寫成戲劇，其中有一幕，是根據詩人李白的清平調，寫玄宗與貴妃的月夜賞牡丹。」《魯迅在西安》，西北大學魯迅研究資料組印，1978 年 6 月，第 120 頁。

〔註9〕《故事新編》序，《魯迅全集》第 2 卷，人民文學出版社，1981 年版，第 342 頁。

在之前的 1924 年所試圖創作的楊貴妃題材的作品很顯然並沒有納入到自己的歷史小說創作的想法之中。1926 年時，郁達夫在《歷史小說論》中也談到朋友 L 先生（魯迅）創作的這篇「小說」〔註 10〕。恰是魯迅試圖將《楊貴妃》也納入自己的將古代傳說改編爲小說的計劃之時。很可能魯迅的這種對於楊貴妃題材作品的寫作構想，是有著體裁上的調整變化的。一開始他的確是試圖創作出一部歷史劇本，後來隨著自己再一次有意圖地寫作歷史題材小說，于是他將這個未完成的劇本思路納入到自己的歷史、神話題材小說寫作計劃之中。從這個可能成立的假設上說，林辰等人的關於這個作品是小說還是劇本的分歧討論〔註 11〕，帶有一定的局限性，他們有可能忽視了作者的創作思路的調整。也就是說，這裏存在的並非是一個非此即彼的問題，而需要我們歷史地看待魯迅雖然沒有寫出關於楊貴妃題材的劇本或小說，但這個題材的創作思路在他的腦海裏在不斷地調整。

二、歷史觀念的變革與新的創作思路——菊池寬與陳鴻

從研究者關於魯迅思想變遷脈絡的考察中可知，魯迅與外界發生接觸關係的緯度和強度的加增之時，往往是其思想的轉折點。但是，就一個作家而言，通過作品反映出來的都是不一樣的眞實狀態，無論是內化於不安靈魂的《野草》還是他帶有強烈的現實主義風格的晚期雜文，都透見一種眞實性的窺見和發掘。包括《故事新編》在內，可以看出，魯迅善於通過歷史語言遺留下來的空間，來發現人們習以爲常的東西的悖謬之處，他亦試圖通過這種方式來激活歷史，讓人們認識到生存的眞實性與可敬畏。

「楊貴妃」這一題材，在當時受到來自歷史學、地理學、文學領域的廣泛的關注。我們在陳平原的資料集式的歷史文獻鋪寫〔註 12〕中能否感受到此點。魯迅恰是在這氛圍之中構思這一作品。至於陳文中所寫的「資料索引」是否各自都與魯迅的旅行與寫作發生直接或間接的關係，這裏不予置評。其中很有意思的一點是，研究者多認爲，《楊貴妃》的主題，與魯迅所一貫地認

〔註 10〕《創造月刊》第 1 卷第 2 期，1926 年 4 月 16 日。
〔註 11〕林辰：《魯迅赴陝始末》注釋 1 中稱取「歷史劇」一說，《魯迅事迹考》，1948 年版，第 28 頁。
〔註 12〕陳平原：《長安的失落與重建——以魯迅的旅行及寫作爲中心》，《魯迅研究月刊》，2008 年第 10 期。第 4～30 頁。

爲的，「紅顏禍國」是對歷史上的尤其是宮廷女性的曲解有著某種一致性，包括他後來創作的《奔月》對慣常傳說中嫦娥心理的解構，都可以看出，他寧願從現代心理學的角度〔註13〕去解釋，捕捉特別而眞實的一面。

（一）菊池寬與《三浦右衛門的最後》

通過他所翻譯的小說《三浦右衛門的最後》（1918 年），在這位喜用舊題材來寫故事的菊池寬身上，他看到了某種「掘出」的「人間性的眞實」，「凝視著遙遠的黎明」：

> 楊太眞的遭遇，與這右衛門約略相同，但從當時至今，關於這事的著作雖然多，卻並不見和這一篇有相類的命意，這又是什麼緣故呢？我也願意發掘眞實，卻又望不見黎明，所以不能不爽然，而於此呈作者以眞心的讚歎。〔註14〕

這篇文章最早發表在 1921 年 7 月的《新青年》上，可見魯迅此時就有「發掘」「楊太眞」的「眞實」的願望。這是怎樣一種「眞實」呢？我們通過菊池寬的這篇小說也許能夠得到部分解讀。小說講述了在日本戰國時代紛亂的諸侯爭霸背景下，一個小近侍被織田攻陷的氏康逃離，到了刑部之後，被其主從虐殺以期獻給織田的小故事。小說將其作爲小人物的隱隱的悲劇逐漸無聲地展開。這篇小說來自戰國文獻，淺景了意的據此改編的《犬張子》（1691 年）給了菊池寬很大的啓發，以至於有了「這裏也有一個人」之感。小說中有一番議論這樣寫道：

> 他是這樣的馳名。世間都說他是今川氏的癰疽；說氏康的豪奢遊蕩的中心就是他；說比義元的時候增加了兩三倍的誅求，也全因爲他的緣故；說義元恩顧的忠臣接連的斥退了，也全因爲他的緣故。今川氏的有心的人們，都詛咒他的名字。他的壞名聲，是駿河一國的角落裏也統流傳。沒有聽到這壞名聲的，恐怕只有他自己了。其實是右衛門本沒有什麼罪惡，只是右衛門的寵幸和今川氏的頹廢，恰在同時，所以簡單的世人，便以爲其間有著因果關係的了。他其實不過一個孩子氣的少年；當他十三歲時，從寄寓在京都西洞院的

〔註13〕 單演義：《魯迅在西安》，陝西人民出版社，1981 年版，第 15～19 頁。
〔註14〕 《〈三浦右衛門的最後〉譯者附記》，《魯迅全集》第 10 卷《譯文序跋集》，北京：人民文學出版社，1981 年版，第 228～229 頁。

父母的手裏，交給今川家做了小近侍，從此只順著主人和周圍的支使，受動的甘受著，照了自己的意志的事，是一件也沒有做的。但是氏康對於他的寵幸，太到了極端，因此便見得他是巧巧的操縱著主人似的了。〔註15〕

　　魯迅由這部小說所感發的對於楊太真的歷史誤解，顯然在這個段落裏找到了注腳。但真正問題卻不是簡單的歷史觀的轉變。在《三浦右衛門的最後》中，我們看到的更多是對當時社會各個角落裏生存的人群的細緻描繪和刻畫。儘管小說講述了一個悲慘的故事，但是作者的烘託顯然是滲透到各個層面的，從一開始的農民對時局的麻木和安之若素，到後來一群一絲不掛的田埂上耍鬧的小孩用草根弔蝾螈的遊戲，再到右衛門出現，小孩們轉移注意力，再到被人們發現身份等等，環環相扣，不緊不慢推演出這樣一個悲劇性的故事。例如小說一開頭那種漫不經心的鋪墊：

　　　　那田裏有一條三尺闊狹的路。沿這路流著一道小溝，溝底滿是污泥，在炎暑中，時常沸沸的湧出泡沫。有泥鰍，有蝾螈，裸體的小孩子五六個成了群，喳喳的嚷著。那是用草做了圈套，釣著蝾螈的。不美觀的紅色的小動物一個一個的釣出溝外來，便被摔在泥地上。摔一回，身子的掙扎便弱一點，到後來，便是怎樣用力的摔，也毫沒有動彈了。於是又拔了新的草，來做新的圈，孩子們的周圍，將紅肚子橫在白灰似的泥土上的醜陋的小動物的死屍，許多匹許多匹的躺著。〔註16〕

　　作者用冷峻的筆調所描寫出的這個細節，恰可與將要出場的右衛門的命運的劇烈悲慘作一鋪陳。有一張「美麗的臉」的少年右衛門如何在後來，像被孩子們玩弄的蝾螈一樣，被這些施弄著暴力和權力的惡的人們所殺害。與其說小說在歷史觀上發生了巨大的改變，毋寧說作者是以一種新的語言和思路呈現了這種改變。魯迅想必驚歎於菊池寬在這方面的技能，從而也調動著他一直以來以新的方式來寫作歷史故事的創作欲。或許，它也延伸到了包括《故事新編》在內的「重寫過去」類型文學的創作。

〔註15〕《三浦右衛門的最後》，《魯迅譯文全集》第 2 卷，福建教育出版社，2008 年版，第 70 頁。

〔註16〕《三浦右衛門的最後》，《魯迅譯文全集》第 2 卷，福建教育出版社，2008 年版，第 68 頁。

　　同樣，魯迅回顧中國史的過往經驗，也是透過眾多的文獻資料而來。他很少專門爲了一個小說或者作品而去專門考察其中的歷史地理因素，並將落腳點止於此。除了早期《會稽古郡雜集》之類的對於浙郡的地理歷史稍有涉足之外，其它如《嶺表錄異》等等，也不過是通過文獻語言而獲得自己獨特的理解和體驗。自然，他唯一部採自歷史、神話題材的小說集《故事新編》，現在看來也並沒有因爲專門爲了某一個段落而去奔赴故地考察。更多地，魯迅是在散佚的史料和文獻當中找到某種寫作的空間和敘述的語言。

　　　　……至今一個字也未能寫出。原來還是憑書本來摩想得好。
（1934年致山本初枝的信）

　　　　魯迅先生說，看這種古跡，好像看梅蘭芳扮林黛玉，姜妙香扮賈寶玉，所以本來還打算到馬嵬坡去，爲避免看後失望起見，終於沒有去。（孫伏園《長安道上》〔註17〕）

　　　　魯迅先生很少與實際社會往還，也少與真正自然接近，許多印象都從白紙黑字得來。在先生給我的幾封信中，嘗談到這一點。（孫伏園：《魯迅先生二三事·楊貴妃》〔註18〕）

　　這些句子頗有深意，道出魯迅創作規律中的某些秘密。魯迅所寫現代小說集《吶喊》《彷徨》中的許多作品，都是基於他現實的生活的經驗，而歷史小說則更多地要依靠對歷史文獻的點染，書面語言的親切感和空間感都需要經過一番錘鍊，而且歷史（書寫的）已經被現實所擊碎，而況是千百年之後的現實。魯迅究竟不是一個純粹的歷史學家，無論他的文學創作還是學術研究都傾向於主觀的體認，都帶有強烈的感情色彩。他很神往一些「美」的事物，論「眞」也是一種情感或心靈上的眞實，所以原本應該十分嚴肅的長篇歷史小說寫作就變得十分困難，而另外一些傾注在文字（歷史）及現實經驗基礎上的《故事新編》才脫穎而出。那麼，就形成了這樣一個過程：甚至有些無意創作的早期歷史小說的基調《補天》的爛漫、滑稽——重新整理創作思路考察當時歷史劇本（小說）的書寫環境（即試圖通過《楊貴妃》扭轉書寫的情勢）的最終失敗——辛苦輾轉數年之後自然是接續了第一篇的宿命，並且在遊戲性和超脫性上有過之而無不及。許欽文有個說法顯然未足以成立：

〔註17〕單演義：《魯迅在西安》，陝西人民出版社，1981年版，第81頁。
〔註18〕單演義：《魯迅在西安》，陝西人民出版社，1981年版，第107頁。

魯迅先生曾經寫過《不周山》（《補天》），後來又寫了《奔月》和《理水》等，編在《故事新編》的八篇歷史小說，都是憑想像寫成的，為什麼《楊貴妃》不能單憑想像寫呢？因為這是有著相當的實際情況可以對照，西安的現象是明明擺在那裏的。背景不明白就不寫，這是魯迅先生態度嚴肅的表現了！〔註19〕

在楊貴妃這個素材上，與魯迅發生直接關係的，除了以上他散見於文中的對某些歷史定論的批判討論之外，他主要通過學術整理。這些學術整理，也即是文獻語言的閱讀和梳理，顯然為他的腹稿打定了一定的基礎。菊池寬的這個小說翻譯於1921年，恰是魯迅正開始準備整理《唐宋傳奇集》時，這時他也已經開始構思要重新寫一篇新的顛覆了過往歷史經驗學上的楊貴妃形象的故事，不能不說，它們間有著某種微妙的參照關係。

（二）陳鴻和《長恨歌傳》

魯迅在西安講學《小說史略》第三講《唐之傳奇文》中說：「有一個名人叫陳鴻的，他和他的朋友白居易經過安史之亂以後，楊貴妃死了，美人已入黃上，憑弔古事，不勝傷情，於是白居易作了《長恨歌》；而他便做了《長恨歌傳》。此傳影響到後來，有清人洪昇所做《長生殿傳奇》是根據他的。〔註20〕」此文是魯迅時根據自己所著《中國小說史略》而寫的講稿。原文是：

> 陳鴻為文，則辭意慷慨，長於弔古，追懷往事，如不勝情。……在長安時，嘗與白居易為友，為《長恨歌》作傳，（見《廣記》四百八十六）……所作又有《東城老父傳》（見《廣記》四百八十五），記賈昌於冰火之後，憶念太平盛事，榮華苓落，兩相比較，其語甚悲。《長恨歌傳》則作於元和初，亦追述開元中楊妃入宮以至死蜀本末，法與《賈昌傳》相類。楊妃故事，唐人本所樂道，然鮮有條貫秩然如此傳著，又得白居易作歌，故特為世間所知。清洪昇撰《長生殿傳奇》，即本此傳及歌意也。〔註21〕

魯迅在自己所整理的《唐宋傳奇集》中收錄了陳鴻《東城老父傳》和《長

〔註19〕西北大學魯迅研究資料組印：《魯迅在西安》，1978年6月，第128頁。

〔註20〕單演義：《魯迅在西安》，1981年版，第83頁。

〔註21〕魯迅：《中國小說史略》，《魯迅全集》第9卷，北京：人民文學出版社，1981年版，第75頁。

恨歌傳》。這兩篇作品，可以說都是通過皇室身邊的寵幸的命運變遷來暗示朝代興衰、世事變幻的悲涼之感。在《長恨歌傳》中，楊貴妃和唐玄宗之間的愛情的確通過文字閱讀有些微妙之處：在楊妃入宮被寵幸時，玄宗「奏霓裳羽衣曲以導之；定情之夕，授金釵鈿合以固之」。之後是寵愛一身，仙及家眷，及馬嵬兵變，安祿山以討楊氏為辭。玄宗一行入馬嵬，六軍要嚴懲楊氏，於是國忠繫死盤水，又「左右之意未快。上問之。當時敢言者，請以貴妃塞天下怨。上知不免，而不忍見其死，反袂掩面，使牽之而去。倉皇輾轉，竟就死於尺組之下。」越明年，「大赦改元，大駕還都。尊玄宗為太上皇，就養南宮。自南宮遷西內。時移事去，樂盡悲來。」這裏需要注意兩個字，一個是「固」字，「授金釵鈿合以固之」，為何要「固」，魯迅在自己的解釋中說，就因為出現了感情問題才要發誓，「在愛情濃烈的時候，哪裏會想到來世呢？」〔註22〕到了後來，驚魂未定，輾轉偏安，直至舊都，大權交替，才睹物思人，所謂「樂盡悲來」。魯迅這一分析十分獨到而又實有深意在。若真愛無嫌隙，何須等到苟安之後？於是道士通神，見到貴妃之後，貴妃將乞巧盟之以「固」的具體細節描述道：

> 玉妃茫然退立，若有所思，徐而言曰：「昔天寶十載，侍輦避暑於驪山宮。秋七月，牽牛織女相見之夕，秦人風俗，是夜張錦繡，陳飲食，樹瓜華，焚香於庭，號為乞巧。宮掖間尤尚之。時夜殆半，休侍衛於東西廂，獨侍上。上憑肩而立，因仰天感牛女事，密相誓心，願世世為夫婦。言畢，執手各嗚咽。此獨君王知之耳。」……
> 「或為天，或為人，好和如舊。」〔註23〕

可見，從這個傳奇中的故事裏，小說的閱讀空間相對白居易的《長恨歌》充滿了想像力。魯迅抓住了文本上的這一特點。試圖化育出對這個故事的獨特的理解，並為自己的小說建構一個新的情節來。唐玄宗和楊貴妃的感情到底發生了什麼？王朝的衰落是否必然造成了她的死亡？魯迅後來跟許壽裳、郁達夫等人談及的小說情節設置是這樣的：

> 朋友 L 先生，從前老和我談及，說他想把唐玄宗和楊貴妃的事

〔註22〕 許壽裳：《摯友的懷念：許壽裳憶魯迅》，河北教育出版社，2000 年版，第 30 頁。

〔註23〕 陳鴻：《長恨傳》，《唐宋傳奇集》《魯迅輯錄古籍叢編》第 2 卷，北京：人民文學出版社，1999 年版，第 102～107 頁。

情來做一篇小說。他的意思是：以玄宗之明，哪裏看不破安祿山和她的關係？所以七月七日長生殿上，玄宗只以來生爲約，實在是心裏已經有點厭了，彷彿是在說「我和你今生的愛情是已經完了！」到了馬嵬坡下，軍士們雖說要殺她，玄宗若對他還有愛情，哪裏會不能保全她的生命呢？所以這時候，也許是玄宗授意軍士們的。後來到了玄宗老日，重新想起當時行樂的情形，心裏才後悔起來了，所以梧桐秋雨，就生出一場大的神經病來。一邊道士就用了催眠術來替他醫療，終於他和貴妃相見，便是小說的收場。〔註24〕

　　依靠我們在陳鴻的《長恨傳》中的描摹空間，這種理解並不就錯誤。那麼，緊要的問題是，魯迅爲什麼在這裏對歷史發展了新的見解？從某種意義上說，筆者認爲這是魯迅對古典文學現代轉化的一個方面。魯迅從一個被各種文體（詩、詞、傳奇、小說）傳唱已久的老故事的語言裏，看到了許多現代小說的語言空間。這種語言空間，恰是魯迅對歷史人心和現代文學敏銳的把握的結果。再加之唐代的文化自身的自信和發達，乃至宮廷權力紛爭甚至個人情感上的奔放，這些都構成了魯迅對這些舊文學的遐想的助力。

三、「終於未實現」──「似乎不想實現」

　　馮雪峰在《魯迅先生計劃而未完成的著作》中說：「……他想寫它的興趣反而因此索然了。寫這歷史小說的計劃，應該在一九二四年以前，而終未實現，他似乎不想實現。」〔註25〕這裏面的話涉及到兩個方面的因素：就是客觀上的能力（「終未實現」）和主觀上的願望「似乎不想實現」）。時過境遷，這部小說總之是沒能寫出來。我們現在探究它的根由，多少有點事後諸葛之意。筆者比較感興趣的是，魯迅爲何會將這個小說的寫作故事，一直不停地告知別人。單郁達夫就被告知過好幾次，可見魯迅發現這種新的素材和寫作的興趣和欲望，但我們能夠從他的將一開始的計劃從戲劇改成小說的可能轉變之中，看到這個作品寫作的艱難性。

　　從內在氣質的跨度上說，這個作品既異質於魯迅的早期小說寫作《吶喊》

〔註24〕郁達夫：《歷史小說論》，《創造月刊》第 1 卷第 2 期，1926 年 4 月 16 日。
〔註25〕馮雪峰：《回憶魯迅》，《馮雪峰回憶魯迅全編》，上海文化出版社，2009 年版，131 頁。

《彷徨》，同時，又異質於歷史神話傳說題材的《故事新編》。再作細分的話，即：神話小說《補天》《奔月》《鑄劍》，歷史小說（或知識分子小說）《理水》《出關》《非攻》《起死》《采薇》。魯迅之所以對《楊貴妃》中止創作，實在是不想爲了一個新的文學構想對史觀的鞭闢而去觀照貴族或皇朝的歷史。歷史題材的寫作衝動雖然因爲他受到了所整理的文學文獻、現代文化場景的影響，但是向來喜歡「作祟」的野氣題材的魯迅好像更傾向於創作更具社會政治倫理的文學樣式。縱觀《故事新編》的所有我們看到很少有寫這種男女題材的小說，反而更傾向於用一種油滑的筆法來消解已有的歷史故事。那麼，《楊貴妃》的消解是無法完成的，因爲魯迅最初的設置，顯然是受到了新的歷史文學觀的薰染，試圖實現的是一個體式嚴肅的作品的寫作，何況是劇本或者長篇的歷史小說。從郁達夫等人的描述中能夠看到魯迅著眼的還是兩人的愛情。這與菊池寬那篇小說寫供養的男近侍之間在史觀上是不是沒有區別。很顯然，隨著時間的進展，魯迅似乎因爲時局的變動越來越著眼於更爲廣闊的複雜的「國民性」題材，然後對其進行知識分子慣有的自由的切割式的剖析，甚至僅僅是無聊而有力的呈現。這樣下來，再提筆，有可能《楊貴妃》就變成了《奔月》也說不定，或者可以說，《奔月》實際上代替了他最初構想的《楊貴妃》的寫作。

很顯然，從某種意義上說，《楊貴妃》的中止創作與《故事新編》的體式有著密切的關係。魯迅甚至到了 1934 年 1 月《故事新編》幾乎寫了一半的時候，還告訴山本初枝說，《楊貴妃》的寫不出，是因爲背景地長安的現狀的令他失望。這固然與魯迅對實地考證嚴謹有關，但另一方面，也說明魯迅在爲自己無法創作長篇小說尋找託辭，因爲故地雖然弄人，但通過文獻語言變幻古典形象的習慣他還是有的。殊不知，一切時過境遷之後，他已經將這一處理古舊素材的計劃在默默地編織在《故事新編》之中了。這種體式上的無意識地寫作方式，恰恰是對魯迅《楊貴妃》未能完成的很好的說明。

李長之說：「在這裏，可以說發現了魯迅第一個不能寫長篇小說的根苗了，並且說明了爲什麼他只有農村的描寫成功，而寫到都市就失敗的原故。……他對於人生，是太迫切，太貼近了，他沒有那麼從容，他一不耐，就憤然而去了，或者躲起來，這都不便利於一個人寫小說。」〔註26〕另外，1924 年魯迅之到西安，在途上所目睹的生民慘狀，也是他無力於寫作這個小說的重要原因，這是很多研究者普遍認爲的觀點，在魯迅未曾寫遊記的情況下，在孫伏園的《長安

〔註26〕李長之：《魯迅批判》，北京出版社，2003 年版，第 142 頁。

道上》我們能夠讓他代替魯迅來觀察路上的情景：

> 陝西的物質生活，總算低到極點了，一切日常應用的衣食工具，全須仰給於外省，而精神生活方面，則理學氣如此其重，已盡夠使我驚歎了；但在甘肅，據云物質的生活還要低降，而理學的空氣還要嚴重哩。夫死守節是極普遍的道德，即十幾歲的寡婦也得遵守，而一般苦人的孩子，十幾歲還衣不蔽體，這是多麼不調和的現象！我勸甘肅人一句話，就是穿衣服，給那些苦孩子們穿衣服。……

> 累代的兵亂把陝西人的民族性都弄得沉靜和順了，古迹當然也免不了這同樣的災厄。〔註27〕

　　孫伏園認為此行是「破壞他想像中的《楊貴妃》的完美」，實際上多少忽視了魯迅小說創作中十分沉重的文化政治因素。與寫作的微渺和人生的虛無相比，他似乎更關注的是所見到的嚴正的人生真實和苦難。他曾說：「要寫下來去，在中國的現在，還是沒有寫處的。年青時讀向子期《思舊賦》，很怪他為什麼只有寥寥的幾行，剛開頭卻又煞了尾。然而，現在我懂得了。」〔註28〕這正造成其沉鬱頓挫的寫作氛圍。

　　因此，無論從作家性情和外在環境上來說，魯迅終未寫出這部作品，而且相比較而言，他似乎更傾向於後者所導致的長篇的破產。魯迅二十年代的現代小說如《彷徨》之類，多少表達了他思想內在的矛盾和停留在國民性上的某種延宕，這種延宕也正如作者所說，也因為沒有多少的「授命」而在「技術上」並不是很壞，然而，自身境遇和中國現代歷史的沉重一時間都壓在了他的頭頂。雖然在廈門的時候，關於寫古的意念重新擡頭，但那已經是經過蟄伏和壓抑久了的的綿密思考，它也逐漸在時間的演進中被蒙上了歷史、社會的風潮的波動的色彩。如何用嚴肅的筆調將王朝裏愛情題材作為自己寫作長篇的方向，這對他來說的確是一個很大的挑戰，因為從小說創作開始，他就已經習慣了戲謔、白描、諷刺，在這樣重重的重壓之下，很自然地滑入了《故事新編》式的小說的創作，或者說，用寫作後者來代替前者所帶給他的情緒和歷史氣味。

〔註27〕　西北大學魯迅研究資料室：《魯迅在西安》，1978年編，第177～195頁。
〔註28〕　《為了忘卻的紀念》，《南腔北調集》，《魯迅全集》第四卷，人民文學出版社，1981年版，第488頁。

第六章　結　語

　　在研究和閱讀魯迅的過程中，跟隨著的是他的語言的千岩萬壑的變化和
對他的深切的痛苦和歡欣的體會。魯迅和他的文學首先是置放在歷史之中
的。但這並非是說將魯迅的文學當作歷史或政治思想事件來處理。而《故事
新編》這個綿延了十三年的作品，更加是在歷史的演繹中完成。他責任感、
保護欲很強，這就造成了他推己及家人及他人的關心和溫情，同時，也造就
了他性格上和文學上的某種先在的控制欲，我們在他的文學中也能看到這種
源自於道德或者美學上的不自覺控制。作為一個道德上高度自覺的個體，他
會過分地理解對象的痛苦，並在常人看來，過分地誇大這一痛苦，而對他自
身的痛苦來說，由於無法被感同身受，而缺乏被關心和被理解，對此他會儘
量避免直接呈現，而是採取一種不經意的詼諧的方式表達出來。對魯迅來
說，其痛苦的根源，常常是因為處在轉折期的中國的萬般複雜而岌岌可危的
現狀，隨之而來的是，他文學中的遊移、沉靜、恐懼、泰然、希望、失望、
道德、審美都構成創作的重要部分。他的品格認真而有力，正如他所推崇的
木刻藝術一般，無論是世俗的倫理力量還是自由的審美欲求都不能夠一語道
破這位真誠的作家身上的精髓。竹內好曾經在魯迅的內面中，發現某種罪或
者倫理的「自覺」，而稱其核心的「無」，並自始至終地含糊地議論著，甚至
將其上升到某種宗教的境地。或者，我們不需要借用西方的視野，而只需看
到他身上的源自東方的力量。道家有一句名言：「三十輻共一轂」〔註 1〕。
而此「輻」之堅韌的滾動力量，恰發源於那轂中的空有世界。《故事新編》
的演進，也逐漸從這「輻」的車輪的外緣走到了中心，這「靈魂的荒涼與粗

〔註 1〕　《宋刊老子道德經・無用第十》，福建人民出版社，2008 年版。

糙」〔註2〕雖無指向，但也包蘊著強大的力量和豐富性的迸發，魯迅終在晚年停止了這「肩住黑暗的閘門」的車輪的滾動，而復歸於自我與世界渾然的大境地之中。魯迅曾經稱道家思想是「體無以見有」的，這或也可看出他身上的中國式智慧。當然，對於魯迅來說，這都不過是文學性的譬喻和表象。

很顯然，道德和審美構成魯迅的文學行為的主要內容。從藝術的一般意義上看來，過分的道德傷害審美，而魯迅的道德意識與他的審美欲求一樣的強烈。從他兒童時期自暗淡的表叔公處看到的《花鏡》《山海經》之類的形象世界起，一直到他死前所憑弔的家鄉陳禮舊俗，我們都能體會到魯迅對美與力的自覺追求。同時，我們也能從他自「小康入困頓」的人生出發，到「一個也不寬恕」的掙扎和痛切，正是這兩種交繞的形式構成了魯迅文學的全部。

在第一章中我們談及魯迅的前後時期翻譯，實際上映照著《故事新編》的大體上在語言氣質上的三個不同類型，他們看似處於同一體例，但之間又有著細微的差異。籠統地說，二十年代的三篇作品（《不周山》《奔月》《鑄劍》）為一個序列，它們的共同強調所謂「主體介入」，雖有油滑，但仍保留著前面兩部小說集中的某些嚴肅性和緊張性的特質；第二個序列的《出關》《非攻》，這兩篇作品帶有早期尼采式「精神貴族」的「曲高和寡」的難於被理解又難於啟蒙的特性，多少仍然展現了某種與「下里巴人」相對應的「陽春白雪」的仕子形象，但很顯然，這裏將「主體」逐漸弱化了，甚而帶有某種自我消解的意味；到了《理水》文中的喧鬧的成分增加，大禹的形象與周圍的關係氛圍較為造作和僵硬，但和《非攻》一樣，多少帶有左翼文藝及其理論框架下的視野影響，這第三個序列（《非攻》《采薇》《起死》）用竹內好的話來說，「寫得很隨便」。至於這三篇作品，是否體現出他「最後終於無奈地放棄了」〔註3〕自己晚年新的創作計劃，當然需要再三斟酌。以上這三種小說的序列上的劃分背後，實際上對應了諸種譯體的相互承接關係。從延續《彷徨》精神以來的「主體」寂寞式樣的阿爾志跋綏夫（魯迅曾稱之為帶有「尼采氣息」的作家）的作品翻譯，到左翼文學中的良好的帶有禹、墨「正面形象」類型的《解放了的董·吉訶德》與《毀滅》。這些作品中的人物關係和文體氣氛，都多少構成了與魯迅《故事新編》寫作方式和思想脈絡上的某種互文關係。

〔註2〕 魯迅：《華蓋集》題記，《魯迅全集》第3卷，人民文學出版社，1981年版，第5頁。

〔註3〕 竹內好：《魯迅入門》（之七），靳叢林等譯，《上海魯迅研究》，2008年春季號，第219頁。

最後，魯迅的《死魂靈》翻譯，在第一章之中我們也著力分析過，魯迅與果戈理因緣二十年，他最終將自己的文學生活回歸到這個大的文藝家的格局之中，這也是我們理解《故事新編》最後三篇的重要參考。總之，魯迅通過翻譯使之轉化為語言開拓的重要努力，一方面，喜歡「於中國有益」這一「總賬」的他通過譯介給當時貧瘠的中國文壇帶來豐富的精神資源；另一方面，作為一個作家，通過閱讀、揣摩、逐字逐句的翻譯、推敲，給自己的創作提供了一個開放的語言空間，為其新的漢語文學創作提供了更為富有營養的十九至二十世紀的文學空間。當然，可以推想另一種可能，魯迅晚年的「打雜」〔註4〕生活也使得他缺少穩定的寫作空間，從這個意義上說，魯迅的翻譯或許又另一方面擠壓了他後期的小說寫作。

　　魯迅深邃而委曲的思想性格及其帶有反諷氣質的語言特質，給了他在開頭實驗的新詩創作上以很大障礙。在他的早期的新詩中就能夠看到這種「傷害性」因素，而後他在新的嘗試中尋找到表達自我內在的重要文體，新詩寫作不過是文學革新運動中的「邊鼓」。在形式上，我們看到《野草》中的那種強烈的主體體驗的詩意感受，但是真正切入更深廣的詩的氣氛的是小說。從文體上來說，現代小說的含蓄與曲折本身就籠罩著詩的氣氛，無論是《吶喊》還是《彷徨》都具有某種主體意味的詩意。而《故事新編》則帶有強烈的史詩氣質，魯迅之前文體所慣用的幾種身份角色，在他的文學世界裏，逐漸有了穩定性和完整性。除此之外，因為魯迅在後期自覺地放棄了左翼文學中嚴謹的史的態度和創作手段，從而將所能容納的世界逐漸拿開，形成了對矢量性的探索的放棄，走向了面的呈現。在這「面」的世界裏，我們看到的不僅僅是魯迅一貫的文體嘗試和革新，而更是作家最後在鋪寫「歷史」上的格局和雄心。同時，這也是魯迅更願意相對自由完成的文體樣式，或者說，這是魯迅內面性的自由書寫，他容納了其它諸種文體，又與之強烈地區分開來。

　　而與此密切相關的思想層面，魯迅糅合了兩個文化變革中的人物（尼采、章太炎）內質。因其特殊的命運與善思，並且在思之中愁苦的秉性使之與西哲詩人尼采十分接近。無論其寫作語言的表現形態如何，都能看出某種主體的焦慮在其身上復活。至純的倫理性和強烈的自由探尋相互為一，不可分離。這種情形在作品中我們總能找到相對應的人物及其氛圍，尤其是二十年代的

〔註4〕《魯迅全集》第13卷《致蕭軍蕭紅信》（1935年1月29日）：「忽而作序文，忽而作評論，忽而譯外國文。腦子就永是亂七八糟，我恐怕不放筆，就無藥可救」。北京：人民文學出版社，1981年版，第38頁。

《故事新編》及其它作品。正如給尼采帶來慰藉性的物質世界，同時也在魯迅的身上不斷地被重新發現和整理，他將自己浸透在生物、自然科學的整理乃至翻譯和寫作的文藝作品中，從而達到了某種與思想意義上的平衡，這種帶有混沌力量的化解方式，顯然也有著中國莊學所帶來的救助和放鬆。到了《故事新編》的後期，儘管作品中糅納了之前的許多「身內」「身外」的焦灼主題，但均被作品內在的強大氛圍沖淡了，其「油滑」的成分逐次增加，一種「不齊為齊」的角色「一往平等」的世界在作品中呈現出來。自由之筆，落紙開花，舒卷自如。與其說這是一種後現代的「消解」，毋寧說是一種思維世界裏的矛盾運動之後的「以莊化尼」的愉悅結果。也就是說，魯迅的筆觸不約而同地滑入自己曾經的老師章太炎《齊物論釋》之類思想史整理的大格局之中。他們共同呈現的是中國傳統思想和美學世界在面臨著巨大的顛蕩之時的劇烈的哲學和文學上的突進。

　　日本學者代田智明曾經在作品之中稱《故事新編》體現「前現代」「後現代」的質素，實際上這是過分地勾連概念，如果《故事新編》中的諸作是「前現代」與「後現代」的作品，那麼，果戈理的文字，《金瓶梅》的語言又是哪一種「現代」？利用現代理論的框架套入魯迅小說顯然會損害和忽略掉許多精美的細節和「缺陷」。另外，納博科夫在談到果戈理的小說時，十分不屑對那種認為果戈理的小說的價值呈現在道德上的批判和諷刺力量的評價，他認為如果這樣，那太低估了作家豐富的創造力，他曾說，「老托爾斯泰」在晚年孜孜於道德的提高，但同時並未愚蠢到按照上帝的旨意去創造道德上的完美形象。〔註5〕他進而認為作品並非著意於傳達「信息」，而是在看似嘈雜的世象之中，「人物的種種特性有助於它們以球面的方式擴散到書中最遙遠的地方」，例如在談到《外套》時，他說：

> 果戈理的問題組織上的豁口與黑洞暗示了生活組織本身的裂縫。某些東西出了大錯，所有人有點瘋狂，他們蠅營狗苟，卻以為性命攸關，荒謬的邏輯力量促使他們繼續徒勞地掙扎下去──這就是這個故事的真正「信息」。〔註6〕

納博科夫甚至對果戈理後期寫作中常常耿耿於懷於自己作品中的「道德

〔註5〕〔美〕弗拉基米爾‧納博科夫：《尼古拉‧果戈理》，劉佳林譯，廣西師大出版社，2011年版，第41頁。

〔註6〕〔美〕弗拉基米爾‧納博科夫：《尼古拉‧果戈理》，劉佳林譯，廣西師大出版社，2011年版，第143頁。

缺陷」辯解，乃至對他《死魂靈》第二部的痛苦寫作，都給予了一種反思，他說，「在超塵絕俗的藝術層面，文學當然不關心同情弱者或譴責強者之類的事，它訴諸人類靈魂的隱秘深處，彼岸世界的影子彷彿無名又無聲的航船的影子一樣從那裏駛過」〔註7〕。這位寫作性格獨異的小說家在評論自己的前輩作品時，善於捕捉別人所不注意的細枝末節，從那些傳達某種「裂縫」的含糊氣息之中來尋找果戈理真正潛在的文學特質。

這裏並不爲重新討論別一個作家，而是爲了更清晰地瞭解魯迅晚期作品中所傳達的政治（道德）信息背後的更爲廣大的意義。在三十年代，魯迅也曾借助於蕭伯納，談到自己對於所謂「諷刺」之看法：

> 人們的講話，也大抵包著綢緞以至草葉子的，假如將這撕去了，人們就也愛聽，也怕聽。因爲愛，所以圍攏來，因爲怕，就特地給它起了一個對於自己們可以減少力量的名目，曰：「諷刺」，稱說這類的話的人曰：「諷刺家」。〔註8〕

魯迅在《故事新編》中恰恰一方面復活了他在二十年代小說集中的典型人物，但並未繼續再以他們爲主體（知識分子）或批判對象（農民），而是將他們紛紛置入更爲廣大的空間之中，成爲同樣與某些異己力量共生平等的成熟表象。魯迅雖然按照歷史與研究者的邏輯，將文學事業訴諸於「革命」這一強大的背景底色之中，然而《故事新編》也展現了一種「裂縫」似的不確定的歷史的真實，即所謂「想像的事實」〔註9〕。

果戈理的朝聖之類的宗教行爲，促使其喪失了文學上的本原的生命力（或者相反），魯迅一方面面對著批評的喧鬧（正如果戈理曾辯解過《欽差大臣》中的正面性一樣）作了甚至有些惱怒的回應（如對《出關》），而另一方面，他自己又絲毫不爲外界所動，從容地滑入了更容易使人誤解，而且數十年來仍然繼續被「誤讀」的文學想像的空間。顯然，它也與其雜文的「戰鬥性」相曖昧、疏離，魯迅利用生活中這些豐富的「鬥爭」中的複雜的萬花筒似的各種元素，像建立城堡一樣，將之建立在奇崛的極具個性的古代文化

〔註7〕〔美〕弗拉基米爾‧納博科夫：《尼古拉‧果戈理》，劉佳林譯，廣西師大出版社，2011年版，第159頁。

〔註8〕瞿秋白（樂雯）編譯：《蕭伯納在上海》，魯迅序言，上海書店，1933年版。

〔註9〕納博科夫在談論果戈理《死魂靈》後期的寫作困境時說，「因爲他處在一個作家所能處的最糟糕的境地：他已經喪失了想像事實的天賦，進而認爲事實會自存」。納博科夫：《尼古拉‧果戈理》，劉佳林譯，廣西師大出版社，2010年版，第119～120頁。

山頂之上。

生命最後的十年，在時空上遙遠對著的兩個作家也同樣發生著驚人的變動。果戈理爲其《死魂靈》第二部分巨著的準備，因其道德力量和外在的批評壓力而無所適從。魯迅亦始終在政治和文學的相互裹挾之中，尋求在夾縫中的呼吸。他最終將他所關注的政治社會問題，去焦，散點，白描，處處充斥著紛亂而複雜的細膩書寫，最終落腳於作爲文學者始終追尋藝術自由的秉性中。

有意思的是，在魯迅死後，大量的紀念文章鋪天蓋地地發表在各大文藝刊物上。其中有一篇發表在《小說家》的專門談論《故事新編》的「讀後記」，作者指出，許多人認爲《故事新編》脫離了大眾，實際上是拿「階級要求」來搪塞自己的淺薄無知，讀者需要這樣有營養的作品，且「所可貴者並不在這故事的本身，而在於這故事所喚起的──亦即在這故事裏裝飾著的物品，如死的聖誕樹上點燃著火一樣，但這火一朵朵都是活的，明亮的」〔註10〕。回到本書最初的引用的《三閒集·怎麼寫》，魯迅說：

> 莫非這就是一點「世界苦惱」麼？我有時想。然而大約又不是的，這不過是淡淡的哀愁，中間還帶些愉快。我想接近它，但我愈想，它卻愈渺茫了，幾乎就要發見僅只我獨自倚著石欄，此外一無所有。必須待到我忘了努力，才又感到淡淡的哀愁。

在魯迅隨處可見的句子中我們都能夠發現他所散播的「野草」一樣的人生哲學，他的語言甚至有些糾纏，夾雜，迴環往復，甚至有時是不堅定，自我消解。但是恰是這樣的思維吐透著他的寫作的秘密。他不斷地面臨著時代和生活體驗帶給他的擠壓和逼促，同時也保有著一個作家持續的創造本能和文學興趣。「作爲表象的魯迅」從來都是沿著這樣的思路前進。《故事新編》這個跨越了幾乎魯迅整個寫作後期的集子，恰體現了他在小說寫作上新的嘗試和開拓，用他自己的話說，是「忘了努力」的嘗試和開拓。

他的雜文恰是這樣「努力」的成果。這一點他顯然做得十分合格，甚至相當出色，作品中所表現出來的語言上的野草或者閃光點仍然若隱若現。但是，作爲相對「忘了努力」的《故事新編》的後期作品，恰能夠展現出魯迅所表達的真正的「淡淡的哀愁」，這個哀愁並不僅僅是承載著某一個階級或身份的悲苦或自屠，而是走向了更爲抽象的「世界苦惱」的境界，這種境界，

〔註10〕《小說家》月刊，第 1 卷第 2 期，1936 年 12 月 1 日。第 14 頁。

連帶著的是魯迅對於自身數十年的反顧甚至是馬上要面臨的死亡的胸懷。反顧雖不妥協，但也悲憫而豁達。

　　整體看來，《故事新編》體現了哲學與文學者的魯迅在化用史料上是如此地練達圓融，所以竹內好認爲：「雖然他們基本上是忠實地遵循文獻（以文獻以外的東西評論文獻的治學方法與魯迅無關）而行動，但又由此而擺脫了拘束。如果說感到歷史和作品的矛盾，在試圖調和矛盾時，會產生各種形式的歷史小說，魯迅卻不存在這種矛盾」〔註11〕。很顯然，《故事新編》在某種程度上也是「教授小說」，但它卻可以被「自由點染」，且並不面目可憎，然而，大概只有中國知識分子才能讀懂附著在這些掌故上的需要不斷參透醒悟的現代思想。

　　魯迅本人是不贊成拿自己和別人做比較的，「因爲彼此的環境先不相同」。他在 1935 年 8 月 24 日給蕭軍寫信的時候，就深刻地剖析了自己的家世和所謂階級屬性：

　　　　契訶夫的想發財，是那時俄國的資本主義已發展了，而這時候，我正在封建社會裏做少爺。看不起錢，也是那時的所謂「讀書人家子弟」的通性。我的祖父是做官的，到父親才窮下來，所以我其實是「破落戶子弟」，不過我很感謝我父親的窮下來（他不會賺錢），使我因此明白了許多事情。因爲我自己是這樣的出身，明白底細，所以別的破落戶子弟的裝腔作勢，和暴發戶子弟之自鳴得風雅，給我一解剖，他們便弄得一敗塗地，我好像一個「戰士」了。使我自己說，我大約也還是一個破落戶，不過思想較新，也時常想到別人和將來，因此也比較的不十分自私自利而已。〔註12〕

　　魯迅認爲自己是「破落戶子弟」，所以知道那些所謂「貴族」子女的眞相和生活常態，正因爲自己經歷過這種上與下的迥然之境，才能夠穿透他們的生活，看到更遠的世界，這些話實際上顯示了魯迅跳脫己身之外的豁達。在我們前面的分析中，也很容易看到魯迅審美文化上的高度賞趣，甚至歸結到底，如張釗貽所言，這是一種「精神貴族」的體現。然而，魯迅卻知此不是人類進趨的靜態，人之爲人，恰因其豐富性和完全性，更其根本，是所謂「國民性」的健全和良善，「沙聚之邦，轉爲人國」實爲他痛徹心骨的家國願力。

〔註11〕竹內好：《魯迅入門》（之七），靳叢林等譯，《上海魯迅研究》，2008 年春季號，第 220 頁。

〔註12〕《魯迅全集》，第 13 卷，人民文學出版社，1981 年版，第 196 頁。

一方面，魯迅自身有著強烈的自知之性；另一方面，又因原本蘊藏在中國文人世界中的兼濟情懷而致力於平民的運動和改革。在現代激進的文化政治革新運動中，這又是他一脈貫穿的文人品性。然而，可悲的是，在他甫一「看到世人的眞面目」的覺醒之後的短短幾十年裏，經歷了太多的人生顛蕩和政治變遷，所謂的「維新」之路太過艱辛，乃至困頓和失敗，使他一度陷入阿爾志跋綏夫的苦惱境地之中，在這包裹著的困頓之中，有一種清醒的愁苦便是，文化的革新，全體的進步，這一切必須只能依靠政治的助力和民族抗爭的外圍保障，來實現最終反政治的文化和民族的自立。這也是晚年魯迅毅然走向與在野的政黨或其同盟關係密切的政治生活的根本原因。而對於《故事新編》來說，它一方面顯示了魯迅的獨異的文藝追求；另一方面，在政治思想上，也希望通過破壞「文化山」上的山民思想體系來構建更爲清新有力的知識分子群體及其文化；而於此相關的，最根本的，是激起屬於中國的掌故序列的民族自存的內在活力。在三十年代，魯迅沒有具體地、完全地助長過什麼樣的政治文藝理論，但是作爲任何一個現代中國的閱讀者，低頭觀望一下這一部親切動人的《故事新編》，似乎能夠說明一切。無論如何，最後，用一個日本作家武田泰淳的話來直觀地還原魯迅的《故事新編》吧：

> 魯迅是老練的苦工，是縝密的學者，抱有激烈的憎惡，冷靜而且多思，將超越那種種現象的凹凸不平，試圖用一種遠大的視角，並且自己是這樣轉來轉去，想要創造一種屬於自己的宇宙的帶有孩子般熱忱的所有者。這多種要素密集在一起，組成了《故事新編》。
> 〔註 13〕

〔註 13〕 〔日〕代田智明：《解讀魯迅──不可思議的小說 10 篇之謎》，東京大學出版會，2006 年版，第 233 頁。

參考文獻

中文論著

1. 愛倫堡：《人‧歲月‧生活》，馮南江、秦順新譯，海口：海南出版社，2008 年版。

2. 安敏成：《現實主義的限制：革命時代的中國小說》，姜濤譯，南京：江蘇人民出版社，2001 年版。

3. 阿庚等：《死魂靈一百圖》，上海：三閒書屋，1936 年版。

4. 阿爾志跋綏夫：《沙寧》，潘訓譯，上海：光華書局，1930 年版。

5. 阿爾志跋《沙寧》，周作民譯，上海：啓明書局，1936 年版。

6. 阿爾志跋《絕境》，王榭堂譯，北京：新星出版社，2014 年版。

7. 巴赫金：《巴赫金全集》，錢中文譯，石家莊：河北教育出版社，2009 年版。

8. 包子衍編：《回憶雪峰》，北京：人民文學出版社，1986 年版。

9. 包子衍編：《雪峰年譜》，北京：人民文學出版社，1985 年版。

10. 本雅明：《啓迪：本雅明文選》，漢娜‧阿倫特編，張旭東、王斑譯，北京：三聯書店，2008 年版。

11. 別林斯基：《別林斯基文學論文選》，滿濤、辛未艾譯，上海譯文出版社，2000 年版。

12. 勃蘭兌斯：《十九世紀文學主流》，張道眞等譯，北京：人民文學出版社，1997 年版。

13. 波德萊爾：《波德萊爾美學論文選》，郭宏安譯，北京：人民文學出版社，1987 年版。

14. 陳少明：《齊物論及其影響》，北京大學出版社，2004 年版。

15. 陳丹青：《笑談大先生——關於魯迅的三次演講》，香港：牛津出版社，2007 年版。

16. 蔡尚思：《十家論墨》，上海人民出版社，2004 年版。

17. 長堀祐造：《魯迅與托洛斯基——〈文學與革命〉在中國》，王俊文譯，臺灣：人間出版社，2015 年版。

18. 法捷耶夫等：《蘇聯文學批評的任務》，劉遼逸等譯，上海：三聯書店，1951 年版。

19. 馮雪峰：《過來的時代——魯迅論及其它》，上海：新知書店，1948 年版。

20. 馮雪峰：《馮雪峰回憶魯迅全編》，上海文化出版社，2009 年版。

21. 費正清等編：《劍橋中華民國史》，楊品泉等譯，北京：中國社會科學出版社，1994 年版。

22. 富爾曼諾夫：《恰巴耶夫》，鄭澤生等譯，北京：外國文學出版社，1981 年版。

23. 弗拉基米爾·納博科夫：《尼古拉·果戈理》，劉佳林譯，桂林：廣西師範大學出版社，2011 年版。

24. 顧頡剛：《當代中國史學》，上海古籍出版社，2006 年版。

25. 顧頡剛：《古史辨自序》，石家莊：河北教育出版社，2000 年版。

26. 顧鈞《魯迅翻譯研究》，福州：福建教育出版社，2009 年版。

27. 郭慶藩：《莊子集釋》，北京：中華書局，1961 年版。

28. 郭沫若：《十批判書》，北京：東方出版社，1996 年版。

29. 果戈理：《果戈理小說選》，滿濤譯，人民文學出版社，1979 年版。

30. 果戈理：《果戈理全集》，何茂正等譯，石家莊：河北教育出版社，2002 年版。

31. 格·彼·丹尼列夫斯基等：《回憶果戈理》，藍英年等譯，上海：東方出版社，2008 年版。

32. 格·彼·丹尼列夫斯基等：《〈故事新編〉研究資料》，濟南：山東文藝出版社，1984 年版。

33. 韓侍桁：《文學評論集》，上海：現代書局，1934 年版。

34. 胡風：《胡風回憶錄》，北京：人民文學出版社，1993 年版。

35. 胡適：《白話文學史》，上海古籍出版社，1999 年版。

36. 姜義華：《章炳麟評傳》，南京大學出版社，2002 年版。

37. 井上靖：《楊貴妃傳》，林懷秋譯，西安：陝西人民出版社，1984 年版。

38. 姜濤：《「新詩集」與中國新詩的發生》，北京大學出版社，2005 年版。

39. 克努特·漢姆生：《飢餓》，章鐵民譯，上海：水沫書店，1930 年版。

40. 卡爾維諾：《新千年備忘錄》，黃燦然譯，南京：譯林出版社，2009 年版。

41. 林辰：《魯迅事迹考》，上海：開明書店，1948 年版。

42. 廖詩忠：《回歸經典——魯迅與先秦文化的深層關係》，上海三聯出版社，2005 年版。

43. 羅傑・加洛蒂：《論無邊的現實主義》，吳岳添譯，天津：百花文藝出版社，1998 年版。

44. 羅檢秋：《近代諸子學與文化思潮》，北京：中國社會科學出版社，1998 年版。

45. 魯迅：《魯迅全集》，北京：人民文學出版社，1981 年版。

46. 魯迅：《魯迅輯錄古籍叢編》，北京：人民文學出版社，1999 年版。

47. 魯迅：《編年體魯迅著作全集》，福州：福建教育出版社，2006 年版。

48. 魯迅：《魯迅譯文全集》，福州：福建教育出版社，2008 年版。

49. 魯迅：《海上述林》，上海：諸夏懷霜社校印，1936 年版。

50. 魯迅博物館編：《魯迅年譜》，北京：人民文學出版社，1981 年版。

51. 魯迅博物館編：《魯迅景宋通信集》，長沙：湖南人民出版社，1984 年版。

52. 盧那察爾斯基：《浮士德與城》，柔石譯，上海神州國光社，1930 年版。

53. 盧那察爾斯基：《解放了的董・吉訶德》，易嘉（瞿秋白）譯，上海聯華書局，1934 年版。

54. 盧那察爾斯基：《論文學》，蔣路譯，北京：人民文學出版社，1978 年版。

55. 盧那察爾斯基：《藝術及其最新形式》，郭家申譯，天津：百花文藝出版社，1998 年版。

56. 李長之：《魯迅批判》，北京出版社，2003 年版。

57. 李何林：《近二十年中國文藝思潮論》，上海：光華書店，1939 年版。

58. 李健吾：《咀華集・咀華二集》，上海：復旦大學出版社，2005 年版。

59. 李澤厚：《中國近代思想史論》，北京：三聯出版，2008 年版。

60. 李今：《二十世紀中國翻譯文學史：俄蘇卷》，天津：百花文藝出版社，2009 年版。

61. 梁啓超：《飲冰室合集》，北京：中華書局，1989 年版。

62. 梁啓超：《清代學術概論》，上海古籍出版社，1998 年版。

63. 林辰：《魯迅傳》，福州：福建人民出版社，2004 年版。

64. 劉勰：《文心雕龍校證》，王利器校箋，上海古籍出版社，1980 年版。

65. 劉仲華：《清代諸子學研究》，北京：中國人民大學出版社，2004 年版。

66. 樂黛雲編：《國外魯迅研究集》，北京大學出版社，1981 年版。

67. 麥克斯・施蒂納：《唯一者及其所有物》，金海民譯，北京：商務印書館，2007 年版。

68. 米・赫拉普欽科：《尼古拉・果戈理》，劉逢祺，張捷譯，上海譯文出版社，2001 年版。

69. 明恩溥：《中國人的文明與陋習》，李向辰、成江譯，西安：陝西人民出版社，2013 年版。

70. 馬勇編：《章太炎書信集》，石家莊：河北人民出版社，2003 年版。

71. 彌勒菩薩說，玄奘法師譯：《瑜伽師地論》，北京：宗教文化出版社，2008 年版。

72. 牟宗三：《莊子〈齊物論〉義理演析》，陶國璋整構，臺北：臺北書林出版有限公司，1999 年版。

73. 牟宗三：《生命的學問》，桂林：廣西師大出版社，2005 年版。

74. 麥克斯・施蒂納：《唯一者及其所有物》，金海民譯，北京：商務印書館，1997 年版。

75. 麻天祥：《晚清佛學與近代社會思潮》，開封：河南大學出版社，2005 年版。

76. 尼采：《偶像的黃昏──或怎樣用錘子作哲學思考》，李超傑譯，北京：商務印書館，2009 年版。

77. 尼采：《查拉斯圖拉如是說》，楚圖南譯，長沙：湖南人民出版社，1987 年版。

78. 尼采：《蘇魯支語錄》，徐梵澄譯，北京：商務印書館，1992 年版。

79. 尼采：《悲劇的誕生》，周國平譯，桂林：廣西師範大學出版社，2002 年版。

80. 尼采：《看哪，這人》，張念東，凌素心譯，北京：中央編譯出版社，2000 年版。

81. 納博科夫：《俄羅斯文學講稿》，丁駿、王建開譯，上海三聯書店出版社，2015 年版。

82. 納博科夫：劉佳林譯，《尼古拉・果戈理》，桂林：廣西師範大學出版社，2010 年版。

83. 內山完造：《活中國的姿態》，上海：開明書店，1936 年版。

84. 普實克：《普實克中國現代文學論集》，長沙：湖南文藝出版社，1987 年版。

85. 蒲力汗諾夫：《藝術與社會生活》，雪峰譯，上海：水沫書店，1929 年版。

86. 普魯斯特：《駁聖伯夫》，王道乾譯，上海譯文出版社，2007 年版。

87. 瞿秋白：《瞿秋白文集》，北京：人民出版社，1988 年版。

88. 瞿秋白:《瞿秋白文集‧政治理論編‧第 4 卷》,北京:人民出版社,1993 年版。

89. 瞿秋白:《瞿秋白文集‧文學編(3)》,北京:人民文學出版社,1989 年版。

90. 瞿秋白:《魯迅雜感選集》,上海:青光書局,1933 年版。

91. 瞿秋白(樂雯)編譯:《蕭伯納在上海》,上海書店,1933 年版。

92. 錢理群:《豐富的痛苦——堂吉訶德與哈姆萊特的東移》,北京大學出版社,2007 版。

93. 錢理群:《心靈的探尋》,北京大學出版社,1999 年版。

94. 塞萬提斯:《堂吉訶德》,楊絳譯,北京:人民文學出版社,1987 年版。

95. 薩弗蘭斯基:《尼采思想傳記》,衛茂平譯,上海:華東師大出版社,2010 年版

96. 宋原放主編:《中國出版史料》,濟南:山東教育出版社,2001 年版。

97. 孫詒讓撰、孫啓治點校:《墨子間詁》,北京:中華書局,1987 年版。

98. 桑兵:《晚清民國的國學研究》,上海古籍出版社,2001 年版。

99. 單演義:《魯迅在西安》,西安:陝西人民出版社,1981 年版。

100. 唐弢:《唐弢文集》,北京:社會科學文獻出版社,1995 年版。

101. 湯志鈞:《章太炎年譜長編》,北京:中華書局,1979 年版。

102. 藤井省三:《魯迅比較研究》,陳福康譯,上海外語教育出版社,1997 年版。

103. 屠格涅夫等:《回憶果戈理》,藍英年譯,北京:東方出版社,2008 年版。

104. 丸山升:《魯迅‧革命‧歷史——丸山升現代中國文學論集》,王俊文譯,北京大學出版社,2005 年版。

105. 丸尾常喜:《人與鬼的糾葛》,秦弓譯,北京:人民文學出版社,2006 年版。

106. 丸尾常喜:《恥辱與恢復——〈吶喊〉與〈野草〉》,秦弓、孫麗華譯,北京大學出版社,2009 年版。

107. 汪榮祖:《康章合論》,北京:中華書局,2008 年版。

108. 汪暉:《反抗絕望——魯迅及其文學世界》,上海:三聯書店,2008 年版。

109. 王先謙:《荀子集解》,北京:中華書局,1988 年版。

110. 王汎森:《章太炎思想(1868～1919)及其對儒學傳統的衝擊》,臺北:時報文化出版,1985 年版。

111. 王瑤:《王瑤文集》,太原:北嶽文藝出版社,1995 年版。

112. 王得后:《〈兩地書〉研究》,天津人民出版社,1995 年版。

113. 王得后：《魯迅與孔子》，北京：人民文學出版社，2010 年版。

114. 王富仁：《魯迅前期小說與俄羅斯文學》，西安：陝西人民出版社，1983 年版。

115. 維・魏列薩耶夫：《生活中的果戈理》，周啓超、吳曉都譯，合肥：安徽文藝出版社，1996 年版。

116. 維・魏列薩耶夫：《果戈理是怎樣寫作的》，藍英年譯，瀋陽：遼寧教育出版社，1998 年版。

117. 維克多・列文：《夏伯陽與虛空》，鄭體武譯，上海譯文出版社，2004 年版。

118. 韋力：《魯迅古籍藏書漫談》，福州：福建教育出版社，2006 年版。

119. 吳鈞：《魯迅翻譯文學研究》，濟南：齊魯書社，2009 年版。

120. 喜田幾多郎：《善的研究》，何倩譯，北京：商務印書館，1965 年版。

121. 玄奘譯，韓延傑校釋：《成唯識論校釋》，北京：中華書局，1988 年版。

122. 徐梵澄：《徐梵澄文集》，上海三聯書店，2006 年版。

123. 徐梵澄：《古典重溫——徐梵澄隨筆集》，北京大學出版社，2007 年版。

124. 許理和：《佛教征服中國——佛教在中國中古早期的傳播與適應》，李四龍、裴勇等譯，南京：江蘇人民出版社，2005 年版。

125. 蕭振鳴：《魯迅美術年譜》，北京：國家圖書館出版社，2010 年版。

126. 袁珂：《中國神話史》，重慶出版社，2007 年版。

127. 伊藤虎丸：《魯迅與日本人》，李冬木譯，石家莊：河北教育出版社，2000 年版。

128. 伊藤虎丸等：《日本學者研究中國現代文學論文選粹》，長春：吉林大學出版社，1987 年版。

129. 嚴家炎：《論魯迅的複調小說》，上海教育出版社，2002 年版。

130. 樂黛雲編：《國外魯迅研究論集：1960～1981》，北京大學出版社，1981 年版。

131. 朱崇科：《張力的狂歡——論魯迅及其來著之故事新編小說的主體介入》，上海三聯書店，2006 年版。

132. 竹內好：《魯迅》，杭州：浙江文藝出版社，1986 年版。

133. 竹內好：《近代的超克》，李冬木等譯，北京：三聯書店，2005 年版。

134. 竹內好：《從「絕望」開始》，靳叢林譯，北京：三聯出版社，2013 年版。

135. 竹內實：《竹內實文集》，北京：中國文聯出版社，2002 年版。

136. 章太炎：《國故論衡》，上海古籍出版，2003 年版。

137. 章太炎：《章太炎全集》，上海人民出版社，1986 年版。

138. 章太炎：《章太炎全集》，上海人民出版社，2014 年版。

139. 章太炎：《章太炎先生家書》，湯國梨編次，上海古籍出版社，1985 年版。

140. 章太炎：《章太炎說文解字授課筆記》，北京：中華書局，2010 年版。

141. 張夢陽：《中國魯迅學通史》，廣州：廣東教育出版社，2002 年版。

142. 張仲浦、王榮初：《〈故事新編〉論析》，杭州：浙江文藝出版社，1983 年版。

143. 張釗貽：《魯迅——中國「溫和」的尼采》，北京大學出版社，2011 年版。

144. 趙京華：《周氏兄弟與日本》，北京：人民文學出版社，2011 年版。

145. 鄭心伶：《魯迅詩淺析》，石家莊：花山文藝出版社，1985 年版。

146. 鄭家建：《歷史向自由的詩意敞開——〈故事新編〉詩學研究》，上海三聯書店，2005 年版。

147. 周作人：《歐洲文學史》，長沙：嶽麓書社，2010 年版。

148. 周作人：《知堂回想錄》，合肥：安徽教育出版社，2008 年版。

外文論著

1. TSI-AN HSIA . The Gate of Darkness. University of Washington press. 1968.

2. 竹内好全集第 2 卷（魯迅入門・魯迅雜記 2）東京：築摩書房，1981。

3. 代田智明：魯迅を読み解く：謎と不思議の小説 10 篇，東京：東京大學出版會，2006。

4. 花田清輝：《花田清輝著作集》，東京：株式會社未來社，1965。

5. 小澤信男等：《戲曲〈故事新編〉》，東京：河出書房新社，1975。

附　錄
先鋒戲劇：《故事新編》的新編

國民性的荒原：美學上的大膽雜糅與鋪陳
——林兆華的嘗試和《故事新編》的戲劇性

　　魯迅與戲劇文學之間有著複雜的關係。且不論那浸染著他的童年的「社戲」生活乃至死前都不忘回顧的《女弔》的蒼涼和靜穆氣，不論是他最早所接觸的開啓市民社會問題的易卜生，還是後來跟他生活在一起的盲詩人愛羅先珂，都在戲劇文學方面給過魯迅深刻的啓示。他翻譯或輔助翻譯的作品，如《桃色的雲》《小約翰》《解放了的董·吉訶德》之類本身就是多幕劇。另外，他所翻譯的日俄文學，因其在氛圍和情節上的凝聚性，其中很多都具有強烈的濃鬱的戲劇特色。在這種文學環境的籠罩之下，魯迅在他的作品內部也散佈著這種特質的文學樣式，無論從他的小說集中還是散文集中我們都能找到類似的戲劇的範本。甚至直到他最後的較爲獨立的文學創作《故事新編》，也都能找到戲劇的文本《起死》。除此之外，從某種意義上說，魯迅晚年尤其是三十年代之後受到的電影戲劇的影響應當更加是直接的。如果說之前更多的是文本閱讀，那麼後來則更多地參與到直觀的戲劇觀看經驗之中，這種經驗很難說不對他晚期僅有的這部小說集的創作產生某種輻射的作用。

如果我們擯棄形式不談，在作家創作上，傳統戲劇一般更強調每個角色的位置、戲劇衝突（無論是語言的衝突還是命運的衝突）要求在集中的時間和空間內，完成這種個體的掙扎和各個角色之間的博弈，它將作者主觀的大量的描述和心理活動都轉換為動作，且不會給所謂主體提供過多時間和空間，在戲劇面前，每個角色都是平等的，他們一起展現在舞臺上，並且依照各自的命運和秉性頑強地生活著。

對於魯迅小說來說，我們很難想像很多浸透著主體思想氛圍的早期作品更能體現出這種風格來。反而，越是到了後來的創作，魯迅逐漸從希望/絕望、看/被看之類的二元辯證邏輯之中跳出，走向了一個更為廣闊的戲劇畫面：那就是紛雜的語言在小說之中穿梭，這種因素隨時為魯迅所能構建出一場完整的戲劇提供便利性的因素。

因而，面對文學本身所滲透的複雜空間，人們寧願徒勞地去挖掘其中所具備的定見，也不願意去呈現作品中所涵蓋的浸透了作者一生思考元素的深沉作品。就《故事新編》本身來說，它更多地被用來研究，而不是用來直接搬上舞臺拓展文學的視野。比如《起死》，本身的寫法就是以戲劇為體式。而其中，較多地被改造演出的，還是那個幾乎完全在情節上包裹著古典掌故「三王冢」的《鑄劍》。九十年代以來，涉及《鑄劍》的電影和小劇場也開始試圖將這個故事搬上舞臺〔註1〕。而真正將《故事新編》完整意義上的戲劇性呈現的卻少得可憐。

在當代戲劇文學上，我們至少有一大半都是在照搬國外的戲劇樣式，似乎對於中國歷史文化傳統中非常優秀的戲劇作品的創造性轉換則少之又少。雖然從某種意義上說，現代戲劇仍然是直接受到西方戲劇傳統的影響之下的，跟我們的傳統的附著著所謂腐朽的思想元素和唯美潑辣的戲劇因素有著相當大的差別。但這種表現方式，不應該是後者依附於前者，而是相互滲透的。

如在第一章中提到的，自從五六十年代日本的花田清輝等人曾經推出過一系列的《故事新編》的戲劇演出〔註2〕。而在中國，目前所能見到的有戲劇導演林兆華、吳熙為代表的《故事新編》的戲劇改編。

〔註1〕 宋毅鋒：《〈眉間尺〉的設計闡述及製作心得》，《戲劇文學》，2004年第7期，第56頁。丁如如：《在畫面上「留白」──小劇場話劇〈眉間尺〉導演創作筆記》，中央戲劇學院學報《戲劇》，2003年第4期，第81～85頁。

〔註2〕 小澤信男等：《戲曲〈故事新編〉》，東京：河出書房新社，1975年版。

　　文革之後，中國戲劇文學面臨著新的挑戰和嘗試，林兆華這位從體制之內走出的戲劇人，因敢於嘗試和大膽突破所展示出的戲劇生命力到現在仍然沒有衰竭〔註3〕。他和那位頗受爭議的諾貝爾文學獲得者高行健最初的合作《絕對信號》（1982）《野人》（1985）等等，給剛剛解禁思想的中國社會觀眾巨大的衝擊，無論是從戲劇的表現形式和思想內容上，都有了本質的轉變。這一方面與高行健等人對西方戲劇的諳熟有關，另一方面，也是現代思想文化在面臨衝擊中自立的一種站穩腳跟的表現。早在 1983 年，林兆華就曾經將魯迅的散文詩集《野草》中的《過客》搬上北京人藝劇場的舞臺。2003 年在保利劇院上演了他執導的歌劇作品《狂人日記》。〔註4〕2000 年，在北京南城的一個廢舊工廠，林兆華帶領著一幫演員在煤堆上演繹了魯迅的《故事新編》。據說是觀眾乃內部招攬，演員也是即興發揮的「無文本的戲」〔註5〕。（後來又演出過數次，這種「即興」如何重複數次倒是一個問題，不過林兆華認為他的排戲方式是 60%是自己腦子裏的風格，40%靠演員自由發揮〔註6〕）。因為沒有劇本，根據當年的演出錄像可知，作品呈現的是以一個老者講述魯迅的《鑄劍》的文本為主線，穿插著《故事新編》中其它小說的部分內容，這種選擇顯然仍然停留在對《故事新編》中適合於緊湊情節的傳統的戲劇模式的理解。因而，在內容的傳達上，主要展現了《故事新編》中的幾乎所有的小說故事碎片。

　　實際上我們在林兆華早期的創作中就能夠看出他「雜糅」的戲劇編排特質，最為明顯的，如他在九十年代編排的《三姐妹‧等待戈多》（1998），這個作品建立在契訶夫、貝克特在各自作品中所表現出來的某種相似主題——探求人生的所謂後現代「無聊」意義的基礎之上的等待。

　　在這一作品中，林兆華似乎也想繼續沿著《故事新編》的故事脈絡來展現另一種意義上的國民性題材〔註7〕。除了作為主線講述的《鑄劍》之外，《理

〔註3〕 林兆華：《「狗窩」獨白》：「只要我能排戲，我就要盡最大的努力去創造，雖然我不知道我得到的是讚揚還是謾罵，但我知道必須行動去創造新的戲劇因素，為自己建立第二個世界——心靈世界的想像力和創造力會衝破一切」。《讀書》1998 年第 7 期。第 11 頁。

〔註4〕 張馳：《論林兆華的導演藝術特色及其成因》，附錄二《林兆華戲劇創作年譜》，第 63 頁。中國藝術研究院 2007 屆碩士論文。

〔註5〕 《林兆華訪談錄》，《戲劇文學》，2003 年第 8 期，第 11 頁。

〔註6〕 《林兆華自白》，《天涯》，2001 年第 4 期，第 165 頁。

〔註7〕 「就是讓人感覺到魯迅對國民性的思索也是當今人繼續思考的問題，從總的

水》《采薇》所佔的比重也較大。《出關》中則只重複了孔子和老子對話中的那句「牙齒舌頭」的哲學譬喻。《奔月》則主要體現嫦娥和后羿對烏鴉炸醬麵不滿。《奔月》的處理很滑稽，是一個抽著煙的女人蹺著二郎腿坐在熱氣球上飛升。這些內容的比重可能更多地從現代生活的元素之中考慮的。

在戲劇的元素上，這個演出加入了中國傳統戲曲〔註8〕，有在煤堆上一招一式地表演舞劍之類的武生，還有唱功良好的小生，在《鑄劍》中的那兩首著名的楚騷體「兮」字歌也具有強烈的表現力。另外，還有現代雙人舞蹈。更為離奇的是，在舞臺的背後，有一個特大的錄像顯示，穿插在舞臺演出的間隙，這些錄像多半展示人們的普通的衣食住用的生活或歷史圖景。語言上，有文本講述的語言（老者講述《鑄劍》）還有故事演進中的角色語言、一些口號性質的語言（如薇菜的做法、舌頭牙齒的比喻）乃至讓觀眾難以分辨的唱腔語言。這些都增加了作品的表現力。

從觀看者的角度上說，故事選擇從虛擬的舞臺到真正的煤堆上，有著某種象徵意義。《故事新編》本身是採用中國最古老的神話歷史題材，可以說多半都是先秦素材，所以煤堆在這裏恰好暗示了荒原與遠古的歷史沉澱感；另外，煤堆是一種結晶，也象徵著雖然黑暗，但其中所包含的火熱的生命力。這種力量在現代之中若隱若現，只有真正地認識到原本作品內容和價值的人才能將其發掘出來。

戲劇中主要通過吶喊的方式重複了薇草的許多種做法，又念到了小丙君的嘲諷和議論，最後兄弟倆被逼死亡。《理水》則著重展現了作品中若隱若現，實際上帶有本質線索的國民性的主題，下民、看客、官場，被嘲諷的大禹等等。這些都是《故事新編》中較為強烈的表現性的因素。但是，作為戲劇作品，林所執導的《故事新編》缺乏某種準確意義上的節奏感和清晰度。從美學的角度上說，它太瑣細吵鬧了。雖然由於各行其是的雜語空間，作品具備某種所謂「複調」的效應，但是作為戲劇作品，它應該在展現複雜性的同時，具有強大自律性。編劇劉春在最新的評論之中，曾這樣回憶：

> 《故事新編》是我看大導的第一個戲，2003 年 1 月。戲開演前，
> 我第一次見到傳說中的大導，一個瘦高鬆垮的老頭兒，沒什麼架子，

感覺上，也就是這個。」《戲劇文學》，《林兆華訪談錄》，2003 年第 8 期，第 11 頁。

〔註8〕「戲曲在創作上給我一個精神的自由，《野人》就是戲曲給我的」。《戲劇文學》，《林兆華訪談錄》，2003 年第 8 期，第 7 頁。

正幹著領座員的活兒。

　　大導那時偏愛暗色調，屬於他的倫勃朗時期，一束束如監獄探
照燈般雪亮的光，打在純黑的背景上，對比極其強烈，情感則冷峻、
疏離、憤懣，急欲表達，可又張口結舌，眞如魯迅所言：「當我沉默
著的時候，我覺得充實；我將開口，同時感到空虛。」

　　而大導還嫌不夠黑似的，往地上堆了厚厚一層煤渣。在這樣天
上、地下、四周都異乎尋常的平庸黑暗之中，嫦娥吐的煙圈、黑色
人的劍氣，清晰可辨。戲的最後，一張張臉被爐火映照，發出暗紅
色的光，給人一種微茫的希望。全劇充滿了原創的天才，全然來自
於我們的本土經驗。大導所有的戲中我最爲推崇它，雖然我不明白
老頭到底想表達什麼。它就像我們中國人司空見慣的那個存在本
體，含混、複雜、艱困，各種可能性相生相剋。〔註9〕

　　值得深思的是，「鑄劍」部分仍然是劇作《故事新編》的主要線索。這種
處理方式，顯然還是未能展開魯迅《故事新編》的強大空間。在筆者看來，
選擇《鑄劍》，這種看似明確的主題，來維繫其它作品中的混雜的語言系統，
實際上是一種對戲劇形式的豐富性不自信的表現。因爲在潛意識裏，他們會
認爲其它作品的這種零碎性只適合作爲展示的對象，並不構成現代戲劇的核
心內容。實際上，《故事新編》本身所帶有的創造氣質已經足以達到按作品演
繹就能獲得空間和張力了。但是，這回的演出顯得承載的東西過多而表現得
支離破碎。林兆華在解釋這部作品的意義時說：

　　也許你會說《故事新編》弄完了沒有主題，但我坦率地說就這
麼做起來的。極傳統的京戲和極現代的現代舞碰撞後的結果是什
麼，我感覺到可以出新的東西。這些演員在一個特殊的空間裏，把
他們對小說心靈的感受展示出來。嚴格地講著不是一部戲，你聽懂
了也不懂，一會兒《鑄劍》，一會兒《奔月》，跑哪兒去了？《鑄劍》
呢是爲了迎合讓觀眾能聽懂一些內容，所以能全部聽完整了。你要
我交待眞實思想，就是這麼點兒。〔註10〕

　　有評論者對此戲劇兩年之後的重演發出這樣分析：「選擇《鑄劍》而不是
選擇小說集裏那些有可能更接近於林兆華一直所張揚的前衛戲劇觀念的篇什

〔註9〕　見劉春：《第三世界的大師——林兆華和他的戲劇》，《新世紀周刊》2011年第
　　　　42期，2011年10月31日。
〔註10〕《林兆華訪談錄》，《戲劇文學》，2003年第8期，第11頁。

作為這部話劇新作的中心，這對於林兆華的創作歷程是頗具諷刺性的，正如它在舞臺上昭示了一個對於林兆華而言可能是很無奈的事實──一部完整且具戲劇性的舞臺作品真正需要的不是那些觀念性的內涵，而恰恰是《鑄劍》擁有的更能夠體現傳統內涵的故事的情節性和表演上的動作性」〔註11〕。作者評價了藝術家的個人創作和政治要求之下「主題先行」的民眾作品之間的相互關係，認為《故事新編》這部劇作本身隨著歷史的發展，在人們的日常生活面前，是一個相對失利的作品。這種看法，一方面表現出了林兆華創作《故事新編》的尷尬處境，同時也解釋了為什麼作為文本的魯迅的《故事新編》為什麼在內容上未能讓其它的篇幅引起足夠的重視。這關涉藝術大眾化的問題。魯迅晚年的文學創作更切比林兆華更要面臨著這樣的問題。

不過，作品似乎在一件事上是不會含糊的。那就是展現歷史，以及歷史中的思想和人。後者體現為國民性：百無聊賴、日復一日之勞作、愚昧、災難、食物，乃至旁觀、覺醒與復仇的夾雜等等，都在這一片廢墟之中展開了強大的表現空間。除了形式是自由的，現代的，他所動用的藝術手段和內容都是最中國的，你彷彿通過這場演出能夠看到魯迅在《故事新編》之中所表現的亙古不變的喧鬧的人民性。

相比較林兆華所執導的前期的其它作品。這一作品在解構上更為突出和大膽。許多可能性的不確定的因素都被採用了，他甚至試圖在舞臺上通過各種元素的雜糅來實現一種不期然的效果，這很帶有某種實驗性。最早他就善於發現人的原始性，從《野人》到《故事新編》都具有某種對於荒蕪感的召喚和迷戀，止不過前者更為清晰，後者更為嘈雜。要麼選擇當代重大的題材，要麼選擇具有現實意義的歷史題材，林的豁達和通觀讓他的戲劇總有些出其不意。劇作《故事新編》是脫離文本逐漸個性化的作品。但我們能夠從中看到某些相似的地方。倘如細細查看，那些「側」的文本也是具有重大的主線意義的。然而，這種拆解和鑲嵌會讓未能接受過魯迅文本的人手足無措。反而，最像戲劇的《起死》（也許最能傳達作者的本意），未能啟用在表演中。這是一件很遺憾的事情。正如研究者批評的那樣，「這些新手段之間並不是在產生出某種十分鮮明的美學主張之中的相承一脈的前後呼應，也沒有主體意識上系統的安排、嘗試和總結。……這種統籌上散點式的狀態，往往令人

〔註11〕傅謹：《「故事新編」與「萬家燈火」》，《逼視的眼神》，北京三聯書店，2007年版，第46～47頁。

只見樹木不見森林」〔註 12〕。這也許能夠從他的創作特色中找出原因來，作爲導演過多部作品的他來說，對導演經驗從來不輕信，他曾經這麼談過他對自己的理解：

> 不知爲什麼，我總覺得藝術創造的經驗是總結不得的，更是不能推廣的，每一步作品只能是這一個的創作衝動能。……藝術家創作的每部作品，都應該是一次涅槃。我迷戀禪宗的思維方式，更相信「頓悟」說，我們之所以搞不出大作品，可能與藝術的悟性太少，雜性太多有關。〔註13〕

林兆華的這種說法實際上從一個反面可以看出，作爲一個從舊時代的藝術的政治話語濃厚的藝術氛圍裏走出來的作家，他看過中國的解放後的藝術成長，同時也觀摩過外國的豐富的藝術土壤，更加認爲這種「悟性」所造就的「先鋒」性的強大合理性。然後距離他最初的排戲大約有三十多年過去了，林兆華仍然停留在這樣一種不懈的解放和突破之中，而忘記了對其自身穩定性的沉澱。從林兆華的《故事新編》的排演到今天我們所看到的大量作品，似乎能夠發現，林兆華身上的這種矛盾怪異的東西一直存在。

從老上海到新深圳：城市文化的狂歡和批判
——以吳熙改編《故事新編》爲例

在 2000 年前後，深圳大學藝術學院在熊偉源、吳熙等人參與改編和執導的實驗小劇場運動中，推出了一批舞臺實驗劇，其中有一系列以魯迅《故事新編》爲主題的戲。主要有《故事新編之鑄劍篇》（1999）、《故事新編之出關篇》（2000）還有《故事新編之奔月篇》（2001）等。參演者主要是藝術學院的學生，他們在各個城市和大學演出，引起了不小的騷動。在某種程度上，這些作品的共同特色是將城市的豐富而複雜的元素滲透到原本自由敞開的文本之中去，從而達到了獨特的實驗戲劇的審美效果。

《故事新編》一方面勾連了歷史典故，另一方面映照現實。從某種意義上說，它又是一部都市小說集。我們能夠從中看到很多都市中的人群結構。

〔註12〕 張馳：《論林兆華的導演藝術特色及其成因》論文摘要。中國藝術研究院 2007 屆碩士論文。
〔註13〕 林兆華：《涅槃》，《文藝研究》，1988 年第 1 期，第 44 頁。

魯迅在 1926 年的勃洛克《十二個》後記中就曾經評價勃洛克爲「都會詩人」，「他之爲都會詩人的特色，是在用空想，即詩底幻想的眼，照見都會中的日常生活，將那朦朧的印象，加以象徵化。將精氣吹入所描寫的事項裏，使它蘇生；也就是在庸俗的生活，塵囂的市街中，發見詩歌底要素。所以勃洛克所擅長者，是在取卑俗，熱鬧，雜沓的材料，造成一篇神秘底寫實的詩歌。」魯迅接著批評中國的詩歌現狀說，「中國沒有這樣的都會詩人。我們只有冠閣詩人，山林詩人，花月詩人……」〔註 14〕這些都體現了魯迅對於都市文學的新認識，實際上對照著以上的語言，筆者也發覺這段關於「都會詩人」的描述同樣適用於魯迅的《故事新編》。也正是這種描摹方式，使得魯迅的《故事新編》帶有強烈的現代都市色彩。他所創作的這幾篇小說也是在當時豐富的城市環境之下催生，甚至將「《故事新編》與都市」作爲一個重大的主題來研究也毫不誇張，可以說，深圳戲劇《出關》的改編將這種性質放到了極大，並加入了有過之而無不及的「油滑」色彩。

《出關》〔註 15〕中採用了四組人物。分別飾演了不一樣的庚桑楚、老子、孔子等等形象。並且分別以不同人的視角推進了故事的情節發展。以《出關》主要故事梗概爲脈絡，加入一些原始（「要有光」）、神奇（「滑旱冰的神」）、甚至無釐頭（「山上有十隻羊」）的因素在其中，故事細節十分滑稽，尤其是那段不同的人玩味老子的《道德經》開首幾句，更可見當代都市人對老子思想豐龐雜而自信的誤讀。作品雖試圖在溝通古今，但卻並沒有復活古今，更多地是站在現代人的目光下去俯瞰和取笑古典中一些僵死的形象、規則和秩序。《出關》被解釋成一種象徵和隱喻，但同時又不拘泥於此，更多地是將雜語與現時代流行的語言和行爲滲入其中。與林兆華等人不同的是，這個作品更拋棄了其中的嚴肅性，充滿了城市生活的尷尬和幽默色彩。可以說，這是城市文化商業化發展的標誌。

而完成於 1999 年的劇本《鑄劍》同樣是一個十分複雜的作品。相較林兆華對此劇改編後的強調其表現力而在結構上的散亂，這部作品在結構上花費了很大的工夫。劇本將小說故事、魯迅、乃至導演和演員都搬上了舞臺。在舞臺上這三個部分交叉著順路下來，像三股繩子擰在了一起。一方面作品展

〔註 14〕魯迅：《〈十二個〉後記》，《魯迅全集》，第 7 卷《集外集拾遺》，北京：人民文學出版社，1981 年版，第 299 頁。

〔註 15〕吳熙：《出關》，根據魯迅《故事新編・出關》改編，《藝海》，2003 年第 3 期，第 3～9 頁。

現了作家魯迅的生活（吃饅頭、寫作、房東、推銷員），另一方面將魯迅文字中的故事通過場景急劇轉換的過程展現出來，時而蹦出導演對於這場舞臺呈現的調整和修改。尤其是其中有一段的改演，模仿臺灣表演方式：

導演：停！

切光。

導演：撐亮了臺燈，看著演員眉間尺頭深鎖。演員甲手持筆記本嚴陣以待，隨時準備記下些什麼。

導演：這段戲不對了，你們覺得怎麼樣，好像有點太……太……

飾父親的演員：太布萊希特？

導演：對！太布萊希特了。你們要，要斯坦尼一點，……要體驗再體驗……這樣，你們模仿一段臺灣式的表演。女演員，女演員注意，（十分投入地說戲，演員甲在飛快地記著筆記）那臺灣演員演戲——酸，酸得一塌糊塗！找找感覺，快。（對飾父親的演員）臺灣男演員演戲都是，啊——（彎下腰，兩條手臂在空中痛苦地揮舞，演員甲在他身後模仿著）啊——找感覺，找感覺。（飾父親的演員也嘗試著模仿）（對飾眉間尺的演員）你，下去。（飾眉間尺的演員將甕和枕頭帶下）我再給你們加一段音樂。

【傳來十分淒涼的二胡獨奏。（《阿炳二胡》第二首《病中吟》）】

〔導演將工作臺燈光線調弱，中間演區起光。演員的表演開始模仿劣質臺灣電視連續劇，說起話也有些「臺灣國語」的味道。飾眉間尺的演員抱著竹籃子爬上竹梯一，不斷將籃子裏的碎紙片撒向空中。

父親：（從身後輕輕摟住妻子，聲線寬厚而柔和）一到明天，我就要獻劍與大王。

母親：（轉過身含情脈脈地看著丈夫，嬌聲地）記得早點回來喔。

父親：可是……（鼓起勇氣）獻劍的一天就是我命盡的日子。

母親：（不敢相信）你在說什麼？你騙我的是不是，（抓住丈夫哭起來）你騙我的是不是！

父親：（也哭了起來）你聽我解釋嘛。

母親：（向後退著）我不要聽。

父親：（抓住妻子，大聲地）你聽我解釋！

母親：（摀住了耳朵）我不要聽！

父親：（大叫）聽我解釋！

母親：（哭喊著）你立下了那麼大的功勞！

父親：（彎下腰，兩條手臂在空中痛苦地揮舞）可是大王呢！大王向來是極善猜疑的，他一定要殺了我，一定要殺了我，免得……免得我再去與別人鑄劍。（跪在臺中，面向天空，痛苦地摀著臉）

母親：（衝過去抱住丈夫）你知道嘛，我可以什麼都不要，我只要一個完完整整的你！

父親：不過我早有準備。（從看得泣不成聲的導演手中接過一把西瓜刀）這是雄劍，你收著。倘若我竟一去不回了……

母親：（摀住丈夫的嘴）不會的……

這種戲裏戲外延伸的表演方式，顯然是受到了臺灣戲劇的影響，例如如今已經在北京頻頻演出的家喻戶曉的《暗戀桃花源》的舞臺結構的啟發。然而，劇目的演進是勻速的，相較林兆華的《故事新編》的因為強調表現力而忽略其完整性來說，它在完整度和清晰度上是相對較好些的。

吳氏在《奔月》的改編則更進一步對於當代主題的戲弄和「油滑」的呈現。尤其是開頭，主要將故事的集中在后羿，它詳細講述了他的豐功偉績，接下來就是他在人間打獵謀生。嫦娥懷念天上，然又與她天天吃炸醬麵的現實形成鮮明對比。在「奔月」這一主題上，故事延伸到人類登月，找不到嫦娥，但可以穿梭在地球和月亮之間。但人類仍然有著自己不能解決的困擾。結尾很殘忍：就是嫦娥並不存在，神仙也有困境。

打手機人：喂！喂！……你在哪啊？

演嫦娥的演員：我在這。

打手機人：還在找劇場啊？

演嫦娥的演員：我不知道

打手機人：戲快完了。

演嫦娥的演員：是嗎？呵呵……

打手機人：你哭了？

演嫦娥的演員：你是誰啊？

打手機人：我？我是嫦娥啊！

演嫦娥的演員：你是誰？

打手機人：我是胡嫦娥啊！

演嫦娥的演員：哦！……你好！

打手機人：戲完了，你甭來了。（掛機）

演嫦娥的演員：喂！喂！

【傳來《聽媽媽講那過去的事情》的歌聲。眾人在歌聲中慢慢俯下身去，尋找著，尋找著──最後完全匍匐在地。靜止。】〔註16〕

吳熙是試圖將故事的前後做以延伸。這顯然也是繼承了《故事新編》中類似的成分，對古代、近代、當代的疊加。正如翻譯事業，改編自小說文本的戲劇正如譯本之於原作，這種傳達是指向文本的另外一中可能。

林兆華和吳熙在闡釋魯迅《故事新編》方面，都用了自己的戲劇語言來詮釋。林所排演的《故事新編》是一個形式上的巨大衝擊，面對一些戲劇學者專家的「思想缺位」、「形式與內容的割裂」「還沒學會蓋房子，就把它給拆掉」等批評，他甚至說《故事新編》內容還在其次：「至於《鑄劍》的敘述，是我用來蒙觀眾的，我怕他們什麼都逮不著，就弄一個完整的《鑄劍》給他們看」，他承認作品連真正的「舞臺演出」、「戲劇」都不算，但他發問道「這裏存不存在一點對未來戲劇的啟示性因素」〔註17〕？可見習慣於給與觀眾以形式衝擊力的林兆華也在戲劇的呈現方面給與了一定的讓步。面對先鋒戲劇評論界的批評，他反而認為中國的戲劇評論界沒有真正的批評能力，對於魯迅《故事新編》的改編，他也抱以另外的期望：「但是如果《故事新編》再找一個能人，幫助我整理一下文學本子，會比現在更好。這種故事的銜接，實際上有幾句話就可以做到，我卻沒有那麼大本事〔註18〕」。可見在魯迅的《故事新編》戲劇創作的舞臺上，還急需要更為成熟穩定的劇本。而況，中國的實驗劇場，大概也是從八十年代開始，這個大概幾十年的歷程，想來也必然有這樣或那樣的不成熟。然而吳熙的創作則更著重於在《故事新編》之中找尋到某種積極的消解因素。他將這種消解因素作了延伸式的發揮，使得城市文明在作品中得到了多元的呈現。與林兆華的沉鬱美的表現的作品相比，吳

〔註16〕 本劇劇本為作者郵件提供。
〔註17〕 《北京日報》，《文藝周刊》《話劇不是一種「形式遊戲」──圍繞〈故事新編〉的對談》，2003年1月26日。
〔註18〕 《北京日報》，《文藝周刊》《話劇不是一種「形式遊戲」──圍繞〈故事新編〉的對談》，2003年1月26日。

熙更帶有前衛和結構上的挑戰性的嘗試。同樣作爲中國的小劇場，他們都選擇了《故事新編》。不能不說，他們都在其中發現了某種革新性的因素。和魯迅《故事新編》濃烈的戲劇性相比，整體上，這兩個作品對魯迅原作的改編略顯得單薄。國內對它的改編，基本上分爲兩大類，一類是重視作品的情節性，如講復仇故事的《鑄劍》；第二個就是利用《故事新編》內部的「油滑」因素的放大性改編，林兆華和吳熙二人對於《故事新編》的改編都算是這個類型。他們將「油滑」做了甚至是有些過分的新型發揮。在筆者看來，這種發揮是帶有對於作品主體神經末梢的過分放大，因爲《故事新編》不僅是充斥著各種「油滑」的細節是小說集，而是內部仍然蘊含著非常嚴肅的各種主題，只不過這些主題並不單一罷了。隨著時代的發展，即便對於中國大眾來說，魯迅《故事新編》的題材雖然具有小眾的特點，但其中嚴肅的思想主題和多元的價值觀呈現，都要求有明確的表現需要的。在這點上，以上二種改編均油滑有餘，深刻不足，形式放大，思想空洞，還需要將來在傳達魯迅作品本意上更準確的作品。